일주일에 끝내는

시원스쿨 토익
파트 3 & 4

길지연 · 시원스쿨어학연구소 지음

시원스쿨 LAB

일주일에 끝내는
시원스쿨 토익
파트 3&4

초판 1쇄 발행 2024년 12월 20일

지은이 길지연 · 시원스쿨어학연구소
펴낸곳 (주)에스제이더블유인터내셔널
펴낸이 양홍걸 이시원

홈페이지 www.siwonschool.com
주소 서울시 영등포구 영신로 166 시원스쿨
교재 구입 문의 02)2014-8151
고객센터 02)6409-0878

ISBN 979-11-6150-925-9 13740
Number 1-110108-18189900-06

머리말

어려워진 PART 3, 4
길토익이 해결해 드립니다.

취업 준비생으로 시작해 토익 장수생을 거쳐 토익 대표 강사, 그리고 대표 원장이 되기까지 오랜 세월 동안 "어떻게 하면 더 쉽고 빠르게 원하는 점수를 얻을 수 있을까?"라는 고민을 치열하게 해왔습니다. 특히 학원 현장에서 토익으로 어려움을 겪는 학생들을 직접 만나면서, 쉽고 빠르며 효율적으로 토익을 공부할 수 있도록 교재와 자료를 개발하고 수업을 준비하는 데 최선을 다하고 있습니다.

토익 시험은 비즈니스 상황을 기반으로 영어의 전반적인 내용을 포괄하는 시험입니다. 특히 LC에서 한 문장씩 듣는 것도 어려운 학생들에게는, 여러 문장이 길게 이어지는 Part 3와 4가 큰 도전으로 느껴질 수 있습니다. "모든 문장을 다 들어야 할까?"라는 고민은 학생들이 가장 힘들어하는 부분 중 하나입니다.

이와 같은 고민을 해결하고자, 시중의 LC 교재를 공부하면서도 한계를 느끼는 학생들을 위해 <일주일에 끝내는 시원스쿨 토익 파트 3&4>를 준비했습니다.

TOEIC LC는 올바른 학습 방법을 익히고 직청직해 훈련만 제대로 한다면, 한 달 만에 100점, 200점 이상 점수를 올리는 것이 가능합니다. 이를 위해 이 교재에서는 TOEIC Part 3, 4에서 자주 출제되는 흐름을 체계적으로 정리했으며, 빈출 패러프레이징을 강조해 문장을 100% 완벽하게 듣지 못해도 정확하게 정답을 고를 수 있도록 하였습니다. 특히 인강에서는, 현장에서 학생들을 가르치면서 효과를 크게 보았던 Part 3, 4 문제풀이 전략과 섀도잉 연습을 집중적으로 다루었습니다.

저는 오랜 현장 강의 경험을 통해 학생들이 LC의 어떤 부분에서 어려움을 겪는지, 어떤 방식으로 가르쳐야 쉽게 감을 잡고 직청직해의 귀가 트일 수 있는지를 잘 알고 있습니다. 본 교재와 강의를 통해 최근 들어 급격히 어려워진 Part 3, 4에 완벽히 대비하고, 신기할 정도로 귀가 트이고 점수가 급상승하는 경험을 하게 해 드리겠습니다.

마지막으로, 이번 교재 집필에 함께 힘써 주신 시원스쿨어학연구소 직원분들과, 물심양면으로 지원해 주신 사업부장님, 대표님께 진심으로 감사의 말씀을 전합니다.

길지연 드림

목차

Part 3&4 문제 유형 학습

Part 3&4 빈출 토픽 학습

Part 4 지문 유형 학습

정답 및 해설 [별책]

왜 「일주일에 끝내는 시원스쿨 토익 파트 3 & 4」인가?

① 어려워진 Part 3, 4 집중 공략으로 LC 점수 급상승

- 최근 들어 어려워진 Part 3, 4 기출 유형과 그에 대비한 전략을 완벽하게 정리
- 빠르게 끝내는 일주일 집중 커리큘럼으로 초단기 점수 상승

② 엄선된 최신 기출변형 Part 3, 4 실전문제 세트로 매일 연습

- 어려워진 최신 트렌드가 완벽히 반영된 Part 3, 4 실전문제 세트를 매일 골고루 학습
- 시험에 매번 출제되는 필수 어휘와 패러프레이징 완벽 정리

③ 점수 수직 상승 현강의 효과를 그대로 재현하여 학습 효과 극대화

- 주요 포인트 및 패러프레이징 빈칸 채우기를 통해 필수 사항을 확실히 암기
- 길토익 유료 인강을 통해 강사와 함께 실시간으로 문제를 풀면서 전략 적용 및 직청직해 섀도잉 연습

④ QR코드 스캔으로 편리한 학습

- 도서 내 QR코드를 스캔하여 본서 및 실전 모의고사 음원 바로 재생

⑤ LC 고득점 완성을 위한 특별 부록

- LC 고득점을 방해하는 Part 2 고난도 우회적 응답 문제 연습 ▸ 무료 해설강의 제공
- 최신 기출변형 LC 실전 모의고사 2회분 수록
- 집중 연습 음원(영국/호주 성우 녹음 및 배속 음원) 제공 ▸ 시원스쿨랩 lab.siwonschool.com

이 책의 구성과 특징

빈칸 채우기로 학습 효과 UP

주요 포인트 빈칸 채우기를 통해 필수 사항을 확실히 암기
할 수 있습니다.

엄선된 최신 기출변형 실전문제 세트

어려워진 Part 3, 4 최신 트렌드가 완벽히 반영된 실전
문제 세트를 매일 골고루 학습합니다.

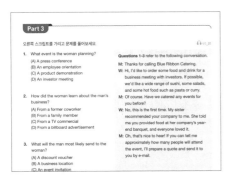

필수 어휘 & 패러프레이징

시험에 매번 출제되는 필수 어휘와 패러프레이징을 완벽히
정리하였습니다.

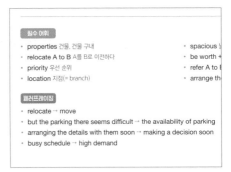

길토익 TIP

기본 학습에서 더 나아가, 기출 정보, 고난도 학습 포인트,
실전에서 바로 적용할 수 있는 길토익만의 전략과 학습법
등을 안내합니다.

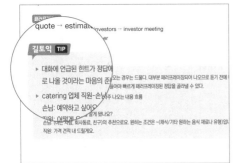

편리한 QR코드

각 유닛 시작 부분에 있는 QR코드를 통해 교재의 음원을
편리하게 재생할 수 있습니다.

REVIEW TEST

학습한 내용을 모두 적용하여 실제 시험처럼 다시 풀어보
도록 한 복습 코너입니다. REVIEW TEST를 풀면서 조금
이라도 어려움이 느껴지거나 틀린 문제가 나온다면 본문
학습을 보다 철저히 해야 합니다.

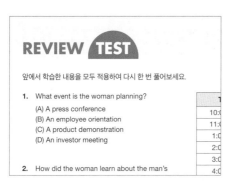

최신 기출 Part 2 고난도 유형

Part 2 만점을 방해하는 우회적 응답의 고난도 문제들을
모았습니다. 최근 출제된 문제들을 변형하였으므로 최신
고난도 문제들에 대한 감을 잡을 수 있습니다. 길토익 무료
해설 강의도 제공합니다.

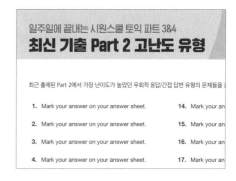

LC 실전 모의고사 2회분

토익 시험의 최신 출제 트렌드를 반영한 최신 기출변형
실전 모의고사 2회분을 제공하여 토익 LC 고득점 준비를
완벽하게 할 수 있습니다.

TOEIC 접수부터 성적 확인까지

토익은 어떤 시험이에요?

TOEIC은 ETS(Educational Testing Service)가 출제하는 국제 커뮤니케이션 영어 능력 평가 시험(Test Of English for International Communication)입니다. 즉, 토익은 영어로 업무적인 소통을 할 수 있는 능력을 평가하는 시험으로서, 다음과 같은 주제를 다룹니다.

기업 일반	계약, 협상, 홍보, 영업, 비즈니스 계획, 회의, 행사, 장소 예약, 사무용 기기
제조 및 개발	공장 관리, 조립 라인, 품질 관리, 연구, 제품 개발
금융과 예산	은행, 투자, 세금, 회계, 청구
인사	입사 지원, 채용, 승진, 급여, 퇴직
부동산	건축, 설계서, 부동산 매매 및 임대, 전기/가스/수도 설비
여가	교통 수단, 티켓팅, 여행 일정, 역/공항, 자동차/호텔 예약 및 연기와 취소, 영화, 공연, 전시

토익은 총 몇 문제인가요?

구성	파트	내용	문항 수 및 문항 번호		시간	배점
Listening Test	Part 1	사진 묘사	6	1-6	45분	495점
	Part 2	질의 응답	25	7-31		
	Part 3	짧은 대화	39 (13지문)	32-70		
	Part 4	짧은 담화	30 (10지문)	71-100		
Reading Test	Part 5	단문 빈칸 채우기 (문법, 어휘)	30	101-130	75분	495점
	Part 6	장문 빈칸 채우기 (문법, 문맥에 맞는 어휘/문장)	16 (4지문)	131-146		
	Part 7 독해	단일 지문	29 (10지문)	147-175		
		이중 지문	10 (2지문)	176-185		
		삼중 지문	15 (3지문)	186-200		
합계			200 문제		120분	990점

토익 시험을 보려고 해요. 어떻게 접수하나요?

- 한국 TOEIC 위원회 인터넷 사이트(www.toeic.co.kr)에서 접수 일정을 확인하고 접수합니다.
- 접수 시 최근 6개월 이내에 촬영한 jpg 형식의 사진이 필요하므로 미리 준비합니다.
- 토익 응시료는 (2024년 12월 기준) 정기 접수 시 52,500원입니다.

시험 당일엔 뭘 챙겨야 하나요?

- 아침 식사를 적당히 챙겨 먹는 것이 좋습니다. 빈속은 집중력을 떨어뜨리고, 과식은 졸음을 유발할 수 있습니다.

- 시험 준비물을 챙깁니다.
  - 신분증 (주민등록증, 운전면허증, 기간 만료 전 여권, 공무원증만 인정. 학생증 안됨. 단, 중고등학생은 국내 학생증 인정)
  - 연필과 깨끗하게 잘 지워지는 지우개 (볼펜이나 사인펜은 안됨. 연필은 뭉툭하게 깎아서 여러 자루 준비)
  - 아날로그 시계 (전자시계는 안됨)
  - 수험표 (필수 준비물은 아님. 수험 번호는 시험장에서 감독관이 답안지에 부착해주는 라벨을 보고 적으면 됨)

- 고사장을 반드시 확인합니다.

시험은 몇 시에 끝나나요?

오전 시험	오후 시험	내용
9:30 - 9:45	2:30 - 2:45	답안지 작성 오리엔테이션
9:45 - 9:50	2:45 - 2:50	수험자 휴식 시간
9:50 - 10:10	2:50 - 3:10	신분증 확인, 문제지 배부
10:10 - 10:55	3:10 - 3:55	리스닝 시험
10:55 - 12:10	3:55 - 5:10	리딩 시험

- 최소 30분 전에 입실을 마치고(오전 시험은 오전 9:20까지, 오후 시험은 오후 2:20까지) 지시에 따라 답안지에 기본 정보를 기입합니다.

- 안내 방송이 끝나고 시험 시작 전 5분의 휴식 시간이 주어지는데, 이때 화장실에 꼭 다녀옵니다.

시험 보고 나면 성적은 바로 나오나요?

- 시험일로부터 9일 후 낮 12시에 한국 TOEIC 위원회 사이트(www.toeic.co.kr)에서 성적이 발표됩니다.

초단기 완성 학습플랜

- 아래의 학습플랜을 참조하여 매일 학습합니다.
- 해당일의 학습을 하지 못했더라도 이전으로 돌아가지 말고 오늘에 해당하는 학습을 하세요. 그래야 끝까지 완주할 수 있습니다.
- 교재를 끝까지 한 번 보고 나면 2회독에 도전합니다. 두 번째 볼 때는 훨씬 빠르게 끝낼 수 있습니다. 토익은 천천히 1회 보는 것보다 빠르게 2회, 3회 보는 것이 훨씬 효과가 좋습니다.

1주 완성 학습 플랜

DAY	학습 내용		공부한 날짜	학습 완료 체크
Day 1	UNIT 01 패러프레이징 UNIT 02 주제/목적/문제점 문제 UNIT 03 장소/직업 문제		월 일	☑
Day 2	UNIT 04 세부사항 / say about 문제 UNIT 05 의도파악 문제		월 일	☐
Day 3	UNIT 06 시각자료 연계 문제 1 UNIT 07 시각자료 연계 문제 2 UNIT 08 제안·요청 / 미래 행동 문제		월 일	☐
Day 4	UNIT 09 비즈니스 토픽 UNIT 10 쇼핑/여행/여가 토픽 UNIT 11 기타 일상생활 토픽		월 일	☐
Day 5	UNIT 12 전화 메시지 / 자동 응답 안내 UNIT 13 회의 발췌 UNIT 14 연설 / 인물 소개		월 일	☐
Day 6	UNIT 15 관광 / 견학 UNIT 16 방송 / 보도 UNIT 17 광고 UNIT 18 공공장소 안내방송		월 일	☐
Day 7	최신 기출 Part 2 고난도 유형 LC 실전 모의고사 1 LC 실전 모의고사 2		월 일	☐

2주 완성 학습 플랜

DAY	학습 내용	공부한 날짜		학습 완료 체크
Day 1	UNIT 01　패러프레이징 UNIT 02　주제/목적/문제점 문제 UNIT 03　장소/직업 문제	월	일	✓
Day 2	UNIT 01 ~ UNIT 03 복습	월	일	☐
Day 3	UNIT 04　세부사항 / say about 문제 UNIT 05　의도파악 문제	월	일	☐
Day 4	UNIT 06　시각자료 연계 문제 1 UNIT 07　시각자료 연계 문제 2 UNIT 08　제안·요청 / 미래 행동 문제	월	일	☐
Day 5	UNIT 04 ~ UNIT 08 복습	월	일	☐
Day 6	UNIT 09　비즈니스 토픽 UNIT 10　쇼핑/여행/여가 토픽 UNIT 11　기타 일상생활 토픽	월	일	☐
Day 7	UNIT 09 ~ UNIT 11 복습	월	일	☐
Day 8	UNIT 12　전화 메시지 / 자동 응답 안내 UNIT 13　회의 발췌 UNIT 14　연설 / 인물 소개	월	일	☐
Day 9	UNIT 12 ~ UNIT 14 복습	월	일	☐
Day 10	UNIT 15　관광 / 견학 UNIT 16　방송 / 보도	월	일	☐
Day 11	UNIT 17　광고 UNIT 18　공공장소 안내방송	월	일	☐
Day 12	UNIT 15 ~ UNIT 18 복습	월	일	☐
Day 13	최신 기출 Part 2 고난도 유형 LC 실전 모의고사 1 LC 실전 모의고사 2	월	일	☐
Day 14	총 복습	월	일	☐

MP3 바로 듣기

최빈출 패러프레이징 표현

employees 직원들	work _____ 인력, staff 직원
department manager 부장	su_____ 상관, head, leader (부서/팀의) 장
mayor 시장	po_____ 정치인, city _____ 시 공무원, government official 정부 관리
feedback 의견	opinion, input 의견
magazine 잡지	pu_____ 출판물, pe_____ 정기 간행물, issue 호
employment fair 취업 박람회	ca_____ fair, job fair 취업 박람회
refreshments 다과	sn_____ 스낵, food 음식, be_____, drink 음료
blueprint 청사진	floor plan 설계도
flood 홍수, storm 폭우	in_____ (= un_____) weather conditions 악천후
traffic congestion 교통정체	be s_____ (= be held up in traffic) 정체되다
qu_____ 견적가	cost estimate 비용 견적
factory 공장	manufacturing facility 제조 시설, production facility 생산 시설
affordable 가격이 적당한	inexpensive 비싸지 않은, reasonable 가격이 합리적인
out of _____ 고장 난	br_____ 고장 난, br_____ 고장 나다, not working properly 제대로 작동하지 않는다
out of _____ 재고가 없는	sold-out 매진된, un_____ 이용이 불가능한
free 무료의	do not charge 청구하지 않다, co_____ 무료의, at no cost 무료로
sales are down[slow] 매출이 떨어졌다[저조하다]	financially struggle 재정적으로 어려움을 겪다
go over 검토하다	r_____, l_____ 검토하다
contact 연락하다	reach out to, get _____ 연락하다, call 전화하다
submit 제출하다	t_____, s_____, h_____ 제출하다
remodel 리모델링하다	renovation 수리 공사, re_____ 개조하다, im_____ 개선하다
update 업데이트하다	change 바꾸다, im_____ 개선하다
move 이사하다	re_____ 이사하다, 이전하다
change the appointment 일정을 바꾸다	re_____ 일정을 다시 잡다, sw_____, al_____ 변경하다
show A around A에게 구경시켜주다	give[provide] A a _____ A에게 구경시켜주다
arrange a meeting 회의를 잡다	set up a meeting, schedule a meeting 회의를 잡다

오른쪽 스크립트를 가리고 문제를 풀어보세요.　🎧 U1_01

1. What event is the woman planning?

    (A) A press conference

    (B) An employee orientation

    (C) A product demonstration

    (D) An investor meeting

2. How did the woman learn about the man's business?

    (A) From a former coworker

    (B) From a family member

    (C) From a TV commercial

    (D) From a billboard advertisement

3. What will the man most likely send to the woman?

    (A) A discount voucher

    (B) A business location

    (C) An event invitation

    (D) A cost estimate

Questions 1-3 refer to the following conversation.

M: Thanks for calling Blue Ribbon Catering.

W: Hi, I'd like to order some food and drink for a business meeting with investors. If possible, we'd like a wide range of sushi, some salads, and some hot food such as pasta or curry.

M: Of course. Have we catered any events for you before?

W: No, this is the first time. My sister recommended your company to me. She told me you provided food at her company's year-end banquet, and everyone loved it.

M: Oh, that's nice to hear! If you can tell me approximately how many people will attend the event, I'll prepare a quote and send it to you by e-mail.

필수 어휘

- investor 투자가
- cater an event 행사에 음식을 조달하다
  cf. caterer, catering company 연회 음식 업체
- year-end 연말의

- banquet 연회, 파티
- approximately 대략, 약
- quote 견적가 (= cost estimate)

패러프레이징

- business meeting with investors → investor meeting
- my sister → a family member
- quote → estimate

길토익 TIP

▶ 대화에 언급된 힌트가 정답에 그대로 나오는 경우는 드물다. 대부분 패러프레이징되어 나오므로 듣기 전에 미리 문제 분석을 해 두고 다른 표현으로 나올 것이라는 마음의 준비를 하고 들어야 빠르게 패러프레이징된 정답을 골라낼 수 있다.

▶ catering 업체 직원-손님간 대화 자주 나오는 내용 흐름
손님: 예약하고 싶어요.
직원: 어떻게 우리 업체를 알게 됐나요?
손님: (아는 사람, 회사동료, 친구)의 추천으로요. 원하는 조건은 ~(채식/기타 원하는 음식 재료나 유형)입니다.
직원: 가격 견적 내 드릴게요.

4. What industry do the speakers most likely work in?

(A) Interior design
(B) Manufacturing
(C) Real estate
(D) Construction

5. Why is the man unable to help with a task?

(A) He will travel to a supplier.
(B) He needs to attend an interview.
(C) He does not have a vehicle.
(D) He is recovering from an injury.

6. What will Lynne do next?

(A) Repair some equipment
(B) Contact some workers
(C) Order some materials
(D) Put up a notice

Questions 4-6 refer to the following conversation with three speakers.

W1: The storm we had over the past few days has really made a mess of our building site. Some of the scaffolding has blown down, and there are building materials scattered everywhere. We'll need to get it all cleaned up before building work can resume.

M: I agree, but I'm afraid I won't be available to help. I need to drive to our supplier to pick up bricks and cement.

W1: Oh, that's an important task. You'd better get going. Lynne, you and I can start tidying the site up.

W2: Sounds good. But first, I'm going to call our builders and ask them to come in early today. With their help, we'll get everything cleaned up quicker.

필수 어휘

- make a mess 엉망으로 만들다
- scaffolding (공사장의) 비계, 공사장 발판
- building materials 건축 자재
- scattered 흩어져 있는
- get A cleaned up A를 치우다
- resume 재개하다
- I'm afraid (부정적인 내용을 말할 때) ~일 것 같다
- supplier 공급업자
- pick up ~을 가져오다
- task 일, 임무
- tidy A up A를 정돈하다

패러프레이징

- building site, scaffolding, building materials, bricks and cement → construction
- drive → travel
- call our builders → contact some workers

길토익 TIP

▶ 직업/회사/직종을 묻는 문제는 듣기에서 '관련 힌트 단어'를 잘 듣거나 Our ~라고 자신이 속한 회사나 단체를 언급하는 부분을 놓치지 말 것!

▶ do next 문제가 나오면, 대화 후반부에 나오는 I'll ~ / Let me ~ / I am going to ~ 에 집중할 것!

▶ 관련 빈출 토픽
부동산 관련업자: 집 구매 논의, 집 구경을 위해 일정 논의
건설업 관련자: 건물 자재 관련 논의, 설계도 수정 논의

Time	Activity
10:00 A.M.	Health & Fitness Advice
11:00 A.M.	Help With Finances
1:00 P.M.	
2:00 P.M.	Basic Cooking Skills
3:00 P.M.	
4:00 P.M.	Badminton Session
6:00 P.M.	Swimming Lessons

7. How does the woman say she would like to start the orientation?

(A) By organizing a group activity
(B) By asking staff to introduce themselves
(C) By providing a tour of a building
(D) By discussing rules and guidelines

8. According to the woman, what does the man need to do whenever he comes to work?

(A) Set up equipment
(B) Sign a form
(C) Report to a manager
(D) Show an ID

9. Look at the graphic. When will the art class take place?

(A) 11 A.M.　　　　(B) 1 P.M.
(C) 3 P.M.　　　　(D) 5 P.M.

Questions 7-9 refer to the following conversation and schedule.

W: Hi, I guess you are Stuart, our new art teacher. I'm Annie, the senior administrator here at the community center. Thanks for coming in for today's orientation.

M: No problem. It's nice to meet you, Annie.

W: Nice to meet you, too! To start off, I'd like to show you around our community center.

M: I'd like that. The building is a lot bigger than I expected.

W: Well, this is our reception area. Whenever you arrive for work, you'll need to sign the sign-in sheet on the desk here. And, the room opposite the reception desk is where we keep our art supplies.

M: Great! So, will I be giving art lessons in that room?

W: Exactly. And, if you take a look at the schedule here, we'll be adding your art workshop between the cooking and badminton activities.

필수 어휘

- administrator 운영자, 관리자
- community center 지역 문화 센터
- show A around A에게 구경시켜주다
- reception 접수처 cf. receptionist 접수 직원
- sign ~에 서명하다

- sign-in sheet 참가 신청서, (건물 등의) 출입 기록부
- opposite ~의 반대편에
- keep ~을 보관하다, 두다
- art supplies 미술 자재
- take a look at ~을 보다

패러프레이징

- show you around our community center → providing a tour of a building
- sign the sign-in sheet → sign a form

U1_04

10. What kind of service is being advertised?

(A) Business investment
(B) Staff recruitment
(C) Financial planning
(D) Home remodeling

11. According to the speaker, what is unique about the business?

(A) It has won industry awards.
(B) It provides a free consultation.
(C) It operates in several countries.
(D) It has a small workforce.

12. Why should the listeners visit a Web site?

(A) To leave feedback
(B) To find the nearest branch
(C) To set up a virtual meeting
(D) To view a list of services

Questions 10-12 refer to the following advertisement.

Do you need assistance with managing your monthly household bills and income from employment? At Money Experts, our experienced team of accountants can help you make a plan that guarantees you a secure financial future. Unlike other companies in our field, we do not charge for the first consultation we provide, so why not get in touch with us today? We are happy to arrange a virtual meeting for your convenience. Visit our Web site today to book an appointment.

필수 어휘

- assistance 도움 *cf.* assist ~을 돕다
- manage ~을 관리하다
- monthly household bills 월간 가계 청구서
- income from employment 근로 소득
- experienced 경험 많은, 노련한
- accountant 회계사, 회계 담당 직원
- guarantee A B A에게 B를 보장해주다

- secure 안전한
- financial 재정의
- charge for ~에 대해 청구하다
- consultation 상담
- get in touch with ~에게 연락하다
- arrange a virtual meeting 화상 회의를 잡다
- book an appointment 약속을 잡다, 예약하다

패러프레이징

- make a plan that guarantees you a secure financial future → financial planning
- unlike other companies → unique
- arrange → set up
- do not charge → free
- feedback → comment, review

길토익 TIP

▸ 회사/상품의 어떤 점이 특별한지(unique) 묻는 문제에서 유의할 표현
  special 특별한 / not usual, unusual 평범하지 않은 / unlike other companies 다른 회사들과는 달리

Street Vendor Permit Fees

Single Day Permit: $40
Weekend Permit: $75
One Week Permit: $200
One Month Permit: $700

13. Who most likely is the speaker?

(A) A travel agent
(B) A city official
(C) A business owner
(D) An event planner

14. Look at the graphic. Which permit fee has been changed?

(A) $40
(B) $75
(C) $200
(D) $700

15. What will be discussed next week?

(A) An event budget
(B) An advertising strategy
(C) Vendor feedback
(D) Resident surveys

Questions 13-15 refer to the following excerpt from a meeting and list.

As the head of the Public Works department here at Walford City Council, I have an important announcement regarding fees for street vendor permits. The city's founding celebrations will take place in July, and we want to make permits more affordable for vendors participating in the event. As such, any vendor applying for a month-long permit will pay $200 less than usual. If you look at the screen, you'll see the new fees that we posted on our Web site yesterday. We are currently gathering opinions from vendors regarding all permit fees, and we will discuss these findings at next week's meeting.

필수 어휘

• **head** n. (부서 등의) 장
• **city council** 시 의회
• **regarding** ~에 관하여
• **fee** 요금
• **vendor** 판매자, 상인
• **permit** 허가증

• **take place** 개최되다, 발생하다(= happen, occur)
• **affordable** 가격이 적절한
• **participate in** ~에 참가하다
• **apply for** ~을 신청하다
• **post** ~을 게시하다
• **gather opinions** 의견을 수집하다

패러프레이징

• head / Walford City Council → a city official
• opinions from vendors → vendor feedback

앞에서 학습한 내용을 모두 적용하여 다시 한 번 풀어보세요.　　　　🎧 U1_all

1. What event is the woman planning?

(A) A press conference
(B) An employee orientation
(C) A product demonstration
(D) An investor meeting

2. How did the woman learn about the man's business?

(A) From a former coworker
(B) From a family member
(C) From a TV commercial
(D) From a billboard advertisement

3. What will the man most likely send to the woman?

(A) A discount voucher
(B) A business location
(C) An event invitation
(D) A cost estimate

---

4. What industry do the speakers most likely work in?

(A) Interior design
(B) Manufacturing
(C) Real estate
(D) Construction

5. Why is the man unable to help with a task?

(A) He will travel to a supplier.
(B) He needs to attend an interview.
(C) He does not have a vehicle.
(D) He is recovering from an injury.

6. What will Lynne do next?

(A) Repair some equipment
(B) Contact some workers
(C) Order some materials
(D) Put up a notice

Time	Activity
10:00 A.M.	Health & Fitness Advice
11:00 A.M.	Help With Finances
1:00 P.M.	
2:00 P.M.	Basic Cooking Skills
3:00 P.M.	
4:00 P.M.	Badminton Session
6:00 P.M.	Swimming Lessons

7. How does the woman say she would like to start the orientation?

(A) By organizing a group activity
(B) By asking staff to introduce themselves
(C) By providing a tour of a building
(D) By discussing rules and guidelines

8. According to the woman, what does the man need to do whenever he comes to work?

(A) Set up equipment
(B) Sign a form
(C) Report to a manager
(D) Show an ID

9. Look at the graphic. When will the art class take place?

(A) 11 A.M.
(B) 1 P.M.
(C) 3 P.M.
(D) 5 P.M.

10. What kind of service is being advertised?

(A) Business investment
(B) Staff recruitment
(C) Financial planning
(D) Home remodeling

11. According to the speaker, what is unique about the business?

(A) It has won industry awards.
(B) It provides a free consultation.
(C) It operates in several countries.
(D) It has a small workforce.

12. Why should the listeners visit a Web site?

(A) To leave feedback
(B) To find the nearest branch
(C) To set up a virtual meeting
(D) To view a list of services

Street Vendor Permit Fees

Single Day Permit: $40
Weekend Permit: $75
One Week Permit: $200
One Month Permit: $700

---

13. Who most likely is the speaker?

(A) A travel agent
(B) A city official
(C) A business owner
(D) An event planner

14. Look at the graphic. Which permit fee has been changed?

(A) $40
(B) $75
(C) $200
(D) $700

15. What will be discussed next week?

(A) An event budget
(B) An advertising strategy
(C) Vendor feedback
(D) Resident surveys

주제/목적/문제점 문제

MP3 바로 듣기

- 주제/목적 문제는 매 회 3, 4문제 정도 출제된다. 각 대화 세트의 첫 번째 문제로 나오며, 선택지는 명사구나 to부정사구 형태이다. 문제점이나 걱정거리가 무엇인지 묻는 문제는 선택지가 문장으로 제시되는 경우가 많다.
- 정답의 단서가 _____ 또는 대화 _____에 나오는 경우가 대부분이므로 이것을 놓쳐선 안된다.

문제 형태

● 주제

- What are the speakers mainly discussing?
  화자들은 무엇에 대해 이야기하는가?
- What is the conversation mainly about?
  대화는 주로 무엇에 관한 것인가?

● 목적

- What is the purpose of the woman's call?
  여자가 전화 건 목적은 무엇인가?
- Why is the man calling?
  남자는 왜 전화를 하는가?

● 문제점

- What is the problem?
  무엇이 문제인가?
- What problem does the woman mention?
  여자는 어떤 문제를 언급하는가?
- What is the man _____
  _____?
  남자는 무엇에 대해 걱정하고 있는가?

길토익 TIP

▶ 토익 빈출 문제점 내용
기기 고장 / 비용, 매출, 예산 문제 / 계산 착오 / 예약 불가 / 배송 문제 / 일정 문제(일정 겹침, 교통편 놓침 등)

단서 표현

● 주제/목적이 나오는 표현

- I'd like to / I want to / I hope to + 주제
  ~하고 싶습니다
- I'm planning to ~ / I'm going to ~ + 주제
  ~할 계획입니다
- _____ + 이유/목적
  ~ 때문에 전화 드립니다.
- I'm here to + 이유/목적
  ~하려고 왔습니다

● 문제점이 나오는 표현

❶ 부정어 not
can't / wasn't / didn't / won't / haven't

❷ 부정적인 형용사
faulty, defective, broken 결함 있는, 고장 난

❸ 부정적인 내용을 알리는 표현
- _____ + 문제점 안타깝게도
- _____ 유감이지만
- I apologize 죄송합니다

❹ 대조/반전 표현
- _____ / _____ 하지만, 그러나
- though 비록~지만
- Actually 사실은

오른쪽 스크립트를 가리고 문제를 풀어보세요.　🎧 U2_01

1. What is the conversation mainly about?

(A) Renewing a construction contract
(B) Selecting a new supplier
(C) Moving a store location
(D) Planning a product launch

2. What does the man say is a priority?

(A) A large office space
(B) A short travel distance
(C) The availability of parking
(D) The amount of foot traffic

3. Why does the woman suggest making a decision soon?

(A) A budget is limited.
(B) A procedure will take some time.
(C) A service rate will increase.
(D) A company is in high demand.

Questions 1-3 refer to the following conversation.

W: How do you feel after visiting some properties? Do any seem good for your supermarket? Relocating it to the Burton area would probably be the easiest.

M: True, but the parking there seems difficult, and that's one of our priorities. But for the Castro Valley location, there's a nice and spacious car park out front. It's a bit farther, but I think it's worth it.

W: Alright. I do want to mention the relocation agency I plan to refer you to has a busy schedule this month. So if you're set on that new site, I suggest arranging the details with them soon.

필수 어휘

- **properties** 건물, 건물 구내
- **relocate A to B** A를 B로 이전하다
- **priority** 우선 순위
- **location** 지점(= branch)
- **spacious** 넓은, 널찍한
- **be worth + 명사** ~의 가치가 있다
- **refer A to B** A에게 B를 추천하다
- **arrange the details** 세부사항을 준비하다, 조정하다

패러프레이징

- relocate → move
- but the parking there seems difficult → the availability of parking
- arranging the details with them soon → making a decision soon
- busy schedule → high demand

길토익 TIP

▶ What is the conversation about?은 가장 대표적인 "주제" 문제이다. 대화/담화의 주제는 거의 첫 문장이나 두 번째 문장에서 나오므로 처음부터 집중하도록 한다.

▶ 제안/요청/다음 할 일 문제는 듣기에서 "후반부"에 나온다!
제안 내용 단서: I suggest[recommend] / How about / Why don't you[we] / Let's 뒤에 이어지는 내용 집중!
요청 내용 단서: Could you / Please 뒤에 이어지는 내용 집중!
다음 할 일 단서: I'll / Let me 뒤에 이어지는 내용 집중!

4. Why is the man calling?

(A) To ask for a refund
(B) To confirm a registration
(C) To reserve an accommodation
(D) To receive feedback

5. According to the woman, what has been causing problems?

(A) Broken machinery
(B) Inclement weather
(C) A new government mandate
(D) A transaction system

6. What does the woman offer?

(A) A room upgrade
(B) A future discount
(C) Some printed maps
(D) Tourism guidance

Questions 4-6 refer to the following conversation.

W: Emerald Bay Campgrounds. This is Ava speaking.

M: Hi, I'm calling to discuss my booking deposit. I stayed at one of your cabins last month, but I never got my booking deposit back.

W: Oh, I apologize for that. Our payment processing system has been faulty these days. Can you tell me your reservation number?

M: Okay, it's WP8514.

W: Ah, Mr. Boris Lee… You stayed for four days and three nights, right?

M: Yes.

W: I'll issue that refund right away. And to make up for the trouble, I'd like to offer you a special deal for your next visit.

필수 어휘

- booking deposit 예약 보증금
- stay at ~에 머무르다, 숙박하다
- get A back A를 돌려받다
- I apologize for ~에 대해 사과 드립니다
- payment processing system 결제 처리 시스템

- faulty 결함 있는(= defective)
- issue a refund 환불을 해주다
- make up for ~에 대해 보상하다
- offer A B A에게 B를 제공하다
- special deal 특가(= special offer)

패러프레이징

- I never got my booking deposit back. → ask for a refund
- payment processing system → a transaction system
- special deal → discount
- reserve → book
- broken → malfunction, out of order, broke down
- inclement weather → unfavorable[severe, bad] weather

길토익 TIP

▸ 고객이 문제 상황에 대해 불만을 제기하는 대화에서는 직원이 사과하고 무료 쿠폰/향후 할인/무료 상품을 제공하는 내용이 잘 나온다.
  (무료 쿠폰: complimentary voucher / 할인: discount = special deal, special offer, hot deal)

▸ What causes ~ / What has been causing ~ 형태의 문제는 "Why"로 해석하면 쉽다.

▸ 문제/선택지 분석을 할 때 어떤 내용이 나올 것인지 예측하고 듣는 것이 좋다. 「문제 + 선택지」도 힌트다!

Decorations	$7,000
Live Entertainment	$5,000
Advertising	$8,000
Contest Prizes	$1,500
Catering	$2,500

7. What kind of event are the speakers discussing?

(A) A grand opening
(B) A fundraiser
(C) A birthday party
(D) A product launch

8. Look at the graphic. Which number does the man recommend reducing?

(A) $5,000
(B) $8,000
(C) $1,500
(D) $2,500

9. What does the woman suggest doing next?

(A) Increasing an order of event decorations
(B) Conducting a survey of event attendees
(C) Gathering the opinions of committee members
(D) Changing the proposed date of an event

Questions 7-9 refer to the following conversation and table.

M: As the lead organizer of our supermarket's grand opening event, which will take place in two months, I would like to make some changes to our event budget.

W: That shouldn't be a problem. What do you have in mind?

M: Well, I think the best way to attract many people to the event is to increase the amount of prize money. I believe attendees will be far more interested in prizes than the food we plan to provide.

W: That's a good point.

M: So, I suggest taking $1,500 out of catering, and splitting it equally between contest prizes and additional advertising.

W: I like that idea, but let's speak to the rest of the event organizing committee members first and hear their thoughts on it.

필수 어휘

- grand opening 개장, 개점
- organizer 주최자, 진행자
- make changes to ~을 변경하다
- budget 예산
- attract A to B A를 B로 끌어들이다

- attendees 참석자(= participants)
- suggest -ing ~할 것을 제안하다
- take A out of B B에서 A를 덜어내다
- split A equally A를 균등하게 나누다
- the rest 나머지

패러프레이징

- suggest taking $1,500 out of catering → recommend reducing
- hear their thoughts → gathering the opinions
- launch → unveil, reveal, disclose
- conduct → carry out
- survey → questionnaire

Part 4

10. Why is the speaker calling?

(A) To negotiate a merger agreement
(B) To follow up regarding a venue
(C) To request customer feedback
(D) To offer an employment opportunity

11. According to the speaker, what can be found on a Web site?

(A) Directions for arrival
(B) Event schedules
(C) A 3D floor plan
(D) A list of equipment

12. What does the speaker offer to do for the listener?

(A) Schedule a preliminary meeting
(B) E-mail some images
(C) Communicate with a colleague
(D) Waive an extra fee

Questions 10-12 refer to the following telephone message.

Hi, this is Charles from Trenton Auditorium. I'm calling to follow up on your inquiry about renting our space for your company's gala. I'd like to confirm that our property is available for the date you requested, August 9. Also, we should have sufficient seats for your 200 guests. Please take note that some of our audiovisual equipment will cost extra to use, so do check out our Web site for a list of those items. Oh, and one last thing. I can talk to our building manager to give you a tour of the facility at your earliest convenience. Once you confirm your reservation, I'll have her contact you immediately. Thank you.

필수 어휘

- **follow up on** ~에 대해 후속 조치를 취하다
- **inquiry** 문의
- **rent a space** 공간을 대여하다
- **sufficient** 충분한
- **Please take note that** ~임을 유념하십시오
- **audiovisual equipment** 시청각 장비

- **cost extra** 별도의 비용이 들다
- **give A a tour of** A에게 ~을 구경시켜주다
- **facility** 시설
- **at your earliest convenience** 가급적 빨리
- **confirm a reservation** 예약사항을 확인하다
- **have A 동사원형** A가 ~하도록 하다

패러프레이징

- space → venue
- talk to our building manager → communicate with a colleague
- employment opportunity → job opening
- waive → remove
- extra → additional

길토익 TIP

▶ '전에 문의하신 내용에 대해 답변 드리고자 연락 드립니다'는 내용의 전화 메시지에서 전화 건 목적을 묻는 문제의 정답으로 follow up(후속 조치를 취하다), reply, respond(답변하다)가 잘 나온다.

Upcoming Important Events: December

Date	Event	Location
12/5	Monthly Commission Meeting	YMA Fremont Branch, Conference Room B
12/8	Info Session: Camp Registrations	Mission College Library / Online
12/14	Exemplary Students Awards Ceremony	The Grand Heritage Hotel
12/21	End-of-the-Year Benefit Dinner	Brentwood Arts & Culture Hall

13. Look at the graphic. Where is the event being held?

(A) At the YMA Fremont Branch
(B) At Mission College Library
(C) At The Grand Heritage Hotel
(D) At the Brentwood Arts & Culture Hall

14. What announcement does the speaker make?

(A) Some new music will be released soon.
(B) A regional director will be appointed.
(C) A donation milestone has been surpassed.
(D) A program will include expert teachers.

15. What will the listeners most likely do next?

(A) Listen to a celebrity speech
(B) Watch a performance
(C) Vote on a decision
(D) Receive a free gift

Questions 13-15 refer to the following speech and monthly schedule.

Good evening, and thank you all for coming to our annual benefit dinner for the Young Musicians Association. I'm Sarah McConnell, the organization's director. I'd like to start by expressing my deepest gratitude for your support in nurturing our youth's musical talents. I'm especially excited to announce that we've brought in several famous artists and composers who will teach at various camps throughout next year's program. To really show the impact of your contributions, we've organized a performance showcasing some of our brightest students. Please give them a round of applause!

필수 어휘

- **annual benefit dinner** 연례 자선 만찬
- **express one's gratitude for** ~에 대해 감사를 표하다
- **support** n. 지지, 후원 v. 지지하다, 후원하다
- **nurture** ~을 육성하다
- **youth** 젊은이, 청년
- **bring in** ~을 데려오다

- **impact** 영향, 효과
- **contribution** 기부, 기여
- **organize a performance** 공연을 준비하다
- **showcase** ~을 보여주다
- **a round of applause** 큰 박수

패러프레이징

- famous artists and composers who will teach at various camps → expert teachers

앞에서 학습한 내용을 모두 적용하여 다시 한 번 풀어보세요.　🎧 U2_all

Decorations	$7,000
Live Entertainment	$5,000
Advertising	$8,000
Contest Prizes	$1,500
Catering	$2,500

1. What is the conversation mainly about?

   (A) Renewing a construction contract
   (B) Selecting a new supplier
   (C) Moving a store location
   (D) Planning a product launch

2. What does the man say is a priority?

   (A) A large office space
   (B) A short travel distance
   (C) The availability of parking
   (D) The amount of foot traffic

3. Why does the woman suggest making a decision soon?

   (A) A budget is limited.
   (B) A procedure will take some time.
   (C) A service rate will increase.
   (D) A company is in high demand.

_____

4. Why is the man calling?

   (A) To ask for a refund
   (B) To confirm a registration
   (C) To reserve an accommodation
   (D) To receive feedback

5. According to the woman, what has been causing problems?

   (A) Broken machinery
   (B) Inclement weather
   (C) A new government mandate
   (D) A transaction system

6. What does the woman offer?

   (A) A room upgrade
   (B) A future discount
   (C) Some printed maps
   (D) Tourism guidance

7. What kind of event are the speakers discussing?

   (A) A grand opening
   (B) A fundraiser
   (C) A birthday party
   (D) A product launch

8. Look at the graphic. Which number does the man recommend reducing?

   (A) $5,000
   (B) $8,000
   (C) $1,500
   (D) $2,500

9. What does the woman suggest doing next?

   (A) Increasing an order of event decorations
   (B) Conducting a survey of event attendees
   (C) Gathering the opinions of committee members
   (D) Changing the proposed date of an event

10. Why is the speaker calling?

(A) To negotiate a merger agreement
(B) To follow up regarding a venue
(C) To request customer feedback
(D) To offer an employment opportunity

11. According to the speaker, what can be found on a Web site?

(A) Directions for arrival
(B) Event schedules
(C) A 3D floor plan
(D) A list of equipment

12. What does the speaker offer to do for the listener?

(A) Schedule a preliminary meeting
(B) E-mail some images
(C) Communicate with a colleague
(D) Waive an extra fee

Upcoming Important Events: December

Date	Event	Location
12/5	Monthly Commission Meeting	YMA Fremont Branch, Conference Room B
12/8	Info Session: Camp Registrations	Mission College Library / Online
12/14	Exemplary Students Awards Ceremony	The Grand Heritage Hotel
12/21	End-of-the-Year Benefit Dinner	Brentwood Arts & Culture Hall

13. Look at the graphic. Where is the event being held?

(A) At the YMA Fremont Branch
(B) At Mission College Library
(C) At The Grand Heritage Hotel
(D) At the Brentwood Arts & Culture Hall

14. What announcement does the speaker make?

(A) Some new music will be released soon.
(B) A regional director will be appointed.
(C) A donation milestone has been surpassed.
(D) A program will include expert teachers.

15. What will the listeners most likely do next?

(A) Listen to a celebrity speech
(B) Watch a performance
(C) Vote on a decision
(D) Receive a free gift

출제 경향

- 근무지나 대화 장소, 직업을 묻는 문제는 대화 초반 또는 몇 가지 _____들을 듣고 유추하여 정답을 고른다.
  📱 stay → _____   change the tire and oil → _____
- 관련 힌트 단어들을 연관시켜서 외워두자.

문제 형태

- ### 장소
  - Where does the woman work?
    여자는 어디에서 근무하는가?
  - Where most likely are the speakers?
    화자들은 어디에 있겠는가?
  - Where is the conversation taking place?
    대화가 이뤄지는 곳은 어디인가?

- ### 직업/신분
  - Who is the woman? 여자는 누구인가?
  - What is the man's job/occ_____ /
    pro_____?
    남자의 직업은 무엇인가?

- ### 분야/부서
  - What industry do the speakers most likely
    work in?
    화자들은 어떤 분야에서 일하겠는가?
  - What department does the woman work in?
    여자는 어떤 부서에서 일하는가?

길토익 TIP

▶ 장소/직업을 묻는 문제에서는 선택지에 제시된 단어가 대화 중에 나오기를 기다릴 것이 아니라 대화에 나오는 힌트 단어들을 듣고 유추해서 정답을 골라야 한다.

▶ 오답에 속지 말자!
대화 중에 언급된 장소가 오답으로 나오거나, 문제에서 묻는 화자의 직업이 아닌 대화 상대의 직업이 오답으로 나오기도 하므로 주의해야 한다.

힌트에서 정답 유추하기

- I'm looking for an apartment[office] for rent.
- I'd like to update you on the property search for your new store.
- I can show you some properties.

정답 A _____ 부동산 중개업체
      A _____ 부동산 중개업자

I just spoke with our TV program's producer.

정답 A _____ 방송국

Welcome to the Annual Businessman of the Year Banquet.

정답 An a_____ ban_____ 시상식 연회

The machines on the assembly line have some problems.

정답 A man_____ p_____ 제조 공장

At today's skills workshop,

정답 A tra_____ s_____ 교육 연수

I just got off the phone with Flexion Footwear about their advertisement which we're currently working on.

정답 An adv_____ f_____ 광고 회사

오른쪽 스크립트를 가리고 문제를 풀어보세요. 🎧 U3_01

1. Who most likely is the man?

    (A) A clothing store manager

    (B) A TV show host

    (C) A company founder

    (D) A magazine writer

2. What does the woman say her company's goal is?

    (A) To reduce its carbon footprint

    (B) To compete with well-known brands

    (C) To partner with environmental organizations

    (D) To open additional facilities

3. What does the woman hope will happen?

    (A) Advertising campaigns will be successful.

    (B) Products will be sold overseas.

    (C) Sales figures will increase.

    (D) Shipping costs will decrease.

Questions 1-3 refer to the following conversation.

M: Thanks for coming on our weekly show, *Fashion Forward*. I'm sure all our viewers are looking forward to hearing about your company's new range of sportswear.

W: Thanks for having me! Well, I'm very excited about our new range of sports apparel. Not only do the products look and feel amazing, but they're made from some unique materials.

M: Yes, I'd love to hear more about that. What are they made from?

W: They are composed of 100% natural fibers, because our company aims to lower its carbon footprint to almost zero over the next few years. We hope this approach will please consumers and double our sales in the future.

필수 어휘

- weekly show (TV, 라디오 등) 주간 프로그램
- viewer 시청자 *cf.* listener 청취자
- look forward to -ing ~하기를 고대하다
- new range of sportswear 새로운 스포츠의류 제품군
- apparel 의류(= clothing, attire)
- not only A but (also) B A일 뿐만 아니라 B이다
- be made from ~로 만들어지다
- unique 독특한(= special)
- material 직물, 천(= fabric), 소재, 재료

- be composed of ~로 이루어지다
- aim to do ~하는 것을 목표로 하다
- lower v. ~을 낮추다
- carbon footprint 탄소 발자국
- approach 접근법
- consumer 소비자
- double v. ~을 두 배로 늘리다
- sales 매출 *cf.* sales figures 매출액

패러프레이징

- weekly show / our viewers → TV show host
- double our sales in the future → Sales figures will increase.
- lower → reduce

길토익 TIP

▶ 방송 대화가 나올 때는 문제에서 요구하는 것이 진행자인지 초대 손님인지 잘 확인하고 구분해서 정답을 고르자.
   Ex. Welcome to the show → A radio host

▶ 초대 손님을 모시는 방송 대화에서는 그 사람의 이력 및 업적, 앞으로의 계획에 대해서 소개하는 내용이 나온다.

4. Where do the speakers most likely work?

    (A) At a produce store

    (B) At a legal company

    (C) At a bakery

    (D) At an advertising agency

5. Why does the woman say, "that's a one-hour drive"?

    (A) To indicate concern about some products

    (B) To recommend a change of plans

    (C) To request extra assistance

    (D) To express surprise at an announcement

6. What will the woman do next?

    (A) Unpack some boxes

    (B) Fill up a container

    (C) Prepare some ingredients

    (D) Turn on an appliance

Questions 4-6 refer to the following conversation.

M: Yolinda, I'd like you to start on a last-minute order that came in from a customer. They want six signature apple pies to be delivered for a company party this evening.

W: Alright. Where are they located?

M: In South Wellington. Apparently, they're a large legal firm.

W: But that's a one-hour drive.

M: Yeah, but we should have enough insulated boxes to keep the pies warm.

W: I guess so. I'll start chopping the apples to make the pie filling.

M: Sounds good. We got a fresh box of them this morning.

필수 어휘

- **last-minute order** 막판에 들어온 주문
- **be located** 위치하다
- **apparently** 듣자 하니, 보아 하니
- **legal firm** 법률 회사(= law firm)
- **a one-hour drive** 운전해서 한 시간 거리
- **insulated** 보온의[보냉의]
- **keep A warm** A를 따뜻하게 유지하다
- **chop** ~을 잘게 썰다

패러프레이징

- apple pies / keep the pies warm / chopping the apples to make the pie filling → a bakery
- chopping the apples → prepare some ingredients

길토익 TIP

▶ 함정 주의! 선택지에 있는 단어가 들린다고 해서 무작정 정답으로 고르지 말 것!
대화 중에 언급된 legal firm이 선택지에 나와 있다. legal firm은 애플파이를 주문한 회사이지 화자들이 근무하는 곳이 아니다. 무작정 대화에서 들린 것을 고르지 않도록 유의하자.

▶ 비슷한 유형의 함정

Regarding the Truefit Shoes Company, they have inquired about the advertisement we created.
트루핏 신발 회사와 관련해서 말하자면, 그들이 우리가 제작한 광고에 대해 문의해 왔어요.

Q. 화자들(speakers)이 근무하는 회사는? (A) 신발 제조업체 (B) 광고회사

Model Name	Perfect for...
Mermot	Singles (1 person)
Gavello	Couples or Roommates (2 people)
McKinley	Medium Families (4 people)
Kellmore	Large Families (5+ people)

7. What most likely is the woman's job?

(A) IT specialist
(B) Retail consultant
(C) Factory manager
(D) Shipping coordinator

8. Look at the graphic. Which model will the man most likely purchase?

(A) Mermot   (B) Gavello
(C) McKinley   (D) Kellmore

9. What does the man ask the woman for?

(A) A cost estimate
(B) A product description
(C) A business card
(D) A copy of a receipt

Questions 7-9 refer to the following conversation and table.

W: Welcome to Ashton's Appliances. Can I help you find anything?

M: I'm looking to upgrade my home's refrigerator.

W: Lucky for you, we just received some new models. This one here's the McKinley.

M: The color's nice, but I'd like something smaller. I live alone.

W: Alright, this line actually has multiple models, and there's one made for single-person households.

M: Wonderful. Can you give me a detailed description of that one?

필수 어휘

- appliances 가전 제품
- I'm looking to do 저는 ~하고자 합니다
- refrigerator 냉장고
- line 제품군
- multiple 다수의
- a single-person household 1인 가정
- detailed 상세한
- description 설명, 묘사

패러프레이징

- Welcome to Ashton's Appliances → a retail consultant
- detailed description of that one(refrigerator) → a product description
- cost estimate → quote, roughly how much it will cost
- receipt → a proof of purchase

길토익 TIP

▶ 상점 등의 판매원을 나타내는 표현
a salesperson, a sales clerk, a sales associate, a sales representative, a retail associate, a store manager, a store owner

▶ 표/그림 문제에서 초반에 너무 쉽게 정확히 들리는 정보는 오답 함정일 확률이 높다. 뒤에 이어지는 but, however 다음에 진짜 힌트가 나온다. but, however 뒤에 나오는 내용에 유의하자.

U3_04

10. Who most likely are the listeners?

(A) Tech support staff
(B) Computer programmers
(C) Salespeople
(D) Product designers

11. What does the speaker say about Tech Gurus?

(A) It has several store locations.
(B) It has experienced employees.
(C) It offers a free consultation.
(D) It provides discounts on some services.

12. What does the speaker mean when she says, "He'll be back in two days"?

(A) Some extended lunch breaks will end soon.
(B) Some additional duties will be assigned.
(C) A store will close temporarily.
(D) A business deal is almost complete.

Questions 10-12 refer to the following excerpt from a meeting.

Thanks for coming to this quick meeting. I know you all need to hurry back to the shop floor to make more sales. I want to address some things about our computer store's policies and services. First of all, repairs. If a customer requires hardware repairs, please refer them to Tech Gurus on Smithson Street. The team there have several years of experience and can handle any type of repairs. Secondly, I know you've all been taking slightly longer breaks for lunch while our store manager Mr. Hawkins has been away on holiday. We need things to get back to normal. He'll be back in two days.

필수 어휘

- **hurry back to** ~로 급히 돌아가다
- **shop floor** 매장 현장
- **make more sales** 더 많은 판매를 하다
- **address** v. ~을 다루다
- **policy** 정책, 방침
- **refer A to B** A에게 B를 소개하다, A에게 B를 추천해 주다
- **handle** ~을 다루다
- **take a break for lunch** 점심 휴게 시간을 갖다
- **be away on holiday** 휴가로 부재중이다
- **get back to normal** 정상으로 돌아가다
- **be back** 돌아오다
- **in two days** 이틀 후에

패러프레이징

- back to the shop floor to make more sales → salespeople
- The team there have several years of experience → experienced employees
- location → branch
- free → complimentary, at no charge
- discount → mark down, % off, special deal, special offer, hot deal

길토익 TIP

▸ 대화 상황별 빈출 직업
· 고장 난 컴퓨터 수리 → technical support staff
· 웹사이트 디자인/보수 → web designer
· 접수 및 예약 관련 처리 → receptionist

Bowman Bridge	60 km
Acre Street Warehouse	25 km
Dryford Park	30 km
Eastman Quarry	40 km

Questions 13-15 refer to the following telephone message and list.

Hi, Terry, I just sent you a list of potential locations where we can shoot the music video for our new song. I have found four places that would work well for our style of music. Since you wrote the song, I'll leave the final decision up to you. After lunch, I'm going to take some pictures of each location and then send them to you. As you can see from the list, one of the locations is 60 kilometers away from our homes in downtown Bellsville, which is a little far. However, I think it would be ideal for our video, so I'd like you to seriously consider it.

13. What industry does the speaker most likely work in?

(A) Real estate
(B) Music
(C) Event planning
(D) Theater

14. What will the speaker send to the listener this afternoon?

(A) A work plan
(B) A video clip
(C) Some directions
(D) Some pictures

15. Look at the graphic. Which location does the speaker refer to?

(A) Bowman Bridge
(B) Acre Street Warehouse
(C) Dryford Park
(D) Eastman Quarry

필수 어휘

- potential 가능성 있는
- location 장소, 촬영지
- shoot the music video 뮤직 비디오를 촬영하다
- work well for ~에 잘 어울리다, ~에 좋은 효과가 있다
- leave A up to B A를 B에게 맡기다
- the final decision 최종 결정
- take a picture 사진을 찍다
- ideal for ~에 이상적인
- I'd like you to 당신이 ~해주시면 좋겠습니다
- seriously 진지하게
- consider ~을 고려하다

패러프레이징

- music video / new song → music
- after lunch → this afternoon

길토익 TIP

▶ 직종별 관련 어휘 알아두기
· 행사 음식 준비 → catering, caterer
· 집 구매 / 매장 임대 관련 문의 → real estate, property, realty
· 택배 배송 담당 → courier, express courier
· 처방약(prescription) → drugstore, pharmacy
· 자동차 엔진/오일/타이어점검 → auto shop, auto repair shop ○ auto dealership(자동차 대리점)에 낚이지 말기

앞에서 학습한 내용을 모두 적용하여 다시 한 번 풀어보세요.　🎧 U3_all

1. Who most likely is the man?

    (A) A clothing store manager

    (B) A TV show host

    (C) A company founder

    (D) A magazine writer

2. What does the woman say her company's goal is?

    (A) To reduce its carbon footprint

    (B) To compete with well-known brands

    (C) To partner with environmental organizations

    (D) To open additional facilities

3. What does the woman hope will happen?

    (A) Advertising campaigns will be successful.

    (B) Products will be sold overseas.

    (C) Sales figures will increase.

    (D) Shipping costs will decrease.

---

4. Where do the speakers most likely work?

    (A) At a produce store

    (B) At a legal company

    (C) At a bakery

    (D) At an advertising agency

5. Why does the woman say, "that's a one-hour drive"?

    (A) To indicate concern about some products

    (B) To recommend a change of plans

    (C) To request extra assistance

    (D) To express surprise at an announcement

6. What will the woman do next?

    (A) Unpack some boxes

    (B) Fill up a container

    (C) Prepare some ingredients

    (D) Turn on an appliance

Model Name	Perfect for...
Mermot	Singles (1 person)
Gavello	Couples or Roommates (2 people)
McKinley	Medium Families (4 people)
Kellmore	Large Families (5+ people)

7. What most likely is the woman's job?

    (A) IT specialist

    (B) Retail consultant

    (C) Factory manager

    (D) Shipping coordinator

8. Look at the graphic. Which model will the man most likely purchase?

    (A) Mermot

    (B) Gavello

    (C) McKinley

    (D) Kellmore

9. What does the man ask the woman for?

    (A) A cost estimate

    (B) A product description

    (C) A business card

    (D) A copy of a receipt

10. Who most likely are the listeners?

(A) Tech support staff
(B) Computer programmers
(C) Salespeople
(D) Product designers

11. What does the speaker say about Tech Gurus?

(A) It has several store locations.
(B) It has experienced employees.
(C) It offers a free consultation.
(D) It provides discounts on some services.

12. What does the speaker mean when she says, "He'll be back in two days"?

(A) Some extended lunch breaks will end soon.
(B) Some additional duties will be assigned.
(C) A store will close temporarily.
(D) A business deal is almost complete.

Bowman Bridge	60 km
Acre Street Warehouse	25 km
Dryford Park	30 km
Eastman Quarry	40 km

13. What industry does the speaker most likely work in?

(A) Real estate
(B) Music
(C) Event planning
(D) Theater

14. What will the speaker send to the listener this afternoon?

(A) A work plan
(B) A video clip
(C) Some directions
(D) Some pictures

15. Look at the graphic. Which location does the speaker refer to?

(A) Bowman Bridge
(B) Acre Street Warehouse
(C) Dryford Park
(D) Eastman Quarry

출제 경향

- 세부사항 문제는 What, How, Why 등 다양한 의문사를 사용하여 구체적인 특정 정보를 묻는 문제로, Part 3, 4에서 가장 많이 출제되는 유형이다.
- 문제 형태가 다양하고, 대화/담화 중에 단서가 잠깐 언급되고 지나가기 때문에 반드시 문제를 미리 읽고 "키워드(핵심어)"가 무엇인지 파악해 해당 정보를 노려 들어야 한다.
- 키워드는 대화/담화에 똑같이 나올 수도 있지만, _____ 되는 경우가 많다.
- say about 문제의 선택지는 모두 문장으로 제시되고, 정답이 _____ 되기 때문에 속독이 중요하다.

문제 형태

● 세부 사항

- **What does the man say happened last week?**
  남자는 지난주에 무슨 일이 있었다고 말하는가?

- **What information does the woman give the man?**
  여자는 남자에게 어떤 정보를 주는가?

- **What does the woman warn the man about?**
  여자는 남자에게 무엇에 관해 경고하는가?

- **According to the man, why should the woman go to an office?**
  남자에 따르면, 여자는 왜 사무실에 가야 하는가?

- **How can employees get tickets?**
  직원들은 어떻게 티켓을 얻을 수 있는가?

● say about

- **What does the woman say about her company?**
  여자는 자신의 회사에 대해 뭐라고 말하는가?

- **What is mentioned about the workshop?**
  워크숍에 대해 언급된 것은 무엇인가?

길토익 TIP

▶ 다양한 문제 형태를 미리 익혀두면 유리하다.

▶ What does the woman say is part of the service her company provides?와 같이 문제가 길게 나오는 경우도 있다. 당황하지 말고 does the woman say처럼 형식적인 말에 괄호 치고 중요 내용 위주로 파악한다.

▶ 시점(tomorrow, yesterday, this month) 관련 문제들은 시제에 유의해 듣도록 한다.

힌트에서 정답 유추하기

The keycard scanners were changed yesterday. The company installed some better ones. You need to pick up a new card from Personnel.

Q. According to the man, what **happened yesterday**?

정답 Some equipment was upgraded.

패러프레이징

keycard scanners → equipment
better ones → upgraded

A bonus will be added to your paycheck as an incentive.

Q. What incentive will the listeners receive?

정답 A mo_____ pr_____

패러프레이징

a bonus → A mo_____ pr_____

Following our lunch break,
                          , and today s training will end there.

Q. What does the speaker indicate about the **session after lunch**?

정답 It will be held in a different area.

패러프레이징

following our lunch break → after lunch

오른쪽 스크립트를 가리고 문제를 풀어보세요. 🎧 U4_01

1. Why is the man calling?

    (A) To inquire about fitness classes

    (B) To obtain a membership

    (C) To apply for a vacant position

    (D) To make a monthly payment

2. What will the man need to provide?

    (A) A medical report

    (B) A reference number

    (C) Bank statements

    (D) Proofs of address

3. What does the woman say about the change that the gym has recently made?

    (A) It expanded some locations.

    (B) It installed new exercise machines.

    (C) It is open 24 hours a day.

    (D) It runs a friend referral program.

Questions 1-3 refer to the following conversation.

M: I'm calling about signing up for a six-month membership at one of your gym locations. Would I be able to do that over the phone?

W: I'm afraid that you'll have to sign up online for a membership. You'll need to set up an account, fill out an electronic application form, and submit it along with two documents that prove your current home address. Would you like me to send you our Web site link?

M: No, I just loaded up your site right now. Oh, how come I can't see the business hours for any of your locations?

W: Well, we used to be open from 7 A.M. until 9 P.M., but now we're open all day and all night.

필수 어휘

- sign up for a membership 회원 등록을 하다
- gym 체육관(= fitness center)
- over the phone 전화상으로
- set up an account 계정을 만들다
- fill out an application form 신청서를 작성하다
- submit ~을 제출하다
- along with ~와 함께
- prove ~을 증명하다
- business hours 영업 시간(= hours of operation)
- used to do ~했었다

패러프레이징

- sign up for a membership → obtain a membership
- documents that prove your current home address → proofs of address
- open all day and all night → open 24 hours a day
- monthly payment → installment
- referral → recommendation

길토익 TIP

▶ 전화 건 이유 묻는 문제에서는 듣기에서 I'm calling to ~ / I'm calling about ~ 뒷부분의 내용에 집중한다.

▶ 변경 사항을 묻는 문제에서는 듣기에서 now, from now on 다음에 이어지는 내용에 집중한다.
  [주의] still / as usual은 여전히 똑같이 한다는 뜻이므로 변경사항에 해당되지 않는다.

4. Why does Isabel thank the man?

    (A) For organizing a company event

    (B) For contacting a well-known lecturer

    (C) For printing out a conference schedule

    (D) For requesting a ride to a venue

5. What request does Yana make?

    (A) To borrow a writing tool

    (B) To sit in a specific area

    (C) To exchange some notes

    (D) To review some documents

6. What does the man say about a survey?

    (A) It was a hassle to complete.

    (B) It has generated useful results.

    (C) It was over ten questions long.

    (D) It can be found on the Web site.

Questions 4-6 refer to the following conversation with three speakers.

W1: I'm glad we could all take a taxi together to the convention center. Thank you for calling it, Mateo.

M: No problem, Isabel. We're all headed to the same expo, anyway. Aren't we all attending the same lecture, too? Yana, you have the details.

W2: Yes. The one on Innovations in Green Technology happening in Exhibit Hall 3A. Can we all share our notes together afterward? It'll help with our presentation next week.

W1: Definitely. Oh, did anyone fill out that pre-registration survey to enter the prize raffle?

M: I did because I saw they're giving away free headphones. But it took me almost 10 minutes to finish, which was pretty bothersome.

필수 어휘

- be headed to ~로 향하다
- share ~을 공유하다
- Definitely. 물론이죠.(= Absolutely.)
- fill out ~을 작성하다, 기입하다
- pre-registration 사전 등록

- survey 설문 조사(지)(= questionnaire)
- enter (대회, 추첨 등) ~에 참가하다
- prize raffle 선물 뽑기
- give away ~을 나눠주다
- bothersome 귀찮은

패러프레이징

- take a taxi → a ride
- share our notes → exchange some notes
- almost 10 minutes to finish, which was pretty bothersome → It was a hassle to complete.
- organize → arrange, set up, schedule
- review → go over, look over

- convention center → venue

길토익 TIP

▶ 3인 대화 문제 주의!
위의 5번 문제처럼 문제 중에 "사람 이름"이 나오면 3인 대화일 확률이 높다. 대화를 들을 때 화자들 중 이 이름을 가진 사람이 누구인지 정확히 파악해야 한다. 이름이 언제 언급될지 모르니 집중력 더 높여서 듣기!

▶ LC에서 자주 나오는 ride는 주로 '차에 타고 가기'를 말한다.
   例 Can you give me a ride? 나 좀 태워줄 수 있어?
     I'll give you a ride. 내가 너 태워 줄게.

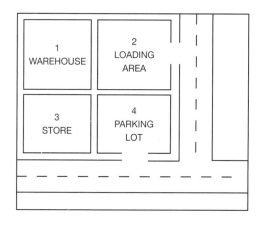

Questions 7-9 refer to the following conversation and landscape plan.

W: Hi. I'm interested in installing some CCTV cameras at my business. I own a furniture store on Main Avenue.

M: That's exactly what we specialize in. How many cameras are you thinking of installing?

W: Well, I already have cameras in my store, but I need some in the area where merchandise is loaded and unloaded. I was hoping to get two cameras.

M: No problem. We have a promotion on cameras right now. If you buy three, you get 20 percent off. So, would you like one more?

W: Sure. How much would it be in total?

M: I'll need to visit your business tomorrow to inspect the area first, and then I'll prepare an estimate for you.

7. Look at the graphic. Where does the woman want to install CCTV cameras?

(A) Location 1   (B) Location 2
(C) Location 3   (D) Location 4

8. How can the woman receive a discount?

(A) By choosing a more expensive brand
(B) By purchasing an additional item
(C) By paying with a business credit card
(D) By posting a review on a Web site

9. Why will the man visit the business tomorrow?

(A) To remove old devices
(B) To make a delivery
(C) To speak with employees
(D) To perform an inspection

- install ~을 설치하다
- business 사업장, 업체
- own ~을 소유하다
- specialize in ~을 전문으로 하다
- merchandise 상품, 제품

- load 짐을 싣다 *cf.* unload 짐을 내리다
- promotion 판촉 활동
- in total 전부 합쳐서
- inspect ~을 조사하다
- estimate 견적(서)

- If you buy three, you get 20 percent off. So, would you like one more? → purchase an additional item
- inspect the area → perform an inspection
- device → computer, mobile phone

10. According to the speaker, what is the business launching?

(A) A membership program
(B) An online store
(C) A new product range
(D) A weekly promotion

11. What should the listeners be prepared to show?

(A) A form of ID
(B) A proof of purchase
(C) A discount coupon
(D) A unique code

12. Why will the business be closed on Friday?

(A) For employee training
(B) For installation work
(C) For a public holiday
(D) For scheduled repairs

Questions 10-12 refer to the following announcement.

Attention, all Wholefield Supermarket shoppers. We are excited to announce the launch of our new lottery promotion, which will run on a weekly basis. Whenever you spend at least $100 on your shopping, you will receive one ticket for our lottery. You will need to show your receipt to an employee at our customer service desk. The winner will be chosen in a prize draw every Sunday morning at 9 A.M. and will receive a gift certificate worth $200. Also, please be advised that the store will be closed this Friday while new checkouts are being installed. We will reopen at 8 A.M. on Saturday.

필수 어휘

- **Attention** 주목해 주십시오
- **launch** 출시, 시작
- **lottery** 복권(추첨)
- **promotion** 판촉(행사), 홍보
- **run on a weekly basis** 주 단위로 운영되다
- **receipt** 영수증(= a proof of purchase)
- **prize draw** 선물 추첨
- **gift certificate** 상품권(= voucher)
- **worth $200** 200달러 상당의
- **please be advised that** ~임을 명심하세요
- **checkout** 계산대

패러프레이징

- new lottery promotion, which will run on a weekly basis → a weekly promotion
- receipt → a proof of purchase
- new checkouts are being installed → installation work
- ID → identification, passport, driver's license
- coupon → voucher

13. What will the demonstration video show the listeners how to do?

(A) Assemble a device
(B) Install a program
(C) Back up computer files
(D) Create an online profile

14. What does the speaker say the listeners can find in a box?

(A) Some Web links
(B) Some tools
(C) A voucher
(D) A user guide

15. What does the speaker suggest doing?

(A) Setting a new password
(B) Restarting a computer
(C) Visiting a Web site
(D) Purchasing a product

Questions 13-15 refer to the following instructions.

Hello, and thank you for purchasing our new anti-virus software, BreachSafe. In this instructional video, I will demonstrate how to install and use the software. It does not require any advanced computer knowledge, and it should only take approximately ten minutes. For additional guidance, you can refer to the user manual included in the box. Please feel free to pause this video at any time while you are performing the installation. Are you ready to begin? First, open the file folder named "Startup", and click on the launch file. The default password is 12345, and I recommend changing that to something more unique before you continue further. You can do that by clicking the settings icon.

필수 어휘

- instructional video 설명 영상
- demonstrate ~을 시연하다 *cf.* demonstration 시연
- require ~을 (필수로) 요구하다
- advanced 고급의
- take + 시간 ~의 시간이 걸리다
- approximately 대략, 약(= about, roughly)
- for additional guidance 추가 안내가 필요하면
- refer to ~을 참고하다
- user manual 사용자 설명서
- feel free to do 마음껏 ~하다(= don't hesitate to do)
- perform an installation 설치를 하다
- *cf.* perform ~을 수행하다, 실행하다
- named + 이름 ~라는 이름의
- recommend -ing ~하는 것을 추천하다
- continue further 더 진행하다

패러프레이징

- software → program
- user manual → user guide
- the default password / changing that → setting a new password
- assemble → put together

MP3 바로 듣기

앞에서 학습한 내용을 모두 적용하여 다시 한 번 풀어보세요.

🎧 U4_all

1. Why is the man calling?

   (A) To inquire about fitness classes
   (B) To obtain a membership
   (C) To apply for a vacant position
   (D) To make a monthly payment

2. What will the man need to provide?

   (A) A medical report
   (B) A reference number
   (C) Bank statements
   (D) Proofs of address

3. What does the woman say about the change that the gym has recently made?

   (A) It expanded some locations.
   (B) It installed new exercise machines.
   (C) It is open 24 hours a day.
   (D) It runs a friend referral program.

4. Why does Isabel thank the man?

   (A) For organizing a company event
   (B) For contacting a well-known lecturer
   (C) For printing out a conference schedule
   (D) For requesting a ride to a venue

5. What request does Yana make?

   (A) To borrow a writing tool
   (B) To sit in a specific area
   (C) To exchange some notes
   (D) To review some documents

6. What does the man say about a survey?

   (A) It was a hassle to complete.
   (B) It has generated useful results.
   (C) It was over ten questions long.
   (D) It can be found on the Web site.

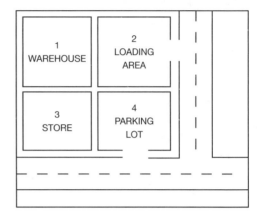

7. Look at the graphic. Where does the woman want to install CCTV cameras?

   (A) Location 1
   (B) Location 2
   (C) Location 3
   (D) Location 4

8. How can the woman receive a discount?

   (A) By choosing a more expensive brand
   (B) By purchasing an additional item
   (C) By paying with a business credit card
   (D) By posting a review on a Web site

9. Why will the man visit the business tomorrow?

   (A) To remove old devices
   (B) To make a delivery
   (C) To speak with employees
   (D) To perform an inspection

10. According to the speaker, what is the business launching?

(A) A membership program
(B) An online store
(C) A new product range
(D) A weekly promotion

11. What should the listeners be prepared to show?

(A) A form of ID
(B) A proof of purchase
(C) A discount coupon
(D) A unique code

12. Why will the business be closed on Friday?

(A) For employee training
(B) For installation work
(C) For a public holiday
(D) For scheduled repairs

13. What will the demonstration video show the listeners how to do?

(A) Assemble a device
(B) Install a program
(C) Back up computer files
(D) Create an online profile

14. What does the speaker say the listeners can find in a box?

(A) Some Web links
(B) Some tools
(C) A voucher
(D) A user guide

15. What does the speaker suggest doing?

(A) Setting a new password
(B) Restarting a computer
(C) Visiting a Web site
(D) Purchasing a product

MP3 바로 듣기

출제 경향

● Part 3에서는 매회 2문제, Part 4에서는 매회 3문제씩 출제된다.
● 대화/담화를 듣기 전에 반드시 먼저 제시 문장을 해석하고, 선택지들 중에 정답이 될 것 같은 후보를 한 두 개 미리 골라 두는 것이 좋다.
● 제시 문장 앞에 힌트가 언급되는 경우가 대부분이나, 뒤에 이어지는 문장에 결정적인 단서가 나오는 경우도 있으므로, 처음부터 주의 깊게 들으며 내용 흐름을 따라가야 한다.
● 최근 들어 점점 어려워지는 추세이므로 많은 연습이 필요하다.

문제 형태

· What does the man mean when he says, "~"?
남자가 "~"라고 말할 때 의미하는 바는 무엇인가?

· What does the woman imply when she says, "~"?
여자가 "~"라고 말할 때 암시하는 바는 무엇인가?

· Why does the man say, "~"?
남자는 왜 "~"라고 말하는가?

길토익 TIP

▸ 자주 출제되는 의도파악 문제 정답 유형

M: 같이 논의할 게 있어요.
W: 제가 지금 회의가 있어요. / 제가 지금 다른 데 와 있어요. / 지금 막 나가려던 참인데요.
Q. 여자가 말한 속뜻은?
→ 지금은 이야기할 수 없다.

W: 일이 너무 많아요.
M: 전 이미 제 일을 끝냈어요. / 제가 3시까지는 아무 일 없어요.
Q. 남자가 말한 속뜻은?
→ 지금 도와줄 수 있다.

M: 어려운 문제가 있어요.
W: Tom이 그 일을 잘 알아요. / Tom이 전에 그 일을 해봤어요.
Q. 이 말을 한 이유는?
→ 안심시켜 주려고(To offer reassurance)

힌트에서 정답 유추하기

● 앞에 나온 내용만으로 유추하는 경우

Q. What does the man imply when he says, "The client specifically asked for wood panels"?

(A) Some information is incorrect.
(B) A change is not possible.
(C) The client may accept an alternative.
(D) There will be an extra charge.

W: Unfortunately, we don't have a lot of wood panels this week. However, metal sheets are readily available. Would those work as a substitute?
M: The client specifically asked for wood panels.

● 뒤에 나온 내용까지 듣고 유추하는 경우

Q. Why does the man say, "This is my first visit here"?

(A) To express his anxiety
(B) To apologize for a mistake
(C) To ask for permission to enter
(D) To request a recommendation

M: I'm in town for a seminar, but I have a bit of free time. This is my first visit here.
W: If that's the case, I'd strongly suggest visiting the Central Park Botanical Gardens.

오른쪽 스크립트를 가리고 문제를 풀어보세요. 🎧 U5_01

1. Where do the speakers most likely work?

   (A) At a restaurant
   (B) At a hair salon
   (C) At a dental clinic
   (D) At a beauty supply store

2. What does the woman mean when she says, "Ms. Oliver works part-time in the afternoon"?

   (A) The man can probably leave for the day.
   (B) The man should prepare for training.
   (C) Ms. Oliver is a diligent employee.
   (D) Ms. Oliver cannot come in immediately.

3. What will the woman do before she leaves?

   (A) Call a store
   (B) Send a shipment
   (C) Wipe some windows
   (D) Organize some products

Questions 1-3 refer to the following conversation.

W: Tristan, the client for 5 P.M. called to reschedule her appointment for next Monday.

M: Okay, then let's call Ms. Oliver. Maybe she can come in early since she's next on the calendar. I remember she wants to get a simple trim.

W: Oh, you're right, but I know Ms. Oliver works part-time in the afternoon.

M: Got it, never mind then. Can you help me with something instead? A new shipment of hair treatment products came in earlier that needs to get sorted and stored.

W: Sure, I'll do that before I leave for the day.

필수 어휘

- client 고객
- reschedule an appointment for + 일시
  예약 시간을 ~로 다시 잡다
- come in early 일찍 오다
- trim (특히 머리를) 다듬기, 약간 자르기
- work part-time 시간제로 일하다

- Never mind. 신경 쓰지 마세요.
- shipment 선적물, 배송품
- get sorted and stored 분류되어 보관되다
  cf. sort ~을 분류하다 store ~을 보관하다
- leave for the day 퇴근하다

패러프레이징

- get a simple trim / hair treatment products → hair salon
- get sorted and stored → organize some products

길토익 TIP

▶ 의도파악 문제 단골 유형: "어떤 일정이 있다" → 그 일정 때문에 ~을 할 수 없다

▶ but, actually, however 뒤에 반전 내용이 나온다. 이 부분을 놓치지 말 것!

▶ What will the woman do? 같은 문제의 힌트는 여자의 대사에서 나오는 것이 보통이나, 남자가 어떤 일을 할 것을 요청하고 여자가 "알겠다"라고 하는 식으로 끝날 때는 남자의 대사에 힌트가 있다. 이런 경우에 주의하도록 하자.

▶ "patients가 오기 전에 brief meeting을 갖자"처럼 patients가 언급되는 대화가 이루어지는 장소는 clinic/medical office/hospital/doctor's office 등이다.

4. Who most likely is the woman?

    (A) A hotel manager
    (B) A travel agent
    (C) A ship passenger
    (D) A sales executive

5. What does the woman mean when she says, "This is a really popular option"?

    (A) Tickets are no longer available.
    (B) The man should consider other options.
    (C) A travel itinerary may be changed.
    (D) The man should take swift action.

6. What does the man say he needs to do?

    (A) Contact his employer
    (B) Check his bank details
    (C) Consult with a spouse
    (D) Read a travel brochure

Questions 4-6 refer to the following conversation.

M: Abigail, I really wanted to thank you for helping me to choose the most ideal cruise for our family holiday. The Mediterranean Cruise will be perfect. It's got the perfect mix of onboard activities and on-land sightseeing opportunities.

W: It has been my pleasure. But remember, you still need to put down a deposit. This is a really popular option.

M: I understand, but I just want to quickly call my wife to talk it over with her first.

W: No problem. Just come back over here to my desk once you're ready to proceed.

필수 어휘

- ideal 이상적인
- cruise 유람선 여행
- mix 혼합
- activity 활동
- sightseeing 관광

- opportunity 기회
- put down a deposit 보증금을 걸다, 보증금을 지불하다
- option 선택 사항
- talk A over A에 대해 이야기하다
- proceed 진행하다

패러프레이징

- helping me to choose the most ideal cruise → travel agent
- call my wife to talk it over with her → consult with a spouse
- executive → director

길토익 TIP

▶ 의도파악 문제 단골 유형: "인기가 많다, 벌써 지원자들이 많다, 남은 자리가 얼마 없다"
  → act quickly(빠르게 행동을 취하라)
  예 워크샵 예약을 받고 있는데 보통 이 강사는 인기가 많습니다 → 빨리 예약해
    이 직책은 벌써 지원자들이 많아요 → 빨리 지원해
    이 콘서트는 매번 인기가 많아요 → 빨리 예매해
▶ 여행사 직원과 고객 사이의 대화에서는 예약 날짜 변경(reschedule), 예약 잡기(arrange), 여러 가지 옵션 중 선택하는 내용이 많이 나온다.

7. Why does the man congratulate the woman?

(A) She won an award.
(B) She received a promotion.
(C) She reached a sales target.
(D) She started a new job.

8. What is the man concerned about?

(A) Increasing a budget
(B) Making a profit
(C) Extending a deadline
(D) Hiring new employees

9. Why does the woman say, "the company offers a generous compensation package"?

(A) To suggest a collaboration
(B) To provide reassurance
(C) To recommend an opportunity
(D) To offer her gratitude

Questions 7-9 refer to the following conversation.

M: Congratulations on receiving the Innovator of the Year prize, Ms. Barnes.

W: Thanks, Mike. I was a little surprised to win it, and I couldn't have done it without the rest of my team.

M: That's true, but the concept behind our mobile application was completely yours, and it was your leadership that made the app a success.

W: I appreciate that. FitStar is now the most popular fitness application on the market, and we are preparing to add even more exciting features over the coming months.

M: I know. I'm concerned about recruiting enough staff to fill the vacancies we have. I hope we can attract a lot of applicants.

W: Don't forget, the company offers a generous compensation package.

M: I guess you're right.

필수 어휘

- prize 상(= award)
- the rest 나머지
- concept 컨셉트, 개념
- behind ~의 배후에, ~뒤에(숨은)
- completely 완전히
- make A a success A를 성공시키다
- add a feature 기능을 추가하다

- be concerned about ~에 대해 걱정하다
- recruit ~을 채용하다
- fill a vacancy 공석을 채우다
- attract ~을 끌어들이다
- applicant 지원자
- generous 후한
- compensation package (급여, 복리후생 포함) 보수

패러프레이징

- receiving the Innovator of the Year prize → won an award
- recruiting enough staff to fill the vacancies → Hiring new employees

길토익 TIP

▶ 의도파악 문제 단골 정답: provide[offer] reassurance(안심시켜주다)
A: 폭풍이 온다는데 무대가 다 쓰러지지 않을까 걱정이야.
B: Mr. Kim이 그쪽 전문이잖아. 알아서 잘 해 놓을 거야.
Q. 왜 "Mr. Kim이 그쪽 전문이잖아"라고 말하는가?
→ To provide[offer] reassurance (안심시켜 주기 위해)

10. Which industry do the listeners most likely work in?

(A) Aerospace   (B) Education
(C) Real Estate   (D) Construction

11. What does the speaker imply when she says, "Jing-Yi from the engineering team is the most knowledgeable"?

(A) Jing-Yi will gather a team of engineers.
(B) Jing-Yi will repair some devices.
(C) Jing-Yi will lead a presentation.
(D) Jing-Yi will receive a work promotion.

12. What should interested listeners do by tomorrow lunch?

(A) Choose a partner
(B) Submit an application
(C) Prepare a slideshow
(D) Talk to a supervisor

Questions 10-12 refer to the following excerpt from the meeting.

As you're aware, we released our new GPS drones this quarter, and sales have been excellent so far. To maintain this success, it's important that both our company and this product have a strong presence at the upcoming aerospace conference in San Francisco. This time, we have the budget to send up to six employees to present our product, and Jing-Yi from the engineering team is the most knowledgeable. If you're interested in attending to represent the sales team, please reach out to your manager by tomorrow lunch to let them know.

필수 어휘

- **be aware (of)** (~을) 알고 있다
- **release** ~을 출시하다(= introduce, launch)
- **quarter** 분기
- **sales have been excellent** 매출이 좋다
- **maintain** ~을 유지하다
- **have a strong presence** 강한 존재감을 갖다
- **upcoming** 곧 있을, 다가오는

- **budget** 예산
- **present** v. ~을 발표하다, ~을 제시하다
  cf. 동사일 때 [프리젠트] 발음 주의
- **knowledgeable** 많이 아는
- **represent** ~을 대표하다
- **reach out to** ~에게 연락하다

패러프레이징

- reach out → talk to
- manager → supervisor
- submit → hand in, turn in, send in

길토익 TIP

▶ 직업/회사 종류/부서를 묻는 문제에서는 무작정 선택지에 나온 단어가 대화에 나오길 기다리지 말고 관련 어휘를 듣고 유추해서 정답을 골라야 한다.

▶ 의도파악 문제 단골 유형: Mr. Kim이 ~을 잘 안다 → 그 사람이 일을 해결할 수 있다

13. What has happened recently?

(A) A council was established.

(B) A business was relocated.

(C) Some highways were repaired.

(D) Some money was reallocated.

14. How does the speaker want to improve a property?

(A) By repaving a walkway

(B) By installing some artwork

(C) By painting some murals

(D) By removing a structure

15. Why does the speaker say, "you're the best craftsperson I know"?

(A) To suggest a collaboration

(B) To make a comparison

(C) To thank the listener

(D) To provide encouragement

Questions 13-15 refer to the following telephone message.

Hello, Ms. Beckett, I'm reaching out to discuss a new project at Lakewood Park with you. As you might have heard, the city council recently reallocated surplus funds toward the improvement of several community spaces, including Lakewood Park. I've been assigned to oversee the garden, and I'm thinking of possibly adding some abstract sculptures to the landscape. I believe this will give the park a nice artistic touch. We need an expert for this, and you're the best craftsperson I know.

필수 어휘

- **reach out to** ~에게 연락하다(= contact)
- **city council** 시 의회
- **reallocate** ~을 재분배하다
- **surplus funds** 잉여 자금, 남는 자금
- **improvement** 개선, 향상
- **community** 지역사회, 공동체
- **including** ~을 포함하여 *cf.* include ~을 포함하다

- **be assigned to do** ~을 하도록 할당되다
- **oversee** ~을 감독하다(= supervise)
- **sculpture** 조각품
- **landscape** 풍경
- **give A an artistic touch** A에 예술적 감각을 더하다
- **expert** 전문가(= specialist)
- **craftsperson** 공예가

패러프레이징

- funds → money
- adding some abstract sculptures → installing some artwork
- relocate → move

MP3 바로 듣기

앞에서 학습한 내용을 모두 적용하여 다시 한 번 풀어보세요.

🎧 U5_all

1. Where do the speakers most likely work?

(A) At a restaurant
(B) At a hair salon
(C) At a dental clinic
(D) At a beauty supply store

2. What does the woman mean when she says, "Ms. Oliver works part-time in the afternoon"?

(A) The man can probably leave for the day.
(B) The man should prepare for training.
(C) Ms. Oliver is a diligent employee.
(D) Ms. Oliver cannot come in immediately.

3. What will the woman do before she leaves?

(A) Call a store
(B) Send a shipment
(C) Wipe some windows
(D) Organize some products

---

4. Who most likely is the woman?

(A) A hotel manager
(B) A travel agent
(C) A ship passenger
(D) A sales executive

5. What does the woman mean when she says, "This is a really popular option"?

(A) Tickets are no longer available.
(B) The man should consider other options.
(C) A travel itinerary may be changed.
(D) The man should take swift action.

6. What does the man say he needs to do?

(A) Contact his employer
(B) Check his bank details
(C) Consult with a spouse
(D) Read a travel brochure

7. Why does the man congratulate the woman?

(A) She won an award.
(B) She received a promotion.
(C) She reached a sales target.
(D) She started a new job.

8. What is the man concerned about?

(A) Increasing a budget
(B) Making a profit
(C) Extending a deadline
(D) Hiring new employees

9. Why does the woman say, "the company offers a generous compensation package"?

(A) To suggest a collaboration
(B) To provide reassurance
(C) To recommend an opportunity
(D) To offer her gratitude

10. Which industry do the listeners most likely work in?

(A) Aerospace
(B) Education
(C) Real Estate
(D) Construction

11. What does the speaker imply when she says, "Jing-Yi from the engineering team is the most knowledgeable"?

(A) Jing-Yi will gather a team of engineers.
(B) Jing-Yi will repair some devices.
(C) Jing-Yi will lead a presentation.
(D) Jing-Yi will receive a work promotion.

12. What should interested listeners do by tomorrow lunch?

(A) Choose a partner
(B) Submit an application
(C) Prepare a slideshow
(D) Talk to a supervisor

13. What has happened recently?

(A) A council was established.
(B) A business was relocated.
(C) Some highways were repaired.
(D) Some money was reallocated.

14. How does the speaker want to improve a property?

(A) By repaving a walkway
(B) By installing some artwork
(C) By painting some murals
(D) By removing a structure

15. Why does the speaker say, "you're the best craftsperson I know"?

(A) To suggest a collaboration
(B) To make a comparison
(C) To thank the listener
(D) To provide encouragement

Part 3, 4
시각자료 연계 문제 1

MP3 바로 듣기

- 매회 Part 3에서 3문제, Part 4에서 2문제씩 출제된다.
- 시각자료가 먼저 제시되고, 문제는 항상 Look at the graphic.으로 시작한다.
- 듣기를 하기 전에 미리 시각자료를 파악해 놓아야 한다.
- 표나 목록, 지도/약도 유형이 가장 자주 출제되는데, 최근 들어 제품 카탈로그가 자주 등장하고 있다.

● 출발/도착 안내

Destination	Departure Time	Status
Chicago	09:00	Delayed 30 min.
Austin	10:20	On time
Boston	11:35	On time
San Jose	13:40	Canceled

Q. Look at the graphic. Where are the speakers going?

(A) To Chicago
(B) To Austin
(C) To Boston
(D) To San Jose

듣기에 나오지 않음

❶ 문제 먼저 읽기
❷ 시각자료 파악하기
❸ 듣기에서 단서 잡아 내기

M: I just arrived and saw that our flight has been delayed by half an hour.

❹ 정답 고르기

길토익 TIP

▶ 선택지에 제시된 단어는 대화/담화에 언급되지 않는다. 시각자료에서 선택지 내용 옆에 있는 정보(Departure Time / Status)를 잘 봐 두고, 이 중 하나가 들릴 것이라고 마음의 준비를 하고 듣자.

● 가격 목록/명세서

Membership	Price
Standard	$29.99
Premium	$39.99
Unlimited	$49.99
Platinum	$59.99

Q. Look at the graphic. How much will the woman most likely pay for the membership?

(A) $29.99
(B) $39.99
(C) $49.99
(D) $59.99

듣기에 나오지 않음

❶ 문제 먼저 읽기
❷ 시각자료 파악하기
❸ 듣기에서 단서 잡아 내기

M: Platinum is too expensive, so I'll go with Unlimited instead.

❹ 정답 고르기

길토익 TIP

▶ 선택지에 가격이 나와 있으므로 대화/담화에서는 가격이 언급되지 않고 대신 Membership 종류가 언급될 것이다. 단, 먼저 언급되는 단어가 함정일 수 있으니 이에 유의해야 한다.

● 지도/약도

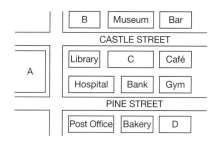

Q. Look at the graphic. Where is the restaurant located?

(A) At site A
(B) At site B
(C) At site C
(D) At site D

❶ 문제 먼저 읽기

❷ 시각자료 파악하기

❸ 듣기에서 단서 잡아 내기

M: The new restaurant is on Castle Street, directly opposite the museum.

❹ 정답 고르기

길토익 TIP

▶ 지도/약도 유형 문제에서는 위치 전치사 표현을 제대로 알고 있어야 한다.
옆에: next to = beside
뒤에: behind
앞에: in front of
맞은 편에: across from = opposite
아래: bottom
A와 B 사이에: between A and B

● 제품 카탈로그

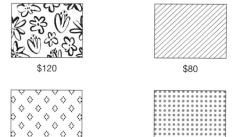

Q. Look at the graphic. How much will the woman pay for a roll of the wallpaper?

(A) $120
(B) $80
(C) $92
(D) $70

❶ 문제 먼저 읽기

❷ 시각자료 파악하기

❸ 듣기에서 단서 잡아 내기

W: The striped patterns look modern, but I'd better go for the floral pattern for a more cheerful living room.

❹ 정답 고르기

길토익 TIP

▶ 최근에는 제품 이미지와 가격이 함께 제시되는 문제가 자주 출제되는데, 난이도는 쉬운 편이다. 모양이나 무늬의 영어 명칭을 미리 알아 두면 좋다.
무늬: dotted(점무늬의), striped(줄무늬의), floral(꽃무늬의)
모양: triangle(삼각형), square(정사각형), circle(원형), oval(타원형), diamond(마름모)

오른쪽 스크립트를 가리고 문제를 풀어보세요.   🎧 U6_01

SPECIAL OFFERS	
Thursday	Buy One Ticket And Get One Free
Friday	Free Drink With Every Ticket
Saturday	50%-Off All Morning Showings
Sunday	Free Admission for Under-12s

1. What problem does the woman mention?

   (A) Poor ticket sales
   (B) Outdated equipment
   (C) High operating costs
   (D) Negative online reviews

2. Look at the graphic. Which day does the woman want to change the special offer for?

   (A) Thursday   (B) Friday
   (C) Saturday   (D) Sunday

3. What does the man say he wants to confirm?

   (A) The price of a family ticket
   (B) The size of an advertising budget
   (C) The launch of a Web site
   (D) The release date of a movie

Questions 1-3 refer to the following conversation and schedule.

W: Our movie theater used to be so popular, but we are selling fewer tickets than we used to. We really need to find a way to fix this.

M: I agree. And, ticket sales on the weekends are surprisingly low. So, I created this schedule of special offers we could implement. Do you like it?

W: I think that's a great idea. I think the buy-one-get-one-free offer would be very effective. We could afford to offer that on two different days. How about replacing the free admission for children offer with that one?

M: Sure. And I'll check if our new Web site is ready to be released. We can start advertising these offers online.

필수 어휘

- used to **동사원형** 과거에 ~했었다
- fix ~을 바로잡다
- surprisingly 놀라울 정도로
- create ~을 만들다
- special offer 특가 행사
- implement ~을 시행하다
- buy-one-get-one-free 1+1

- effective 효과적인
- can afford to do ~할 여유가 있다
- replace A with B A를 B로 교체하다
- free admission 무료 입장
- check if ~인지 확인하다
- be ready to do ~할 준비가 되다
- release ~을 출시하다(= launch)

패러프레이징

- sell fewer tickets → poor ticket sales
- release → launch

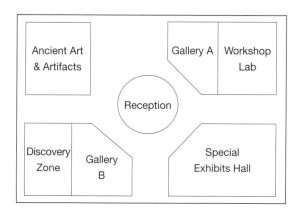

4. Who most likely is the man?

(A) An archaeologist (B) A tour guide
(C) A receptionist (D) A government official

5. Why should the woman return to the reception later?

(A) To pick up her ID card
(B) To pay a parking fee
(C) To sign a visitor's form
(D) To check a class schedule

6. Look at the graphic. Which room will the activity take place in?

(A) Ancient Art & Artifacts (B) Discovery Zone
(C) Special Exhibits Hall (D) Workshop Lab

Questions 4-6 refer to the following conversation and floor plan.

W: Hi, I'm Samara Thorburn. I'm here for the free ceramics activity being hosted by the museum.

M: Hello there. Let's see… Ah, Ms. Thorburn. You're joining today's Aztec pottery class, correct?

W: Yes, that's right!

M: Alright, I've checked you in. Now, may I have your ID please? I'm going to keep it here with me, and you can come back to the reception desk and retrieve it when you're all done.

W: Sure. Here you go.

M: To get to your activity, go straight down that hallway, past Gallery B. Your instructor will be waiting in the room to your left, right across from Ancient Art & Artifacts exhibition hall.

W: Thank you!

필수 어휘

- hosted by ~에 의해 주최된
- join ~에 참가하다
- pottery class 도자기 수업
- ID 신분증(= identification)
- reception desk 접수처
- retrieve ~을 되찾아오다, ~을 회수하다
- be all done 다 끝나다
- go straight down that hallway 복도를 따라 곧장 가다
- past ~을 지나서
- instructor 강사
- right across from ~ 바로 맞은편에

패러프레이징

- retrieve it → pick it up

길토익 TIP

▶ 호텔, 박물관 등의 건물에서 접수를 해주거나 안내를 도와주는 사람을 receptionist라고 하며, 직업/신분을 묻는 문제의 정답으로 매우 자주 출제된다.

Model	Price	Average Rating
SonicPulse X1	$20.00	4.8/5.00
EchoSphere Pro	$32.80	4.9/5.00
AirVibe Ultra	$20.00	4.1/5.00
SoundFlow Edge	$49.99	4.2/5.00

7. What will the speaker do next week?

(A) Go on vacation   (B) Give a presentation

(C) Enter a competition   (D) Join a gym

8. Why does the speaker ask Megan for advice on some earphones?

(A) She has purchased products from Eco City Audio.

(B) She is a former employee of Eco City Audio.

(C) She has visited Eco City Audio's factory.

(D) She has designed products for Eco City Audio.

9. Look at the graphic. Which earphones model does the speaker indicate he wants to buy?

(A) SonicPulse X1   (B) EchoSphere Pro

(C) AirVibe Ultra   (D) SoundFlow Edge

Questions 7-9 refer to the following telephone message and customer ratings.

Hello, Megan. This is Lucas from the Design department. I'm planning to get a gym membership next week, and I'll need new wireless earphones for listening to music while working out. Since you used to work at Eco City Audio, I was hoping you could recommend a good pair. I've been browsing the company's Web site and found a pair I like for $20, but they have a lower rating than some others. I would really appreciate your advice. Could you give me a call back at extension 102? Thank you, Megan.

필수 어휘

- **get a gym membership** 체육관 회원이 되다
- **work out** 운동하다(= exercise)
- **since** ~이기 때문에 *cf.* '~이후로'와 구분할 수 있어야 한다.
- **pair** 짝(함께 사용하는 똑같은 종류의 두 물건)
- **browse** ~을 둘러보다
- **rating** 순위 평가
- **appreciate** ~에 대해 감사하다
- **extension 102** 내선번호 102

패러프레이징

- get a gym membership → Join a gym
- used to work → former employee

길토익 TIP

▶ 시각자료에서 제품명이나 사람 이름이 복잡하고 어렵게 나오는 경우가 있는데, 굳이 자세히 읽으려고 애쓸 필요는 없다. 서로 구분만 할 수 있으면 된다.

▶ 선택지에 제시된 단어가 듣기에 나오길 기다리지 말고 시각자료에 나와 있는 나머지 항목과 해당되는 타이틀을 잘 보고 있도록 한다.

ASCOT	LAWTON	DUKE	PRIMROSE
$450	$550	$750	$350

Questions 10-12 refer to the following announcement and sale flyer.

Welcome to Hearthfire Furnishings, where you can find the widest range of high-quality armchairs and sofas. To celebrate the founding of our business twenty-five years ago, we're offering huge discounts on some of our most popular sofas until the end of this month. In particular, we recommend the Ascot sofa, which is a beautiful piece of furniture and is discounted by 300 dollars during this promotion! If you're concerned about assembling any of our furniture, don't worry! Our delivery service now includes product setup, so you can let our team of qualified experts do all the hard work for you!

10. What is being celebrated?

(A) A grand opening
(B) A product launch
(C) A company's founding
(D) A national holiday

11. Look at the graphic. How much is the sofa that the speaker recommends?

(A) $450
(B) $550
(C) $750
(D) $350

12. What service does the speaker mention?

(A) Overseas shipping
(B) Monthly payment plans
(C) Fabric cleaning
(D) Product assembly

필수 어휘

- furnishing (집합적) 가구류
- the wide range of 다양한 종류의 ~
- celebrate ~을 기념하다
- founding 설립
- in particular 특히

- be discounted by ~만큼 할인되다
- be concerned about ~에 대해 걱정하다
- assemble ~을 조립하다 cf. assembly 조립
- qualified 자격이 있는
- expert 전문가

패러프레이징

- founding of our business → a company's founding
- setup → assembly
- launch → release, unveil, disclose
- overseas → abroad

MP3 바로 듣기

앞에서 학습한 내용을 모두 적용하여 다시 한 번 풀어보세요.

🎧 U6_all

SPECIAL OFFERS	
Thursday	Buy One Ticket And Get One Free
Friday	Free Drink With Every Ticket
Saturday	50%-Off All Morning Showings
Sunday	Free Admission for Under-12s

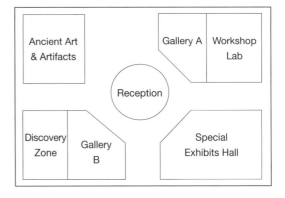

1. What problem does the woman mention?

(A) Poor ticket sales
(B) Outdated equipment
(C) High operating costs
(D) Negative online reviews

2. Look at the graphic. Which day does the woman want to change the special offer for?

(A) Thursday
(B) Friday
(C) Saturday
(D) Sunday

3. What does the man say he wants to confirm?

(A) The price of a family ticket
(B) The size of an advertising budget
(C) The launch of a Web site
(D) The release date of a movie

4. Who most likely is the man?

(A) An archaeologist
(B) A tour guide
(C) A receptionist
(D) A government official

5. Why should the woman return to the reception later?

(A) To pick up her ID card
(B) To pay a parking fee
(C) To sign a visitor's form
(D) To check a class schedule

6. Look at the graphic. Which room will the activity take place in?

(A) Ancient Art & Artifacts
(B) Discovery Zone
(C) Special Exhibits Hall
(D) Workshop Lab

Model	Price	Average Rating
SonicPulse X1	$20.00	4.8/5.00
EchoSphere Pro	$32.80	4.9/5.00
AirVibe Ultra	$20.00	4.1/5.00
SoundFlow Edge	$49.99	4.2/5.00

ASCOT	LAWTON	DUKE	PRIMROSE
$450	$550	$750	$350

7. What will the speaker do next week?

(A) Go on vacation
(B) Give a presentation
(C) Enter a competition
(D) Join a gym

8. Why does the speaker ask Megan for advice on some earphones?

(A) She has purchased products from Eco City Audio.
(B) She is a former employee of Eco City Audio.
(C) She has visited Eco City Audio's factory.
(D) She has designed products for Eco City Audio.

9. Look at the graphic. Which earphones model does the speaker indicate he wants to buy?

(A) SonicPulse X1
(B) EchoSphere Pro
(C) AirVibe Ultra
(D) SoundFlow Edge

10. What is being celebrated?

(A) A grand opening
(B) A product launch
(C) A company's founding
(D) A national holiday

11. Look at the graphic. How much is the sofa that the speaker recommends?

(A) $450
(B) $550
(C) $750
(D) $350

12. What service does the speaker mention?

(A) Overseas shipping
(B) Monthly payment plans
(C) Fabric cleaning
(D) Product assembly

출제 경향

- 그래프 유형(원그래프, 막대 그래프)은 꾸준히 출제되고 있다.
- 난이도 높은 유형으로 순서도(flow chart)와 체크리스트 차트가 출제된다. 한눈에 바로 파악되는 다른 시각자료와 달리 순서도의 경우 텍스트를 읽고 독해를 해 두어야 하고, 체크리스트 차트는 듣기를 하면서 여러 정보를 확인해야 한다.

● 그래프

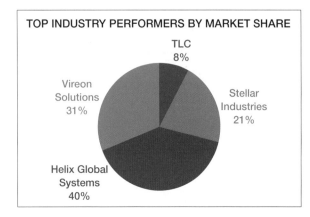

Q. Look at the graphic. Which company does the speaker work for?

(A) TLC
(B) Stellar Industries
(C) Helix Global Systems
(D) Vireon Solutions

❶ 문제 먼저 읽기
❷ 시각자료 파악하기
❸ 듣기에서 단서 잡아 내기

M: Our company currently holds the second largest market share.

❹ 정답 고르기

길토익 TIP

▸ 그래프 문제에서는 항목의 비중을 종종 최상급으로 표현한다.
  · Helix Global Systems: holds the largest market share
  · Vireon Solutions: holds the second largest market share
  · TLC: holds the smallest market share

● 순서도

Instructions	
Step 1	Install printer software
Step 2	Set up ink cartridge
Step 3	Load paper
Step 4	Connect to Wi-Fi

Q. Look at the graphic. Which step does the man need to follow next?

(A) Step 1
(B) Step 2
(C) Step 3
(D) Step 4

❶ 문제 먼저 읽기
❷ 시각자료 파악하기
❸ 듣기에서 단서 잡아 내기

W: What you should do next is place the paper into the tray.

❹ 정답 고르기

길토익 TIP

▸ 순서도나 절차 안내 관련한 문제에서는 약간의 패러프 레이징이 요구되기도 한다.
  place the paper into the tray → load paper

● 체크리스트 차트

Model Name	Casual Skiing	Competitive Skiing	Lens Type
Whiteout		✓	Clear
Summit	✓		Yellow
Coldsnap		✓	Dark
IceHawk	✓		Dark

Q. Look at the graphic. What model does the man recommend?

(A) Whiteout
(B) Summit
(C) Coldsnap
(D) IceHawk

❶ 문제 먼저 읽기
❷ 시각자료 파악하기
❸ 듣기에서 단서 잡아내기

M: I'd recommend these goggles. They have the dark style of lens, and they should be perfect for a professional skier like you.

❹ 정답 고르기

길토익 TIP

▶ 체크리스트 차트는 듣기와 동시에 체크된 해당 사항을 빠르게 확인해야 한다.

● 쿠폰/티켓

Matila's Home Fabrics Online Order Discounts Use Code: matilasale			
5% OFF $50	10% OFF $100	15% OFF $150	20% OFF $200
Valid Until September 25			

Q. Look at the graphic. Which discount should the woman receive?

(A) 5%
(B) 10%
(C) 15%
(D) 20%

❶ 문제 먼저 읽기
❷ 시각자료 파악하기
❸ 듣기에서 단서 잡아내기

W: I made a purchase totaling $150, but when I apply the discount code, it doesn't work.

❹ 정답 고르기

길토익 TIP

쿠폰에서는 혜택이나 유효기간 관련 문제가 나오는 경우가 많으므로, 관련 표현을 알아 두는 것이 좋다.
· 10% off: 10% 할인
· valid[good] until + 일시: ~까지 유효하다
· expire + 일시: ~에 만료되다
· buy one get one free: 원 플러스 원(1+1)

오른쪽 스크립트를 가리고 문제를 풀어보세요.   U7_01

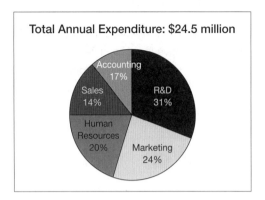

Total Annual Expenditure: $24.5 million

1. What type of business do the speakers most likely work for?

(A) An electronics manufacturer
(B) A publishing company
(C) A pharmaceutical firm
(D) A software development company

2. According to the woman, what will take place next month?

(A) A recruitment fair   (B) A business seminar
(C) A department merger   (D) A shareholder meeting

3. Look at the graphic. What department does the man work in?

(A) R&D   (B) Marketing
(C) Human Resources   (D) Sales

Questions 1-3 refer to the following conversation and pie chart.

W: Hi, Kenji. I'm looking at our annual expenditure report, and we really need to find ways to lower spending. Otherwise, we'll need to reduce the number of books we publish per year.

M: I agree. What do you think we should do?

W: Well, there's a cost-cutting seminar at Edison Business Institute next month, so I'd like you and a few of the other department managers to attend. I think you should learn a lot from it. How does that sound?

M: I'd be happy to go. I'm sure I'll be able to reduce my department's expenses, especially since we had the highest annual expenditure this year.

필수 어휘

- annual 연간의, 해마다의
- expenditure 지출
- lower v. ~을 낮추다, ~을 내리다
- spending 소비
- otherwise 그렇지 않으면

- reduce ~을 줄이다, 감소시키다
- expense 비용
- publish ~을 출간하다
- cost-cutting 비용을 절감하는
- How does A sound? A를 어떻게 생각하세요?

패러프레이징

- books we publish → publishing company
- cost-cutting seminar at Edison Business Institute → business seminar

---

Kitchen Safety & Hygiene Rules

#1. Cover sharp utensils when not in use
#2. Hair nets must be worn at all times
#3. Wear non-slip shoes
#4. Wash hands every hour

Questions 4-6 refer to the following conversation and sign.

W: Hi, Kevin. I want to thank you again for coming in to work the evening shift. I know you were already busy working this morning.

M: I need the extra hours, and I know how crucial it is to help out when you're short on staff.

W: I appreciate it, but I noticed that you're wearing sneakers.

M: Oh, it started to rain heavily while I was walking home this afternoon, so my work shoes got wet.

W: Well, I think there's an extra pair in the back that should fit you. It's important to wear shoes with proper grip in the kitchen, for safety reasons.

M: I understand. I'll go and check.

4. What does the woman thank the man for?
   (A) Delivering some items
   (B) Training a new employee
   (C) Working an extra shift
   (D) Providing a ride to work

5. What happened to the man this afternoon?
   (A) He arrived late to work.
   (B) He purchased some shoes.
   (C) He traveled to a different city.
   (D) He got caught in bad weather.

6. Look at the graphic. Which safety & hygiene rule are the speakers discussing?
   (A) #1
   (B) #2
   (C) #3
   (D) #4

필수 어휘

- work the evening shift 저녁 근무를 하다
- extra hours 추가 시간, 추가 근무
- crucial 매우 중요한
- be short on staff 일손이 모자라다(= understaffed)
- appreciate ~에 대해 감사하다
- notice that ~임을 알아차리다

- sneakers 운동화
- rain heavily 비가 많이 오다
- extra pair 여분의 켤레
- fit ~에 맞다
- with proper grip 적절한 접지면을 지닌
- for safety reasons 안전상의 이유로

패러프레이징

- work the evening shift / need the extra hours → working an extra shift
- rain heavily → bad weather
- shoes with proper grip → non-slip shoes

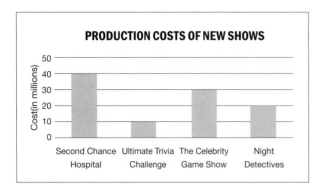

PRODUCTION COSTS OF NEW SHOWS

Questions 7-9 refer to the following excerpt from a meeting and graph.

Good morning, everyone, and thank you for attending this executive meeting for the Halliday Broadcasting Company. As we've discussed, we need to acquire a new show to enhance our fall primetime lineup, and we've been considering four specific options. First, while Second Chance Hospital scored well with the test audience, its production costs are too high. Additionally, we've concluded that our channel already has enough game shows. This leaves us with one final candidate, and the estimated $20 million production cost will work within our budget. The show's creator, Robert Oras, is here today to present the proposed filming schedule. If it fits our plan, we should be ready to finalize our decision.

7. Who most likely are the listeners?

(A) Possible investors   (B) Movie audiences
(C) Company executives   (D) Television critics

8. Look at the graphic. Which show will most likely be acquired?

(A) Second Chance Hospital
(B) Ultimate Trivia Challenge
(C) The Celebrity Game Show
(D) Night Detectives

9. What will Robert Oras talk about next?

(A) Some survey results   (B) A recent promotion
(C) A business expense   (D) A project schedule

필수 어휘

- executive meeting 임원 회의
- broadcasting company 방송사
- acquire ~을 확보하다, ~을 얻다
- enhance ~을 향상시키다
- consider ~을 고려하다
- specific 특정한, 구체적인
- score 득점하다

- audience 관객, 청중, 시청자들
- production cost 제작비
- leave A with B A에게 B를 남기다
- within the budget 예산 내에서
- present ~을 발표하다
- proposed 제안된
- finalize ~을 마무리하다

패러프레이징

- present → talk about
- the proposed filming schedule → a project schedule

Pressure Cookers

	Color Finish	Wi-Fi Connect	One-touch Quiet Steam Release
Warrior	Steel Grey		✓
Orca	Black	✓	✓
Kermode	Speckled White	✓	
Pioneer	Cream White	✓	✓

10. Look at the graphic. Which machine is the speaker discussing?

(A) Warrior   (B) Orca

(C) Kermode   (D) Pioneer

11. Where does the speaker plan to launch a marketing campaign?

(A) On video platforms

(B) In retail stores

(C) On blogging sites

(D) At a conference

12. What could participants in a campaign win?

(A) Some accessories

(B) A dining experience

(C) A recipe book

(D) Another appliance

Questions 10-12 refer to the following excerpt from a meeting and product list.

For the upcoming quarter, our aim is to boost sales of our newest pressure cooker. Although customers appreciate its wireless operation using Wi-Fi and the one-touch quiet steam release feature, some have mentioned that its design is not that stylish. This new model isn't performing as well as our white-colored ones. I believe an online blog campaign highlighting the product's functionality could help attract consumers. We can encourage prominent food and cooking bloggers to share their positive reviews of our product, and after a short verification process, they'll be registered in a giveaway for a chance to win a set of compatible accessories.

필수 어휘

- aim 목적, 목표
- boost sales 매출을 끌어 올리다
- operation 작동
- feature n. 기능, 특징
- perform 작동하다, 기능하다
- highlight ~을 강조하다
- functionality 기능성
- encourage A to do A에게 ~할 것을 장려하다
- share ~을 공유하다
- positive reviews 긍정적인 평가[후기]
- verification process 확인 절차
- be registered for ~에 등록되다
- giveaway 경품 행사
- a chance to win ~을 딸 수 있는 기회
- compatible 호환되는
- accessories 부대 용품

패러프레이징

- online blog campaign → on blogging sites

MP3 바로 듣기

앞에서 학습한 내용을 모두 적용하여 다시 한 번 풀어보세요.
🎧 U7_all

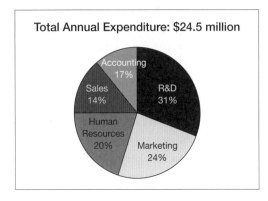

Total Annual Expenditure: $24.5 million

Accounting 17%
Sales 14%
R&D 31%
Human Resources 20%
Marketing 24%

Kitchen Safety & Hygiene Rules

#1. Cover sharp utensils when not in use
#2. Hair nets must be worn at all times
#3. Wear non-slip shoes
#4. Wash hands every hour

1. What type of business do the speakers most likely work for?

   (A) An electronics manufacturer
   (B) A publishing company
   (C) A pharmaceutical firm
   (D) A software development company

2. According to the woman, what will take place next month?

   (A) A recruitment fair
   (B) A business seminar
   (C) A department merger
   (D) A shareholder meeting

3. Look at the graphic. What department does the man work in?

   (A) R&D
   (B) Marketing
   (C) Human Resources
   (D) Sales

4. What does the woman thank the man for?

   (A) Delivering some items
   (B) Training a new employee
   (C) Working an extra shift
   (D) Providing a ride to work

5. What happened to the man this afternoon?

   (A) He arrived late to work.
   (B) He purchased some shoes.
   (C) He traveled to a different city.
   (D) He got caught in bad weather.

6. Look at the graphic. Which safety & hygiene rule are the speakers discussing?

   (A) #1
   (B) #2
   (C) #3
   (D) #4

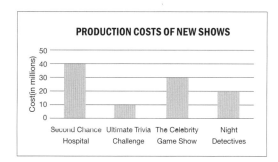

Pressure Cookers

	Color Finish	Wi-Fi Connect	One-touch Quiet Steam Release
Warrior	Steel Grey		✓
Orca	Black	✓	✓
Kermode	Speckled White	✓	
Pioneer	Cream White	✓	✓

7. Who most likely are the listeners?

(A) Possible investors
(B) Movie audiences
(C) Company executives
(D) Television critics

8. Look at the graphic. Which show will most likely be acquired?

(A) Second Chance Hospital
(B) Ultimate Trivia Challenge
(C) The Celebrity Game Show
(D) Night Detectives

9. What will Robert Oras talk about next?

(A) Some survey results
(B) A recent promotion
(C) A business expense
(D) A project schedule

10. Look at the graphic. Which machine is the speaker discussing?

(A) Warrior
(B) Orca
(C) Kermode
(D) Pioneer

11. Where does the speaker plan to launch a marketing campaign?

(A) On video platforms
(B) In retail stores
(C) On blogging sites
(D) At a conference

12. What could participants in a campaign win?

(A) Some accessories
(B) A dining experience
(C) A recipe book
(D) Another appliance

Part 3, 4

제안·요청 / 미래 행동 문제

MP3 바로 듣기

출제 경향

- 매회 4-6문제 출제되며, 주로 각 대화/담화 세트의 마지막 문제로 나온다.
- 제안·요청 문제를 읽을 때는 누가 누구에게 제안·요청하는지를 정확히 파악해야 정답을 고를 수 있다.
- 대화/담화 후반부에 나오는 제안/미래 표현을 듣고 이를 패러프레이징한 정답을 고르면 된다.

문제 형태

● 제안·요청

- What does the man **suggest** the woman do?
  남자는 여자에게 무엇을 할 것을 제안하는가?

- What does the man **ask[encourage]** the woman to do?
  남자는 여자에게 무엇을 하라고 하는가?

- What does the **woman remind** the **man** to do?
  여자는 남자에게 무엇을 할 것을 상기시키는가?

- What are the listeners **asked[invited/ instructed]** to do?
  청자들은 무엇을 할 것을 요청 받는가?

길토익 TIP

▶ 질문이 수동태일 때 누가 제안·요청을 받는 사람인지 파악하기!
What is the man asked to do?
남자가 요청 받는 것은 무엇인가? (O)
→ 여자가 남자에게 요청하는 사항

● 미래 행동

- What will the woman do next?
  여자는 이어서 무엇을 할 것인가?

- What does the woman offer to do?
  여자는 무엇을 해주겠다고 하는가?

- What does the man say he will do?
  남자는 무엇을 할 것이라고 말하는가?

- What will the man do on Friday?
  남자는 금요일에 무엇을 할 것인가?

길토익 TIP

▶ 질문에 특정 미래 시점이 언급될 경우에는 해당 시점에 동그라미 치고 이 시점이 언급되는 부분을 노려 들어야 한다.

단서 표현

● 제안·요청

- _____~? / Would you
  mind ~? ~해줄 수 있나요?

- I sug_____ ~ / I re_____ ~
  ~을 제안 드립니다

- _____ ~ / I'd appreciate it if you ~ /
  I'd like you to ~ ~해주세요

- Remember to ~ 잊지 말고 ~하세요

- Feel free to ~ 마음껏 ~하세요

- How about ~? / What about ~? /
  _____~?
  ~하는 게 어때요?

- You[We] should ~ ~해야 합니다

M: I know of a Web site that has tickets for sale. Why don't you reserve them from there?

Q. What does the man suggest the woman do?

정답 Make a reservation online

● 미래 행동

- I'll ~ / I'm going to ~ / I'm planning to ~ /
  I'm 동사ing ~할 거예요

- _____ ~ / Why don't I ~?
  제가 ~할게요

M: Let me check out some other office suppliers' homepages to compare prices.

Q. What will the man do next?

정답 Check some Web sites

오른쪽 스크립트를 가리고 문제를 풀어보세요.   🎧 U8_01

1. According to the man, what is the accounting department concerned about?

(A) Failure to record hours correctly
(B) Delays in issuing staff pay slips
(C) A lack of funds for overtime payments
(D) Inadequate space for employee training

2. Which department does the woman most likely work in?

(A) Human Resources
(B) Information Technology
(C) Public relations
(D) Quality assurance

3. What does the man say he will do?

(A) Send an e-mail to employees
(B) Make some changes to a design
(C) Assign a task to a coworker
(D) Work late at the office

Questions 1-3 refer to the following conversation.

M: Bethany, can I have a quick word with you? I need your help with something.

W: Of course. What's up?

M: The accounting department is concerned that staff members aren't recording overtime hours accurately on the overtime Web form. They asked if a member of our IT team could modify the form to require a manager's approval and signature.

W: No problem. I'll make that change after I finish installing this new software on all office computers.

M: I'll ask Tim to do that so you can modify the Web form right away.

필수 어휘

- have a quick word with ~와 잠깐 이야기를 나누다
- What's up? 무슨 일이야?
- accounting department 회계부
- be concerned that ~라는 점을 우려하다
- staff member 직원

- record overtime hours 초과 근무 시간을 기록하다
- accurately 정확하게
- form 서식, 양식
- modify ~을 수정하다(= make a change)
- approval 승인

패러프레이징

- aren't recording overtime hours accurately → failure to record hours correctly
- I'll ask Tim to do that → assign a task to a coworker

길토익 TIP

▶ 문제를 읽을 때 '누구'에 해당되는 문제인지를 확실히 파악해야 한다. 그렇지 않으면 여자가 말하는 I'll make that change ~를 듣고 3번 문제에서 (B)를 고를 위험이 있다. 문제에서는 여자가 아니라 남자가 할 일을 물었다.

▶ 미래 행동 문제는 듣기에서 I'll ~ / Let me ~ 라고 말하는 부분에 힌트가 나오므로 이 부분을 놓치지 않도록 하자.

4. What will happen on Friday?

(A) A grand opening event will be held.
(B) A factory will close early.
(C) A cafeteria will be renovated.
(D) An employee meeting will take place.

5. What will the factory provide for staff?

(A) A shuttle bus
(B) A meal voucher
(C) A catering service
(D) A cash bonus

6. What will the man do next?

(A) Hold a staff meeting
(B) Place a food order
(C) Put up a notice
(D) Go on his lunch break

Questions 4-6 refer to the following conversation.

M: Hi, Cindy. Since our factory's staff cafeteria is going to be closed for remodeling work on Friday, a lot of our workers have been asking where they can go on their lunch break.

W: Oh, I talked with the factory operations manager this morning. He understands that there are no stores or restaurants near the factory, so he has arranged for a caterer to provide food for all workers on Friday.

M: That's a great idea! Okay, I'll post a notice in the reception area right now so all our staff know.

필수 어휘

- remodeling 리모델링, 개조(= renovation)
- lunch break 점심 휴게 시간
- arrange for A to do A가 ~하도록 조치를 취하다
- caterer 출장요리 업체
- post a notice 공지를 게시하다
- reception area 안내 구역, 로비

패러프레이징

- remodeling work → renovation
- caterer → catering service
- post a notice → put up a notice
- voucher → coupon
- factory → manufacturing facility
- cash bonus → cash incentive

길토익 TIP

▶ 특정 시점에 일어날 일을 묻는 문제에서 on Friday처럼 요일이 제시되는 경우는 대화/담화에 그대로 언급되지만 Saturday → weekend / after lunch → afternoon처럼 패러프레이징되는 경우도 있으므로 주의하도록 하자.

7. What is the conversation mainly about?

(A) A gallery's grand opening
(B) An employment opportunity
(C) A city's founding celebration
(D) A local arts festival

8. Why does the woman say, "That's why you reached out to me"?

(A) To confirm her contact details
(B) To inquire about a decision
(C) To offer reassurance
(D) To extend an invitation

9. What will the woman do next?

(A) Create an invoice
(B) Purchase a laptop
(C) Present some data
(D) Sign a document

Questions 7-9 refer to the following conversation.

W: Hi, Mr. Bowman. I'm looking forward to assisting you with organizing the arts and crafts festival here in Berrydale. We'll make it an event the whole community can enjoy.

M: I hope so! As I mentioned before, I have a smaller budget this year, so I'm hoping your experience in event planning will help keep the costs low.

W: That's why you reached out to me.

M: I'm happy to hear that.

W: In fact, I've already created a spreadsheet of expenses on my laptop. Just let me load it up for you and explain it all.

필수 어휘

- look forward to -ing ~하기를 고대하다
- assist A with B A가 B하는 것을 돕다
- organize ~을 조직하다, ~을 준비하다
- arts and crafts 미술 공예
- have a smaller budget 예산이 더 적다
- keep the costs low 비용을 적게 유지하다

- reach out to ~에게 연락을 취하다
- create ~을 만들다, ~을 작성하다
- spreadsheet of expenses 비용 내역 스프레드시트
  cf. spreadsheet 스프레드시트(엑셀처럼 데이터가 표 형태로 펼쳐지는 프로그램)
- load up ~을 화면에 띄우다

패러프레이징

- here in Berrydale → local
- spreadsheet of expenses / load it up for you and explain it → Present some data
- employment opportunity → job opening, vacancy

길토익 TIP

▶ 의도파악 문제 알아 둘 것
  ❶ "내일 10시로 예약하신 사항이 맞는지 확인 차 연락 드립니다."라고 말하는 이유는?
    → To confirm an appointment (O) / To arrange an appointment (X)
    ❍ confirm을 '확인하다'보다는 '확인시켜주다'라고 이해해야 쉽다.

  ❷ 문제 상황에서 "OO(해결책, 해결할 사람)이 있잖아"라고 말하는 이유는?
    → To offer reassurance
    ❍ '안심시켜 주기 위해서'는 단골 정답이다.

U8_04

10. What have the listeners volunteered to do?

(A) Sell merchandise
(B) Keep an area clean
(C) Distribute refreshments
(D) Sell festival tickets

11. What have some people complained about?

(A) Limited parking
(B) Poor visibility
(C) Impolite staff
(D) Long queues

12. What are the listeners asked to do next?

(A) Form into groups
(B) Review a site plan
(C) Tour a venue
(D) Complete a form

Questions 10-12 refer to the following talk.

I'd like to thank you all for volunteering to help out with clean-up duties at the music festival this coming weekend. The festival will begin at 11 A.M. on Saturday and end at 10 P.M. on Sunday. We depend on volunteers like you to remove litter from the site during the festival and assist with clean-up once the event ends. In previous years, some festival attendees have complained that our volunteers have acted rudely toward them. So, I want to remind you to always be polite and courteous. Now, I'm going to distribute a plan of the site to each of you, and I'd like you to familiarize yourself with the layout.

필수 어휘

- volunteer v. 자원하다 n. 자원 봉사자
- depend on ~에 의존하다
- remove ~을 제거하다
- litter 쓰레기(= garbage)
- site 부지, 현장
- in previous years 예년에는
- attendee 참가자
- complain that ~라고 불만을 제기하다
- act rudely toward ~에게 무례하게 행동하다

- remind A to do A에게 ~할 것을 상기시키다
- polite 예의 바른, 공손한 cf. impolite 무례한
- courteous 정중한
- distribute ~을 배부하다, 나눠주다
- a plan of the site 현장 배치도 cf. a floor plan 층별 배치도
- I'd like you to ~하시기 바랍니다
- familiarize oneself with ~에 익숙해지다
- layout 레이아웃, 배치

패러프레이징

- clean-up duties → keep an area clean
- volunteers have acted rudely → impolite staff
- familiarize yourself with the layout → review a site plan
- distribute → hand out, pass out

길토익 TIP

▸ "요청 받는 것이 무엇인가"라는 문제의 정답 단서가 나오는 표현
I'd like you to ~ (~해주시면 좋겠어요) / Please ~ (해주세요) / Could you ~? (해줄 수 있나요?)

Procedure for Cleaning the Grill

STEP 1	Remove any leftover food from the grill
STEP 2	Allow the grill to cool for at least 5 minutes
STEP 3	Apply a cleaning solution and scrub the surface
STEP 4	Wipe the grill with a cloth and soapy water

13. What is the purpose of the talk?

(A) To introduce new kitchen equipment
(B) To address customer complaints
(C) To discuss a renovation project
(D) To review safety guidelines

14. Look at the graphic. Which step does the speaker want to change?

(A) Step 1 (B) Step 2
(C) Step 3 (D) Step 4

15. What will probably happen next?

(A) Some equipment will be repaired.
(B) A restaurant will open for business.
(C) A demonstration will be given.
(D) Some floors will be mopped.

Questions 13-15 refer to the following talk and diagram.

Before the restaurant opens today, I want to address some health and safety concerns. Several employees have reported burns and other injuries while cleaning the grill after their shifts. If you are following the correct procedures, these issues shouldn't be happening. To reduce the risk of burns, I'm making a change to one of the cleaning steps. From today onward, you'll need to wait 15 minutes after turning off the grill. Now, in case anyone has forgotten the other steps, I'm going to show you all one more time how to clean the grill properly. Please follow me to the kitchen.

필수 어휘

- **address** v. ~을 다루다
- **health and safety concerns** 건강 및 안전 문제
- **report** ~을 보고하다
- **injury** 상해, 부상
- **shift** 교대 근무
- **follow** ~을 따르다, ~을 따라가다
- **procedure** 절차
- **reduce** ~을 줄이다
- **risk** 위험
- **turn off** ~의 전원을 끄다
- **in case** ~인 경우에 대비해
- **properly** 제대로, 적절하게

패러프레이징

- address some health and safety concerns → review safety guidelines
- show you how to → demonstration

길토익 TIP

▶ 말하는 이유/목적 → 듣기에서 초반부 집중 (정답 단서가 첫 두 문장에서 나온다)

▶ 요청/제안 → 듣기에서 후반부 집중

앞에서 학습한 내용을 모두 적용하여 다시 한 번 풀어보세요. 🎧 U8_all

1. According to the man, what is the accounting department concerned about?

(A) Failure to record hours correctly
(B) Delays in issuing staff pay slips
(C) A lack of funds for overtime payments
(D) Inadequate space for employee training

2. Which department does the woman most likely work in?

(A) Human Resources
(B) Information Technology
(C) Public relations
(D) Quality assurance

3. What does the man say he will do?

(A) Send an e-mail to employees
(B) Make some changes to a design
(C) Assign a task to a coworker
(D) Work late at the office

---

4. What will happen on Friday?

(A) A grand opening event will be held.
(B) A factory will close early.
(C) A cafeteria will be renovated.
(D) An employee meeting will take place.

5. What will the factory provide for staff?

(A) A shuttle bus
(B) A meal voucher
(C) A catering service
(D) A cash bonus

6. What will the man do next?

(A) Hold a staff meeting
(B) Place a food order
(C) Put up a notice
(D) Go on his lunch break

7. What is the conversation mainly about?

(A) A gallery's grand opening
(B) An employment opportunity
(C) A city's founding celebration
(D) A local arts festival

8. Why does the woman say, "That's why you reached out to me"?

(A) To confirm her contact details
(B) To inquire about a decision
(C) To offer reassurance
(D) To extend an invitation

9. What will the woman do next?

(A) Create an invoice
(B) Purchase a laptop
(C) Present some data
(D) Sign a document

10. What have the listeners volunteered to do?

(A) Sell merchandise
(B) Keep an area clean
(C) Distribute refreshments
(D) Sell festival tickets

11. What have some people complained about?

(A) Limited parking
(B) Poor visibility
(C) Impolite staff
(D) Long queues

12. What are the listeners asked to do next?

(A) Form into groups
(B) Review a site plan
(C) Tour a venue
(D) Complete a form

Procedure for Cleaning the Grill

STEP 1	Remove any leftover food from the grill
STEP 2	Allow the grill to cool for at least 5 minutes
STEP 3	Apply a cleaning solution and scrub the surface
STEP 4	Wipe the grill with a cloth and soapy water

13. What is the purpose of the talk?

(A) To introduce new kitchen equipment
(B) To address customer complaints
(C) To discuss a renovation project
(D) To review safety guidelines

14. Look at the graphic. Which step does the speaker want to change?

(A) Step 1
(B) Step 2
(C) Step 3
(D) Step 4

15. What will probably happen next?

(A) Some equipment will be repaired.
(B) A restaurant will open for business.
(C) A demonstration will be given.
(D) Some floors will be mopped.

UNIT 09

Part 3, 4
비즈니스 토픽

MP3 바로 듣기

자주 나오는 토픽

- 직원 채용, 승진 및 퇴직, 공석
- 사무 기기/네트워크 문제
- 프로젝트 진행 상황, 실적
- 행사 준비

주요 대화 흐름

● 인사·면접 관련

초반	면접관의 채용 직종 소개
중반	지원자의 자기 어필 (경력, 업무 종류)
후반	요청 사항

기타 빈출 내용
- 구인 광고를 봤는데 아직 자리 있나요?
- 이력서가 마음에 드는데, 면접 보러 오시겠어요?
- 회사가 성장해서 인력을 더 채용해야 해요.
- 승진된다는 얘기 들었어요. 축하해요.

관련 필수 어휘

- interview 면접
- job opening 일자리 ⓟ _____
- résumé 이력서
- background 배경
- experience 경험
- flexible working hours 유연한 근무 시간
- expertise 전문 지식
- retire 물러나다, 은퇴하다 ⓟ _____, _____

● 사무 기기 관련

초반	연락한 이유
중반	문제점 자세히 설명
후반	요청 사항 / 해결책 제시

기타 빈출 내용
- 새 프로그램 교육
- 프로그램 설치 중 문제 발생
- 기기 배송 및 설치 / 기기 고장

- break down 고장 나다
   ⓟ _____, _____
- photocopier 복사기
- leak 새다, 누출되다
- replacement part 교체 부품
- maintenance department 설비 관리팀

● 업무 관련

초반	업무 상황 (문제점)
중반	그런 상황이 된 이유 설명
후반	요청 사항 / 앞으로의 일 설명

기타 빈출 내용
- 마감일을 당겨야 하는데 도와주시겠어요?
- 내일 회의 준비를 해주겠어요?

- meet a deadline 마감일을 맞추다
- look over (= go over, review) 검토하다
- deadline extension 마감일 연장
- expedite the process 과정을 신속히 처리하다
- make it (장소에) 가다, 참가하다
- sales figures 매출액
- submit (= turn in, hand in) a proposal 제안서를 제출하다

오른쪽 스크립트를 가리고 문제를 풀어보세요.

U9_01

1. What department does the man probably work in?

    (A) Customer Service
    (B) Research and Development
    (C) Technical Support
    (D) Human Resources

2. What does the man ask the woman to do?

    (A) Attend a training session
    (B) Notify her supervisor
    (C) Consult a manual
    (D) Restart a machine

3. What does the man offer to do?

    (A) Expedite a service request
    (B) Visit the woman's workstation
    (C) Find some instructions on a Web site
    (D) Send the woman a document

Questions 1-3 refer to the following conversation.

W: Hi, is this the IT Support Desk? This is Kate Lee from Room 720. I'm having an issue with my printer. There's a loud whistling sound coming from it, and it's really distracting. Can you help?

M: Thanks for letting me know, Kate. That definitely sounds like a problem. First, I'd like you to power off your printer completely, wait a few seconds, and then turn it back on. Let me know if the sound persists.

W: I've already done it a few times, but the sound keeps coming back. I'm concerned it might be something more serious.

M: Understood. Since you've already tried that, I'll need to take a closer look. I can come by your desk around 2 o'clock today. Does that work for you?

필수 어휘

- have an issue with ~에 문제가 있다
- loud whistling sound 시끄러운 바람 소리
- distracting 주의를 산만하게 하는
- definitely 분명히
- sound like ~인 것 같다

- power off ~의 전원을 끄다
    ↔ turn it back on ~의 전원을 다시 켜다
- persist 계속되다
- take a closer look 좀 더 자세히 살펴보다
- work for ~에게 괜찮다, ~에게 좋다

패러프레이징

- IT Support → Technical Support
- power off your printer completely ~ and then turn it back on → restart a machine
- come by → visit
- consult → refer to
- Human Resources → Personnel, HR
- desk → workstation
- manual → instructions

길토익 TIP

▶ 회사의 컴퓨터나 네트워크에 오류가 생긴 상황에서는 컴퓨터 오작동 증상(ex. 화면 멈춤 등)을 설명하고 도움을 요청하는 내용의 대화가 자주 나온다. 이때 도움을 주기 위해 등장하는 부서는 Technical Support(기술 지원) / IT department(IT 부서)이다.

4. What kind of event is being planned?

(A) A grand opening
(B) A fundraiser
(C) An awards ceremony
(D) An orientation

5. Why does the woman say she is relieved?

(A) A preferred date is available.
(B) An invitation has been accepted.
(C) A venue has a large capacity.
(D) An event will be widely promoted.

6. What will Sam contribute to an event?

(A) Extra funding
(B) Online promotion
(C) Food and beverages
(D) Live music

Questions 4-6 refer to the following conversation with three speakers.

W: Before we wrap up this meeting, let's quickly talk about our event to raise money for local charities. Fred, are you still organizing everything?

M1: I have managed to book the ballroom at the Regent Hotel for the event. It can accommodate up to 500 guests.

W: Oh, I'm relieved you secured that venue. We needed somewhere large enough to accommodate all the people we plan to invite. What else do you still need to do?

M1: Well, I need to confirm the menu with the catering firm, and Sam has offered to perform live with his band at the event. Right, Sam?

M2: Yes, we'd be happy to play some songs. That will help us cut down on entertainment expenses.

필수 어휘

- wrap up (회의 등을) 마무리하다
- raise money 모금하다
- local charity 지역 자선 단체
- organize ~을 조직하다, 준비하다
- manage to do 가까스로 ~하다
- book v. ~을 예약하다(= reserve)
- ballroom 연회장(= banquet room)
- accommodate ~을 수용하다
- up to + 숫자 ~까지

- be relieved 안심하다
- secure v. ~을 확보하다
- venue (행사) 장소
- confirm ~을 확인하다, 확정하다
- catering firm 출장 요리 제공 업체
- offer to do ~해주겠다고 제안하다
- perform live 라이브 공연을 하다
- cut down on ~을 줄이다

패러프레이징

- event to raise money for local charities → fundraiser
- secure that venue / large enough to accommodate all the people → A venue has a large capacity.
- perform live with his band → live music

길토익 TIP

▶ 행사 준비 관련 내용은 Part 3 사내 대화에서 자주 등장하는 토픽이다. 특히 raise money(모금하다), fundraiser(모금 행사), local charity(지역 자선 단체), venue(행사 장소), accommodate(~을 수용하다), capacity(수용력), catering firm(출장 요리 제공 업체)와 같은 단어들은 매우 중요하니 지금 바로 완벽하게 외우도록 하자.

Received Mail

Sender	Attachments
Riley Winthrop	GHR_Poster_Image_1A.jpg
Jessie Harland	Licensing_Agreement_BN46.pdf
Arden Moreau	Week3_Report_Secure_Mail.html
Constance Liang	Movie_Video.zip

7. Look at the graphic. Who does the man say he received an e-mail from?

(A) Riley Winthrop
(B) Jessie Harland
(C) Arden Moreau
(D) Constance Liang

8. What does the woman say she is excited to see?

(A) A movie poster design
(B) An edited manuscript
(C) A television commercial
(D) A film screening

9. What does the woman ask the man to read?

(A) A manual
(B) A proposal
(C) A labor contract
(D) A financial statement

Questions 7-9 refer to the following conversation and received items list.

W: How's it going with the promotional materials for that comedy film?

M: I contacted the head producer yesterday asking for additional video clips from the movie, and she e-mailed a folder to me right away.

W: Great. What ideas do you have for the main poster?

M: We're thinking of using big and bold text in the background and combining close-ups of several characters' facial expressions. Our digital editor is working on the preliminary sketch.

W: I'm excited to see it. Oh, and another project proposal came in from a Broadway director in New York. His new musical looks really fun. Can you read it when you have the chance?

필수 어휘

- **How's it going with** ~은 어떻게 되어 가나요?
- **promotional material** 홍보 자료
- **ask for** ~을 요청하다
- **additional** 추가의, 부가의(= extra)
- **background** 배경
- **combine** ~을 조합하다, ~을 겸비하다
- **facial expression** 표정
- **work on** ~에 대해 작업하다
- **preliminary** 예비의, 준비의
- **project proposal** 프로젝트 제안서
- **director** 감독
- **have a chance** 기회가 있다

패러프레이징

- comedy film / main poster / using big and bold text ~ characters' facial expressions → movie poster design

10. What is the focus of a project?

(A) Testing product prototypes
(B) Creating an advertising campaign
(C) Improving local transportation
(D) Compiling survey results

11. Which industry does the speaker most likely work in?

(A) Tourism   (B) Real estate
(C) Engineering (D) Manufacturing

12. What will the listeners see on a screen?

(A) An image gallery
(B) A list of employees
(C) A city map
(D) A work process

Questions 10-12 refer to the following instructions.

I'm glad you all decided to work with us on this project. You'll be focusing on compiling all the feedback from the surveys we distributed as part of our market research. The aim is to find out what domestic and international tourists like and dislike about our city and its attractions. We will use the findings to make improvements and boost the number of visitors to the city. On this screen, I'm going to show you the correct process for recording all the data.

필수 어휘

- **decide to do** ~하기로 결정하다
- **focus on** ~에 주력하다
- **compile** ~을 취합하다
- **feedback** 의견
- **survey** 설문조사
- **distribute** ~을 배부하다
- **as part of** ~의 일환으로
- **market research** 시장 조사
- **aim** 목적, 목표

- **find out** ~을 알아내다
- **domestic** 국내의 *cf.* **international** 해외의(= overseas)
- **tourist** 관광객 *cf.* **tourism** 관광업
- **dislike** ~을 싫어하다
- **attraction** 명소, 인기 장소
- **findings** 조사 결과
- **make improvements** 개선하다
- **boost** ~을 늘리다, ~을 증진하다
- **process** 과정, 절차

패러프레이징

- **feedback from the surveys** → survey results
- **process for recording all the data** → a work process
- **compile** → put together

길토익 TIP

▶ 회사의 설문조사(survey) 관련 내용
  - 결과(findings)를 분석(analyze)해서, 경향(trend)을 파악하여 타켓 그룹(target group)을 결정한다.
  - 국내(domestic)와 해외(international)에서의 점유율(market share)을 어느 정도로 할 것인지 목표(aim/goal)를 잡는다.
  - 회사에서 직접 설문조사를 한 내용 또는 설문조사 담당 대행사를 이용한 내용이 나온다.

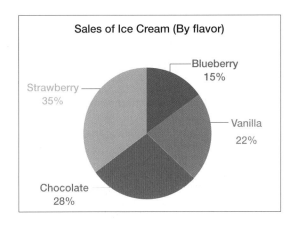

Sales of Ice Cream (By flavor)

- Blueberry 15%
- Strawberry 35%
- Vanilla 22%
- Chocolate 28%

Questions 13-15 refer to the following excerpt from a meeting and chart.

During today's marketing team meeting, I'd like to discuss some details regarding our first ever ice cream bar, which will be sold in retail stores nationwide starting next year. Our containers of ice cream are continuing to sell well, and you can see on this chart what our best-selling flavors of ice cream are. Of course, our new product will also be our most popular flavor on the chart. Now, before we start discussing the advertising campaign we need to create for the new product, I'd like you to talk among yourselves and decide how much you think the product should cost. Then, you can let me know your opinions.

13. What department does the speaker work in?

(A) Accounting　　(B) Sales
(C) Marketing　　(D) Human Resources

14. Look at the graphic. What will be the flavor of the new product?

(A) Blueberry　　(B) Vanilla
(C) Chocolate　　(D) Strawberry

15. Which aspect of the new product will the listeners discuss next?

(A) The shape　　(B) The price
(C) The packaging　　(D) The launch date

필수 어휘

- regarding ~에 관하여
- retail store 소매점
- nationwide 전국적으로
- starting + 일시 ~부터

- container 그릇, 용기
- sell well 잘 팔리다 *cf.* sell out 다 팔리다
- flavor 맛
- cost + 금액 ~의 비용이 들다

패러프레이징

- how much you think the product should cost → the price

길토익 TIP

▶ 시각자료로 그래프가 나올 때 주의할 점
- "그래프 제목"을 보고 무엇을 나타낸 그래프인지 파악한다. 그래야 대화 내용을 예측할 수 있다.
- 숫자나 비중이 큰 순서대로 1, 2, 3, 4 번호를 매겨 두자. 판매액 비중을 나타낸 차트가 나오면 아래 표현들을 떠올리자.
  제일 많은 것: the most popular
  두 번째로 많은 것: the second most popular
  가장 적은 것: the least popular

앞에서 학습한 내용을 모두 적용하여 다시 한 번 풀어보세요.

🎧 U9_all

1. What department does the man probably work in?

(A) Customer Service
(B) Research and Development
(C) Technical Support
(D) Human Resources

2. What does the man ask the woman to do?

(A) Attend a training session
(B) Notify her supervisor
(C) Consult a manual
(D) Restart a machine

3. What does the man offer to do?

(A) Expedite a service request
(B) Visit the woman's workstation
(C) Find some instructions on a Web site
(D) Send the woman a document

---

4. What kind of event is being planned?

(A) A grand opening
(B) A fundraiser
(C) An awards ceremony
(D) An orientation

5. Why does the woman say she is relieved?

(A) A preferred date is available.
(B) An invitation has been accepted.
(C) A venue has a large capacity.
(D) An event will be widely promoted.

6. What will Sam contribute to an event?

(A) Extra funding
(B) Online promotion
(C) Food and beverages
(D) Live music

Received Mail

Sender	Attachments	
Riley Winthrop	🖼	GHR_Poster_Image_1A.jpg
Jessie Harland	PDF	Licensing_Agreement_BN46.pdf
Arden Moreau	📄	Week3_Report_Secure_Mail.html
Constance Liang	▶	Movie_Video.zip

7. Look at the graphic. Who does the man say he received an e-mail from?

(A) Riley Winthrop
(B) Jessie Harland
(C) Arden Moreau
(D) Constance Liang

8. What does the woman say she is excited to see?

(A) A movie poster design
(B) An edited manuscript
(C) A television commercial
(D) A film screening

9. What does the woman ask the man to read?

(A) A manual
(B) A proposal
(C) A labor contract
(D) A financial statement

10. What is the focus of a project?

(A) Testing product prototypes
(B) Creating an advertising campaign
(C) Improving local transportation
(D) Compiling survey results

11. Which industry does the speaker most likely work in?

(A) Tourism
(B) Real estate
(C) Engineering
(D) Manufacturing

12. What will the listeners see on a screen?

(A) An image gallery
(B) A list of employees
(C) A city map
(D) A work process

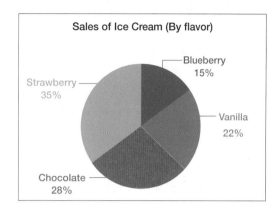

Sales of Ice Cream (By flavor)

Blueberry 15%
Strawberry 35%
Vanilla 22%
Chocolate 28%

13. What department does the speaker work in?

(A) Accounting
(B) Sales
(C) Marketing
(D) Human Resources

14. Look at the graphic. What will be the flavor of the new product?

(A) Blueberry
(B) Vanilla
(C) Chocolate
(D) Strawberry

15. Which aspect of the new product will the listeners discuss next?

(A) The shape
(B) The price
(C) The packaging
(D) The launch date

자주 나오는 토픽

- 구매, 교환 및 환불, 재고 부족, 할인 * 압도적으로 많이 출제됨
- 여행 계획, 호텔/항공권/식당 예약 및 확인
- 공연/스포츠 관람

주요 대화 흐름

● 쇼핑 관련

초반	구매하려고 하는 품목 문의
중반	제품 특징, 가격 및 할인 안내
후반	요청 사항

● 여행/휴가 관련

초반	(주로 동료들끼리) 여행 계획이 있음을 얘기함
중반	여행 준비 관련 내용 - 교통편, 숙박 등
후반	관련 조언

● 예약 관련

초반	장소 힌트 제시 (식당, 호텔 등)
중반	원하는 예약 상세 정보 제공 (인원, 규모, 설비, 메뉴 등)
후반	추가 정보나 신분증 요청 주의사항

관련 필수 어휘

- **brand new** 완전히 새로운
- **valid** _____ ↔ _____ 만료된
- **environmentally friendly** 친환경적인
- **out of stock** _____
- **locally made** 현지에서 생산된
- **tracking number** (배송) 추적 번호
- **set A aside** _____
  (= put A aside, put A on hold)
- **customize** ~을 맞춤으로 제작하다
- **free of charge** 무료로
- **receipt** 영수증(= proof or purchase)

- **time-off (= leave)** 휴가
- **take a vacation** 휴가를 가다(= be on vacation)
- **business trip** 출장
- **booking confirmation** 예약 확인(서)
- **sightseeing** 관광
- **accommodation** _____
- **aisle seat** 통로 좌석 *cf.* **window seat** 창가 좌석
- **itinerary** _____
- **rent a car** 자동차를 렌트하다

- **make a reservation** 예약하다
  🅟 re_____, b_____
- **receptionist** 접수직원
- **identification** 신분증(= ID)
- **confirm a reservation** 예약 사항을 확인하다
- **check in** 체크인하다(↔ check out)
- **travel agency** 여행사
- **box office** 매표소

오른쪽 스크립트를 가리고 문제를 풀어보세요.　　🎧 U10_01

1. What does the woman want to purchase?

(A) Clothing
(B) Beverages
(C) Office supplies
(D) Sporting goods

2. What information does the woman say she already knows?

(A) Next-day delivery is guaranteed.
(B) A corporate discount can be applied.
(C) Some products are high quality.
(D) A complimentary service is available.

3. What will the man do next?

(A) Show a sample item
(B) Provide a cost estimate
(C) Take some details
(D) Assist another customer

Questions 1-3 refer to the following conversation.

M: Good afternoon. Is there anything I can help you with?

W: Yes, I'm looking to buy some T-shirts for my employees.

M: No problem. Did you know that we offer free customization of all T-shirts? We can print whatever you like on them at no extra charge.

W: That's exactly why I came to your store.

M: I'm happy to hear that! Here's a brochure showing some of our most popular designs. Have a look and see if there's anything you like.

W: Well, it's for a company sports day. I was hoping to have names and numbers printed on them.

M: Oh, we quite often do that for our customers. I'll let you see a sample that we made, and you can tell me if it's suitable.

필수 어휘

- **look to do** ~하고자 하다
- **customization** 맞춤 제작 *cf.* **customize** ~을 맞춤 제작하다 **customized** 맞춤 제작된, 요구사항에 맞춘
- **print** ~을 인쇄하다

- **at no extra charge** 추가 요금 없이 (= free of charge, complimentary)
- **see if** ~인지 알아보다
- **suitable** 적합한

패러프레이징

- T-shirts → clothing
- let you see → show
- estimate → quote, how much it will cost roughly

- free → complimentary
- details → specifics
- next-day delivery → overnight delivery

길토익 **TIP**

▶ 회사의 단체 티셔츠/모자 주문 관련 대화
- 회사의 로고(logo = symbol)나 슬로건(slogan)을 넣어서 주문 제작으로 만드는(customized = personalized) 것에 대해 논의
- 로고를 자수를 놓은(embroidered) 형태로 하게 되면 추가 요금(extra charge)이 발생하는데, 이에 대해 어떻게 할 것인지를 결정하고, 원하는 로고 이미지를 보내면 샘플을 제작해주겠다는 내용

4. Where is the conversation most likely taking place?

(A) At a grocery store
(B) At a home goods store
(C) At a sports store
(D) At a computer store

5. What does the woman want to do?

(A) Test out some devices
(B) Sign up for a membership
(C) Exchange an item
(D) Arrange a delivery

6. What does the supervisor warn the woman about?

(A) A cost difference
(B) A closing time
(C) A shipment delay
(D) An inventory shortage

Questions 4-6 refer to the following conversation with three speakers.

W: Hello, I bought this lamp here a month ago, but I want to exchange it.

M1: We have a 14-day return and exchange policy, so I'll need to check with my supervisor to see if we can work something out.

M2: Hello, I'm the supervisor here. How may I assist you?

W: I want to exchange this lamp I bought about a month ago because I don't like the design as much as I thought I would.

M2: That's totally understandable. If the product is still in its original packaging, I can make an exception this one time and exchange that for you. Please note that you will need to pay for any difference in price.

필수 어휘

- exchange v. ~을 교환하다, n. 교환
- return v. ~을 반품하다, n. 반품
- check with + 사람 ~에게 확인해보다
- supervisor 상사
- work out ~을 해결하다
- assist ~을 돕다
- original packaging 원래의 포장재
- make an exception 예외로 하다
- Please note that ~임에 유념해 주세요
- pay for any differences in price 모든 차액을 지불하다

패러프레이징

- lamp → home goods
- grocery store → supermarket, mart
- arrange → set up, schedule, organize
- shortage → a lack
- differences in price → cost difference
- sign up for → register for, enroll in
- shipment → parcel, package

길토익 TIP

▶ 제품을 구매한 고객이 매장을 다시 방문한 상황
 - 구매한 상품에 결함이 있어서(defective) 혹은 마음에 들지 않아 교환(exchange)이나 환불(refund = give some money back) 요청
 - 가게 직원(sales clerk = sales associate)이 원래 포장 상태로(in original packaging) 달라고 요청하고 영수증(receipt = proof of purchase)이 있어야 환불이 가능하다고 안내

$25	$18
$20	$28

7. Where most likely is the merchandise display?

(A) At an outdoor market

(B) At a department store

(C) At a concert venue

(D) At a sports stadium

8. Look at the graphic. How much will the woman pay for an item?

(A) $18 (B) $20

(C) $25 (D) $28

9. What does the man suggest doing?

(A) Keeping a receipt

(B) Buying additional items

(C) Upgrading a ticket

(D) Obtaining a membership

Questions 7-9 refer to the following conversation and merchandise display.

W: Hi, I was just wondering if you sell any baseball caps with the Velvet Horizon band's logo on them.

M: Well, because the band performing here tonight is so popular, we have lots of items with its logo. Let me check for you… Yes! We have this baseball cap. What do you think?

W: I love it! I'll take one, please.

M: No problem! Are you a member of the band's official fan club?

W: Oh, I'm afraid not.

M: That's a shame. It might be worth becoming one in the future, because fan club members get 20 percent off official merchandise.

필수 어휘

• wonder if ~인지 궁금하다

• perform 공연하다

• official 공인된, 공식적인

• I'm afraid not. (유감스럽지만) 아닙니다

• That's a shame. 그거 유감이네요

• be worth -ing ~할 만한 가치가 있다

• get 20 percent off 20% 할인을 받다

• merchandise 상품, 제품

패러프레이징

• the band performing → concert, musical performance

• a member of the band's official fan club / It might be worth becoming one → obtaining a membership

• outdoor → outside

• sports stadium → arena

10. Who most likely is the speaker?

　(A) A furniture designer

　(B) A security guard

　(C) A store employee

　(D) A company founder

11. What information from the manager does the speaker share?

　(A) Business hours will be extended.

　(B) Shipping fees will be waived.

　(C) A product is unavailable.

　(D) A showroom has been enlarged.

12. What does the speaker remind the listeners about?

　(A) A promotion will be offered online.

　(B) A store membership can be purchased.

　(C) A free gift is available at the entrance.

　(D) An event will last for two days.

Questions 10-12 refer to the following announcement.

Attention shoppers, and welcome to the grand opening of Oakwood Furniture! We're excited to have you join us for this special event. Please gather by the main entrance, and we'll open the doors shortly so you can explore our new showroom. The store manager has asked me to let you know that, due to a late shipment, we're temporarily out of the Avalon Recliners, but all other furniture collections are fully stocked. As a reminder, our grand opening event will take place today and tomorrow, so take your time browsing and enjoy exclusive offers!

필수 어휘

- Attention shoppers 쇼핑객 여러분께 알립니다
- grand opening 개점, 개장
- have A 동사원형 A가 ~하도록 하다
- gather 모이다
- main entrance 중앙 입구
- explore ~을 탐색하다
- showroom 제품 전시실
- due to ~ 때문에

- shipment 배송
- be temporarily out of ~이 일시적으로 품절되다
- fully stocked (상품의) 재고가 다 있는
- as a reminder 확인 차원에서 말씀 드리면
- take place (행사 등이) 열리다
- take time -ing 천천히 ~하다
- browse ~을 훑어보다, 탐색하다
- exclusive offer 단독 특가

패러프레이징

- welcome to the grand opening of Oakwood Furniture → store employee
- temporarily out of the Avalon Recliners → A product is unavailable.
- take place today and tomorrow → will last for two day

길토익 TIP

▶ 말하는 사람(speaker)의 직업

　- Welcome to the grand opening of 상점이름 → store employee(매장 점원), store owner(매장 주인)

　- Welcome to the morning show → radio host(진행자), 뉴스 보도를 하면 journalist (= reporter 기자)

Client: Osterman Inc. Order: Staff Uniforms	
Item	Quantity
Shirt (Small)	15
Shirt (Medium)	30
Shirt (Large)	10
Baseball Cap	55

13. Which department does the speaker work in?

(A) Customer service   (B) Human Resources

(C) Marketing   (D) Accounting

14. Look at the graphic. Which quantity needs to be changed?

(A) 15   (B) 30

(C) 10   (D) 55

15. What does the speaker say he will do tomorrow?

(A) Meet new employees   (B) Make a payment

(C) Send some items   (D) Request a refund

Questions 13-15 refer to the following telephone message and order form.

Hello, I am leaving this message for Theresa Smith. I'm calling from the Human Resources department at Osterman Inc. I visited your work apparel store yesterday to order some uniforms for new employees at our company. Well, I just noticed that I made an error on the number of large-sized shirts that we need. I should've ordered 20 of those. I hope that doesn't cause you too much inconvenience. As we discussed earlier, I'll come back to your store tomorrow morning to collect the items and pay for them. Thanks for your help.

필수 어휘

- leave a message for ~에게 메시지를 남기다
- I'm calling from ~에서 전화 드립니다
- Human Resources department 인사부(= Personnel)
- apparel 의류(= attire)
- notice that ~임을 알아차리다

- make an error 실수하다
- should have p.p. ~했어야 했다
- cause A inconvenience A에게 불편을 끼치다
- collect ~을 회수하다, 가져가다

패러프레이징

- pay for them → make a payment
- Human Resources → HR, Personnel
- new employees → new hires

길토익 TIP

▶ 주기적으로 주문하는 공급업체(regular supplier)에서 연락 온 상황
주문 수량이 평상시(as usual) 하던 것과 달리 너무 많은데 착오였다면 주문 수량을 수정해(modify = revise, update, change) 드리겠습니다. 혹시 원하지 않으시면 연락 주세요(get in touch with = reach, contact).

REVIEW

앞에서 학습한 내용을 모두 적용하여 다시 한 번 풀어보세요.　　　U10_all

1. What does the woman want to purchase?

(A) Clothing
(B) Beverages
(C) Office supplies
(D) Sporting goods

2. What information does the woman say she already knows?

(A) Next-day delivery is guaranteed.
(B) A corporate discount can be applied.
(C) Some products are high quality.
(D) A complimentary service is available.

3. What will the man do next?

(A) Show a sample item
(B) Provide a cost estimate
(C) Take some details
(D) Assist another customer

---

4. Where is the conversation most likely taking place?

(A) At a grocery store
(B) At a home goods store
(C) At a sports store
(D) At a computer store

5. What does the woman want to do?

(A) Test out some devices
(B) Sign up for a membership
(C) Exchange an item
(D) Arrange a delivery

6. What does the supervisor warn the woman about?

(A) A cost difference
(B) A closing time
(C) A shipment delay
(D) An inventory shortage

$25	$18
$20	$28

7. Where most likely is the merchandise display?

(A) At an outdoor market
(B) At a department store
(C) At a concert venue
(D) At a sports stadium

8. Look at the graphic. How much will the woman pay for an item?

(A) $18
(B) $20
(C) $25
(D) $28

9. What does the man suggest doing?

(A) Keeping a receipt
(B) Buying additional items
(C) Upgrading a ticket
(D) Obtaining a membership

10. Who most likely is the speaker?

(A) A furniture designer
(B) A security guard
(C) A store employee
(D) A company founder

11. What information from the manager does the speaker share?

(A) Business hours will be extended.
(B) Shipping fees will be waived.
(C) A product is unavailable.
(D) A showroom has been enlarged.

12. What does the speaker remind the listeners about?

(A) A promotion will be offered online.
(B) A store membership can be purchased.
(C) A free gift is available at the entrance.
(D) An event will last for two days.

Client: Osterman Inc. Order: Staff Uniforms	
Item	Quantity
Shirt (Small)	15
Shirt (Medium)	30
Shirt (Large)	10
Baseball Cap	55

13. Which department does the speaker work in?

(A) Customer service
(B) Human resources
(C) Marketing
(D) Accounting

14. Look at the graphic. Which quantity needs to be changed?

(A) 15
(B) 30
(C) 10
(D) 55

15. What does the speaker say he will do tomorrow?

(A) Meet new employees
(B) Make a payment
(C) Send some items
(D) Request a refund

자주 나오는 토픽

- 부동산 중개소에 와서 원하는 주택/사무실 찾는 내용
- 약국에 처방전 가지고 약 받으러 온 상황 + 약 관련 문의 사항
- 길/교통편 안내
- 병원 예약 및 날짜 변경
- 은행에서 계좌 개설, 대출 신청

주요 대화 흐름

부동산 관련

초반	손님의 부동산 문의
중반	원하는 부동산의 조건 제시 (방 개수/주차장/시내와의 거리 등)
후반	일정 잡기

관련 필수 어휘

- real estate agent _____
  cf. real estate agency 부동산 중개업체
- property 부동산, 건물
- lease _____
- deposit 보증금
- tenant 세입자 cf. landlord 집주인
- spacious 넓은
- suburb _____ P _____
- conveniently located _____
- fully furnished _____

병원 관련

초반	전화 건 이유
중반	일정 바꿔야 하는 이유
후반	요청 사항, 유의 사항

기타 빈출 내용
- 의사에게 진료 받는 상황
- 처방약을 받으러 약국에 간 상황

- medical records 의료 기록 cf. patient records 환자 기록
- medical checkup 건강 검진
- time slot 시간대
- remedy _____
- pharmacy 약국
- prescription _____
- reschedule an appointment _____

은행 관련

초반	대출/계좌 개설 신청
중반	관련 상세 내용 설명
후반	요청 사항

- apply for a loan 대출을 신청하다
- approve a loan 대출을 승인하다
- loan officer 대출 담당관
- transaction 거래, 처리
- interest rate 이자율
- finance n. 재정 v. ~에 자금을 대다
- open an account 계좌를 개설하다

오른쪽 스크립트를 가리고 문제를 풀어보세요.　🎧 U11_01

1. Where most likely does the woman work?

　(A) At a financial institution
　(B) At a moving company
　(C) At a job consulting firm
　(D) At a real estate agency

2. What does the man say about his office?

　(A) It has plenty of natural light.
　(B) Its lease has expired.
　(C) It is located in the financial district.
　(D) It is close to public transportation.

3. What information does the woman request?

　(A) A spending plan
　(B) A meeting date
　(C) A list of contacts
　(D) A registration form

Questions 1-3 refer to the following conversation.

M: Hello. I'm calling about renting a furnished apartment. I'm moving to Austin for a work assignment.

W: We'd be happy to help you. Can you tell me a little more about what you're looking for?

M: Sure! My office is located downtown where banks and financial institutions are concentrated, and I want to be within short walking distance of it. I'd like a two-bedroom apartment that has modern amenities, plenty of natural light, and access to nearby grocery stores and public transport. Do you think you might be able to help me with this?

W: Absolutely! We have several properties in that area that could meet your needs. Let me know your budget so we can narrow down the options.

필수 어휘

- rent ~을 임대하다
- furnished apartment 가구가 갖춰진 아파트
- work assignment 배정된 업무
- be located downtown 시내에 위치해 있다
- financial institution 금융 기관
- be concentrated 밀집되어 있다
- within short walking distance of
  ~에서 걸어서 가까운 거리에 있는
- amenities 편의 시설

- access to ~에의 접근(성)
- grocery store 식료품점
- public transport 대중교통(= public transportation)
- **Absolutely.** 물론이죠(= Definitely.)
- **property** 건물
- **meet one's needs** ~의 필요를 충족하다
- **budget** 예산
- **narrow down the options** 선택의 범위를 좁히다

패러프레이징

- renting a furnished apartment → real estate agency
- where banks and financial institutions are concentrated → the financial district
- budget → spending plan

길토익 TIP

▸ 부동산 직원(real estate agent = realtor)과 고객 사이의 빈출 대화 내용
　고객이 원하는 조건을 설명하고(대중 교통과의 거리, 방 개수, 주위 환경 등) 부동산 직원이 부동산을 볼 수 있도록 약속 날짜를 잡아(arrange/organize/schedule a meeting) 준다.

4. What is the purpose of the man's call?

(A) To schedule an appointment
(B) To request a consultation
(C) To inquire about a job vacancy
(D) To discuss a billing issue

5. What does the woman imply when she says, "It'll only take about half an hour?"

(A) A change is not possible.
(B) The man will not be late to work.
(C) She will respond to the request soon.
(D) The man needs to work faster.

6. What does the man decide to do?

(A) Visit another business
(B) Contact a colleague
(C) Come on a different day
(D) Reschedule a meeting

Questions 4-6 refer to the following conversation.

M: Hello. I'd like to make an appointment for a dental cleaning. Do you have any openings this afternoon?

W: Let me check. Hmm… It looks like we're fully booked for the rest of the day, but we have an opening tomorrow morning at 9.

M: Well, I'm afraid I have a meeting at work at 10 o'clock.

W: It'll only take about half an hour.

M: I think it'd be better to come in over the weekend instead. I really can't risk missing any of that meeting.

W: No problem. We have several time slots available on Saturday.

M: Great. I'm available all day Saturday.

필수 어휘

- **make an appointment** 예약을 잡다
- **dental cleaning** (치과) 스켈링, 치아 세정
- **opening** 빈 시간대(= available time slot)
- **be fully booked** 예약이 다 차 있다
- **the rest of the day** 남은 하루
- **at work** 직장에서
- **over the weekend** 주말 중에
- **risk -ing** ~할 위험을 감수하다
- **miss** ~을 놓치다
- **available** 시간이 나는

패러프레이징

- make an appointment → schedule an appointment
- come in over the weekend → come at a different time
- inquire → ask
- respond to → follow up on

길토익 TIP

▶ 병원 예약담당 직원(receptionist)과 환자(patient)의 빈출 대화 내용
  - 예약했지만, 다른 날짜로 변경하고 싶다(reschedule = swap, switch, alter)
  - 의사에게 다른 일정(conference 참가 등)이 생겨 진료 예약일을 변경하면 좋겠다
  - 취소된 예약이 있으니, 더 이른 예약(earlier appointment)을 원한다면 변경해 주겠다
  - 진료 예약 확인 차(confirm an appointment) 연락했으며, 병원을 방문할 때는 지정 주차장(designated parking area)을 이용하거나 대중교통(public transportation)을 이용하는 것이 좋겠다

Downtown Subway Lines

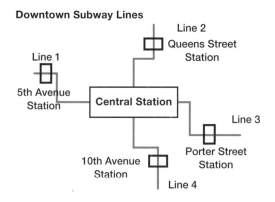

7. What does the man say he is doing this afternoon?

(A) Joining a guided tour
(B) Meeting a friend
(C) Watching a sporting event
(D) Visiting some landmarks

8. Look at the graphic. Which subway line will the man most likely take?

(A) Line 1   (B) Line 2
(C) Line 3   (D) Line 4

9. What does the man ask about?

(A) A payment method
(B) An event schedule
(C) Estimated travel time
(D) The cost of a service

Questions 7-9 refer to the following conversation and map.

M: Excuse me, could you offer me some advice? I'm visiting from abroad and having trouble figuring out which subway line I need to take.

W: Of course, I'd be happy to help. Where are you headed?

M: I need to get to Wilkins Stadium. I'm planning to catch a baseball game there this afternoon.

W: Ah, the baseball stadium is near Porter Street Station. The only issue is that the line is currently closed for maintenance. But there's an alternative. You could take the other line to 10th Avenue Station, then take a taxi from there to the stadium.

M: Thanks a lot. Would the driver only take cash?

W: Most drivers accept both cash and card payments, but it's always a good idea to ask before you start the ride, just to be sure.

필수 어휘

- offer A B A에게 B를 주다
- abroad 해외에서(= overseas)
- have trouble -ing ~하는 데 어려움을 겪다
  (= have difficulty -ing)
- figure out ~을 알아내다
- be headed 가다, 향하다
- stadium 경기장

- be currently closed 현재 폐쇄되어 있다
- maintenance 유지 보수 작업
- alternative 대안
- take cash 현금을 받다(= accept cash)
- payment 지불
- ride 탑승
- just to be sure 확실히 하기 위해서

패러프레이징

- baseball game → sporting event
- only take cash → payment method
- landmarks → tourist attractions

10. Who are the listeners?

(A) Real estate agents
(B) Property landlords
(C) Building tenants
(D) Construction workers

11. According to the speaker, what happened two months ago?

(A) An apartment building was painted.
(B) A property was put up for sale.
(C) A building project commenced.
(D) A swimming pool was opened.

12. Why does the speaker say, "the weather forecast doesn't look good"?

(A) To suggest postponing an activity
(B) To warn against feeling too optimistic
(C) To recommend wearing appropriate clothing
(D) To suggest that an event be held indoors

Questions 10-12 refer to the following excerpt from a meeting.

I'd like to thank you all for attending the Bluebird Apartment Building tenants' association meeting. As you all know, construction work on the new swimming pool here began two months ago. We had originally expected that the work would be completed by today, but there have been numerous construction delays due to bad weather. We now hope that the pool will be finished and ready for you to use by the end of next week. However, the weather forecast doesn't look good.

필수 어휘

- tenants' association 세입자 조합
- construction 건설 공사
- originally 최초에, 애초에
- be completed 완료되다
- numerous 다수의

- delay 지체, 지연
- due to bad weather 악천후 때문에
- be ready for A to do A가 ~할 준비가 되다
- weather forecast 일기예보
- look good 좋아 보이다

패러프레이징

- construction work on the new swimming pool → building project
- begin → commence
- postpone → push back, put off, defer

길토익 TIP

▶ 날씨가 좋지 않아서(bad weather / inclement weather / unfavorable weather) 공사(construction) 일정이 지연된다는 내용은 토익에서 매우 자주 나오는 스토리이다.

Horizon Trust Bank Business Loans

Loan	Interest Rate
SmartStart	5%
Pioneer	8%
FlexiFund	10%
Momentum	12%

13. What kind of business does the listener own?

(A) A restaurant
(B) A grocery store
(C) A catering company
(D) An advertising agency

14. Look at the graphic. Which loan option is the listener eligible for?

(A) SmartStart
(B) Pioneer
(C) FlexiFund
(D) Momentum

15. What does the speaker say an assistant can do?

(A) Explain a process
(B) Handle a complaint
(C) Set up a meeting
(D) Edit a document

Questions 13-15 refer to the following telephone message and loan options.

This is Ayesha Khan calling from Horizon Trust Bank. I'm reaching out regarding the loan request you submitted to expand your steakhouse. I'm glad to hear your business is thriving—my colleagues and I enjoy dining there, and we've always considered it the best spot in the city. I'm pleased to inform you that you qualify for an 8 percent interest rate. The next step is for you to visit the bank so we can review the loan terms in more detail. Please call us at 555-0134, and my assistant can help schedule the appointment.

필수 어휘

- reach out 연락을 취하다
- regarding ~에 관하여
- loan request 대출 신청
- submit ~을 제출하다
- expand ~을 확장하다
- thrive 번창하다
- colleague 동료
- dine 식사를 하다 *cf.* diner 식사 손님
- consider A best spot A를 가장 좋은 곳이라고 여기다

- be pleased to do ~하게 되어 기쁘다
- inform A that A에게 ~라고 알리다
- qualify for ~에 대한 자격이 있다
- interest rate 이자율
- step 단계
- review ~을 검토하다
- terms (계약 등의) 조건
- in more detail 좀더 상세하게
- schedule an appointment 예약을 잡다

패러프레이징

- steakhouse / enjoy dining there → restaurant
- visit the bank / review the loan terms / schedule the appointment → set up a meeting

MP3 바로 듣기

앞에서 학습한 내용을 모두 적용하여 다시 한 번 풀어보세요.

🎧 U11_all

1. Where most likely does the woman work?

(A) At a financial institution
(B) At a moving company
(C) At a job consulting firm
(D) At a real estate agency

2. What does the man say about his office?

(A) It has plenty of natural light.
(B) Its lease has expired.
(C) It is located in the financial district.
(D) It is close to public transportation.

3. What information does the woman request?

(A) A spending plan
(B) A meeting date
(C) A list of contacts
(D) A registration form

4. What is the purpose of the man's call?

(A) To schedule an appointment
(B) To request a consultation
(C) To inquire about a job vacancy
(D) To discuss a billing issue

5. What does the woman imply when she says, "It'll only take about half an hour?"

(A) A change is not possible.
(B) The man will not be late to work.
(C) She will respond to the request soon.
(D) The man needs to work faster.

6. What does the man decide to do?

(A) Visit another business
(B) Contact a colleague
(C) Come on a different day
(D) Reschedule a meeting

Downtown Subway Lines

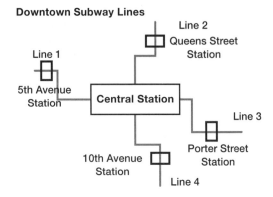

7. What does the man say he is doing this afternoon?

(A) Joining a guided tour
(B) Meeting a friend
(C) Watching a sporting event
(D) Visiting some landmarks

8. Look at the graphic. Which subway line will the man most likely take?

(A) Line 1
(B) Line 2
(C) Line 3
(D) Line 4

9. What does the man ask about?

(A) A payment method
(B) An event schedule
(C) Estimated travel time
(D) The cost of a service

10. Who are the listeners?

(A) Real estate agents
(B) Property landlords
(C) Building tenants
(D) Construction workers

11. According to the speaker, what happened two months ago?

(A) An apartment building was painted.
(B) A property was put up for sale.
(C) A building project commenced.
(D) A swimming pool was opened.

12. Why does the speaker say, "the weather forecast doesn't look good"?

(A) To suggest postponing an activity
(B) To warn against feeling too optimistic
(C) To recommend wearing appropriate clothing
(D) To suggest that an event be held indoors

Horizon Trust Bank Business Loans

Loan	Interest Rate
SmartStart	5%
Pioneer	8%
FlexiFund	10%
Momentum	12%

13. What kind of business does the listener own?

(A) A restaurant
(B) A grocery store
(C) A catering company
(D) An advertising agency

14. Look at the graphic. Which loan option is the listener eligible for?

(A) SmartStart
(B) Pioneer
(C) FlexiFund
(D) Momentum

15. What does the speaker say an assistant can do?

(A) Explain a process
(B) Handle a complaint
(C) Set up a meeting
(D) Edit a document

UNIT 12

Part 4
전화 메시지 / 자동 응답 안내

MP3 바로 듣기

자주 나오는 토픽

- 주문품 관련 문의/요청 사항
- 업무상 요청
- 일정 확인 및 예약 변경
- 업체의 영업 시간 안내

주요 대화 흐름

● 전화 메시지

초반	자기 소개 / 전화 건 이유
중반	용건 상세 설명
후반	요청 사항 / 다음 연락 방법

기타 빈출 내용
- 주문품에 대한 문의
- 일정상의 변경이 있어 조정
- 문제 상황에 대해 알림

관련 필수 어휘

- I'm calling to ~ ~하고자 전화 드렸습니다
- I'm calling about ~ ~에 대해 전화 드렸습니다
- This is 사람이름 from/at + 소속회사 **사의 ~입니다
- _____ an order 주문하다
- replacement 교체품
- _____ 재고
- be charged twice 두 번 청구되다(= overcharge)
- stop by 들르다
- Please get back to me at ~로 제게 다시 연락 주세요

● 자동 응답 안내

초반	업체 소개
중반	부재 이유 (영업시간 변경 안내)
후반	통화 원할 시 방법 안내

기타 빈출 내용
- 특정 구역 공사 및 주차 안내
- 문제 상황 발생 원인 안내 및 웹사이트 확인 권유
- 프로세스 변경 사항 안내

- automated message 자동응답메시지
- Thank you for calling ~ ~에 전화 주셔서 감사합니다
- _____~
  ~에 전화하셨습니다, 여기는 ~입니다
- _____ 영업시간
  (= office hours)
- _____ on the line 전화를 끊지 않고 기다리다
- Please feel free to ~ 마음껏 ~하세요
- relay a message 메시지를 전달하다
- customer service representative 고객 서비스 직원
- We are undergoing renovations. 현재 보수 공사 중입니다.
- at _____ 4423 내선번호 4423번으로

오른쪽 스크립트를 가리고 문제를 풀어보세요. 🎧 U12_01

1. Where do the speakers work?

(A) At a radio station

(B) At a movie theater

(C) At a television studio

(D) At an art gallery

2. According to the man, what will happen at 10 A.M.?

(A) Tickets will go on sale.

(B) Speeches will be given.

(C) A tour will take place.

(D) A special guest will arrive.

3. What information does the woman request?

(A) The time of a buffet opening

(B) The duration of an event

(C) The number of attendees

(D) The cost of admission

Questions 1-3 refer to the following conversation.

W: OK, we are filming the final episode of our most popular sitcom at the studio today. So let's go over some details so that we can make this a special occasion for our live audience.

M: Of course. Well, all the audience members are huge fans of the show, so we'll start by giving them a tour of the sets and studio from 10 until 11 A.M. Then they'll be able to enjoy a buffet lunch.

W: Great. Oh, I'll need to make sure we have enough food. How many people will be coming to the special filming event today?

필수 어휘

• film v. (영상을) 촬영하다

• go over ~을 검토하다, 점검하다

• details 세부 사항

• special occasion 특별한 행사

• audience 방청객들, 청중, 시청자들

• show TV 등의 프로그램

• give A a tour of A에게 ~을 구경시켜 주다

• make sure 반드시 ~하다

패러프레이징

• filming the final episode of our most popular sitcom → television studio

• giving them a tour → A tour will take place.

• How many people will be coming → the number of attendees

• take place → occur, happen

• duration → how long

길토익 TIP

▶ 스튜디오에서 '촬영/녹화/방송' 등을 준비하는 대화가 나올 때 등장하는 주요 어휘들을 알아 두자.

- filming 촬영 / recording 녹화, 녹음

- air 방송하다

- TV[radio] station = TV[radio] network 텔레비전[라디오] 방송국

- audience 청중, 관객 / viewer 시청자

4. Which industry do the speakers work in?

   (A) Architecture
   (B) Biotechnology
   (C) Electrical engineering
   (D) Renewable energy

5. What will the men be doing at an upcoming event?

   (A) Presenting some awards
   (B) Operating an event booth
   (C) Conducting some interviews
   (D) Demonstrating new products

6. What will the woman most likely do next?

   (A) Submit a registration form
   (B) Request a manager's approval
   (C) Review an event schedule
   (D) Attend a staff meeting

Questions 4-6 refer to the following conversation with three speakers.

W: Hi, David and Philip. Are you interested in registering for the biotechnology convention in July? It seems like it would be a great chance to meet other professionals in our field and discuss potential collaborations.

M1: Yes, we already signed up for it. In fact, Philip and I will be running a booth during the event. We'll be speaking to participants about the work we do here.

W: That's great! Do you need any extra help?

M1: I think we would benefit from having another person involved. What do you think, Philip?

M2: Absolutely! You'll just need approval from our operations manager, Mr. Shaw. If you stop by his office now, you can catch him before he leaves.

W: Okay. I'll get back to you later.

필수 어휘

- register for ~에 등록하다(= sign up for)
- convention 대규모 회의(= conference)
- professional 전문가
- field 분야
- potential collaboration 잠재적인 협업
- in fact 사실은
- run a booth 부스를 운영하다
- participant 참가자(= attendee)
- benefit from ~로부터 이익을 얻다
- have another person involved 다른 사람을 관여시키다
- Absolutely! 물론이죠!
- approval 승인
- stop by ~에 들르다
- get back to ~에게 다시 연락하다

패러프레이징

- run a booth → operate a booth
- need approval from our operations manager → request a manager's approval
- conduct → carry out
- demonstrate → show you how to
- submit → turn in, send in, hand in
- review → go over, look over

길토익 TIP

▶ 상품 홍보(advertise, promote)를 위해 컨벤션이나 박람회에서 부스(booth)를 운영하는 내용이 자주 등장한다. 준비 과정에 대해 동료들과 논의하고 도움을 요청하는 대화가 출제되는데, 이때 자료(materials), 안내 책자 묶음(information packet) 등이 자주 언급된다.

7. What will the man do tomorrow?

(A) Attend a conference
(B) Conduct a tour
(C) Perform an inspection
(D) Train some workers

8. Why does the woman say, "the deadline for this report isn't until next Thursday"?

(A) To praise the man's work
(B) To suggest rescheduling an event
(C) To accept the man's advice
(D) To confirm her availability

9. What is the man considering changing?

(A) The location of a meeting
(B) The time of a demonstration
(C) The length of a presentation
(D) The duration of a lunch break

Questions 7-9 refer to the following conversation.

M: Becky, I'm giving some investors a tour of our factory tomorrow. I've never had this responsibility before, and I'd really appreciate your advice on how to make it go well. Do you have any free time right now?

W: Oh, the deadline for this report isn't until next Thursday. Come into my office. Did you bring your notes and the schedule for their visit tomorrow?

M: Yes, I have them here. The main thing I'm uncertain about is my presentation on the new appliances we're manufacturing. I'm thinking about making it a bit longer. Would you agree?

필수 어휘

- give A a tour of A에게 ~을 구경시켜 주다
- investor 투자자
- factory 공장
- responsibility 맡은 일, 책임
- appreciate ~에 감사하다
- not until + 일시 ~이 되어서야
- bring ~을 가져오다
- be unsure about ~에 대해 확신이 없다
- appliance 가정용 기기
- manufacture ~을 제조하다

패러프레이징

- giving a tour of our factory → conduct a tour
- make presentation a bit longer → change the length of a presentation
- Do you have any free time? → availability
- reschedule → change, switch, swap, alter, shift the schedule

길토익 TIP

▶ 담당하는 업무(responsibility, assignment, duty)에 대해 잘 몰라서 동료에게 도움을 요청하는 대화 상황이 자주 출제된다. 이때 도움을 요청하는 내용은 자료 검토(review, go over, look over), 조언(advice) 요청, 참고를 위해 이전(previous) 자료를 요청하는 경우 등이다.

Part 4

🎧 U12_04

10. What is the message about?

(A) An electrical issue
(B) An Internet outage
(C) Some fallen telephone lines
(D) Some recalled devices

11. What is the speaker unable to provide specific information about?

(A) When some research will be completed
(B) When some calculations will be made
(C) When a decision will be approved
(D) When an issue will be fixed

12. According to the speaker, what can be accessed on a mobile application?

(A) A navigation map
(B) Real-time notices
(C) A diagnostics test
(D) Digital user manuals

Questions 10-12 refer to the following recorded message.

Thank you for reaching out to Barton Broadband. We recognize that many buildings and businesses in the area currently do not have Internet connection. Our staff are diligently working to resolve the issue and restore service as quickly as they can. However, because the problem is quite extensive, we're unable to provide a specific timeframe. For the latest updates on when connection will be restored in your region, please check our app's homepage. Notices are being posted in real-time above the navigation bar. If you'd prefer to talk with a customer service agent, please hold the line.

필수 어휘

- reach out to ~에게 연락하다
- recognize that ~임을 알아차리다
- currently 현재
- resolve ~을 해결하다
- restore ~을 복구하다
- extensive 광범위한
- be unable to do ~할 수 없다
- provide ~을 제공하다
- specific 특정한

- timeframe 기간
- for the latest updates on ~에 대한 최신 소식을 들으려면
- notice 공지사항
- be posted 게시되다
- in real-time 실시간으로
- prefer to do ~하기를 선호하다
- customer service agent 고객 서비스 직원
- hold the line 전화를 끊지 않고 기다리다

패러프레이징

- do not have Internet connection → Internet outage
- provide a specific timeframe → when an issue will be fixed
- Notices are being posted in real-time → real-time notices
- electrical issue → power outage

104

13. What is the telephone message about?

    (A) A business deal

    (B) An employee request

    (C) A national holiday

    (D) An employment opportunity

14. What does the speaker imply when he says, "I was just about to approve it"?

    (A) He requires some assistance with a task.

    (B) He is sorry about a delay.

    (C) He will not change his decision.

    (D) He will be available shortly.

15. What does the speaker say will happen tomorrow morning?

    (A) A training workshop will be held.

    (B) An employee will be promoted.

    (C) A lateness policy will be changed.

    (D) A staff meeting will take place.

Questions 13-15 refer to the following telephone message.

Marvin, I just read your e-mail about our staff member, Fred Davidson, who has requested to use five days of annual leave next week. You are completely correct that we should not allow this as he did not provide one week's notice. I've already spoken with Fred about his request for time off, and I understand his reasons. And, actually, I was just about to approve it. We can accept it on this occasion, but not in the future. We have a meeting with all staff tomorrow morning, so we can remind them of the policy and correct procedures.

필수 어휘

- **staff member** 직원
- **request to do** ~할 것을 요청하다
- **annual leave** 연례 휴가
- **allow** ~을 허용하다
- **one week's notice** 1주일 전에 하는 공지
- **request for time off** 휴가 요청
- **reason** 이유, 까닭

- **be about to do** 막 ~하려는 참이다
- **approve** ~을 승인하다
- **accept** ~을 수락하다
- **on this occasion** 이 건에 대해
- **remind A of B** A에게 B에 대해 상기시키다
- **policy** 방침, 정책
- **procedure** 절차

패러프레이징

- staff member / requested to use five days of annual leave → an employee request
- employment opportunity → job opening, vacancy
- task → assignment, responsibility, duty
- 사람 is available → free

길토익 TIP

▶ 회사 휴가 정책(vacation policy)과 관련하여, 휴가 계획이 있을 시 2주 전에 미리 알리고(notice) 승인을 받아야(get approval) 한다는 내용이 종종 출제된다.

앞에서 학습한 내용을 모두 적용하여 다시 한 번 풀어보세요.　　　　　🎧 U12_all

1. Where do the speakers work?

(A) At a radio station
(B) At a movie theater
(C) At a television studio
(D) At an art gallery

2. According to the man, what will happen at 10 A.M.?

(A) Tickets will go on sale.
(B) Speeches will be given.
(C) A tour will take place.
(D) A special guest will arrive.

3. What information does the woman request?

(A) The time of a buffet opening
(B) The duration of an event
(C) The number of attendees
(D) The cost of admission

---

4. Which industry do the speakers work in?

(A) Architecture
(B) Biotechnology
(C) Electrical engineering
(D) Renewable energy

5. What will the men be doing at an upcoming event?

(A) Presenting some awards
(B) Operating an event booth
(C) Conducting some interviews
(D) Demonstrating new products

6. What will the woman most likely do next?

(A) Submit a registration form
(B) Request a manager's approval
(C) Review an event schedule
(D) Attend a staff meeting

7. What will the man do tomorrow?

(A) Attend a conference
(B) Conduct a tour
(C) Perform an inspection
(D) Train some workers

8. Why does the woman say, "the deadline for this report isn't until next Thursday"?

(A) To praise the man's work
(B) To suggest rescheduling an event
(C) To accept the man's advice
(D) To confirm her availability

9. What is the man considering changing?

(A) The location of a meeting
(B) The time of a demonstration
(C) The length of a presentation
(D) The duration of a lunch break

10. What is the message about?

(A) An electrical issue
(B) An Internet outage
(C) Some fallen telephone lines
(D) Some recalled devices

11. What is the speaker unable to provide specific information about?

(A) When some research will be completed
(B) When some calculations will be made
(C) When a decision will be approved
(D) When an issue will be fixed

12. According to the speaker, what can be accessed on a mobile application?

(A) A navigation map
(B) Real-time notices
(C) A diagnostics test
(D) Digital user manuals

13. What is the telephone message about?

(A) A business deal
(B) An employee request
(C) A national holiday
(D) An employment opportunity

14. What does the speaker imply when he says, "I was just about to approve it"?

(A) He requires some assistance with a task.
(B) He is sorry about a delay.
(C) He will not change his decision.
(D) He will be available shortly.

15. What does the speaker say will happen tomorrow morning?

(A) A training workshop will be held.
(B) An employee will be promoted.
(C) A lateness policy will be changed.
(D) A staff meeting will take place.

UNIT 13

Part 4
회의 발췌

MP3 바로 듣기

자주 나오는 토픽

- 회사 정책 변경 사항 공지
- 회사 실적 공유
- 갑자기 생긴 업무에 대한 자원자 모집
- 고객 불만 사항 공유 및 처리
- 외부 인사 방문에 대한 대비

주요 대화 흐름

초반	회의 소집 이유
중반	세부 사항 설명 (해결 방안, 의견 제시)
후반	제안 및 요청 사항

기타 빈출 내용
- 판매 실적 부진에 대한 대안 마련
- 새 소프트웨어 도입과 그에 따른 교육 일정 안내

길토익 TIP

▶ 회의 발췌 담화의 마지막 부분에 나오는 요청 사항으로 가장 많이 출제되는 것은 의견 요청, 설문지 작성 요청, 자료 전달 요청이다.

관련 필수 어휘

- on such short notice _____
- call the meeting 회의를 _____
- agenda 회의 안건
- minutes 회의록
- provide an update on ~에 대한 최신 소식을 전하다
- marketing strategy 마케팅 전략
- increase in productivity 생산성 증가
- _____ 매출이 떨어졌다(= financially struggle)
- boost sales 매출을 _____
- reach the sales target 판매 목표에 도달하다
- market share 시장 점유율
- present ideas 아이디어를 제시하다
- customer base 고객층
- demand 수요
- competitor 경쟁사
- exceed one's expectations ~의 기대를 넘다
- time-off policy _____
- expand ~을 확장하다
- modify _____
- fill out an online survey 온라인 설문지를 작성하다
- hold a _____ 교육 연수를 열다
- volunteer v. 자원하다 n. 자원자
- I'd like to get your opinions on
  ~에 대한 여러분의 의견을 듣고 싶습니다

오른쪽 스크립트를 가리고 문제를 풀어보세요.　　　🎧 U13_01

1. What is the woman shopping for?

(A) A television
(B) A vehicle
(C) A mobile phone
(D) A computer

2. What is the woman concerned about?

(A) A budget may be too small.
(B) A delivery fee is too high.
(C) A store promotion has ended.
(D) A company credit card is missing.

3. What will the woman do next?

(A) Make a payment
(B) Follow the man
(C) Contact her employer
(D) Visit a Web site

Questions 1-3 refer to the following conversation.

W: Hi, I just started a new job, and my employer wants me to purchase a new laptop with a company credit card. I'll mostly be using it for teleconferencing and graphic design work.

M: No problem. Do you want me to recommend some models to you now?

W: Sure, but I'm a bit worried about the budget my employer has offered to me for the purchase. I don't think it will cover the prices I can see on display here.

M: Oh, these are our high-end models. We have several more affordable ones that will meet your needs. If you come with me to the display at the back of the store, I'll show you a few of them.

W: That would be great. Thanks.

필수 어휘

- employer 고용주
- mostly 대부분
- teleconferencing 화상 회의
- recommend ~을 추천하다
- be worried about ~에 대해 걱정하다

- budget 예산
- cover the prices 가격을 충당하다
- on display 진열 중인
- high-end 고급의
- affordable 가격이 적당한

패러프레이징

- laptop → computer
- worried → concerned
- I don't think it will cover the prices → A budget may be too small.
- come with me → follow the man
- mobile phone → mobile device
- contact → get in touch with, reach out to

길토익 TIP

▶ 걱정하는 것이 무엇인지(be concerned about) 묻는 문제가 나오면 듣기에서 worried나 부정적인 의미를 지닌 but(하지만), I'm afraid(유감이지만), Unfortunately(유감스럽게도), However (하지만) 등의 표현 뒤에 나오는 내용을 주의 깊게 듣도록 한다.

4. What are the speakers expecting to be delivered?

    (A) Construction tools

    (B) Business cards

    (C) Home appliances

    (D) Office furniture

5. How did the man already know about a problem?

    (A) He visited a Web site.

    (B) He read a newspaper article.

    (C) He heard a radio report.

    (D) He spoke with a colleague.

6. What does Monica suggest a driver do?

    (A) Reschedule a delivery

    (B) Contact a head office

    (C) Take an alternative route

    (D) Make two separate trips

Questions 4-6 refer to the following conversation with three speakers.

W1: Hey, guys. I have some bad news. I just got a call from the courier who is delivering our new office desks and chairs. He's in the downtown area, but he's stuck in heavy traffic right now.

M: I heard a broadcast on the radio about the traffic conditions just a few minutes ago. It's because there's a big pop concert being held this evening. Monica, you know some shortcuts through the downtown area, don't you?

W2: Yes, I drive through it every day. Tell the driver to take the road along the riverside instead of through the commercial district.

W1: Okay, I'll send him a message to let him know.

필수 어휘

- courier 택배사 *cf.* 발음은 [커리어]
- deliver ~을 배달하다
- downtown 시내의
- be stuck in heavy traffic 극심한 교통 체증에 갇히다

- shortcut 지름길
- take the road along the riverside 강변을 따라 나 있는 도로를 타다
- instead of ~ 대신에
- commercial district 상업 지구

패러프레이징

- office desks and chairs → office furniture
- a broadcast on the radio → a radio report
- take the road along the riverside instead of → alternative route
- home appliances → electronics
- Web site → online
- colleague → peer, associate, coworker
- reschedule → switch, swap, alter
- head office → main office, headquarters

길토익 TIP

▶ 차가 많이 막히는(heavy traffic, be stuck in traffic) 상황에서 잘 나오는 대안

  - 돌아서 가라(detour)

  - 다른 길로 가라(take an alternative route), B 대신에 A로 가라(A instead of B)

  - 대중교통을 이용해라(public transportation = bus, subway)

  - 다른 날짜로 바꿔라(reschedule = switch, swap, alter)

Exit 1 City Hall	Exit 2 Sundown Mall
Exit 4 Central Plaza	Exit 3 Main Street

Questions 7-9 refer to the following conversation and map.

W: Excuse me, I need to get to City Hall as quickly as possible, because I'm supposed to interview for a job there in fifteen minutes. I'm not familiar with this subway station. Can you tell me the best exit to use? I was told to come out of Exit 1, but it seems to be closed.

M: Yes, the City Hall exit is closed for renovation work. You should go out the exit to Central Plaza, and then City Hall will just be a 5-minute walk from there.

W: Thanks a lot. I'll run over to that exit now.

M: It's my pleasure. Oh, and just outside the exit, you can grab a free map of the city. It might come in handy later.

7. Why is the woman in a hurry?

(A) She has a job interview.
(B) She has a medical appointment.
(C) She is late for a client meeting.
(D) She is behind schedule with a delivery.

8. Look at the graphic. Which exit will the woman go to?

(A) Exit 1　　(B) Exit 2
(C) Exit 3　　(D) Exit 4

9. According to the man, what can be obtained at an exit?

(A) A city map
(B) A subway ticket
(C) A bottle of water
(D) A tourist brochure

필수 어휘

- get to ~에 도착하다
- be supposed to do ~하기로 되어 있다
- interview for a job 취업 면접을 보다
- in fifteen minutes 15분 후에
- be familiar with ~에 익숙하다
- exit 출구
- be told to do ~하라는 말을 듣다
- it seems to do ~인 것 같다
- be closed for renovation work 보수 공사 때문에 폐쇄되다
- be a 5-minute walk 걸어서 5분 거리이다
- grab ~을 잡다, ~을 가져가다
- come in handy 쓸모 있다, 편리하다

패러프레이징

- as quickly as possible → hurry
- interview for a job → job interview
- grab → obtain
- map → directions to 장소
- brochure → booklet

Part 4

10. What does the speaker's company develop?

  (A) Kitchen appliances
  (B) Electronic devices
  (C) Mobile applications
  (D) Electric vehicles

11. Why will the speaker meet with some of the listeners?

  (A) To discuss new job duties
  (B) To finalize business contracts
  (C) To confirm travel itineraries
  (D) To assist with presentations

12. Why does the speaker say, "a new local caterer has availability"?

  (A) To correct a previous error
  (B) To suggest an alternative
  (C) To praise the quality of some food
  (D) To cancel a lunch plan

Questions 10-12 refer to the following excerpt from a meeting.

I have one final thing to mention before this management meeting ends. Representatives from a leading software company will be visiting our office on Friday. They're interested in collaborating with us, so I'll be showing them the mobile applications we make. After that, I'd like each of you to give a presentation about what your specific department does. I'll meet with you the day beforehand to help you with these. And, I was planning to have Jolly Catering provide food for their visit, but it's fully booked. Luckily, a new local caterer has availability.

필수 어휘

- one final thing to mention 마지막으로 언급할 것
- end v. 끝나다
- representatives 대표자, 직원
- leading 선도하는
- collaborate with ~와 협력하다
- I'd like A to do A가 ~해주기 바랍니다
- give a presentation 발표하다

- specific 구체적인, 특정한
- beforehand 미리
- help A with B A가 B하는 것을 돕다
- have A 동사원형 A가 ~하도록 하다
- be fully booked 예약이 다 차다
- caterer 출장 음식 업체
- have availability 이용 가능하다, 자리가 있다

패러프레이징

- we make → company develop
- give a presentation / to help you with these → assist with presentations

13. What is the meeting about?

(A) A payroll error
(B) A research study
(C) A departmental reorganization
(D) An earnings report

14. According to the speaker, how will a strategy be improved?

(A) A machine will produce output faster.
(B) The cost of a software program will be reduced.
(C) Customer requests will be streamlined.
(D) Media engagement will be more effective.

15. Why does the speaker say, "we each come from different professional backgrounds"?

(A) To stress the importance of technical skills
(B) To encourage mutual understanding
(C) To recommend expanding a business
(D) To ask for a schedule to be adjusted

Questions 13-15 refer to the following excerpt from a meeting.

Thank you for joining this meeting to finalize the merging of our legal and public relations teams. Ms. Hannah Castro from the legal team will be the new department head, while Mr. Viresh Joshi, former public relations manager, will be the lead supervisor. This restructuring will allow our firm to respond to press inquiries more effectively. For the next few months, I propose that we hold a weekly social event to help us build a collaborative environment. After all, we each come from different professional backgrounds. I'll post a notice about our first gathering soon.

필수 어휘

- join ~에 참가하다, 합류하다
- finalize ~을 마무리 짓다
- merging 합병
- legal team 법무팀
- public relations team 홍보팀
- department head 부서장
- former 이전의
- restructuring 구조 조정
- allow A to do A가 ~하도록 허용하다
- firm 회사
- respond to ~에 대응하다
- press inquiries 언론 질의
- effectively 효과적으로
- propose that ~할 것을 제안하다
- hold a weekly social event 주간 사교 모임을 갖다
- build a collaborative environment 협력적인 환경을 조성하다
- professional backgrounds 전문적 배경
- post a notice 공지를 게시하다
- gathering 모임

패러프레이징

- merging of our legal and public relations teams → departmental reorganization
- respond to press inquiries → media engagement

길토익 TIP

▶ 시험에 잘 나오는 주요 부서명/팀명을 알아두자. 뒤에 department(부)나 team(팀)을 붙여 쓴다.
- Human Resources / Personnel 인사
- Maintenance / Facilities 시설관리
- Accounting 회계
- Security 보안
- Technical Support / Information Technology 기술 지원
- Payroll 급여 관리
- Sales 영업
- Customer Service 고객 서비스

앞에서 학습한 내용을 모두 적용하여 다시 한 번 풀어보세요.　　🎧 U13_all

1. What is the woman shopping for?

    (A) A television
    (B) A vehicle
    (C) A mobile phone
    (D) A computer

2. What is the woman concerned about?

    (A) A budget may be too small.
    (B) A delivery fee is too higah.
    (C) A store promotion has ended.
    (D) A company credit card is missing.

3. What will the woman do next?

    (A) Make a payment
    (B) Follow the man
    (C) Contact her employer
    (D) Visit a Web site

---

4. What are the speakers expecting to be delivered?

    (A) Construction tools
    (B) Business cards
    (C) Home appliances
    (D) Office furniture

5. How did the man already know about a problem?

    (A) He visited a Web site.
    (B) He read a newspaper article.
    (C) He heard a radio report.
    (D) He spoke with a colleague.

6. What does Monica suggest a driver do?

    (A) Reschedule a delivery
    (B) Contact a head office
    (C) Take an alternative route
    (D) Make two separate trips

Exit 1 City Hall	Exit 2 Sundown Mall
Exit 4 Central Plaza	Exit 3 Main Street

7. Why is the woman in a hurry?

    (A) She has a job interview.
    (B) She has a medical appointment.
    (C) She is late for a client meeting.
    (D) She is behind schedule with a delivery.

8. Look at the graphic. Which exit will the woman go to?

    (A) Exit 1
    (B) Exit 2
    (C) Exit 3
    (D) Exit 4

9. According to the man, what can be obtained at an exit?

    (A) A city map
    (B) A subway ticket
    (C) A bottle of water
    (D) A tourist brochure

10. What does the speaker's company develop?

(A) Kitchen appliances
(B) Electronic devices
(C) Mobile applications
(D) Electric vehicles

11. Why will the speaker meet with some of the listeners?

(A) To discuss new job duties
(B) To finalize business contracts
(C) To confirm travel itineraries
(D) To assist with presentations

12. Why does the speaker say, "a new local caterer has availability"?

(A) To correct a previous error
(B) To suggest an alternative
(C) To praise the quality of some food
(D) To cancel a lunch plan

13. What is the meeting about?

(A) A payroll error
(B) A research study
(C) A departmental reorganization
(D) An earnings report

14. According to the speaker, how will a strategy be improved?

(A) A machine will produce output faster.
(B) The cost of a software program will be reduced.
(C) Customer requests will be streamlined.
(D) Media engagement will be more effective.

15. Why does the speaker say, "we each come from different professional backgrounds"?

(A) To stress the importance of technical skills
(B) To encourage mutual understanding
(C) To recommend expanding a business
(D) To ask for a schedule to be adjusted

MP3 바로 듣기

자주 나오는 토픽

- _____ 연설 (awards dinner, grand opening, conference, trade show, workshop 등)
- _____ 환영 및 교육 연설
- 기자 회견 연설 - 회사의 신규 서비스 런칭, 사업 제휴 소식 발표
- _____하는 직원 / 신입 직원 소개
- 방송 프로그램 게스트 소개
- 워크숍 진행자 / _____ 소개

주요 담화 흐름

● 연설

신제품 소개

초반	행사 소개 / 행사 목적 설명
중반	실적 및 제품 특징 설명
후반	앞으로의 일 / 요청 사항

신입사원 환영회

초반	모인 이유 설명
중반	하게 될 일 / 신입사원 교육 내용 설명
후반	요청 사항

● 인물 소개

초반	모인 이유 / 인물 소개
중반	인물의 경력 및 업적
후반	다음 할 일 / 연설할 사람을 무대 위로 초대

- 소개되는 인물은 주로 은퇴자, 수상자, 신입 직원

관련 필수 어휘

- press conference 기자 회견
- annual fundraiser 연례 모금 행사
- keynote speech 기조 연설
- training session 교육 연수
- workshop on + _____ ~에 관한 워크숍
- hands-on experience _____
- demonstration (제품 등의) 시연
- go over _____ ⓟ _____
- present ~을 발표하다
- as a token of appreciation _____
- turnout 참가자수
- on behalf of ~을 대신하여, ~을 대표하여
- raffle 경품 추첨

- retirement party 퇴임 파티
- retire 은퇴하다
- celebrate ~을 축하하다, ~을 기념하다
- award ceremony 시상식
- present an award 상을 주다
- be honored to do _____
- employee of the year 올해의 직원
- prestigious award 권위 있는 상
- be recognized as ~로서 인정받다
- give A a warm round of applause A에게 _____
- find a replacement 후임자를 찾다 cf. successor 후임자

오른쪽 스크립트를 가리고 문제를 풀어보세요. 🎧 U14_01

1. Who most likely is the man?

(A) A company client
(B) A potential investor
(C) A recent graduate
(D) A new manager

2. What does the man say he learned in a previous job?

(A) Effective sales approaches
(B) Complaint resolution methods
(C) Time management skills
(D) Marketing strategies

3. What takes place at the beginning of each workday?

(A) A performance review
(B) A department meeting
(C) A training workshop
(D) A software update

Questions 1-3 refer to the following conversation.

W: Welcome to Farley Paper Company. I'm so pleased to hear that you'll be supervising our administration team.

M: Thanks. I'm looking forward to meeting the rest of the administration staff today.

W: I'll introduce you to our workers in a moment. I noticed on your résumé that you used to be a manager at Click Office Supplies. How was it?

M: That's right. It was a very busy work environment, so I learned a lot about how to manage time effectively while working there.

W: Sounds great! We normally have a meeting with all administration department staff before the workday starts. It's a good chance to plan our workloads for the day.

필수 어휘

- be pleased to do ~하게 되어 기쁘다
- supervise ~을 관리하다, 감독하다
- administration team 행정팀
- look forward to -ing ~하기를 고대하다
- the rest 나머지
- introduce A to B A를 B에게 소개하다
- in a moment 곧(= shortly)
- notice that ~임을 알아차리다
- used to do 과거에 ~했었다
- work environment 근무 환경
- manage time effectively 시간을 효과적으로 관리하다
- workload 업무량

패러프레이징

- how to manage time effectively → time management skills
- a meeting with all administration department staff → a department meeting
- manager → head, supervisor
- workshop → seminar
- potential → prospective
- software → program

길토익 TIP

▶ 면접 지원자에게 예전의(previous) 업무에 대해 묻는 내용이 자주 출제된다. 이때 등장하는 어휘들을 알아두자.
· 예전 회사에서 ~하곤 했었다(used to)
· 이력서(résumé), 자기소개서(cover letter), 추천서(a letter of recommendation, a reference letter), 추천서 쓴 사람 명단 (a list of references)

4. What most likely is the man's job?

(A) Real estate agent
(B) Marketing director
(C) Supermarket manager
(D) Staff recruiter

5. What is the man pleased to learn about?

(A) A new staff incentive program will begin.
(B) A grand opening event will be held.
(C) Employees will receive extra vacation days.
(D) Transportation costs will be reduced.

6. What does the woman say has caused a delay?

(A) Business relocation
(B) Event promotion
(C) Equipment installation
(D) Budget allocation

Questions 4-6 refer to the following conversation.

W: Harry, how come you weren't at the managers' meeting this morning? You missed some news that our supermarket staff will be pleased to hear.

M: Oh, I had an important appointment with a real estate agent earlier. What was announced during the meeting?

W: Well, the company is going to introduce a new employee incentive scheme to help boost morale and productivity.

M: I'm happy to hear that! Our workers will certainly work harder when they know they'll be rewarded for their effort. When will the program begin?

W: There's a bit of a delay, because the accounting team needs time to allocate the budget for the program. It will hopefully start next month.

필수 어휘

- how come 어째서 ~인가?
- miss ~을 놓치다
- have an appointment 약속이 있다
- real estate agent 부동산 중개인
- introduce ~을 도입하다
- employee incentive scheme 직원 보상 제도
- boost ~을 증진시키다
- morale 사기 *cf.* 발음 주의 [머랠]
- productivity 생산성
- certainly 물론
- be rewarded for their effort 노력에 대해 보상 받다
- delay 지연, 지체
- allocate ~을 할당하다
- budget 예산

패러프레이징

- introduce a new employee incentive scheme → new staff incentive program will begin
- Real estate → property, realty
- director → executive
- Supermarket → grocery store
- relocation → move

길토익 TIP

▶ 직원 중의 한 명이 예기치 못한 일(unexpected incident)로 회의에 참석하지 못한(miss the meeting) 경우 회의에서 어떤 내용이 논의되었는지 묻고 답하는 내용이 종종 출제된다.

▶ 직원들의 사기(morale)와 생산성(productivity)을 높이기 위해 회사에서 보상책(bonus, monetary prize, incentive)을 도입하는 정책(policy)을 고려하는 내용이 출제되기도 한다.

7. What does the product development team need the man to do?

(A) Test a prototype
(B) Write a press release
(C) Update a Web site
(D) Organize a launch event

8. What is significant about the new hot tub?

(A) It is easy to assemble.
(B) It includes additional water jets.
(C) It comes with extra batteries.
(D) It can be powered by solar energy.

9. Why should Miguel attend a meeting?

(A) To approve a business decision
(B) To provide a detailed explanation
(C) To meet new employees
(D) To offer an alternative solution

Questions 7-9 refer to the following conversation.

W: Hi, Gary. I just spoke with the product development team about our new hot tub, and they need you to make some changes to the product specifications on our Web site.

M: Sure, I can do that. What changes do they want me to make?

W: Well, they've made a very significant improvement to the new hot tub. Originally, it was going to be powered by an electrical outlet and one rechargeable battery, but they've added solar panels to the product so that it can be charged naturally during the daytime.

M: That sounds amazing! Can we meet this afternoon so you can explain the technology to me?

W: Of course, and I should bring Miguel along, because he designed the new feature and can tell you about it in more detail.

필수 어휘

- product development team 제품 개발팀
- hot tub 온수 욕조
- make changes to ~을 수정하다
- product specifications 제품 사양
- make a significant improvement to ~을 상당히 개선하다
- originally 원래
- be powered by ~로 전력이 공급되다
- electrical outlet 콘센트
- rechargeable 충전 가능한
- add ~을 추가하다
- solar panels 태양열 전지판
- be charged naturally 저절로 충전되다
- bring A along A를 데려오다
- feature 기능, 특징
- in more detail 더 상세하게

패러프레이징

- make some changes on our Web site → update a Web site
- added solar panels → powered by solar energy
- in more detail → a detailed explanation
- press release → official statement
- alternative → different

길토익 TIP

▶ 상품 개발(development) 관련 대화에서 디자인 수정(modification)에 관해 논의하는 내용이 종종 출제된다.

▶ 상품의 사용 설명(instructions)이 너무 어렵게(hard to understand, complex) 되어 있어 사용자에게 친근하고(user-friendly) 더 상세하게(in more detail) 바꾸자고 제안하는 내용도 종종 출제된다.

10. What does Marlin Consultants help business clients do?

(A) Recruit staff
(B) Reduce expenses
(C) Advertise products
(D) Attract customers

11. What did Paul Klein do last month?

(A) Win an award   (B) Release a book
(C) Lead a seminar   (D) Launch a business

12. According to the speaker, what will take place this evening?

(A) A job fair
(B) A welcome dinner
(C) An office renovation
(D) A training session

Questions 10-12 refer to the following introduction.

I called this meeting this morning so that I can introduce Paul Klein. Mr. Klein will be the new operations manager for all our recruitment projects. Here at Marlin Consultants, we help our business clients hire skilled workers to fill important job vacancies. And with Mr. Klein's expertise in corporate recruitment, we will be able to fulfill our goals more effectively than ever. In fact, just last month, he published his first book about his experience in the industry, and it is already a bestseller. If you'd like to meet Mr. Klein and welcome him to our company, please join us for a meal at Sorrento Restaurant at 7 o'clock this evening.

필수 어휘

- call a meeting 회의를 소집하다
- introduce ~을 소개하다
- recruitment 채용
- client 고객
- hire ~을 고용하다(=employ)
- skilled 숙련된
- fill a job vacancy 공석을 채우다, 공석을 충원하다

- expertise 전문 지식[기술]
- corporate 회사의, 기업의
- fulfill a goal 목표를 달성하다
- more effectively than ever 그 어느 때보다도 효과적으로
- publish a book 책을 출간하다
- industry 업계
- join us for a meal 우리와 함께 식사하다

패러프레이징

- hire workers → recruit staff
- win an award → be honored, be recognized, recipient of the Year
- job fair → career fair
- attract → draw

- publish → release
- launch → unveil, disclose

길토익 TIP

▸ 신규 직원을 팀에 소개할 때 주로 언급하는 내용
  · 우리 부서에 소중한 추가 인력(valuable addition to the department)이 될 것이다
  · 이전 경력/업적(accomplishments) 소개
  · 앞으로 하게 될 일(duty, responsibility, assignment) 소개 후 환영식 제안

13. Where most likely are the listeners?

(A) At an awards ceremony
(B) At a movie premiere
(C) At a charity event
(D) At a theater's grand opening

14. What does the speaker say viewers liked about a movie?

(A) Its humorous dialog
(B) Its engaging story
(C) Its diverse casting
(D) Its exciting stunts

15. According to the speaker, what will Maria Jennings do next year?

(A) She will present an award.
(B) She will begin her retirement.
(C) She will work on a new project.
(D) She will break a box office record.

Questions 13-15 refer to the following speech.

Ladies and gentlemen, I know you have all been waiting patiently for this part of tonight's event. Well, the judges' decision is in, and the Best Director Award goes to... Maria Jennings, for her outstanding work on the film *Into the Horizon*. Ms. Jennings's direction brought the story to life with stunning visuals and deeply emotional performances, making it a standout hit. Audiences have praised the film for its compelling narrative and beautiful cinematography. *Into the Horizon* has quickly become a box office success, and Ms. Jennings will begin working on a sequel next year. Let's give a big round of applause for Maria Jennings!

필수 어휘

- patiently 인내심 있게
- judge 심사위원
- decision 결정
- outstanding 뛰어난
- direction 연출, 감독, 지시
- bring a story to life 이야기에 생명을 불어넣다
- stunning visuals 매우 아름다운 시각 효과
- deeply 깊이
- emotional 감성적인

- performance 연기
- standout hit 독보적인 히트 작품
- audience 관객
- praise A for B B에 대해 A를 칭찬하다
- compelling narrative 설득력 있는[강렬한] 서사
- cinematography 영화 촬영(술)
- box office success 흥행 성공
- sequel 속편, 후속작
- give a big round of applause 큰 박수를 보내다

패러프레이징

- the Best Director Award → awards ceremony
- Audiences have praised → viewers liked
- compelling narrative → engaging story
- working on a sequel → work on a new project
- premiere → the first showing
- charity event → fundraising event, fundraiser
- retirement → step down, resign

앞에서 학습한 내용을 모두 적용하여 다시 한 번 풀어보세요.　🎧 U14_all

1. Who most likely is the man?

(A) A company client
(B) A potential investor
(C) A recent graduate
(D) A new manager

2. What does the man say he learned in a previous job?

(A) Effective sales approaches
(B) Complaint resolution methods
(C) Time management skills
(D) Marketing strategies

3. What takes place at the beginning of each workday?

(A) A performance review
(B) A department meeting
(C) A training workshop
(D) A software update

4. What most likely is the man's job?

(A) Real estate agent
(B) Marketing director
(C) Supermarket manager
(D) Staff recruiter

5. What is the man pleased to learn about?

(A) A new staff incentive program will begin.
(B) A grand opening event will be held.
(C) Employees will receive extra vacation days.
(D) Transportation costs will be reduced.

6. What does the woman say has caused a delay?

(A) Business relocation
(B) Event promotion
(C) Equipment installation
(D) Budget allocation

7. What does the product development team need the man to do?

(A) Test a prototype
(B) Write a press release
(C) Update a Web site
(D) Organize a launch event

8. What is significant about the new hot tub?

(A) It is easy to assemble.
(B) It includes additional water jets.
(C) It comes with extra batteries.
(D) It can be powered by solar energy.

9. Why should Miguel attend a meeting?

(A) To approve a business decision
(B) To provide a detailed explanation
(C) To meet new employees
(D) To offer an alternative solution

10. What does Marlin Consultants help business clients do?

(A) Recruit staff
(B) Reduce expenses
(C) Advertise products
(D) Attract customers

11. What did Paul Klein do last month?

(A) Win an award
(B) Release a book
(C) Lead a seminar
(D) Launch a business

12. According to the speaker, what will take place this evening?

(A) A job fair
(B) A welcome dinner
(C) An office renovation
(D) A training session

13. Where most likely are the listeners?

(A) At an awards ceremony
(B) At a movie premiere
(C) At a charity event
(D) At a theater's grand opening

14. What does the speaker say viewers liked about a movie?

(A) Its humorous dialog
(B) Its engaging story
(C) Its diverse casting
(D) Its exciting stunts

15. According to the speaker, what will Maria Jennings do next year?

(A) She will present an award.
(B) She will begin her retirement.
(C) She will work on a new project.
(D) She will break a box office record.

관광 / 견학

MP3 바로 듣기

자주 나오는 토픽

- _____, 미술관, _____, 관광지로 이동하는 차량 안에서 _____나 _____가 말하는 내용
- _____에서 견학을 이끌며 작업 공정 설명과 _____ 안내

주요 담화 흐름

초반	자기 소개 / 오늘 관람할 곳 소개
중반	일정 및 상세 설명
후반	주의 사항 / 제안 사항 / 견학 시작 알림

기타 빈출 상황

- 미술관 1층이 공사중(under _____)
  이라서 2층만 개방 중이며, 무료 입장권
  (_____ ticket)을 받아서 추후 1층 관
  람 가능함
- 버스로 관광지(_____) 도착, 관람 1시간
  뒤 기념품 매장(_____)에서
  만날 예정임을 안내
- 공장 도착, 조립라인(assembly line) 견학 안내,
  들어가기 전 음료(beverage) 반입 금지(not
  _____) 유의 사항 전달

관련 필수 어휘

- itinerary 여행일정표
- excursion 야유회, 짧은 여행
- exhibit 전시회
- courtesy bus _____
- visitor center 방문객 센터
- tourist attraction 관광명소
- nature preserve 자연 보호 구역
- historic site 역사 유적지
- commercial district 상업지역
- stroll 산책하다
- Please note that ~임에 유념해 주세요
- sculpture _____
- classical painting 고전 회화 작품들
- souvenir shop _____ (= gift shop)
- craftspeople 공예가들
- admission fee _____
- Welcome aboard. 탑승을 환영합니다.
- passenger 승객
- personal belongings 개인 소지품

길토익 TIP

▶ production / machine / assembly 등이 들리면
  공장을 나타내는 어휘들 manufacturing facility = plant = factory를
  기억하자!

▶ the oldest building → the first building

오른쪽 스크립트를 가리고 문제를 풀어보세요. 🎧 U15_01

1. What is the purpose of the man's call?

(A) To inquire about a rental property

(B) To make a change to a trip itinerary

(C) To schedule a cleaning service

(D) To complain about room cleanliness

2. According to the woman, what will the man receive?

(A) A gift certificate   (B) An air purifier

(C) An electric fan   (D) A scented candle

3. What does the woman ask the man to provide?

(A) A payment method

(B) A residential address

(C) A contact number

(D) A business name

Questions 1-3 refer to the following conversation.

M: Hello. I'll be visiting Sydney on business for a month, and I'm renting an apartment while I'm there. I'm calling because I'd like to book your weekly cleaning service between May 3rd and May 31st.

W: No problem. The standard service will cost $60 per week, and because you are a first-time customer, you'll receive a free fragranced candle. It will keep your apartment smelling nice.

M: That sounds great, thanks.

W: Can you let me know the address of the apartment where you will be staying in May? Then I'll check which one of our workers is based near you.

필수 어휘

- **on business** 사업 차, 업무로
- **rent** ~을 빌리다
- **book** ~을 예약하다
- **standard service** 일반 서비스
- **cost + 비용** ~의 비용이 들다
- **per week** 일주일에
- **first-time customer** 신규 고객
- **fragranced candle** 향초
- **smell nice** 좋은 향이 나다
- **be based** 근거지를 두다

패러프레이징

- book a service → schedule a service
- fragranced → scented
- the address of the apartment → residential address
- gift certificate → gift voucher
- payment method → card, cash, check(수표)

길토익 TIP

▶ 전화 대화에서는 전화를 건 이유/목적을 묻는 문제가 거의 늘 출제되는데, 듣기에서 I'm calling because / I'm calling to 다음에 힌트가 나오므로 이 부분을 꼭 들어야 한다.

▶ 요청 사항을 묻는 문제의 힌트는 듣기 후반부에서 Can you ~? / Could you ~? / Please ~ 다음에 나온다.

4. What are the speakers mainly discussing?

(A) A company merger
(B) An employee excursion
(C) A promotion opportunity
(D) A business relocation

5. What is the woman concerned about?

(A) Learning new job skills
(B) Receiving a lower salary
(C) Losing time with her family
(D) Increasing her commuting time

6. What does the woman say she will do?

(A) Submit an application
(B) Talk to a colleague
(C) Check some job listings
(D) Attend an upcoming event

Questions 4-6 refer to the following conversation with three speakers.

M1: Emma, have you heard that Mr. Dias is leaving our law firm? That means there will be an opening for someone to be promoted to senior partner. I think you should go for it.

M2: Mark is right. You have the most experience out of everyone, and you've never lost a case for a client.

W: Thanks. The only thing I'm worried about is having to spend too much time away from my family due to the increased workload.

M2: That won't be a problem. The firm just announced it's implementing a new policy that no employee will work more than 45 hours per week.

W: Oh, I'm glad to hear that. Well, I'll speak with Mr. Dias to find out more about what the role entails.

필수 어휘

- leave ~을 떠나다 (회사의 경우 '퇴사하다')
- opening 공석
- be promoted to ~로 승진하다
- senior partner 선임 파트너
- go for ~을 얻으려고 애쓰다
- out of everyone 모든 사람 중에서
- lose a case 재판에서 지다
- due to ~ 때문에
- workload 업무량
- implement ~을 시행하다
- policy 방침, 정책
- find out more about ~에 대해 더 알아내다
- role 역할
- entail ~을 수반하다(= involve)

패러프레이징

- an opening for someone to be promoted to → a promotion opportunity
- spend too much time → losing time
- excursion → picnic, outing
- salary → wage

길토익 TIP

▶ 사내에 공석(opening = job opportunity = vacancy)이 생겼을 때 외부의(external) 인재를 고용할지 회사의 기존(existing = current) 직원 중에서 뽑을지 논의하는 내용이 나오기도 한다.

7. What have the speakers been working on?

   (A) A renovation project
   (B) A charity fundraiser
   (C) A grand opening event
   (D) A marketing campaign

8. Why does the woman say, "The restaurant is just one block from here"?

   (A) To suggest a different venue
   (B) To recommend taking a bus
   (C) To encourage participation
   (D) To accept an invitation

9. What does the woman offer to show the man?

   (A) An image gallery
   (B) A phone number
   (C) A restaurant menu
   (D) A business location

Questions 7-9 refer to the following conversation.

W: Hi, Jonas. Would you like to come out for dinner this evening with me and the rest of our team? We're going to Mario's Pizzeria. We've all worked so hard on the marketing campaign for our new mobile phone.

M: I'd love to join, but I'm too tired to drive all the way there.

W: The restaurant is just one block from here.

M: Oh, I was thinking of a different place. In that case, you can count me in. Where exactly is it?

W: Great! I'll show you on the map on my phone. As you can see, we can walk there in under ten minutes.

필수 어휘

- the rest 나머지
- too tired to drive 운전하기에 너무 피곤한
- all the way there 거기 가는 내내
- be just one block from ~에서 겨우 한 블록 떨어져 있다
- in that case 그런 경우라면
- count A in A를 끼워 주다
- exactly 정확히

패러프레이징

- restaurant → business location
- renovation → remodel, redo, improve
- fundraiser → fundraising event
- venue → location
- bus → public transportation

길토익 TIP

▶ 의도파악 문제 풀이 수칙
  ❶ 듣기를 하기 전에 반드시 문제에 제시된 "-----" 문장을 해석해 둔다.
  ❷ 선택지를 보고 제시 문장과 관련하여 어떤 대화 상황이 나올지 예상해 본다.
  ❸ 제시 문장이 듣기에서 언제 나올지 모르기 때문에 내용 흐름을 놓치지 않고 들어야 한다.

10. What is the focus of the tour?

(A) Famous residents

(B) Outdoor activities

(C) Unique architecture

(D) Local cuisine

11. What does the speaker say is available on board the bus?

(A) Discount coupons

(B) Tourism pamphlets

(C) Refreshments

(D) Magazines

12. What will the listeners likely to do next?

(A) Get off the bus

(B) Listen to a talk

(C) View a tourist map

(D) Find their bus seats

Questions 10-12 refer to the following tour information.

Welcome to the bus tour of Old Montreal! As you know, this tour is focused on local food, so we'll be stopping at various award-winning bakeries, bistros, and street vendors throughout the afternoon. I hope you're hungry, because you'll have many delicious things to try! And you can find several pamphlets about local tourist sites in the pockets on the back of the bus seats, so feel free to read those while we travel. Right, we've reached our first stop, so let's get out and enjoy it. Just a quick reminder: please refrain from bringing any outside food onto the bus.

필수 어휘

- **tour** 투어, 견학
- **be focused on** ~에 초점이 맞춰지다
- **local food** 지역 음식
- **various** 다양한
- **award-winning** 상을 받은
- **bistro** 작은 식당
- **street vendor** 노점상

- **try** ~을 먹어보다, 이용해 보다
- **tourist site** 관광지
- **feel free to do** 마음껏 ~하다
- **reach** ~에 도달하다
- **just a quick reminder** 간단히 다시 알려드립니다
- **refrain from -ing** ~하는 것을 삼가다

패러프레이징

- food → cuisine
- in the pockets on the back of the bus seats → available on board the bus
- pamphlets about tourist sites → tourism pamphlets
- let's get out → get off the bus

길토익 TIP

▶ 견학 마지막에는 특정 행동을 삼가라는 내용이 잘 나오는데, 이때 avoid -ing / refrain from -ing / is not allowed[permitted] 의 표현이 자주 쓰인다.

· avoid using mobile phones 휴대폰 사용을 피하다

· refrain from touching artifacts 유물을 만지는 것을 삼가다

· taking photos is not allowed[permitted] 사진 찍는 것이 금지되어 있다

13. What product will the listeners learn about during the tour?

(A) Fitness machines
(B) Nutritional supplements
(C) Sports drinks
(D) Running shoes

14. Who is Joshua Pearson?

(A) A sales representative
(B) A product designer
(C) A market researcher
(D) A company president

15. What does the speaker ask the listeners to do?

(A) Talk quietly
(B) Stay in a group
(C) Check a schedule
(D) Meet for lunch

Questions 13-15 refer to the following tour information.

It's almost time to begin our tour of Apex Sportswear's factory. I'm excited to show you the innovative techniques we use to design and manufacture our popular Apex running shoes. Apex has become the top sports shoe producer in North America, and we aim to achieve similar success in Asia over the coming years. After lunch, you'll hear from Joshua Pearson, the head of our market research team at Apex. He'll explain how we predict what features our customers will like. Please stay together during the tour, as it's easy to get lost in the facility. Alright, let's start the tour!

필수 어휘

- innovative 혁신적인
- technique 기술
- manufacture ~을 제조하다 *cf.* manufacturer 제조사
- aim to do ~하는 것을 목표로 하다
- achieve ~을 달성하다
- similar 비슷한
- over the coming years 향후 몇 년 동안

- head 우두머리, 장
- predict ~을 예측하다
- feature 특징, 기능
- customer 고객 *cf.* consumer 소비자
- stay together 함께 모여 있다
- get lost 길을 잃다
- facility 시설

패러프레이징

- head of our market research team → market researcher
- stay together → stay in a group
- drink → refreshment
- Running shoes → athletic shoes, footwear

길토익 TIP

▶ 관광/견학 관련 담화에서 공장(factory, plant, manufacturing facility) 견학 내용이 자주 출제된다.
  · 오늘 견학을 이끄는(lead) 사람 소개 + 일정 소개 + 회사소개 + 주의 사항 순으로 나온다.
▶ 공장 견학 시 주의 사항 안내
  · 길을 잃어버리기 쉬우니 서로 가까이 있기(remain close)
  · 음료(refreshment, drink, beverage) 반입 금지
  · 사진 촬영 금지(taking a photo is not allowed)

앞에서 학습한 내용을 모두 적용하여 다시 한 번 풀어보세요.

🎧 U15_all

1. What is the purpose of the man's call?

(A) To inquire about a rental property
(B) To make a change to a trip itinerary
(C) To schedule a cleaning service
(D) To complain about room cleanliness

2. According to the woman, what will the man receive?

(A) A gift certificate
(B) An air purifier
(C) An electric fan
(D) A scented candle

3. What does the woman ask the man to provide?

(A) A payment method
(B) A residential address
(C) A contact number
(D) A business name

---

4. What are the speakers mainly discussing?

(A) A company merger
(B) An employee excursion
(C) A promotion opportunity
(D) A business relocation

5. What is the woman concerned about?

(A) Learning new job skills
(B) Receiving a lower salary
(C) Losing time with her family
(D) Increasing her commuting time

6. What does the woman say she will do?

(A) Submit an application
(B) Talk to a colleague
(C) Check some job listings
(D) Attend an upcoming event

7. What have the speakers been working on?

(A) A renovation project
(B) A charity fundraiser
(C) A grand opening event
(D) A marketing campaign

8. Why does the woman say, "The restaurant is just one block from here"?

(A) To suggest a different venue
(B) To recommend taking a bus
(C) To encourage participation
(D) To accept an invitation

9. What does the woman offer to show the man?

(A) An image gallery
(B) A phone number
(C) A restaurant menu
(D) A business location

10. What is the focus of the tour?

(A) Famous residents
(B) Outdoor activities
(C) Unique architecture
(D) Local cuisine

11. What does the speaker say is available on board the bus?

(A) Discount coupons
(B) Tourism pamphlets
(C) Refreshments
(D) Magazines

12. What will the listeners likely to do next?

(A) Get off the bus
(B) Listen to a talk
(C) View a tourist map
(D) Find their bus seats

13. What product will the listeners learn about during the tour?

(A) Fitness machines
(B) Nutritional supplements
(C) Sports drinks
(D) Running shoes

14. Who is Joshua Pearson?

(A) A sales representative
(B) A product designer
(C) A market researcher
(D) A company president

15. What does the speaker ask the listeners to do?

(A) Talk quietly
(B) Stay in a group
(C) Check a schedule
(D) Meet for lunch

자주 나오는 토픽

- 토크쇼 - _____가 게스트 및 내용 소개
- 뉴스 - 지역 주민들을 대상으로 경제, 선거, 개발 및 건설에 대한 보도
- 교통 방송 - 교통 정체와 그 이유
- 일기예보 - 좋지 않은 날씨 예보와 권고 사항

주요 담화 흐름

● 라디오 프로그램 / 뉴스

초반	진행자 인사 / 게스트 소개 / 주제 소개
중반	회사나 상품 안내 / 게스트 이력 / 상세 소식
후반	다음 순서 안내 / 추가 정보 안내

길토익 TIP

▶ 방송 순서를 묻는 문제 주의 사항
A after B(B 후에 A한다) ☞ 먼저 하는 것은? B
ex. a weather forecast after a commercial
break ☞ 먼저 하는 것은? 광고

관련 필수 어휘

- **stay tuned** 채널 고정하다
- **radio station** 라디오 방송국
- **host** 진행자
- **local news** 지역 뉴스
- **celebrity** 유명인
- **relocation** (위치) 이전, 재배치
- **mayor** 시장 ❷ _____
- **election** 선거
- **growing consumer demand** 늘어나는 소비자 수요
- **commercial break** 광고 방송
  ❷ ad, _____

● 교통 방송

초반	진행자 인사 / 교통 상황 문제점
중반	정체되는 이유 (ex. 공사 / 사고 / 날씨)
후반	제안 사항 (ex. 다른 길 이용 / 대중교통 이용 / 해당 시간대 피할 것) / 다음 방송 안내

길토익 TIP

▶ 대체 도로 이용 안내 주의 사항
use A instead (대신에 A를 이용하다) / use A
instead of B (B대신에 A를 이용하다)
☞ 어떤 도로를 이용해야 하나? A 도로 이용

- **traffic update** 교통 상황 소식
- **detour** 우회도로
- **alternative route** 대체 도로(= alternate route)
- **traffic congestion** _____
- **commuter** 통근자 *cf.* driver/motorist 운전자
- **delay** 지체, 지연
- **be backed up** _____
  ❷ _____, _____

오른쪽 스크립트를 가리고 문제를 풀어보세요. 🎧 U16_01

1. What is unique about the tips provided in the woman's book?

(A) They were provided by several industry experts.

(B) They require no cost to implement.

(C) They are not available anywhere else.

(D) They are presented in a simplified manner.

2. What did the woman most likely study in college?

(A) Interior design

(B) Plumbing

(C) Architecture

(D) Accounting

3. According to the man, what do some of the readers appreciate about the tips?

(A) They may reduce energy costs.

(B) They include clear diagrams.

(C) They are useful in workplace settings.

(D) They feature links to Web sites.

Questions 1-3 refer to the following conversation.

M: Thanks for joining us on our radio show, Loretta. I've been enjoying the DIY and home improvement tips you offer in your new book, *Home Magic*. I like the unique way that you describe complex things in simple terms. How did you learn all this stuff?

W: Thanks, Roy! Well, after leaving college, I could have become an architect, but I have always had a passion for writing. So, I decided to combine my architectural knowledge with writing in an effort to help people.

M: That makes sense. I read some reviews of your book, and many readers love how some of your tips can help to reduce their household energy and heating bills. I think I'll try to use these tips myself!

필수 어휘

- DIY 직접 제작하기 (do-it-yourself의 약어)
- home improvement 주택 개조
- unique 특별한, 독특한
- describe complex things 복잡한 것을 설명하다
- in simple terms 단순한 용어로
- stuff 것, 물건
- architect 건축가
- passion 열정

- decided to do ~하기로 결정하다
- combine A with B A와 B를 결합하다
- in an effort to do ~하기 위한 노력으로
- That makes sense. 그거 말이 되는군요
- review n. 평가, 후기
- reduce ~을 줄이다
- household energy and heating bills 가정의 에너지 및 난방비

패러프레이징

- describe complex things in simple terms → They are presented in a simplified manner.
- household energy and heating bills → energy costs
- Web sites → online cf. on-site는 '현장에서'라는 뜻으로, 이를 online과 착각하지 않도록 하자.

길토익 TIP

▶ 라디오쇼 진행자(host)와 초대 손님(guest)의 대화에서는 초대 손님의 성취 및 업적(accomplishments)과 어떤 책을 출간했는지(publish, release) 소개하고 마지막으로 질의 응답시간(question and answer session)시간을 갖겠다고 안내하는 흐름으로 진행된다.

4. Where is the conversation taking place?

(A) At an art gallery
(B) At a community center
(C) At a history museum
(D) At a local library

5. What type of event is an environmental association sponsoring?

(A) A trade show
(B) A boat tour
(C) A charity dinner
(D) A store opening

6. What will the man most likely do next?

(A) Search a Web site
(B) Give a demonstration
(C) Download an app
(D) Reserve a spot

Questions 4-6 refer to the following conversation.

W: Before exiting the art gallery, feel free to take a handout about our city's culture and tourism festival.

M: Oh… what's that? Is the gallery hosting some events?

W: It's a citywide campaign that includes promotions at different local restaurants and shops, plus fun events throughout this month. Actually, our gallery director will be hosting an afternoon river cruise that's sponsored by the local Environmental Association.

M: Cool! So will that just be showcasing natural attractions along the water?

W: Yup. Reservations for seats on the boat do need to be made in advance though. The tour has limited space.

M: I'll get right to it.

필수 어휘

- exit v. ~에서 나가다
- art gallery 미술관
- handout 유인물
- culture and tourism festival 문화 관광 축제
- host an event 행사를 주최하다
- citywide campaign 도시 전역 캠페인
- include ~을 포함하다
- promotion 판촉 활동
- throughout this month 이번 달 내내
- river cruise 강 유람선 여행
- sponsored by ~의 후원을 받는
- showcase ~을 보여주다
- along the water 강을 따라
- natural attraction 자연 명소
- reservations for seats 좌석 예약
- in advance 미리
- have limited space 좌석이 제한적이다
- get right to it 그 일에 즉시 착수하다

패러프레이징

- river cruise → boat tour
- reservations for seats / I'll get right to it → reserve a spot

7. What did the man do in Calgary?

(A) He led a symposium.
(B) He visited some clients.
(C) He met with policymakers.
(D) He trained some personnel.

8. What does the woman tell the man to check?

(A) His ID badge
(B) His access rights
(C) The entrance doors
(D) Some research data

9. Why might some employees be unavailable to help?

(A) A software program has malfunctioned.
(B) They lack sufficient experience.
(C) A team is short-staffed.
(D) They are preoccupied with a task.

Questions 7-9 refer to the following conversation.

W: Hi, Jeremy. I hope the Economic Policy Symposium you hosted in Calgary went smoothly.

M: Thanks, it was great. The discussions were productive. Anything new with our company?

W: Oh, actually, our security system got updated, but some employees can no longer scan into certain areas using their fingerprint.

M: That's not good.

W: The issue has been inconsistent, so you should probably try to unlock your office to see if your fingerprint still gives you access.

M: Yeah, I'll go right now.

W: Oh, and since the IT team has their hands full with this problem, they said they might not be able to answer every single help request for the time being.

M: Okay, I'll keep that in mind.

필수 어휘

- symposium 학술 토론회
- go smoothly 순조롭게 진행되다
- discussion 토론
- productive 결실 있는, 생산적인
- security system 보안 시스템
- no longer 더 이상 ~않다
- scan into 스캔해서 ~에 들어가다
- fingerprint 지문
- inconsistent 자주 변하는, 일관성 없는
- unlock ~을 열다, ~을 잠금 해제하다
- see if ~인지 알아보다
- access 출입(권한), 이용(권한)
- have one's hands full 아주 바쁘다
- help request 도움 요청
- for the time being 당분간
- keep A in mind: A를 명심하다

패러프레이징

- Economic Policy Symposium you hosted → He led a symposium.
- see if → check
- your fingerprint still gives you access → his access rights
- has their hands full → preoccupied with a task

10. What is the broadcast mainly about?

    (A) Local traffic

    (B) Weather conditions

    (C) International news

    (D) A celebrity interview

11. What does the speaker suggest some of the listeners do?

    (A) Avoid driving during peak hours

    (B) Leave earlier to avoid delays

    (C) Take an alternate route

    (D) Use public transportation

12. According to the speaker, how can the listeners get more information?

    (A) By calling a traffic hotline

    (B) By visiting a Web site

    (C) By signing up for notifications

    (D) By checking a map

Questions 10-12 refer to the following broadcast.

Attention all motorists traveling on Highland Road in Nashville. Please be aware that the eastbound lanes have been reduced to just one lane due to ongoing repaving work between exit 1 and exit 3. As a result, significant traffic delays are expected, particularly during peak hours. To avoid these long delays, we highly recommend that drivers use Maplewood Avenue instead. The project is expected to last several days. For more detailed information on this and other local roadwork, be sure to visit our station's Web site. Please plan your route accordingly and allow extra travel time during this period.

필수 어휘

- **Attention all motorists** 모든 운전자들에게 알립니다
- **travel** 이동하다
- **Please be aware that** ~임에 유념하세요
- **eastbound lanes** 동쪽으로 가는 차선
- **be reduced to** ~로 줄어들다
- **ongoing** 진행 중인
- **repaving work** 도로 재포장 작업
- **as a result** 그 결과
- **exit** n. 출구
- **significant** 상당한
- **traffic delay** 교통 정체

- **be expected** 예상되다
- **particularly** 특히
- **peak hours** 혼잡 시간대
- **avoid** ~을 피하다
- **last several days** 며칠 지속되다
- **for more detailed information** 더 상세한 정보를 원하면
- **be sure to do** 반드시 ~하다
- **route** 경로
- **accordingly** 그에 맞춰
- **allow extra travel time** 여분의 이동 시간을 두다

패러프레이징

- highly recommend → suggest
- use Maplewood Avenue instead → take an alternative route

길토익 TIP

▶ 교통 방송(traffic update)에 주로 등장하는 내용

차가 많이 막히는 상황(be backed up, be caught in traffic, be held up, be stuck in traffic) 안내 후 운전자들(motorists)에게 다른 길(alternative route) 또는 우회로(detour)를 이용하거나 대중교통(public transportation)을 이용하도록 권고

13. Who most likely is the speaker?

(A) A radio show host
(B) A conference moderator
(C) A university professor
(D) A medical doctor

14. What is Dr. Sevilla's field of expertise?

(A) Agriculture
(B) Nutrition
(C) Graphic arts
(D) Physical therapy

15. What will happen after a commercial break?

(A) A nationwide speech will be given.
(B) A guest will be interviewed.
(C) A contest winner will be announced.
(D) A survey will be completed.

Questions 13-15 refer to the following broadcast.

Good morning, and welcome to *Health and Wellness Today*, a weekly program devoted to keeping listeners up to date on the latest advancements in medical science and health research. Today's program will feature Dr. Carolyn Sevilla, a nutrition expert at Greenwood Medical Institute. I'm eager for you to hear about her recent research study on the benefits of plant-based diets for heart health. Did you know that switching to a plant-based diet can reduce the risk of heart disease by 25%? I'll be asking Dr. Sevilla more about the study in a minute after we come back from a commercial break.

필수 어휘

- devoted to -ing ~에 전념하는
- keep listeners up to date on 청취자들에게 ~에 대한 최신 소식을 계속해서 알리다
- latest advancements in ~분야의 최신 발전
- feature ~을 특집으로 하다
- nutrition expert 영양 전문가
- I'm eager for you to do 당신이 ~하길 몹시 바랍니다
- benefits of plant-based diets 식물 기반 식단의 이점
- switch to ~로 바꾸다
- reduce the risk of ~의 위험을 줄이다
- heart disease 심장병
- by 25% 25%만큼
- in a minute 곧
- commercial break 광고 시간

패러프레이징

- I'll be asking Dr. Sevilla more about the study → A guest will be interviewed.
- moderator → lead
- survey → questionnaire

길토익 TIP

▶ 초대 손님이 나오는 방송
· 해당 분야(field)의 전문가(specialist, expert)인 초대 손님의 이력과 경력 소개 + 오늘의 주제 소개 + 요청사항 + 다음 방송 순서 안내
· 다음 방송은 보통 광고(commercial, advertisement, ad, promotional message)인 경우가 많다.
· 방송 순서를 묻는 문제 주의: a weather report after a commercial이라고 하면 '광고 후에 일기예보 방송'이라는 뜻

REVIEW TEST

앞에서 학습한 내용을 모두 적용하여 다시 한 번 풀어보세요.

🎧 U16_all

1. What is unique about the tips provided in the woman's book?

   (A) They were provided by several industry experts.
   (B) They require no cost to implement.
   (C) They are not available anywhere else.
   (D) They are presented in a simplified manner.

2. What did the woman most likely study in college?

   (A) Interior design   (B) Plumbing
   (C) Architecture   (D) Accounting

3. According to the man, what do some of the readers appreciate about the tips?

   (A) They may reduce energy costs.
   (B) They include clear diagrams.
   (C) They are useful in workplace settings.
   (D) They feature links to Web sites.

_____

4. Where is the conversation taking place?

   (A) At an art gallery
   (B) At a community center
   (C) At a history museum
   (D) At a local library

5. What type of event is an environmental association sponsoring?

   (A) A trade show   (B) A boat tour
   (C) A charity dinner (D) A store opening

6. What will the man most likely do next?

   (A) Search a Web site
   (B) Give a demonstration
   (C) Download an app
   (D) Reserve a spot

7. What did the man do in Calgary?

   (A) He led a symposium.
   (B) He visited some clients.
   (C) He met with policymakers.
   (D) He trained some personnel.

8. What does the woman tell the man to check?

   (A) His ID badge
   (B) His access rights
   (C) The entrance doors
   (D) Some research data

9. Why might some employees be unavailable to help?

   (A) A software program has malfunctioned.
   (B) They lack sufficient experience.
   (C) A team is short-staffed.
   (D) They are preoccupied with a task.

10. What is the broadcast mainly about?

(A) Local traffic
(B) Weather conditions
(C) International news
(D) A celebrity interview

11. What does the speaker suggest some of the listeners do?

(A) Avoid driving during peak hours
(B) Leave earlier to avoid delays
(C) Take an alternate route
(D) Use public transportation

12. According to the speaker, how can the listeners get more information?

(A) By calling a traffic hotline
(B) By visiting a Web site
(C) By signing up for notifications
(D) By checking a map

13. Who most likely is the speaker?

(A) A radio show host
(B) A conference moderator
(C) A university professor
(D) A medical doctor

14. What is Dr. Sevilla's field of expertise?

(A) Agriculture
(B) Nutrition
(C) Graphic arts
(D) Physical therapy

15. What will happen after a commercial break?

(A) A nationwide speech will be given.
(B) A guest will be interviewed.
(C) A contest winner will be announced.
(D) A survey will be completed.

자주 나오는 토픽

- 제품 및 서비스 광고
- 업체(여행사, 항공사, 상점, 피트니스 센터 등) 광고
- 행사(축제, 컨퍼런스, 대회, 워크숍, 세일 행사 등) 광고

주요 담화 흐름

초반	주의 집중 멘트 광고 대상 소개
중반	특징 및 장점 설명
후반	할인 정보 / 추가 혜택 / 기간 / 추가 정보 얻는 방법 / 신청 방법

길토익 TIP

▶ 광고에 자주 등장하는 내용
- 제품 주문 제작 가능하다(customized, personalized) ↔ 기성품(standard products)
- 특가 제공(special offer) = 할인(discount, mark down, 50% off, hot deal)
- 사용자가 쓰기 편하다(user-friendly) ↔ 복잡한(complicated)
- 환경 오염이 적다(environmentally friendly)
- 전기세가 많이 들지 않는다(use half electricity) = 에너지 효율적인(energy efficient)

관련 필수 어휘

- appliance _____
- electronics 전자제품
- specifications (제품) 사양
- authentic 정통의, 진짜의
- portable _____
- lightweight _____
- affordable _____
  - ℗ _____, _____
- sturdy _____ ℗ _____
- reliable 믿을 만한
- brand-new 완전히 새로운(= the latest)
- fuel-efficient 연료 효율적인
- feature n. 특징, 기능 v. ~을 특징으로 하다
- complimentary 무료의
- special offer 특가 판매, 특가품
- special promotion 특별 판촉 행사
- half off regular price 정가에서 50퍼센트 할인
- bulk purchase _____
- endorse _____
- sign up for ~에 등록하다, ~을 신청하다
- showroom 제품 전시실
- customer review 고객 후기
- _____ in a week 일주일 후에 만료되다
- extended warranty 연장된 품질 보증(서비스)
- for a list of all our locations 모든 지점 목록을 보려면

오른쪽 스크립트를 가리고 문제를 풀어보세요.　　🎧 U17_01

1. What type of business is the man calling?

    (A) A music store

    (B) A concert venue

    (C) A movie theater

    (D) A radio station

2. What will happen this weekend?

    (A) A sale will begin.

    (B) A delivery will be made.

    (C) A product will be launched.

    (D) A new branch will open.

3. What information does the woman ask for?

    (A) A shipping address

    (B) A phone number

    (C) An alternative preference

    (D) An e-mail address

Questions 1-3 refer to the following conversation.

W: Thank you for calling Mirage Records. How can I help you?

M: Hi, I'm wondering if you stock the new CD by James Cartwright. It's called *You Without Me*.

W: Please hold while I check. Okay, it seems that particular CD is currently sold out, but we'll be getting more of them delivered this weekend.

M: Oh, I'm glad to hear that. Would it be possible to put a copy of the CD on hold for me once they arrive?

W: I'm sorry, but it's our policy not to put items aside for customers. But if you give me your e-mail address, I'll send you a quick message as soon as the shipment gets here.

필수 어휘

- I'm wondering if ~인지 궁금합니다
- stock v. ~을 재고로 갖고 있다
- hold 전화를 끊지 않고 기다리다
- it seems ~인 것 같다
- be currently sold out 현재 품절되었다
- get A delivered A를 배송 받다
- put A on hold A를 보류하다, A를 대기 상태로 두다 (= put A aside, set A aside)
- shipment 선적물, 배송(품)
- get here 여기에 도착하다

패러프레이징

- Mirage Records / new CD → music store
- we'll be getting more of them delivered → A delivery will be made.
- branch → location

길토익 TIP

▸ 매장 직원과 손님 대화
상품이 품절되었는데(sold out / out of stock / unavailable) 다음 배송(the next shipment)이 다음 주 월요일로 예정되어 있으니 (It won't arrive until next Monday) 그때까지 기다려달라고 요청

4. What does the speakers' company produce?

(A) Bicycles
(B) Automobile parts
(C) Heavy equipment
(D) Storage containers

5. Why is the woman concerned?

(A) Some advertisements have errors.
(B) Some materials have become expensive.
(C) A business partner has ceased operations.
(D) A consumer trend has been changing.

6. According to the man, what is management considering?

(A) Working with a new company
(B) Altering an assembly process
(C) Customizing a product design
(D) Employing a technical inspector

Questions 4-6 refer to the following conversation.

M: Hey, Sayaka. The product launch plans for our latest mountain bike model seem to be going well.

W: I agree. Assembly of the bikes has been smooth, but we've run into a different problem recently. The supplier of the complimentary air pumps we planned to include in our packages has gone out of business. If we can't find a replacement, we might not be able to attract many customers.

M: Oh, I heard management has some ideas already.

W: Really?

M: We're in talks to sign a contract with a reusable water bottle company. After all, they even offered to customize the bottles to attach perfectly to our product, too.

필수 어휘

- product launch 제품 출시
- latest 최신의
- assembly 조립
- smooth 순조로운
- run into a problem 문제에 부딪히다
- supplier 공급업체
- complimentary 무료의

- go out of business 파산하다
- replacement 대체(물), 후임(자)
- attract customers 고객들을 끌어들이다
- management 경영진
- sign a contract 계약서에 서명하다
- reusable water bottle 재사용 가능한 물병
- customize ~을 맞춤 제작하다

패러프레이징

- bike → bicycle
- sign a contract with a company → work with a new company
- advertisements → ad, promotional message, commercial
- customize → personalize

- go out of business → cease operations

- alter → change

길토익 TIP

▶ 제품 관련 문제가 생긴 상황으로 자주 출제되는 내용
부품이 단종(be discontinued / no longer available)되거나 부품 만드는 회사가 폐업해서(go out of business) 예정된 부품을 이용할 수 없는 문제 발생 → 부품을 대체품(replacement)으로 바꾸거나 제품 출시일을 미뤄야(push back / postpone) 하는 해결책 제시

7. What are the speakers preparing for?

(A) An awards ceremony
(B) A grand opening event
(C) A fundraising gala
(D) A retirement dinner

8. Why is the man excited about some performances?

(A) He enjoys classical music.
(B) He is joining a stage play.
(C) He is friends with a performer.
(D) He likes a specific singer.

9. Who did the woman see outside a building?

(A) A city official
(B) Theatergoers
(C) News reporters
(D) Celebrity photographers

Questions 7-9 refer to the following conversation.

M: Hi, Aileen. Can you come over and set up these microphone stands with me?

W: Of course. The ceremony tonight looks like it's going to be more crowded than I expected. Did you see all those awards on the table backstage?

M: Yeah. They're for local actors, directors, and producers, which our area has so many of. But I can't wait to see the special performances. One of my favorite artists will be singing.

W: I noticed a group of reporters from local broadcast stations already waiting outside the building. I better catch the news later!

필수 어휘

- set up ~을 설치하다
- ceremony 의식, 식
- crowded 붐비는
- award 상
- can't wait to do 몹시 ~하고 싶어 하다

- performance 공연
- notice ~을 알아차리다
- local broadcast station 지역 방송국
- catch the news 뉴스를 보다

패러프레이징

- One of my favorite artists will be singing. → He likes a specific singer.
- friends → acquaintances
- reporter → journalist
- awards ceremony → awards banquet, awards dinner

길토익 TIP

▶ 행사 준비(arrange, set up, organize)에 관한 직장 동료들 간의 대화
장소(venue) 섭외 했는지 확인, 프로젝터, 마이크(microphone) 등 장비 설치(set up / install) 확인, 공연자(performer) 참석 여부 확인, 방송국(TV network / TV station) 기자들(journalist /reporter) 좌석 배치 정보 확인, 참석 인원이 예상보다(than expected) 많아 대응책 논의

U17_04

10. What activity is being advertised?

(A) A music festival

(B) A park opening

(C) A nature excursion

(D) An athletic event

11. What will all participants receive?

(A) A poster

(B) A keychain

(C) A towel

(D) A lunch box

12. According to the speaker, what can the listeners do on a Web site?

(A) Look at a food selection

(B) Create a profile page

(C) Print a route map

(D) Reserve a ticket

Questions 10-12 refer to the following advertisement.

Attention, all residents. The Summer Fun Half Marathon, sponsored by the city's Recreation Department, is happening next Saturday! We are excited to have a wide range of runners, from novice to professional, race along the scenic waterfront of the San Joaquin River. Everyone participating will get a sports towel as a souvenir. If you want to order a lunch set for race day, be sure to buy one in advance. Visit our Web site to view all the meal options.

필수 어휘

- resident n. 주민
- sponsored by ~의 후원을 받는
- be excited to do ~하게 되어 매우 기쁘다
- a wide range of 아주 다양한
- novice 초보자 cf. professional 전문가
- race v. 경주하다 n. 경주
- along the scenic waterfront 경치 좋은 물가를 따라

- participate 참가하다
- souvenir 기념품
- be sure to do 반드시 ~하다
- in advance 미리
- view ~을 보다
- meal option 식사 선택 사항

패러프레이징

- marathon → an athletic event
- view → look at
- excursion → outing

- everyone participating → all participants
- meal options → a food selection

길토익 TIP

▶ 행사 관련 빈출 내용

회사나 정부가 보조금(grant)으로 후원해 준다(sponsor)는 정보를 제공하고, 참가하도록(take part in / participate in) 권유하며, 참가자들에게 경품 추첨(raffle drawing) 당첨 기회나 기념품(souvenir)이 제공된다는 내용으로 주로 출제된다.

13. What is being advertised?

(A) A travel consulting service
(B) An accounting program
(C) A data storage service
(D) A home security device

14. What has the business received an award for?

(A) Its innovative designs
(B) Its hiring policies
(C) Its low prices
(D) Its customer service

15. What offer does the speaker mention?

(A) Free installation
(B) A premium membership
(C) A discounted price
(D) A product demonstration

Questions 13-15 refer to the following advertisement.

If you've ever experienced the frustration of losing a critical electronic file, you'll want to ensure it doesn't happen again. CloudSafe by TechWave Solutions offers a secure and reliable solution to keep your data protected and accessible, whether you're at work, home, or even on vacation. With CloudSafe, you can easily upload files to our online storage space and access them from any Internet-connected device. Plus, our award-winning, 24/7 customer service team is always available to assist you. Interested in trying CloudSafe at a discounted rate? For a limited time, get 50% off your first three months of service.

필수 어휘

- frustration 불만, 좌절감
- lose ~을 잃다
- critical 매우 중요한
- ensure 확실히 ~하도록 하다
- secure 안전한
- reliable 믿을 만한
- solution 해결책
- keep A 형용사 A를 ~인 상태로 유지하다
- whether A, B, or C A나 B이든, 아니면 C이든(상관없이)

- online storage space 온라인 저장 공간
- access ~에 접근하다
- Internet-connected device 인터넷이 연결된 장치
- award-winning 상을 받은
- 24/7 customer service 연중무휴 고객 서비스
- be available to do ~할 시간이 되다
- at a discounted rate 할인된 가격에
- for a limited time 제한된 기간 동안, 한시적으로
- get 50% off 50퍼센트 할인 받다

패러프레이징

- solution to keep your data protected and accessible / online storage space → a data storage service
- award-winning → received an award
- a discounted rate → a discounted price, a special deal

길토익 TIP

▶ 광고 담화 흐름

관심 유발 멘트	~이 지겨우신가요?
상품/서비스 소개	그렇다면 원하시던 것이 여기 있습니다. 이것은 ~~~~
주문 방법 및 할인 기간 안내	~일까지 주문하시면 할인됩니다.

앞에서 학습한 내용을 모두 적용하여 다시 한 번 풀어보세요.　　　🎧 U17_all

1. What type of business is the man calling?

    (A) A music store
    (B) A concert venue
    (C) A movie theater
    (D) A radio station

2. What will happen this weekend?

    (A) A sale will begin.
    (B) A delivery will be made.
    (C) A product will be launched.
    (D) A new branch will open.

3. What information does the woman ask for?

    (A) A shipping address
    (B) A phone number
    (C) An alternative preference
    (D) An e-mail address

_____

4. What does the speakers' company produce?

    (A) Bicycles
    (B) Automobile parts
    (C) Heavy equipment
    (D) Storage containers

5. Why is the woman concerned?

    (A) Some advertisements have errors.
    (B) Some materials have become expensive.
    (C) A business partner has ceased operations.
    (D) A consumer trend has been changing.

6. According to the man, what is management considering?

    (A) Working with a new company
    (B) Altering an assembly process
    (C) Customizing a product design
    (D) Employing a technical inspector

7. What are the speakers preparing for?

    (A) An awards ceremony
    (B) A grand opening event
    (C) A fundraising gala
    (D) A retirement dinner

8. Why is the man excited about some performances?

    (A) He enjoys classical music.
    (B) He is joining a stage play.
    (C) He is friends with a performer.
    (D) He likes a specific singer.

9. Who did the woman see outside a building?

    (A) A city official
    (B) Theatergoers
    (C) News reporters
    (D) Celebrity photographers

10. What activity is being advertised?

(A) A music festival
(B) A park opening
(C) A nature excursion
(D) An athletic event

11. What will all participants receive?

(A) A poster
(B) A keychain
(C) A towel
(D) A lunch box

12. According to the speaker, what can the listeners do on a Web site?

(A) Look at a food selection
(B) Create a profile page
(C) Print a route map
(D) Reserve a ticket

13. What is being advertised?

(A) A travel consulting service
(B) An accounting program
(C) A data storage service
(D) A home security device

14. What has the business received an award for?

(A) Its innovative designs
(B) Its hiring policies
(C) Its low prices
(D) Its customer service

15. What offer does the speaker mention?

(A) Free installation
(B) A premium membership
(C) A discounted price
(D) A product demonstration

Part 4

공공 장소 안내 방송

MP3 바로 듣기

자주 나오는 토픽

- 상점/도서관 - 폐점 시간 공지, 변경 사항 안내, 제품이나 행사 홍보
- 회사 - 새 소프트웨어 설치, 건물 내 수리 공사, 회사 이전 준비 등에 따른 일정 안내 및 주의 사항
- 주민 공지 - 수리 공사 및 그에 따른 주의 사항, 행사 개최 안내 및 관련 정보 제공

주요 담화 흐름

● 상점/도서관

초반	안내 대상 및 장소 언급 / 폐점 알림
중반	제품이나 행사 홍보
후반	요청 사항 / 다음 일정 안내

기타 빈출 상황
- 건물 수리 공사가 예정되어 있으니 다른 주차장 또는 대중교통을 이용할 것

● 교통 수단

초반	안내 대상 및 장소 언급 / 지연 안내
중반	지연 이유 / 변경된 일정 안내
후반	주의 사항 / 추가 정보 얻는 방법 안내

기타 빈출 상황
- 날씨 때문에 연착되고 있어 보상으로 무료 식사/음료 쿠폰을 제공하겠다
- 탑승 게이트가 변경된다

관련 필수 어휘

- loyal customer _____
  P _____, _____
- audience 청중
- routine 정기적인
- safety inspection 안전 점검
- exit the building 건물에서 나가다
- sign-up sheet _____
- fill out a customer survey 고객 설문 조사지를 작성하다
- designated parking area 지정된 주차 공간
- public transportation _____

- captain (비행기) 기장, (배) 선장
- passenger 승객
- via _____
- transfer _____
- board ~에 탑승하다
- boarding gate 탑승구
- departure 출발 cf. arrival 도착
- due to inclement weather 좋지 않은 날씨 때문에
- behind schedule 예정보다 늦게
- be delayed by an hour 1시간 지체되다
- track maintenance 선로 유지 관리
- push back _____
  P _____, _____
- compensate ~에게 보상해주다
- complimentary drinks _____
- meal voucher 식사 쿠폰

오른쪽 스크립트를 가리고 문제를 풀어보세요. 🎧 U18_01

1. Where is the conversation taking place?

(A) In a library
(B) In a restaurant
(C) In a health food shop
(D) In a bookstore

2. What will the woman do this weekend?

(A) Host a gathering
(B) Go on a vacation
(C) Join a cooking class
(D) Attend a performance

3. What does Toby recommend?

(A) Making a reservation
(B) Coming back next week
(C) Rescheduling a shipment
(D) Visiting a different branch

Questions 1-3 refer to the following conversation with three speakers.

W: Excuse me, I'm looking for a book on French cooking by Julia Mason. It's called *The Art of French Flavors*.

M1: Oh, I'm afraid we just sold the last copy this morning.

W: That's too bad. I'm having people around for a dinner party this Saturday, and I wanted to try some of her recipes.

M1: Hold on while I check with my manager. Toby, are we expecting any copies of *The Art of French Flavors* this week?

M2: No, sorry. Our next shipment isn't until next Monday.

W: I see. Well, I guess I'll just try to cook a different dish then.

M2: Wait… why don't you try our other store on Walnut Street? They have a much larger cooking selection than we do.

W: Okay, I'll try there. Thanks for your help!

필수 어휘

- I'm afraid ~인 것 같습니다 (부정적인 내용)
- copy (출판물, 서류 등의) 한 권, 한 부, 한 장
- recipe 레시피, 요리법
- check with + 사람 ~에게 확인해 보다
- expect (오기로 되어 있는) ~을 기다리다

- shipment 선적물, 배송(품)
- not until + 일시 ~나 되어야 하다
- dish 요리
- try our other store 다른 매장에 가보다
- selection 선택(할 수 있는 것들)

패러프레이징

- I'm looking for a book / we just sold the last copy → bookstore
- Saturday → weekend
- try our other store → visiting a different branch
- restaurant → bistro, dining establishment

길토익 TIP

▶ 서점(bookstore)에 책(book / copy / publication)을 구매하러 온 상황인데, 대화 장소를 인쇄소(print shop)나 도서관(library), 출판사 (publishing company) 등으로 착각하지 않도록 주의하자.

4. Where most likely does the woman work?

  (A) At a pharmacy
  (B) At an event firm
  (C) At a fitness center
  (D) At a dental clinic

5. What does the woman say about Dr. Richardson?

  (A) He is attending an event.
  (B) He has retired from his job.
  (C) He is looking for new clients.
  (D) He will receive an award.

6. Why does the woman say, "Dr. Chalmers has been with us for more than a decade"?

  (A) To recommend a colleague for promotion
  (B) To offer the man reassurance
  (C) To advise the man to contact Dr. Chalmers
  (D) To provide an excuse for an error

Questions 4-6 refer to the following conversation.

M: Hello, this is David Kramer calling. I'd like to make an appointment for tomorrow to have a tooth extracted. I normally see Dr. Richardson.

W: Hi, Mr. Kramer. I'm afraid Dr. Richardson is out of town at a dentistry conference this week. I can book you an appointment with Dr. Chalmers instead.

M: Oh, I'm not too sure about that. I'm only really comfortable seeing Dr. Richardson.

W: Well, Dr. Chalmers has been with us for more than a decade. He's even won awards in the industry for his excellent work.

M: Okay, that sounds good to me then. When can I come in to see him?

W: Please be here by 2 P.M. tomorrow.

필수 어휘

- make an appointment for + 일시 ~로 예약을 잡다
- have a tooth extracted 발치하다
- normally 보통, 대개
- be out of town 타지에 가 있다
- book A an appointment A에게 예약을 잡아 주다
- be comfortable -ing ~하는 것이 편하다
- decade 10년
- win an award for ~에 대해 상을 받다
- in the industry 업계에서

패러프레이징

- have a tooth extracted / dentistry → dental clinic
- be out of town at a dentistry conference → attend an event
- pharmacy → drug store
- fitness center → gym, workout facility
- retire → resign, step down
- receive an award → be honored, be recognized
- colleague → associate, coworker

길토익 TIP

▶ 병원 환자와 진료 예약 담당 직원 사이의 대화 내용
주로 예약 관련 문제에 대한 내용이다. 앞 시간대 환자(patient)가 일정을 취소(cancel)해서 예약 날짜를 변경(reschedule) 하거나, 의사가 컨퍼런스 참석 일정이 있어서 진료 예약 시간을 바꿔야(shift, alter, swap)한다는 내용이 자주 출제된다.

7. What are the men preparing for?

(A) A staff orientation
(B) A company excursion
(C) A shareholder meeting
(D) A recruitment fair

8. What does the woman recommend?

(A) Reducing a session time
(B) Providing some handouts
(C) Changing a venue
(D) Arranging some activities

9. What does the woman say she will do?

(A) Update a schedule
(B) Contact participants
(C) Send a list via e-mail
(D) Approve a request

Questions 7-9 refer to the following conversation with three speakers.

M1: Skylar, Jamie and I really appreciate that you're helping us prepare for the employee orientation. Since you have led many of them in the past, do you have any tips for us?

W: It's my pleasure to help. I know this is your first time, and you have over fifty new employees coming in, but I'm sure you'll both do a great job. What kind of tips do you need?

M2: Well, it's quite a long session, because we need to cover all the company's products, services, and policies. We're worried that the participants might get bored.

W: Oh, that can definitely be an issue. I suggest you organize some group roleplay activities to keep all the participants engaged.

M1: Great idea. Can you recommend any?

W: I have a list of some on my laptop. I'll e-mail it to you within the next half hour.

필수 어휘

- appreciate that ~에 대해 감사하다
- prepare for ~을 준비하다
- lead ~을 이끌다
- cover (주제 등) ~을 다루다
- participant 참가자
- get bored 지루해지다
- definitely 분명히
- issue 문제
- organize ~을 조직하다, 준비하다
- group roleplay activity 단체 롤플레이 활동
- keep A engaged A를 계속해서 참여시키다
- within the next half hour 앞으로 30분 내로

패러프레이징

- employee orientation → staff orientation
- organize some group roleplay activities → arranging some activities
- recruitment fair → career fair
- contact → get in touch with, reach
- venue → location
- approve → authorize

길토익 TIP

▶ 직장에서 행사를 준비할(arrange / organize) 때 행사 준비 경험이 있는 동료에게 어떻게 해야 하는지 조언을 구하거나(seek advice), 장소(venue) 섭외 및 출장 음식 제공 업체(catering service / caterer)와 관련된 정보 묻는 내용이 자주 출제된다.

Train Number	Destination	Platform
IR346	Waterford	10
IR589	Dublin	9
IR497	Limerick	17
IR825	Cork	5

Questions 10-12 refer to the following announcement and train information.

Attention, anyone waiting to board train IR497. This train will now be departing from a different platform. The departure screens above the platforms will be updated to show the new information. The departure time for this train remains the same, and passengers may begin boarding in ten minutes. The train has several business classes and first class seats still available. If you wish to upgrade your seat, please come up to the counter and speak with James. And don't forget that all our trains now have free Wi-Fi. You can connect to it by entering your ticket number.

10. Look at the graphic. What is the destination of the affected train?

(A) Waterford   (B) Dublin
(C) Limerick   (D) Cork

11. According to the announcement, what can James provide at the counter?

(A) Food vouchers   (B) Terminal maps
(C) Seat upgrades   (D) Ticket refunds

12. What does the speaker remind the listeners about?

(A) Safety procedures
(B) Free Internet access
(C) Electronic ticketing
(D) Baggage restrictions

필수 어휘

- board ~에 탑승하다
- depart 출발하다 *cf.* departure n. 출발
- above the platforms 승강장 위에
- be updated 최신 내용으로 업데이트되다
- remain the same 여전히 동일한 상태이다
- passenger 승객
- connect to ~에 연결하다
- by entering your ticket number 티켓 번호를 입력함으로써

패러프레이징

- upgrade your seat → seat upgrades
- free Wi-Fi → free Internet access
- refund → give some money back

길토익 TIP

▶ 기차/비행기 스케줄 관련 내용
출발(departure) 혹은 도착(arrival) 시간 지연(delay), 탑승 게이트(boarding gate) 변경에 대해 사과(apologize) 하면서 무료로 간단한 음식(refreshments)을 제공해 주겠다는 내용이 출제된다.

Quantum Forge Floor Directory	
4F	Cameras
3F	Computers
2F	Televisions & Monitors
1F	Game Consoles & Mobile Phones

Questions 13-15 refer to the following announcement and directory.

Welcome, shoppers, to Quantum Forge Electronics! We'll be celebrating New Year's Day this month with fantastic deals throughout the store. For instance, right now we're having a sale on all of our computers, so check out that department to see how much you can save. Desktops, laptops, and even tablet devices have all had their prices dropped for this event! Also, stop by the new gaming department to try out some of the most popular video game consoles available. Finally, don't forget to visit our Web site to apply for a Quantum Forge membership card to save even more money on your purchases.

13. Why is a sale being held?

(A) To celebrate a holiday
(B) To prepare for a store closing
(C) To promote a new product
(D) To thank long-term customers

14. Look at the graphic. Which floor is the sale currently happening on?

(A) The first floor   (B) The second floor
(C) The third floor   (D) The fourth floor

15. According to the speaker, what is available on a Web site?

(A) An additional discount
(B) A product review
(C) A promotional video
(D) A membership application

필수 어휘

- shoppers 쇼핑객
- celebrate ~을 기념하다
- fantastic deals 환상적인 특가
- throughout the store 매장 곳곳에서
- for instance 예를 들어
- check out ~을 확인해 보다
- save + 금액 ~의 금액을 절약하다

- have prices dropped 가격을 내리다
- stop by ~에 들르다
- try out ~을 시험해 보다
- game console 게임기
- apply for ~을 신청하다
- purchase n. 구매(품)

패러프레이징

- New Year's Day → holiday
- apply for a membership card → a membership application
- long-term customers → patron, regular customer, frequent customer
- additional → extra

앞에서 학습한 내용을 모두 적용하여 다시 한 번 풀어보세요.　　　🎧 U18_all

1. Where is the conversation taking place?

(A) In a library
(B) In a restaurant
(C) In a health food shop
(D) In a bookstore

2. What will the woman do this weekend?

(A) Host a gathering
(B) Go on a vacation
(C) Join a cooking class
(D) Attend a performance

3. What does Toby recommend?

(A) Making a reservation
(B) Coming back next week
(C) Rescheduling a shipment
(D) Visiting a different branch

---

4. Where most likely does the woman work?

(A) At a pharmacy
(B) At an event firm
(C) At a fitness center
(D) At a dental clinic

5. What does the woman say about Dr. Richardson?

(A) He is attending an event.
(B) He has retired from his job.
(C) He is looking for new clients.
(D) He will receive an award.

6. Why does the woman say, "Dr. Chalmers has been with us for more than a decade"?

(A) To recommend a colleague for promotion
(B) To offer the man reassurance
(C) To advise the man to contact Dr. Chalmers
(D) To provide an excuse for an error

7. What are the men preparing for?

(A) A staff orientation
(B) A company excursion
(C) A shareholder meeting
(D) A recruitment fair

8. What does the woman recommend?

(A) Reducing a session time
(B) Providing some handouts
(C) Changing a venue
(D) Arranging some activities

9. What does the woman say she will do?

(A) Update a schedule
(B) Contact participants
(C) Send a list via e-mail
(D) Approve a request

Train Number	Destination	Platform
IR346	Waterford	10
IR589	Dublin	9
IR497	Limerick	17
IR825	Cork	5

Quantum Forge Floor Directory	
4F	Cameras
3F	Computers
2F	Televisions & Monitors
1F	Game Consoles & Mobile Phones

10. Look at the graphic. What is the destination of the affected train?

(A) Waterford
(B) Dublin
(C) Limerick
(D) Cork

11. According to the announcement, what can James provide at the counter?

(A) Food vouchers
(B) Terminal maps
(C) Seat upgrades
(D) Ticket refunds

12. What does the speaker remind the listeners about?

(A) Safety procedures
(B) Free Internet access
(C) Electronic ticketing
(D) Baggage restrictions

13. Why is a sale being held?

(A) To celebrate a holiday
(B) To prepare for a store closing
(C) To promote a new product
(D) To thank long-term customers

14. Look at the graphic. Which floor is the sale currently happening on?

(A) The first floor
(B) The second floor
(C) The third floor
(D) The fourth floor

15. According to the speaker, what is available on a Web site?

(A) An additional discount
(B) A product review
(C) A promotional video
(D) A membership application

일주일에 끝내는

시원스쿨 토익
Part 3, 4

[온라인 강의]

토익 실전 길잡이
길토익

**최근 특히 어려워진
LC Part 3,4에서**
가장 막막해 하는 부분을
속시원히 빠르게 해결

**실전 적응력 높이는
빠른 학습 플로우와 함께**
실전 전략 연습,
섀도잉으로 완벽 마무리!

**길토익 선생님의
현강 스타일의 강의로**
최빈출 포인트, 필수표현
암기 등의 노하우로
Part 3, 4 마스터

*시원스쿨LAB(lab.siwonschool.com)에서 유료 강의를 수강하실 수 있습니다.

★**Special Event**★ 일주일에 끝내는 토익 강의 학습 지원!

시원스쿨랩

길토익 950 ➕ MasterPack

MASTER PACK

완벽 실전 대비로 **950+**까지 가는 지름길!
막판 점수 올려주는 **단 하나의 실전팩!**

토익 고득점 길잡이
길토익

목표점수 미달성시 **+90일 무한 연장**	**실전 도서 라인업** **강의 교재 3종 제공**	**길토익 특별자료** **토익 빈출 숙어 제공** *PDF 제공

온라인 모의고사 **3회분 + 해설강의 제공**	**비즈니스 + 취업영어** **강의 무료 제공**	**선생님 직접관리** **카톡 온라인 스터디**

過목별 스타 강사진 영입, 기대하세요!

시원스쿨LAB 강사 라인업

20년 노하우의 토익/토스/오픽/지텔프/텝스/아이엘츠/토플/SPA/듀오링고
기출 빅데이터 심층 연구로 빠르고 효율적인 목표 점수 달성을 보장합니다.

시험영어 전문 연구 조직
시원스쿨어학연구소

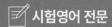 시험영어 전문	기출 빅데이터	264,000시간
TOEIC/TOEIC Speaking/OPIc/ G-TELP/TEPS/IELTS/ TOEFL/SPA/Duolingo 공인 영어시험 콘텐츠 개발 경력 20년 이상의 국내외 연구원들이 포진한 전문적인 연구 조직입니다	본 연구소 연구원들은 매월 각 전문 분야의 시험에 응시해 시험에 나온 모든 문제를 철저하게 해부하고, 시험별 기출문제 빅데이터 분석을 통해 단기 고득점을 위한 학습 솔루션을 개발 중입니다	각 분야 연구원들의 연구시간 모두 합쳐 264,000시간 이 모든 시간이 쌓여 시원스쿨어학연구소가 탄생했습니다.

히트브랜드 토익·토스·오픽 인강 1위
시원스쿨LAB 교재 라인업
*2020-2024 5년 연속 히트브랜드대상 1위 토익·토스·오픽 인강

시원스쿨 토익 교재 시리즈

	입문/기초	기본	실전
한 권 토익	시원스쿨 처음토익 기출 VOCA / 시원스쿨 처음토익 기초영문법 / 시원스쿨 처음토익 Part 7 / 시원스쿨 처음토익 550+	시원스쿨 기본토익 700+	시원스쿨 실전토익 900+
토익 학습지	시원스쿨 토익 기출VOCA 학습지	시원스쿨 토익학습지 기본편	시원스쿨 토익학습지 실전편
서아쌤 토익		시원스쿨 토익 750+ / 서아쌤의 토익 비밀과외	
전략서 모의고사	시원스쿨 구문 독해	일주일에 끝내는 파트 5&6 / 일주일에 끝내는 파트 3&4 / 토익 기본서 압축노트 / 토익 단기 전략 과외노트 750+	시원스쿨 토익 실전 모의고사 / 시원스쿨 토익 실전 1500제 LC / RC

시원스쿨 토익스피킹·오픽 교재 시리즈

10가지 문법으로 시작하는 토익스피킹 기초영문법	28시간에 끝내는 토익스피킹 START	5일 만에 끝내는 토익스피킹 실전모의고사	15개 템플릿으로 끝내는 토익스피킹 필수전략서	멀티캠퍼스X시원스쿨 오픽 진짜학습지 IM 실전	멀티캠퍼스X시원스쿨 오픽 진짜학습지 IH 실전	멀티캠퍼스X시원스쿨 오픽 진짜학습지 AL 실전	OPIc All in one PACKAGE IM-AL

일주일에 끝내는

시원스쿨 토익
파트 3&4

부록

정답 및 해설 p.53

최근 출제된 Part 2에서 가장 난이도가 높았던 우회적 응답/간접 답변 유형의 문제들을 풀어 보세요.

1. Mark your answer on your answer sheet.

2. Mark your answer on your answer sheet.

3. Mark your answer on your answer sheet.

4. Mark your answer on your answer sheet.

5. Mark your answer on your answer sheet.

6. Mark your answer on your answer sheet.

7. Mark your answer on your answer sheet.

8. Mark your answer on your answer sheet.

9. Mark your answer on your answer sheet.

10. Mark your answer on your answer sheet.

11. Mark your answer on your answer sheet.

12. Mark your answer on your answer sheet.

13. Mark your answer on your answer sheet.

14. Mark your answer on your answer sheet.

15. Mark your answer on your answer sheet.

16. Mark your answer on your answer sheet.

17. Mark your answer on your answer sheet.

18. Mark your answer on your answer sheet.

19. Mark your answer on your answer sheet.

20. Mark your answer on your answer sheet.

21. Mark your answer on your answer sheet.

22. Mark your answer on your answer sheet.

23. Mark your answer on your answer sheet.

24. Mark your answer on your answer sheet.

25. Mark your answer on your answer sheet

시원스쿨 LAB

MP3 바로 듣기

정답및해설 p.57

LISTENING TEST

In the Listening test, you will be asked to demonstrate how well you understand spoken English. The entire Listening test will last approximately 45 minutes. There are four parts, and directions are given for each part. You must mark your answers on the separate answer sheet. Do not write your answers in your test book.

PART 1

Directions: For each question in this part, you will hear four statements about a picture in your test book. When you hear the statements, you must select the one statement that best describes what you see in the picture. Then find the number of the question on your answer sheet and mark your answer. The statements will not be printed in your test book and will be spoken only one time.

Statement (D), "They are taking photographs," is the best description of the picture, so you should select answer (D) and mark it on your answer sheet.

1.

2.

GO ON TO THE NEXT PAGE →

3.

4.

5.

6.

GO ON TO THE NEXT PAGE

PART 2

Directions: You will hear a question or statement and three responses spoken in English. They will not be printed in your test book and will be spoken only one time. Select the best response to the question or statement and mark the letter (A), (B), or (C) on your answer sheet.

7. Mark your answer on your answer sheet.

8. Mark your answer on your answer sheet.

9. Mark your answer on your answer sheet.

10. Mark your answer on your answer sheet.

11. Mark your answer on your answer sheet.

12. Mark your answer on your answer sheet.

13. Mark your answer on your answer sheet.

14. Mark your answer on your answer sheet.

15. Mark your answer on your answer sheet.

16. Mark your answer on your answer sheet.

17. Mark your answer on your answer sheet.

18. Mark your answer on your answer sheet.

19. Mark your answer on your answer sheet.

20. Mark your answer on your answer sheet.

21. Mark your answer on your answer sheet.

22. Mark your answer on your answer sheet.

23. Mark your answer on your answer sheet.

24. Mark your answer on your answer sheet.

25. Mark your answer on your answer sheet.

26. Mark your answer on your answer sheet.

27. Mark your answer on your answer sheet.

28. Mark your answer on your answer sheet.

29. Mark your answer on your answer sheet.

30. Mark your answer on your answer sheet.

31. Mark your answer on your answer sheet.

PART 3

Directions: You will hear some conversations between two or more people. You will be asked to answer three questions about what the speakers say in each conversation. Select the best response to each question and mark the letter (A), (B), (C), or (D) on your answer sheet. The conversations will not be printed in your test book and will be spoken only one time.

32. Where do the speakers work?

(A) At a restaurant
(B) At an appliance store
(C) At a construction firm
(D) At a real estate agency

33. Why was a building temporarily closed?

(A) To carry out staff training
(B) To undergo a safety inspection
(C) To perform installation work
(D) To prepare for an event

34. What is the man going to do next?

(A) Post a work schedule
(B) Order new supplies
(C) Check some equipment
(D) Contact a cleaning company

35. What did the woman do last weekend?

(A) Meet with investors
(B) Test some products
(C) Attend a convention
(D) Talk at a fundraiser

36. What products do the speakers most likely sell?

(A) Computer accessories
(B) Home appliances
(C) Cooking utensils
(D) Building supplies

37. What does the man say will happen in September?

(A) A marketing campaign will begin.
(B) A retail outlet will be opened.
(C) New products will be sold.
(D) Customers will be surveyed.

38. Where most likely are the speakers?

(A) At a fitness center
(B) At an art gallery
(C) At a university
(D) At a cooking school

39. According to the woman, why should Mr. Hirst sign up for a membership?

(A) To attend a performance
(B) To book classes online
(C) To receive a free gift
(D) To leave a comment

40. What does Jason give to Mr. Hirst?

(A) A course schedule
(B) A free T-shirt
(C) A membership card
(D) An application form

41. Who most likely is the man?

(A) A store clerk
(B) A repair technician
(C) A real estate agent
(D) A building supervisor

42. What problem does the woman have?

(A) An appliance is faulty.
(B) A delivery has not arrived.
(C) A pipe is leaking.
(D) An entrance is blocked.

43. What information does the man ask for?

(A) The woman's location
(B) The woman's name
(C) The woman's preferred time
(D) The woman's phone number

GO ON TO THE NEXT PAGE

44. What is the woman trying to do?

(A) Renew a membership
(B) Change a password
(C) Purchase a textbook
(D) Sign up for a course

45. What does the man imply when he says, "That's certainly strange"?

(A) He does not understand the woman's question.
(B) He believes some prices are listed incorrectly.
(C) He thinks a Web site may be malfunctioning.
(D) He is surprised that a product has sold out.

46. What does the man offer to do for the woman?

(A) Provide a discount
(B) Update her personal details
(C) Explain a schedule
(D) Send her a form

47. What does the man ask the woman to do?

(A) Send out invitations
(B) Reserve an event venue
(C) Create a seating plan
(D) Organize transportation

48. What kind of event will take place?

(A) A retirement dinner
(B) An awards ceremony
(C) A staff orientation
(D) A charity banquet

49. What will the man probably do next?

(A) Visit a venue
(B) Purchase equipment
(C) Review a document
(D) Have lunch with the woman

50. Where do the speakers most likely work?

(A) At an interior design company
(B) At a grocery store
(C) At a library
(D) At a factory

51. What does the man say about his apartment?

(A) The rooms are very spacious.
(B) It is located near his workplace.
(C) The rent has been increased.
(D) It needs to be renovated.

52. What does the man mean when he says, "Friday is my daughter's piano recital"?

(A) He is inviting the woman to the recital.
(B) He is unable to work on Friday evening.
(C) He needs to purchase a piano before Friday.
(D) He forgot to schedule a piano lesson for his daughter.

53. What most likely is the man's position?

(A) Personnel manager
(B) Repair worker
(C) Sales representative
(D) Web designer

54. What do the women do at the company?

(A) They consult with clients.
(B) They test new products.
(C) They lead staff orientations.
(D) They respond to customer queries.

55. What does the man ask for?

(A) A parking permit
(B) An additional desk
(C) A new keyboard
(D) An extra monitor

56. Who most likely is the man?

(A) A potential investor
(B) A new employee
(C) A safety inspector
(D) A construction supervisor

57. What are the speakers discussing?

(A) A work policy
(B) A job opportunity
(C) A recent accident
(D) A factory machine

58. What does the woman say she will give to the man?

(A) A pair of goggles
(B) A safety helmet
(C) A floor plan
(D) A business contract

59. What will most likely be the main theme of an upcoming workshop?

(A) Satisfying customers
(B) Developing products
(C) Growing a business
(D) Improving teamwork

60. What aspect of the workshop do the speakers disagree about?

(A) Where it should be held
(B) How long it should last
(C) Who will be invited to attend
(D) When it will take place

61. What does the woman want to distribute before the workshop?

(A) A schedule
(B) A questionnaire
(C) Free gifts
(D) Event invitations

AREA 1 GREENHOUSE	AREA 2 FISH POND
AREA 3 FLOWER DISPLAY	AREA 4 BAMBOO FOREST

62. What are the speakers discussing?

(A) A landscaping project
(B) A gardening competition
(C) An urban development plan
(D) A photography exhibition

63. Look at the graphic. Which area will the woman go to?

(A) Area 1
(B) Area 2
(C) Area 3
(D) Area 4

64. What does the woman suggest posting on a Web site?

(A) Some pictures
(B) Some directions
(C) A schedule
(D) An announcement

GO ON TO THE NEXT PAGE

LOGO 1	LOGO 2
LOGO 3	**LOGO 4**

Concert Name	Artist	Location
Midnight Blue	Fromm	Courtyard
Sun and Moon	Samantha Kim	Gymnasium
Take Back Time	Roy & the Monkeys	Courtyard
21 & Something	Team JSW	Main Auditorium

65. Why does the man apologize?

(A) He forgot to respond to an e-mail.
(B) He was late for an appointment.
(C) He did not send a document.
(D) He could not find a location.

66. Who most likely is the man?

(A) A marketing consultant
(B) A magazine editor
(C) A graphic designer
(D) A company investor

67. Look at the graphic. Which logo does the woman select?

(A) Logo 1
(B) Logo 2
(C) Logo 3
(D) Logo 4

68. Where do the speakers most likely work?

(A) At a community center
(B) At an amusement park
(C) At a stadium
(D) At a bookstore

69. Look at the graphic. Which artist requested a different venue?

(A) Fromm
(B) Samantha Kim
(C) Roy & the Monkeys
(D) Team JSW

70. What does the woman say she will e-mail?

(A) An edited poster
(B) A seating chart
(C) A background image
(D) A cost estimate

PART 4

Directions: You will hear some talks given by a single speaker. You will be asked to answer three questions about what the speaker says in each talk. Select the best response to each question and mark the letter (A), (B), (C), or (D) on your answer sheet. The talks will not be printed in your test book and will be spoken only one time.

71. What field does the listener most likely work in?

(A) Event planning
(B) Construction
(C) Graphic design
(D) Publishing

72. What job duty does the speaker mention?

(A) Meeting deadlines
(B) Managing employees
(C) Increasing clients
(D) Making public appearances

73. What does the speaker ask the listener to do?

(A) Schedule a meeting
(B) Attend an orientation
(C) Consider a different position
(D) Send a document

74. What kind of merchandise does the speaker's company produce?

(A) Exercise equipment
(B) Home furnishings
(C) Computer accessories
(D) Musical instruments

75. According to the speaker, what do consumers want?

(A) More durable products
(B) Better customer service
(C) Free repairs
(D) Simpler assembly

76. What information will be e-mailed to the listeners?

(A) Some recent complaints
(B) A training schedule
(C) A trip itinerary
(D) Some work tasks

77. According to the speaker, what will Happy Valley do this summer?

(A) Launch new products
(B) Move its headquarters
(C) Open a new branch
(D) Lower its prices

78. What does Happy Valley most likely sell?

(A) Clothing
(B) Fast food
(C) Children's toys
(D) Kitchen appliances

79. Why are the listeners encouraged to visit a Web site?

(A) To submit suggestions
(B) To receive a free gift
(C) To enter a contest
(D) To apply for a job

80. What is the topic of Mr. Denton's talk?

(A) An electrical appliance
(B) A new car model
(C) A navigation system
(D) A manufacturing plant

81. Who is the intended audience for the talk?

(A) Marketing executives
(B) Automobile engineers
(C) Media professionals
(D) Focus group members

82. What is the audience invited to do?

(A) Go to the lobby after the talk
(B) Ask questions during the presentation
(C) Pick up an information packet
(D) Join an environmental organization

GO ON TO THE NEXT PAGE

83. What event is the listener attending soon?

(A) A product launch
(B) A store opening
(C) A trade show
(D) A company workshop

84. Why does the speaker say, "There's usually a place to park on Bingham Road"?

(A) To arrange a meeting
(B) To express gratitude
(C) To warn about traffic
(D) To offer a solution

85. What requires a manager's approval?

(A) A hotel stay
(B) A car rental
(C) A flight ticket
(D) A business proposal

86. Where is the announcement taking place?

(A) In an airplane
(B) On a boat
(C) In a hotel
(D) In a travel agency

87. Why does the speaker say, "It normally costs 40 dollars"?

(A) To apologize for a price change
(B) To promote a new service
(C) To announce a seasonal sale
(D) To encourage participation

88. What are interested individuals advised to do?

(A) Check a schedule
(B) Present a ticket
(C) Fill out a form
(D) Talk to an employee

89. Who is the speaker congratulating?

(A) Product developers
(B) Board members
(C) Sales representatives
(D) Orientation attendees

90. According to the speaker, what do customers like about some products?

(A) They reduce expenses.
(B) They are easy to install.
(C) They last for several years.
(D) They come with a warranty.

91. What most likely will the listeners do next month?

(A) Begin a new project
(B) Enjoy a vacation
(C) Meet with foreign clients
(D) Conduct a survey

92. What is the speaker's job position?

(A) Company owner
(B) Branch manager
(C) Safety inspector
(D) Repair technician

93. What does the speaker imply when she says, "the grills can accommodate six burgers"?

(A) The grills are too complicated to use.
(B) A menu needs to be modified.
(C) Some instructions were not followed.
(D) She recommends making a purchase.

94. What is the speaker concerned about?

(A) Technical faults
(B) Workplace safety
(C) Employee satisfaction
(D) Production speed

CITY ZOO TICKET Jan 1st	CITY ZOO TICKET Apr 1st 
CITY ZOO TICKET Jul 1st	CITY ZOO TICKET Oct 1st

River Name	Level of Difficulty
Salmon River	Class II-
Snake River	Class II
Colorado River	Class III+
Rogue River	Class IV

95. Why have some animals been relocated?

(A) To provide a better view for visitors
(B) To allow the cleaning of enclosures
(C) To adhere to zoo safety guidelines
(D) To prepare for a special exhibit

96. Look at the graphic. When most likely is the meeting taking place?

(A) On January 1
(B) On April 1
(C) On July 1
(D) On October 1

97. According to the speaker, what should the listeners remind zoo visitors about?

(A) A live show
(B) A prize draw
(C) A job opportunity
(D) A membership plan

98. Look at the graphic. What is the level of difficulty of the river that the listeners will tour?

(A) Class II-
(B) Class II
(C) Class III+
(D) Class IV

99. What does the speaker say about a route?

(A) It was recently opened for tours.
(B) It is located down the road.
(C) It passes by a scenic feature.
(D) It runs next to a hiking trail.

100. What are the listeners reminded to do?

(A) Measure their hat size
(B) Put away belongings
(C) Choose a color
(D) Check their helmets

This is the end of the Listening test. Turn to Part 5 in your test book.

🔲 정답 및 해설 p.82

LISTENING TEST

In the Listening test, you will be asked to demonstrate how well you understand spoken English. The entire Listening test will last approximately 45 minutes. There are four parts, and directions are given for each part. You must mark your answers on the separate answer sheet. Do not write your answers in your test book.

PART 1

Directions: For each question in this part, you will hear four statements about a picture in your test book. When you hear the statements, you must select the one statement that best describes what you see in the picture. Then find the number of the question on your answer sheet and mark your answer. The statements will not be printed in your test book and will be spoken only one time.

Statement (D), "They are taking photographs," is the best description of the picture, so you should select answer (D) and mark it on your answer sheet.

1.

2.

GO ON TO THE NEXT PAGE →

3.

4.

5.

6.

GO ON TO THE NEXT PAGE →

PART 2

Directions: You will hear a question or statement and three responses spoken in English. They will not be printed in your test book and will be spoken only one time. Select the best response to the question or statement and mark the letter (A), (B), or (C) on your answer sheet.

7. Mark your answer on your answer sheet.

8. Mark your answer on your answer sheet.

9. Mark your answer on your answer sheet.

10. Mark your answer on your answer sheet.

11. Mark your answer on your answer sheet.

12. Mark your answer on your answer sheet.

13. Mark your answer on your answer sheet.

14. Mark your answer on your answer sheet.

15. Mark your answer on your answer sheet.

16. Mark your answer on your answer sheet.

17. Mark your answer on your answer sheet.

18. Mark your answer on your answer sheet.

19. Mark your answer on your answer sheet.

20. Mark your answer on your answer sheet.

21. Mark your answer on your answer sheet.

22. Mark your answer on your answer sheet.

23. Mark your answer on your answer sheet.

24. Mark your answer on your answer sheet.

25. Mark your answer on your answer sheet.

26. Mark your answer on your answer sheet.

27. Mark your answer on your answer sheet.

28. Mark your answer on your answer sheet.

29. Mark your answer on your answer sheet.

30. Mark your answer on your answer sheet.

31. Mark your answer on your answer sheet.

PART 3

Directions: You will hear some conversations between two or more people. You will be asked to answer three questions about what the speakers say in each conversation. Select the best response to each question and mark the letter (A), (B), (C), or (D) on your answer sheet. The conversations will not be printed in your test book and will be spoken only one time.

32. Where do the speakers most likely work?

(A) At a travel agency
(B) At an interior design company
(C) At a landscaping firm
(D) At a hardware store

33. What problem does the man mention?

(A) A tool is unavailable.
(B) A deadline cannot be met.
(C) A project went over budget.
(D) A client provided the wrong address.

34. How will the speakers solve the problem?

(A) By negotiating with the client
(B) By recruiting additional staff
(C) By increasing the amount of payment
(D) By canceling the work project

35. What are the speakers planning?

(A) A company excursion
(B) A staff orientation
(C) A marketing campaign
(D) A site inspection

36. What does the woman suggest?

(A) Changing a date
(B) Visiting a different location
(C) Holding a staff meeting
(D) Renting a bus

37. What does the woman say will be provided?

(A) A ticket for a performance
(B) A discount on accommodations
(C) A travel allowance
(D) A schedule of activities

38. Where is the conversation most likely taking place?

(A) In a laboratory
(B) In a factory
(C) In a supermarket
(D) In a post office

39. According to the woman, what does a decision depend on?

(A) A product review
(B) A department budget
(C) A special offer
(D) A work deadline

40. What does the man say he will do?

(A) Speak to his manager
(B) Take an inventory
(C) Contact a manufacturer
(D) Visit a store

41. Where most likely are the speakers?

(A) In a university
(B) In a museum
(C) In a hospital
(D) In a library

42. According to the woman, what will happen at 3 P.M.?

(A) A seminar will be held.
(B) A staff meeting will start.
(C) A building will be closed.
(D) An announcement will be made.

43. What does the woman suggest doing?

(A) Cleaning a room
(B) Handing out maps
(C) Putting up signs
(D) Changing a schedule

GO ON TO THE NEXT PAGE

44. What problem does the woman mention?

(A) Customers are making complaints.
(B) A product must be recalled.
(C) An advertisement is unsuccessful.
(D) Employees failed to meet sales targets.

45. Why does the woman say, "We've never done that before"?

(A) To congratulate the man
(B) To reject an invitation
(C) To recommend a product
(D) To express concern

46. What does the man say he will do?

(A) Modify a document
(B) Change a project deadline
(C) Speak with a colleague
(D) Carry out a survey

47. What are the speakers mainly discussing?

(A) Product packaging
(B) New office equipment
(C) A Web site update
(D) A TV commercial

48. What suggestion does the man make?

(A) Using the previous color scheme
(B) Seeking a manager's approval
(C) Lowering the price of a product
(D) Advertising an item's health benefits

49. What does Gillian offer to do?

(A) Change a design
(B) Reschedule a meeting
(C) Gather opinions
(D) Make an announcement

50. Where most likely do the speakers work?

(A) In a factory
(B) In a laboratory
(C) In a warehouse
(D) In an office

51. Why did the woman leave her previous job?

(A) She was dissatisfied with her salary.
(B) She moved to a different city.
(C) She did not enjoy the work.
(D) She decided to resume her education.

52. What will the woman most likely do next?

(A) Fill out some forms
(B) Meet her colleagues
(C) Watch a presentation
(D) Join a training class

53. What event has the woman recently attended?

(A) A charity event for children
(B) A presentation on economic change
(C) A conference for telemarketers
(D) A talk regarding travel

54. What does the woman suggest?

(A) Selling the video to a television station
(B) Letting another person edit the film
(C) Editing the film by herself over the weekend
(D) Filming a different event

55. What do the speakers agree to do?

(A) Buy an editing program
(B) Find another person to help them
(C) Collaborate on some work
(D) Postpone a project deadline

56. Which industry do the speakers most likely work in?

(A) Web design
(B) Healthcare
(C) Real estate
(D) Architecture

57. What does the woman mean when she says, "My appointment was this morning"?

(A) She is concerned about a deadline.
(B) She is able to discuss a project now.
(C) She would like to talk about her appointment.
(D) She is apologizing for being late.

58. What will the woman most likely do next?

(A) Visit a business location
(B) Order some food
(C) Alter some designs
(D) Prepare a meeting room

59. Who most likely are the men?

(A) Web designers
(B) Event planners
(C) Marketing executives
(D) Charity founders

60. What does the woman want to discuss first?

(A) A catering menu
(B) Potential locations
(C) Some music options
(D) An advertisement

61. What will the woman most likely do next?

(A) Look at a Web site
(B) Inspect a building
(C) Order supplies
(D) Select a date

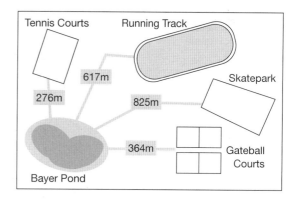

62. Look at the graphic. How far will the speakers travel to get to the next destination?

(A) 276m
(B) 364m
(C) 617m
(D) 825m

63. What does the man say about his previous job?

(A) He sometimes used his own supplies.
(B) The commute was very tiring.
(C) The work area was much smaller.
(D) He occasionally worked from home.

64. What does the woman give the man?

(A) Keys to a gate
(B) A merchandise list
(C) An application form
(D) A training folder

GO ON TO THE NEXT PAGE

Package Sizes	Maximum Weight
Documents	1 kg
Small Package	5 kg
Medium Package	20 kg
Large Package	30 kg

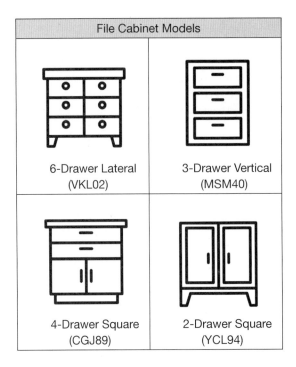

File Cabinet Models	
6-Drawer Lateral (VKL02)	3-Drawer Vertical (MSM40)
4-Drawer Square (CGJ89)	2-Drawer Square (YCL94)

65. Who is the woman?

(A) An interior designer
(B) A truck driver
(C) A sales executive
(D) A courier representative

66. Look at the graphic. What type of package is the man sending?

(A) Documents
(B) Small Package
(C) Medium Package
(D) Large Package

67. Who does the man say he needs to contact?

(A) His manager
(B) His client
(C) His delivery driver
(D) His accountant

68. What problem does the man mention?

(A) A specific color is not popular.
(B) A software program is not working.
(C) Product development has been delayed.
(D) Some materials are unavailable.

69. What does the woman offer to do?

(A) Create an online advertisement
(B) Contact local businesses
(C) Organize a flash sale event
(D) Send an e-mail to past customers

70. Look at the graphic. What model does the man refer to?

(A) VKL02
(B) MSM40
(C) CGJ89
(D) YCL94

PART 4

Directions: You will hear some talks given by a single speaker. You will be asked to answer three questions about what the speaker says in each talk. Select the best response to each question and mark the letter (A), (B), (C), or (D) on your answer sheet. The talks will not be printed in your test book and will be spoken only one time.

71. What field do the listeners most likely work in?

(A) Human resources
(B) Finance
(C) Web design
(D) Product development

72. What does the speaker suggest doing?

(A) Increasing an advertising budget
(B) Researching rival companies
(C) Expanding a range of products
(D) Recruiting new employees

73. What will happen next month?

(A) A new retail outlet will open.
(B) A sales report will be released.
(C) A marketing campaign will end.
(D) A product will be launched.

74. Who most likely are the listeners?

(A) Safety inspectors
(B) New employees
(C) Competition winners
(D) Potential investors

75. What is Roger Whitman's position?

(A) HR manager
(B) Factory manager
(C) Marketing manager
(D) Sales manager

76. What will Roger Whitman speak about?

(A) Company profits
(B) Product packaging
(C) Employee benefits
(D) Social media strategies

77. What is the main purpose of the message?

(A) To propose a merger
(B) To outline a contract
(C) To schedule an event
(D) To arrange an inspection

78. Where does the speaker probably work?

(A) At an architectural firm
(B) At a hardware store
(C) At a fitness facility
(D) At a government office

79. According to the speaker, why should Zach Taylor call him?

(A) To apply for a position
(B) To arrange a tour
(C) To speak with a coworker
(D) To alter a design

80. What product is the speaker discussing?

(A) A kitchen appliance
(B) A computer program
(C) A cell phone
(D) A navigation device

81. What is unique about the product?

(A) It is free to use.
(B) It has a lifetime warranty.
(C) It comes with additional items.
(D) It is easy to install.

82. What does the speaker suggest that listeners do?

(A) Attend a convention
(B) Obtain a product sample
(C) Visit a Web site
(D) Look at a catalog

GO ON TO THE NEXT PAGE

83. Where is the talk most likely taking place?

(A) At a park
(B) At a travel agency
(C) On a street
(D) At a castle

84. What does the speaker remind the listeners to do?

(A) Stay in the group
(B) Put away their cameras
(C) Refrain from touching items
(D) Take an information pamphlet

85. What does the speaker mean when he says, "all of our postcards are marked down by 30%"?

(A) He wants the listeners to keep some receipts.
(B) He wants the listeners to make a purchase.
(C) He is pleased about a decision.
(D) He is disappointed some prices were listed incorrectly.

86. Where is the talk taking place?

(A) At an orientation
(B) At a trade show
(C) At a staff meeting
(D) At a product launch

87. Why does the speaker say, "Your customers spend a lot on your products"?

(A) To note the rising prices of products
(B) To celebrate a business's success
(C) To recommend a different approach
(D) To thank the listeners for their efforts

88. What does the speaker give the listeners?

(A) A product sample
(B) An article
(C) A survey
(D) An event schedule

89. Who is Wendy Blackmore?

(A) An author
(B) An actress
(C) A singer
(D) A journalist

90. What does the speaker say will happen in September?

(A) A movie will be released.
(B) A book launch will be held.
(C) A film festival will take place.
(D) A new building will be opened.

91. What will the speaker do after a song is played?

(A) Listen to an advertisement
(B) Interview a guest
(C) Give a weather forecast
(D) Take phone calls

92. Who most likely is the speaker?

(A) An actor
(B) A keynote speaker
(C) An athlete
(D) A musician

93. What caused a delay?

(A) A technical fault
(B) Inclement weather
(C) A ticketing error
(D) Traffic problems

94. Why does the speaker say, "I'll be signing items at the end"?

(A) To explain why a schedule was changed
(B) To advise the listeners to form a line
(C) To encourage people to buy merchandise
(D) To remind listeners to pay attention to the signs

Melville Industrial Park	
Unit A	Arrow Solutions
Unit B	TriWest Communications
Unit C	Evolve Corporation
Unit D	Barron Logistics Inc.

95. What position did the listener most likely apply for?

(A) Marketer
(B) Administrator
(C) Engineer
(D) Scientist

96. Look at the graphic. Which company does the speaker represent?

(A) Arrow Solutions
(B) TriWest Communications
(C) Evolve Corporation
(D) Barron Logistics Inc.

97. Why does the speaker want the listener to return the call?

(A) To arrange a work start date
(B) To discuss some contract terms
(C) To confirm an interview time
(D) To provide additional information

98. What kind of company does the speaker work for?

(A) An e-commerce store
(B) A travel booking service
(C) An education company
(D) A text messaging platform

99. Look at the graphic. When did a company make a change?

(A) May
(B) June
(C) July
(D) August

100. What does the speaker suggest doing?

(A) Sending out another survey
(B) Recruiting additional staff
(C) Promoting a specific feature
(D) Seeking technical advice

This is the end of the Listening test. Turn to Part 5 in your test book.

시원스쿨 LAB

일주일에 끝내는

시원스쿨 토익
파트 3&4

정답 및 해설

시원스쿨 **LAB**

일주일에 끝내는

시원스쿨 토익
파트 3&4

정답 및 해설

시원스쿨 **LAB**

정답 및 해설

UNIT 01 패러프레이징

빈칸 채우기 정답

workforce 인력
supervisor 상관
politician 정치인
city official 시 공무원
publication 출판물
periodical 정기 간행물
career fair 취업 박람회
snack 스낵
beverage 음료
inclement (= unfavorable) weather conditions 악천후
be stuck in traffic 정체되다
quote 견적가
out of order 고장 난
broken 고장 난
break down 고장 나다
out of stock 재고가 없는
unavailable 이용이 불가능한
complimentary 무료의
review, look over 검토하다
get in touch with 연락하다
turn in, send in, hand in 제출하다
redo 개조하다
improve 개선하다
relocate 이사하다, 이전하다
reschedule 일정을 다시 잡다
switch, alter 변경하다
give[provide] A a tour A에게 구경시켜주다

REVIEW TEST

1. (D)	2. (B)	3. (D)	4. (D)	5. (A)
6. (B)	7. (C)	8. (B)	9. (C)	10. (C)
11. (B)	12. (C)	13. (B)	14. (D)	15. (C)

1-3. 다음 대화를 참조하시오.

> 남: 블루 리본 케이터링에 전화 주셔서 감사합니다.
> 여: 안녕하세요, **1** 투자자들과 함께 하는 비즈니스 회의를 위해 음식과 음료를 좀 주문하고자 합니다. 가능하다면, 아주 다양한 초밥과 몇몇 샐러드, 그리고 파스타 또는 커리 같은 몇몇 따뜻한 음식으로 했으면 합니다.
> 남: 물론입니다. 저희가 전에 어떤 행사든 출장 요리를 제공해 드린 적이 있었나요?
> 여: 아뇨, 이번이 처음입니다. **2** 제 여동생이 귀사를 제게 추천해 주었어요. 자기 회사의 연말 연회에 음식을 제공해 주셨는데, 모두 아주 좋아했다고 얘기해 주었거든요.
> 남: 아, 그 말씀을 들으니 아주 좋습니다! 얼마나 많은 분들께서 행사에 참석하실지 대략적으로 알려 주실 수 있다면, **3** 견적서를 준비해서 이메일로 전송해 드리겠습니다.

어휘 would like to do ~하고자 하다, ~하고 싶다 investor 투자자 a wide range of 아주 다양한 cater v. ~에 출장 요리를 제공하다 recommend ~을 추천하다 provide ~을 제공하다 year-end 연말의 banquet 연회 approximately 대략, 약 attend ~에 참석하다 prepare ~을 준비하다 quote n. 견적(서) by e-mail 이메일로

1. 여자가 어떤 행사를 계획하고 있는가?
(A) 기자 회견
(B) 직원 오리엔테이션
(C) 제품 시연회
(D) 투자자 회의
어휘 demonstration 시연(회), 시범

2. 여자가 어떻게 남자의 업체에 관해 알게 되었는가?
(A) 이전의 동료 직원을 통해
(B) 가족의 일원을 통해
(C) TV 광고를 통해
(D) 옥외 광고판 광고를 통해
어휘 former 이전의, 전직 ~의 coworker 동료 (직원) commercial 광고 (방송) billboard 광고판 advertisement 광고

3. 남자가 여자에게 무엇을 보낼 것 같은가?
(A) 할인 쿠폰
(B) 업체 위치
(C) 행사 초대장
(D) 가격 견적서

어휘 voucher 쿠폰, 상품권 location 지점, 위치 invitation 초대(장)

4-6. 다음 3인 대화를 참조하시오.

> 여1: 지난 며칠 동안 있었던 폭풍우로 인해 **4** 우리 건축 현장이 정말 엉망진창이 되었어요. **4** 몇몇 비계는 바람에 날려 쓰러졌고, 건축 자재는 모든 곳에 흩어져 있습니다. 건축 공사를 재개할 수 있기 전에 모두 깨끗이 정리해 둬야 할 겁니다.
>
> 남: 동의하긴 하지만, 저는 도와 드릴 시간이 없을 것 같아요. **5** 벽돌과 시멘트를 가져오기 위해 우리 공급업체에 운전해서 가야 합니다.
>
> 여1: 아, 그건 중요한 일이죠. 가 보시는 게 좋겠어요. 린 씨, 당신과 제가 부지를 말끔히 치우는 일을 시작하면 됩니다.
>
> 여2: 좋은 생각인 것 같아요. 하지만 먼저, **6** 우리 건축업자들에게 전화해서 오늘 일찍 나오라고 요청할 겁니다. 그분들의 도움이 있으면, 모든 것을 더 빨리 정리할 거예요.

어휘 mess 엉망진창 site 현장, 부지 scaffolding 비계(공사장의 작업용 임시 가설물) blow down ~을 날려 쓰러뜨리다 material 자재, 재료, 물품 scatter ~을 흩어지게 하다 get A p.p.: A를 ~되게 하다, A를 ~된 상태로 만들다 clean up ~을 깨끗이 정리하다 resume 재개하다 agree 동의하다 I'm afraid (부정적인 일에 대해) ~인 것 같다, 유감이지만 ~이다 available (사람) 시간이 있는, (사물 등) 이용할 수 있는 supplier 공급업체, 공급업자 pick up ~을 가져오다[가다] task 일, 업무 had better do ~하는 게 좋다 get gong 가다 tidy up ~을 말끔히 치우다 builder 건축업자 ask A to do: A에게 ~하도록 요청하다

4. 화자들이 어떤 업계에 종사하고 있을 것 같은가?
(A) 실내 디자인
(B) 제조
(C) 부동산
(D) 건설

5. 남자가 왜 한 가지 일에 대해 도움을 줄 수 없는가?
(A) 공급업체로 이동할 것이다.
(B) 면접에 참석해야 한다.
(C) 차량을 보유하고 있지 않다.
(D) 부상에서 회복하는 중이다.

어휘 be unable to do ~할 수 없다 help with ~에 대해 도움을 주다 travel to ~로 이동하다 attend ~에 참석하다 vehicle 차량 recover 회복하다 injury 부상

6. 린 씨가 곧이어 무엇을 할 것인가?
(A) 일부 장비를 수리하는 일

(B) 몇몇 작업자에게 연락하는 일
(C) 몇몇 자재를 주문하는 일
(D) 공지를 게시하는 일

어휘 repair ~을 수리하다 equipment 장비 contact ~에게 연락하다 put up ~을 게시하다, ~을 내걸다 notice 공지, 안내문, 표지판

7-9. 다음 대화와 일정표를 참조하시오.

> 여: 당신이 저희 새 미술 강사이신 스튜어트 씨이신 것 같네요. 저는 이곳 지역 문화 센터의 선임 행정 책임자인 애니입니다. 오늘 오리엔테이션에 와 주셔서 감사합니다.
>
> 남: 별 말씀을요. 만나 뵙게 되어서 반갑습니다, 애니 씨.
>
> 여: 저도 만나 뵙게 되어서 반갑습니다! **7** 가장 먼저, 저희 지역 문화 센터를 둘러 보시게 해 드리고자 합니다.
>
> 남: 그러면 좋겠습니다. 건물이 제가 예상했던 것보다 훨씬 더 크네요.
>
> 여: 자, 이곳은 저희 접수 구역입니다. **8** 업무를 위해 도착하실 때마다, 이곳 데스크에서 출입 기록부에 서명하셔야 할 것입니다. 그리고, 접수 데스크 맞은편에 있는 방이 저희가 미술 용품을 보관해 두는 곳입니다.
>
> 남: 아주 좋습니다! 그럼, 제가 그 방에서 미술 수업을 진행하게 되나요?
>
> 여: 바로 그렇습니다. 그리고, 여기 일정표를 한 번 보시면, **9** 요리와 배드민턴 활동 사이에 강사님의 미술 워크숍을 추가할 예정입니다.

시간	활동
오전 10:00	건강 & 운동 관련 조언
오전 11:00	재무에 대한 도움
오후 1:00	
오후 2:00	기초 요리 기술
오후 3:00	
오후 4:00	배드민턴 시간
오후 6:00	수영 레슨

어휘 administrator 행정 책임자, 관리자 community 지역 사회, 지역 공동체 to start off 가장 먼저, 우선 would like to do ~하고자 하다, ~하고 싶다 show A around B: A에게 B를 둘러 보게 해 주다 a lot (비교급 강조) 훨씬 expect ~을 예상하다 reception 접수, 안내 whenever ~할 때마다, 언제든 ~할 때 arrive 도착하다 sign-in sheet (건물 등의) 출입 기록부 opposite ~ 맞은편에 supplies 용품, 물품 Exactly (강한 긍정) 바로 그렇습니다 take a look at ~을 한 번 보다 add ~을 추가하다 help with ~에 대한 도움 finance 재무, 재정 session (특정 활동을 위한) 시간

7. 여자가 어떻게 오리엔테이션을 시작하고자 한다고 말하는가?

(A) 단체 활동을 마련하는 것으로

(B) 직원들에게 각자 소개하도록 요청하는 것으로

(C) 건물 견학 시간을 제공하는 것으로

(D) 규정과 가이드라인을 이야기하는 것으로

어휘 organize ~을 마련하다, ~을 조직하다 ask A to do:
A에게 ~하도록 요청하다 introduce ~을 소개하다

8. 여자의 말에 따르면, 남자가 근무하러 올 때마다 무엇을 해야
하는가?

(A) 장비를 설치하는 일

(B) 양식에 서명하는 일

(C) 책임자에게 보고하는 일

(D) 신분증을 제시하는 일

어휘 set up ~을 설치하다, ~을 설정하다, ~을 준비하다
equipment 장비 form 양식, 서식

9. 시각자료를 보시오. 미술 수업이 언제 진행될 것인가?

(A) 오전 11시

(B) 오후 1시

(C) 오후 3시

(D) 오후 5시

어휘 take place 진행되다, 개최되다

10-12. 다음 광고를 참조하시오.

> 여러분 가정의 월간 고지서들과 직장으로부터의 수입을 관리하
> 시는 데 도움이 필요하신가요? 10 저희 머니 엑스퍼츠에서는,
> 경험 많은 회계 담당자들로 구성된 팀이 재정적으로 안전한 미
> 래를 보장해 드리는 계획을 세우시는 데 도움을 드릴 수 있습니
> 다. 저희 분야의 다른 회사들과 달리, 11 저희는 저희가 제공해
> 드리는 첫 상담 서비스에 대해 비용을 청구하지 않으므로, 오늘
> 저희에게 연락해 보시면 어떨까요? 12 여러분의 편의를 위해
> 기꺼이 가상 회의 시간을 마련해 드리겠습니다. 오늘 저희 웹 사
> 이트를 방문하셔서 예약해 보시기 바랍니다.

어휘 assistance 도움, 지원 monthly 월간의, 달마다의
household 가정의 bill 고지서, 청구서 income 수입,
소득 employment 직장, 고용, 취업 experienced 경험
많은 accountant 회계사 help A do: A가 ~하는 데
도움을 주다 make a plan 계획을 세우다 guarantee A
B: A에게 B를 보장해 주다 secure 안전한 unlike ~와 달리
field 분야 charge 비용을 청구하다 why not do? ~하면
어떨까요? get in touch with ~에게 연락하다 arrange
~을 마련하다, ~을 조치하다 virtual 가상의 convenience
편의, 편리 book an appointment 예약하다

10. 어떤 종류의 서비스가 광고되고 있는가?

(A) 사업 투자

(B) 직원 모집

(C) 재무 계획

(D) 주택 개조

어휘 advertise ~을 광고하다 investment 투자(금)
recruitment 모집, 채용

11. 화자의 말에 따르면, 해당 업체와 관련해 무엇이 특별한가?

(A) 업계에서 주는 상을 받았다.

(B) 무료 상담을 제공한다.

(C) 여러 국가에서 운영되고 있다.

(D) 작은 규모의 직원들을 보유하고 있다.

어휘 unique 특별한, 독특한 industry 업계 free 무료의
operate 운영되다, 영업하다, 가동되다 several 여럿의,
몇몇의 workforce 직원들, 인력

12. 청자들이 왜 웹 사이트를 방문해야 하는가?

(A) 의견을 남기기 위해

(B) 가장 가까운 지점을 찾기 위해

(C) 가상 회의 시간을 마련하기 위해

(D) 서비스 목록을 확인해 보기 위해

어휘 leave ~을 남기다 feedback 의견 branch 지점, 지사
set up ~을 마련하다, ~을 설정하다, ~을 설치하다 view
~을 보다

13-15. 다음 회의 발췌 내용과 목록을 참조하시오.

> 13 이곳 월포드 시 의회의 공공 업무 관리국장으로서, 저는 거
> 리 판매업체 허가증에 대한 수수료와 관련해 중요한 공지 사항
> 이 하나 있습니다. 우리 시의 설립 기념 행사가 7월에 개최될 것
> 이며, 우리는 이 행사에 참가하는 판매업체들을 대상으로 허가
> 증을 더 저렴하게 만들고자 합니다. 이에 따라, 14 한 달 기간의
> 허가증을 신청하는 어떤 판매업체든 평소보다 200달러 더 적게
> 지불하게 될 것입니다. 화면을 보시면, 우리가 어제 우리 웹 사
> 이트에 게시한 새로운 수수료가 보이실 것입니다. 15 우리는 현
> 재 모든 허가증 수수료와 관련해 판매업체들로부터 의견을 수집
> 하고 있으며, 다음 주 회의 시간이 이 결과물을 논의할 것입니다.

> **거리 판매업체 허가증 수수료**
>
> 일일 허가증: $40
>
> 주말 허가증: $75
>
> 일주일 허가증: $200
>
> 한 달 허가증: $700

어휘 head (단체, 부서 등의) ~장, 책임자 regarding ~와
관련해 fee 수수료, 요금 vendor 판매업체, 판매업자
permit n. 허가증 founding 설립, 창립 celebration
기념 행사, 축하 행사 take place 개최되다, 진행되다
affordable 저렴한, 가격이 알맞은 participate in ~에
참가하다 as such 그에 따라, 그러므로 apply for ~을

신청하다, ~에 지원하다 **than usual** 평소보다 **post** ~을
게시하다 **currently** 현재 **gather** ~을 수집하다, ~을
모으다 **opinion** 의견 **findings** 결과(물)

13. 화자가 누구일 것 같은가?
(A) 여행사 직원
(B) 시 관계자
(C) 업체 소유주
(D) 행사 기획자

어휘 **agent** 직원, 대리인 **official** n. 관계자, 당국자 **owner**
소유주

14. 시각자료를 보시오. 어느 허가증 수수료가 변경되었는가?
(A) $40
(B) $75
(C) $200
(D) $700

15. 무엇이 다음 주에 논의될 것인가?
(A) 행사 예산
(B) 광고 전략
(C) 판매업체 의견
(D) 주민 설문 조사

어휘 **budget** 예산 **advertising** 광고 (활동) **strategy** 전략
feedback 의견 **resident** 주민 **survey** 설문 조사(지)

UNIT 02 주제/목적/문제점 문제

빈칸 채우기 정답

- 정답의 단서가 **첫 대사** 또는 대화 **첫 부분**에 나오는 경우가
대부분이므로 이것을 놓쳐선 안된다.
- What is the man **worried[concerned] about**?
남자는 무엇에 대해 걱정하고 있는가?
- **I'm calling to** + 이유/목적
~때문에 전화 드립니다.
③ 부정적인 내용을 알리는 표현
- **Unfortunately** + 문제점 안타깝게도
- **I'm afraid** 유감이지만
④ 대조/반전 표현
- **but** / **however** 하지만, 그러나

1-3. 다음 대화를 참조하시오.

여: 몇몇 건물을 방문해 보시고 나니까 어떠신가요? **1** 운영하
시는 슈퍼마켓에 좋아 보이시는 곳이라도 있으신가요? 버튼
지역으로 이전하시는 게 아마 가장 쉬우실 것입니다.
남: 사실이긴 하지만. **2** 그곳은 주차가 어려워 보이는데, 그게
저희 우선 사항들 중 하나입니다. 하지만 카스트로 밸리에
있는 장소의 경우, 전면 바깥쪽에 훌륭하고 널찍한 자동차
주차장이 있어요. 조금 더 멀긴 하지만, 그만한 가치가 있을
것 같아요.
여: 알겠습니다. **3** 제가 소개해 드릴 계획인 이전 전문 대행사
가 이번 달에 일정이 바쁘다는 사실을 꼭 언급해 드리고 싶
습니다. 그래서 그 새로운 부지로 마음을 정하시면, 그곳과
곧 세부 사항을 조정하시기를 권해 드립니다.

어휘 **property** 건물, 부동산, 자산 **seem** 형용사: ~하게 보이다,
~한 것 같다 **relocate** ~을 이전하다, ~을 재배치하다
parking 주차(장) **priority** 우선 사항 **location** 장소,
위치, 지점 **spacious** 널찍한 **park** n. 주차장 **a bit** 조금,
약간 **farther** 더 먼 **worth** 명사: ~에 대한 가치가 있는
mention (that) ~임을 언급하다 **relocation** 이전, 재배치
agency 대행사, 대리점 **plan to do** ~할 계획이다 **refer
A to B**: A에게 B를 소개하다, A에게 B를 추천하다 **set**
정해진, 준비된, 설정된 **site** 부지, 현장 **suggest -ing**
~하기를 권하다 **arrange** ~을 조정하다, ~을 조치하다, ~을
마련하다 **details** 세부 사항, 상세 정보

1. 대화가 주로 무엇에 관한 것인가?
(A) 공사 계약을 갱신하는 것
(B) 새 공급업체를 선정하는 것
(C) 매장 위치를 옮기는 것
(D) 제품 출시를 계획하는 것

어휘 **renew** ~을 갱신하다 **contract** 계약(서) **select** ~을
선정하다, ~을 고르다 **supplier** 공급업체, 공급업자
launch 출시, 시작

2. 남자가 무엇이 우선 순위라고 말하는가?
(A) 넓은 사무실 공간
(B) 짧은 이동 거리
(C) 주차장 이용 가능성
(D) 유동 인구의 수

어휘 **travel** 이동, 여행 **availability** 이용 가능성 **amount** 수량,

양, 액수 **foot traffic** 유동 인구

3. 여자가 왜 곧 결정을 내리기를 권하는가?
(A) 예산이 제한적이다.
(B) 절차가 시간이 좀 걸릴 것이다.
(C) 서비스 요금이 인상될 것이다.
(D) 한 회사가 수요가 높다.
어휘 **make a decision** 결정을 내리다 **budget** 예산 **limited** 제한적인 **procedure** 절차 **take** ~의 시간이 걸리다 **rate** 요금, 비율, 속도, 등급 **increase** 인상되다, 증가하다 **in high demand** 수요가 높은

4-6. 다음 대화를 참조하시오.

> **여:** 에메랄드 베이 캠핑장입니다. 저는 에이바입니다.
> **남:** 안녕하세요, 제 예약 보증금 이야기를 하려고 전화 드렸습니다. **4** 제가 지난 달에 그곳 오두막들 중 한 곳에 머물렀는데, 예약 보증금을 전혀 돌려 받지 못했습니다.
> **여:** 아, 그 부분에 대해 사과 드립니다. **5** 저희 결제 처리 시스템이 요즘 결함이 있었습니다. 예약 번호를 말씀해 주시겠습니까?
> **남:** 네, WP8514입니다.
> **여:** 아, 보리스 리 씨... 3박 4일 동안 머무르신 게 맞나요?
> **남:** 네.
> **여:** 지금 바로 그 환불 금액을 지급해 드리겠습니다. 그리고 이 문제에 대해 보상해 드리기 위해, **6** 다음 번 방문에 대해 특가 서비스를 제공해 드리고자 합니다.

어휘 **booking** 예약 **deposit** 보증금, 선금 **cabin** 오두막, 객실, 선실 **get A back:** A를 돌려 받다 **apologize for** ~에 대해 사과하다 **processing** 처리 **faulty** 결함이 있는 **reservation** 예약 **issue** v. ~을 지급하다, ~을 발급하다 **refund** 환불(액) **right away** 지금 바로 **make up for** ~에 대해 보상하다, ~을 만회하다 **special deal** 특가, 특별 할인(가)

4. 남자가 왜 전화하는가?
(A) 환불을 요청하기 위해
(B) 등록을 확인하기 위해
(C) 숙박 시설을 예약하기 위해
(D) 의견을 얻기 위해
어휘 **ask for** ~을 요청하다 **confirm** ~을 확인하다, ~을 확정하다 **registration** 등록 **reserve** ~을 예약하다 **accommodation** 숙박 시설, 숙소 **receive** ~을 얻다, ~을 받다 **feedback** 의견

5. 여자의 말에 따르면, 무엇이 계속 문제를 초래하고 있는가?
(A) 고장 난 기계
(B) 악천후

(C) 정부의 새로운 지시
(D) 거래 시스템
어휘 **cause** ~을 초래하다 **broken** 고장 난, 망가진, 깨진 **machinery** 기계(류) **mandate** 지시, 명령 **transaction** 거래, (업무) 처리

6. 여자가 무엇을 제공하는가?
(A) 객실 업그레이드
(B) 미래의 할인 서비스
(C) 몇몇 인쇄된 안내도
(D) 관광 안내
어휘 **tourism** 관광 (산업) **guidance** 안내, 지도, 가르침

7-9. 다음 대화와 표를 참조하시오.

> **남:** **7** 두 달 후에 진행될, 우리 슈퍼마켓 개장 기념 행사의 선임 주최 책임자로서, 저는 우리 행사 예산을 몇 가지 변경하고자 합니다.
> **여:** 그건 문제 없을 겁니다. 어떤 생각을 갖고 계신 거죠?
> **남:** 음, 제 생각에 행사에 많은 사람들을 끌어들일 수 있는 최고의 방법이 상금 액수를 높이는 것입니다. 참석자들께서 우리가 제공해 드릴 계획인 음식보다 상금에 훨씬 더 많은 관심을 가지시게 될 거라고 생각해요.
> **여:** 좋은 지적이십니다.
> **남:** 그래서, **8** 출장 요리 항목에서 1,500달러를 제외해서 콘테스트 상금과 추가 광고 사이에서 똑같이 나누기를 제안합니다.
> **여:** 그 아이디어가 마음에 들긴 하지만, **9** 나머지 행사 주최 위원회 구성원들에게 먼저 얘기해서 그에 관한 생각을 들어 봤으면 합니다.

장식	$7,000
라이브 공연	$5,000
광고	$8,000
콘테스트 상금	$1,500
출장 요리 제공	$2,500

어휘 **lead** 선임의, 선도하는 **organizer** 주최자, 조직자 **take place** 진행되다, 개최되다 **in** 기간/시간: ~ 후에 **budget** 예산 **have A in mind:** A를 생각해 두다, A를 염두에 두다 **way to do** ~하는 방법 **attract** ~을 끌어들이다 **increase** ~을 높이다, ~을 증가시키다 **amount** 액수 **prize** 상금, 상품 **attendee** 참석자 **far** (비교급 강조) 훨씬 **be interested in** ~에 관심이 있다 **plan to do** ~할 계획이다 **That's a good point** 좋은 지적입니다 **suggest -ing** 하기를 제안하다 **take A out of B:** A를 B에서 제외하다, A를 B에서 꺼내다 **catering** 출장 요리 제공(업) **split** ~을 나누다, ~을 분리하다 **equally** 똑같이, 동등하게 **additional** 추가적인 **advertising** 광고 (활동) **the rest** of ~의 나머지 committee 위원회 thought n. 생각 decoration 장식(품)

7. 화자들이 어떤 종류의 행사를 이야기하고 있는가?
(A) 개장 기념 행사
(B) 모금 행사
(C) 생일 파티
(D) 제품 출시

어휘 fundraiser 모금 행사, 기금 마련 행사 launch 출시, 시작

8. 시각자료를 보시오. 남자가 어느 숫자를 줄이기를 권하는가?
(A) $5,000
(B) $8,000
(C) $1,500
(D) $2,500

어휘 recommend -ing ~하기를 권하다, ~하도록 추천하다 reduce ~을 줄이다, ~을 감소시키다

9. 여자가 다음 순서로 무엇을 하기를 제안하는가?
(A) 행사용 장식품 주문을 늘리는 일
(B) 행사 참석자들에게 설문 조사를 실시하는 일
(C) 위원회 구성원들의 의견을 수집하는 일
(D) 제안된 행사 날짜를 변경하는 일

어휘 increase ~을 늘리다, ~을 증가시키다 order 주문(품) conduct ~을 실시하다 survey 설문 조사(지) gather ~을 수집하다, ~을 모으다 opinion 의견 propose ~을 제안하다

10-12. 다음 전화 메시지를 참조하시오.

> 안녕하세요, 저는 트렌튼 오디토리엄의 찰스입니다. **10** 귀사의 경축 행사를 위해 저희 공간을 대여하시는 것에 관한 귀하의 문의에 대해 후속 조치를 취해 드리고자 전화 드렸습니다. 저희 건물이 귀하께서 요청하신 날짜인 8월 9일에 이용 가능하다는 점을 확인해 드리고자 합니다. 또한, 귀사의 초대 손님 200명을 위한 충분한 좌석도 보유하고 있을 것입니다. **11** 일부 저희 시청각 장비가 이용하시는 데 추가 비용을 들 것이므로, 그 물품 목록을 보실 수 있도록 저희 웹 사이트를 확인해 보셔야 한다는 점에 유의하시기 바랍니다. 아, 그리고 마지막으로 한 가지 더 있습니다. **12** 가급적 빨리 시설을 견학시켜 드릴 수 있도록 저희 건물 관리 책임자께 말씀 드릴 수 있습니다. 일단 예약을 확정하시는 대로, 귀하께 즉시 연락 드리게 하겠습니다. 감사합니다.

어휘 follow up on ~에 대해 후속 조치를 취하다 inquiry 문의, 질문 rent ~을 대여하다 gala 경축 행사, 축제 confirm ~을 확인해 주다, ~을 확정하다 property 건물, 부동산, 자산 available 이용 가능한 request ~을 요청하다 sufficient 충분한 take note that ~라는 점에 유의하다, ~라는 점에 주목하다 audiovisual equipment 시청각

장비 cost extra 추가 비용이 들다 give A a tour of B: A에게 B를 견학시켜 주다 facility 시설(물) at your earliest convenience 가급적 빨리 once 일단 ~하는 대로, ~하자마자 reservation 예약 have A do: A에게 ~하게 하다 contact ~에게 연락하다 immediately 즉시

10. 화자가 왜 전화하는가?
(A) 합병 계약을 협의하기 위해
(B) 행사장과 관련된 후속 조치를 취하기 위해
(C) 고객 의견을 요청하기 위해
(D) 고용 기회를 제공하기 위해

어휘 negotiate ~을 협의하다, ~을 협상하다 merger 합병, 통합 agreement 계약(서), 합의(서) venue 행사장, 개최 장소 feedback 의견 employment 고용, 취업 opportunity 기회

11. 화자의 말에 따르면, 웹 사이트에서 무엇을 찾을 수 있는가?
(A) 도착하는 데 필요한 길 안내
(B) 행사 일정표
(C) 3D 평면도
(D) 장비 목록

어휘 directions 길 안내, 찾아 가는 방법 arrival 도착 floor plan 평면도

12. 화자가 청자를 위해 무엇을 하겠다고 하는가?
(A) 예비 회의 일정을 잡는 일
(B) 몇몇 이미지를 이메일로 보내는 일
(C) 동료 직원과 소통하는 일
(D) 추가 요금을 면제해 주는 일

어휘 preliminary 예비의, 사전 준비의 communicate 의사 소통하다 colleague 동료 (직원) waive ~을 면제해 주다, ~을 철회하다 extra 추가의, 별도의 fee 요금, 수수료

13-15. 다음 연설과 월간 일정표를 참조하시오.

> 안녕하세요, 그리고 **13** 저희 젊은 음악인 협회의 연례 자선 저녁 만찬 행사에 오신 모든 분께 감사 드립니다. 저는 협회장인 새라 맥코넬입니다. 우리 젊은이들의 음악적 재능을 키우는 데 있어 여러분의 지원에 대해 깊은 감사의 뜻을 전해 드리는 것으로 시작하고자 합니다. **14** 특히 내년 프로그램 전체에 걸쳐 다양한 캠프에서 가르쳐 주실 여러 유명 예술가 및 작곡가들을 모시게 되었다는 사실을 알려 드리게 되어 기쁩니다. 여러분의 공헌이 미치는 영향을 실제로 보여 드리기 위해, **15** 저희의 몇몇 가장 밝게 빛나는 학생들을 선보이는 공연을 마련해 두었습니다. 이 학생들에게 큰 박수 보내 주시기 바랍니다!

<table>
<tr><th colspan="3">다가오는 주요 행사: 12월</th></tr>
<tr><th>날짜</th><th>행사</th><th>장소</th></tr>
<tr><td>12/5</td><td>월간 위원회 회의</td><td>YMA 프리몬드 지점, 대회의실 B</td></tr>
<tr><td>12/8</td><td>설명회: 캠프 등록</td><td>미션 대학교 도서관 / 온라인</td></tr>
<tr><td>12/14</td><td>모범 학생 시상식</td><td>그랜드 헤리티지 호텔</td></tr>
<tr><td>12/21</td><td>연말 자선 저녁 만찬</td><td>브렌트우드 문화 예술관</td></tr>
</table>

어휘 annual 연례적인, 해마다의 benefit 자선 (행사), 혜택, 이점 organization 단체, 기관 director (단체, 부서 등의) ~장, 책임자, 이사 by (방법) ~하는 것으로, ~함으로써 express (생각 등) ~을 표현하다 gratitude 감사(의 뜻) support 지원, 후원, 지지 nurture ~을 키우다, ~을 양성하다 youth 젊은이들 especially 특히, 특별히 bring in ~을 불러 들이다, ~을 들여오다 several 여럿의, 몇몇의 composer 작곡가 impact 영향 contribution 공헌, 기여 organize ~을 마련하다, ~을 조직하다 performance 공연, 연주(회) showcase ~을 선보이다 give A a round of applause: A에게 큰 박수를 보내다 upcoming 다가오는, 곧 있을 monthly 월간의, 달마다의 commission 위원회 info session 설명회 registration 등록 exemplary 모범이 되는 end-of-the-year 연말의 branch 지점, 지사

13. 시각자료를 보시오. 해당 행사가 어디에서 개최되는가?
(A) YMA 프리몬드 지점에서
(B) 미션 대학교 도서관에서
(C) 그랜드 헤리티지 호텔에서
(D) 브렌트우드 문화 예술관에서

어휘 hold ~을 개최하다

14. 화자가 어떤 공지 사항을 전하는가?
(A) 몇몇 새로운 음악이 곧 발매될 것이다.
(B) 지부장 한 명이 선임될 것이다.
(C) 기부와 관련된 하나의 중요 단계를 뛰어넘었다.
(D) 한 프로그램이 전문 강사를 포함할 것이다.

어휘 make an announcement 공지하다 release ~을 발매하다, ~을 출시하다 regional 지역의 appoint ~을 선임하다 donation 기부(금) milestone 중요 단계, 이정표 surpass ~을 뛰어넘다, ~을 능가하다 include ~을 포함하다 expert a. 전문가의 n. 전문가

15. 청자들이 곧이어 무엇을 할 것 같은가?
(A) 유명 인사의 연설을 듣는 일

(B) 공연을 보는 일
(C) 결정에 대해 투표하는 일
(D) 무료 선물을 받는 일

어휘 celebrity 유명 인사 vote 투표하다 decision 결정 receive ~을 받다 free 무료의

UNIT 03 장소/직업 문제

빈칸 채우기 정답

- 근무지나 대화 장소, 직업을 묻는 문제는 대화 초반 또는 몇 가지 힌트 단어들을 듣고 유추하여 정답을 고른다.
  예 stay → **hotel**
  change the tire and oil → **auto shop**

- What is the man's job/occ**upation**/pro**fession**? 남자의 직업은 무엇인가?

A **real estate agency** 부동산 중개업체
A **real estate agent** 부동산 중개업자
A **broadcasting station** 방송국
An a**ward b**anquet 시상식 연회
A man**ufacturing p**lant 제조 공장
A tra**ining s**ession 교육 연수
An ad**vertising firm** 광고 회사

REVIEW TEST

1. (B)	2. (A)	3. (C)	4. (C)	5. (A)
6. (C)	7. (B)	8. (A)	9. (B)	10. (C)
11. (B)	12. (A)	13. (B)	14. (D)	15. (A)

1-3. 다음 대화를 참조하시오.

남: **1** 저희 주간 프로그램 <패션 포워드>에 나와 주셔서 감사합니다. 분명 저희 모든 시청자들께서 귀사의 새로운 스포츠 의류 제품군에 관한 얘기를 들어 보시기를 고대하시고 계실 것입니다.
여: 불러 주셔서 감사합니다! 음, 저희 새 스포츠 의류 제품군과 관련해서 대단히 기쁘게 생각합니다. 제품들이 굉장하게 보이고 느껴질 뿐만 아니라, 몇몇 특별한 소재로 만들어지기도 합니다.

남: 네, 그와 관련해서 꼭 더 많은 얘기를 들어 보고 싶네요. 무엇으로 만들어지나요?

여: 100퍼센트 천연 섬유로 구성되어 있는데, **2** 저희 회사가 앞으로 몇 년 동안에 걸쳐 회사의 탄소 발자국을 거의 0퍼센트로 낮추는 것을 목표로 하고 있기 때문입니다. 저희는 이러한 접근 방식이 앞으로 소비자들도 즐겁게 해 드리고 **3** 저희 판매량도 두 배로 늘리기를 바라고 있습니다.

어휘 viewer 시청자, 보는 사람 look forward to -ing ~하기를 고대하다 range 제품군, 종류, 범위 apparel 의류, 복장 not only A, but (also) B: A뿐만 아니라 B도 look 형용사: ~하게 보이다, ~한 것 같다 feel 형용사: ~하게 느껴지다 be made from ~로 만들어지다 unique 특별한, 독특한 material 소재, 자재, 재료, 물품 would love to do 꼭 ~하고 싶다 be composed of ~로 구성되다 fiber 섬유(질) aim to do ~하는 것을 목표로 하다 lower v. ~을 낮추다, ~을 내리다 carbon footprint 탄소 발자국(기업 또는 개인이 발생시키는 이산화탄소의 총량) approach 접근 방식 consumer 소비자 double v. ~을 두 배로 만들다 sales 판매(량), 영업, 매출

1. 남자가 누구일 것 같은가?
(A) 의류 매장 책임자
(B) TV 프로그램 진행자
(C) 회사 설립자
(D) 잡지 기자

2. 여자가 무엇이 소속 회사의 목표라고 말하는가?
(A) 회사의 탄소 발자국을 줄이는 것
(B) 잘 알려진 브랜드들과 경쟁하는 것
(C) 환경 단체들과 제휴 관계를 맺는 것
(D) 추가 시설을 개장하는 것

어휘 reduce ~을 줄이다, ~을 감소시키다 compete 경쟁하다 well-known 잘 알려진 partner with ~와 제휴 관계를 맺다 organization 단체, 기관, 조직 additional 추가적인 facility 시설(물)

3. 여자가 무슨 일이 있기를 바라는가?
(A) 광고 캠페인이 성공적일 것이다.
(B) 제품이 해외에서 판매될 것이다.
(C) 판매 수치가 증가할 것이다.
(D) 배송비가 인하될 것이다.

어휘 advertising 광고 (활동) overseas 해외에서, 해외로 figure 수치, 숫자 increase 증가하다, 인상되다(↔ decrease)

4-6. 다음 대화를 참조하시오.

남: 욜린다 씨, 한 고객으로부터 들어온 마지막 순간의 주문에 대한 처리를 시작해 주셨으면 합니다. **4** 오늘 저녁에 회사 파티를 위해 6개의 시그니처 애플 파이가 배송되기를 원하고 계세요.

여: 알겠습니다. 그분들이 어디에 위치해 계시죠?

남: 사우스 웰링턴이에요. 보니까, 대형 법률 회사인 것 같아요.

여: 하지만 그곳은 차로 1시간 거리예요.

남: 네, 그런데 **5** 파이를 따뜻하게 유지할 수 있는 보온용 상자가 충분히 있을 겁니다.

여: 그런 것 같아요. **6** 저는 파이 속을 만들 수 있도록 사과를 썰기 시작할게요.

남: 좋은 생각입니다. 오늘 아침에 새로 한 상자 받았잖아요.

어휘 would like A to do: A에게 ~하기를 원하다 last-minute 마지막 순간의 order 주문(품) want A to do: A가 ~하기를 원하다 be located 위치해 있다 apparently 보아 하니, 분명히 legal firm 법률 회사 insulated 보온의[보냉의] keep A 형용사: A를 ~하게 유지하다 chop (토막으로) ~을 썰다 filling (파이, 만두 등의) 속, 소

4. 화자들이 어디에 근무하고 있을 것 같은가?
(A) 농산물 매장에
(B) 법률 회사에
(C) 제과점에
(D) 광고 대행사에

5. 여자가 왜 "그곳은 차로 1시간 거리예요"라고 말하는가?
(A) 일부 제품에 대한 우려를 나타내기 위해
(B) 계획 변경을 추천하기 위해
(C) 추가 도움을 요청하기 위해
(D) 한 가지 공지에 대한 놀라움을 표현하기 위해

어휘 indicate ~을 나타내다, ~을 가리키다 concern 우려, 걱정 request ~을 요청하다 extra 추가의, 별도의 assistance 도움, 지원 express (생각 등) ~을 표현하다

6. 여자가 곧이어 무엇을 할 것인가?
(A) 몇몇 상자에서 물품을 꺼내는 일
(B) 용기 하나를 가득 채우는 일
(C) 몇몇 재료를 준비하는 일
(D) 한 가지 기기를 켜는 일

어휘 unpack ~에서 물품을 꺼내다, (짐 등) ~을 풀다 fill up ~을 가득 채우다 container 용기, 그릇 prepare ~을 준비하다 ingredient (음식) 재료, 성분 turn on ~을 켜다, ~을 틀다 appliance (가전) 기기

7-9. 다음 대화를 참조하시오.

> 여: 애쉬튼즈 어플라이언스에 오신 것을 환영합니다. **7** 무엇이든 찾으시도록 도와 드릴까요?
>
> 남: **7** 제가 저희 집 냉장고를 업그레이드하기를 바라고 있습니다.
>
> 여: 운이 좋으시게도, 저희가 막 몇몇 신모델을 받았습니다. 여기 이 제품은 맥킨리입니다.
>
> 남: 색상은 아주 좋은데, 더 작은 것이면 좋겠습니다. 제가 혼자 살고 있어서요.
>
> 여: 그러시군요, 이 제품 라인에 사실 여러 모델이 있는데, **8** 1인 가정용으로 만들어진 것이 있습니다.
>
> 남: 잘됐네요. **9** 그 제품을 상세히 설명해 주시겠어요?

모델명	적합한 이용 대상
머멋	독신 (1인)
가벨로	부부 또는 룸메이트 (2인)
맥킨리	일반 가족 (4인)
켈모어	대가족 (5인 이상)

어휘 help A do: A가 ~하도록 돕다 look to do ~하기를 바라다 receive ~을 받다 multiple 여럿의, 다수의, 다양한 household 가정 detailed 상세한 description 설명, 묘사

7. 여자의 직업이 무엇일 것 같은가?
(A) IT 전문가
(B) 소매 상담 직원
(C) 공장 관리 책임자
(D) 배송 진행 담당자

8. 시각자료를 보시오. 남자가 어느 모델을 구매할 것 같은가?
(A) 머멋
(B) 가벨로
(C) 맥킨리
(D) 켈모어

9. 남자가 여자에게 무엇을 요청하는가?
(A) 비용 견적서
(B) 제품 설명
(C) 명함
(D) 영수증 사본

어휘 ask A for B: A에게 B를 요청하다 estimate 견적(서) receipt 영수증, 수령, 수취

10-12. 다음 회의 발췌 내용을 참조하시오.

> 간단한 이번 회의 시간에 와 주셔서 감사합니다. **10** 여러분 모두 더 많은 판매를 이루기 위해 매장 업무 현장으로 서둘러 돌아가셔야 한다는 사실을 알고 있습니다. 우리 컴퓨터 매장의 정책 및 서비스와 관련된 몇 가지 사항을 다루고자 합니다. 가장 먼저, 수리입니다. 고객께서 하드웨어 수리를 필요로 하시는 경우, 스미스 스트리트에 위치한 **11** 테크 구루스를 소개해 주시기 바랍니다. 그곳에 있는 팀이 수년 동안의 경험을 지니고 있어서 어떤 종류의 수리 작업이든 처리해 줄 수 있습니다. 두 번째로, 호킨스 점장님께서 휴가로 자리를 비우신 동안 **12** 여러분 모두 계속 약간 더 길게 점심 시간을 갖고 계시는 것으로 알고 있습니다. 우리는 상황을 다시 정상으로 돌려놔야 합니다. 점장님께서 이틀 후에 복귀하실 것입니다.

어휘 hurry back to ~로 서둘러 돌아가다 shop floor 매장 업무 현장 sales 판매(량), 영업, 매출 address v. (문제 등) ~을 다루다, ~을 처리하다 policy 정책, 방침 repair 수리 refer A to B: A에게 B를 소개하다, A에게 B를 추천해 주다 handle ~을 처리하다, ~을 다루다 take a break for lunch 점심 시간을 갖다 slightly 약간, 조금 away 자리를 비운, 부재 중인, 멀리 떨어져 있는 on holiday 휴가 중인 need A to do: A가 ~해야 하다, A가 ~할 필요가 있다 get back to normal 정상으로 돌아가다 in 기간/시간: ~ 후에

10. 청자들이 누구일 것 같은가?
(A) 기술 지원 담당 직원들
(B) 컴퓨터 프로그래머들
(C) 영업 사원들
(D) 제품 디자이너들

11. 화자가 테크 구루스와 관련해 무슨 말을 하는가?
(A) 여러 매장 지점이 있다.
(B) 경험 많은 직원들이 있다.
(C) 무료 상담 서비스를 제공한다.
(D) 일부 서비스에 대해 할인을 제공한다.

어휘 location 지점, 위치 experienced 경험 많은

12. 화자가 "점장님께서 이틀 후에 복귀하실 것입니다"라고 말할 때 무엇을 의미하는가?
(A) 약간 연장된 점심 시간 관행이 곧 종료될 것이다.
(B) 몇몇 추가 업무가 배정될 것이다.
(C) 매장이 일시적으로 문을 닫을 것이다.
(D) 사업 계약이 거의 완료된 상태이다.

어휘 extend ~을 연장하다 additional 추가적인 duty 업무, 임무 assign ~을 배정하다, ~을 할당하다 temporarily 일시적으로, 임시로 deal 거래 (계약), 거래 제품 complete 완료된, 완전한, 완비된

13-15. 다음 전화 메시지와 목록을 참조하시오.

안녕하세요, 테리 씨, **13** 제가 방금 우리의 새 노래에 필요한 뮤직 비디오를 촬영할 수 있는 잠재적 장소들을 담은 목록을 보내 드렸습니다. 우리 음악 스타일에 잘 어울릴 만한 장소 네 곳을 찾았습니다. 당신이 곡을 쓰셨기 때문에, 최종 결정을 당신에게 맡겨 두겠습니다. **14** 점심 식사 후에, 각 장소의 사진을 몇 장 찍은 다음, 보내 드릴 생각입니다. 목록에서 보실 수 있다시피, 그 장소들 중 한 곳은 벨즈빌 시내에 위치한 **15** 우리 주택들로부터 60킬로미터 떨어진 곳에 있어서, 약간 멉니다. 하지만, 제 생각에 우리 비디오에 이상적일 것이기 때문에, 이곳을 진지하게 고려해 주셨으면 합니다.

보우먼 다리	60km
에이커 스트리트 창고	25km
드라이포드 공원	30km
이스트먼 채석장	40km

어휘 potential 잠재적인 location 장소, 위치, 지점 shoot ~을 촬영하다 work well 잘 어울리다, 잘 되어 가다, 잘 작동하다 leave A up to B: A를 B에게 맡기다 decision 결정 a little 조금, 약간 however 하지만, 그러나 ideal 이상적인 would like A to do: A에게 ~하기를 원하다 seriously 진지하게, 심각하게 consider ~을 고려하다

13. 화자가 어떤 업계에 종사하고 있을 것 같은가?
(A) 부동산
(B) 음악
(C) 행사 기획
(D) 연극

14. 화자가 오늘 오후에 무엇을 청자에게 보낼 것인가?
(A) 업무 계획표
(B) 동영상
(C) 몇몇 길 안내 정보
(D) 몇몇 사진

어휘 video clip 동영상 directions 길 안내 정보, 찾아 가는 방법

15. 시각자료를 보시오. 화자가 어느 장소를 언급하는가?
(A) 보우먼 다리
(B) 에이커 스트리트 창고
(C) 드라이포드 공원
(D) 이스트먼 채석장

어휘 refer to ~을 언급하다, ~을 가리키다, ~을 참고하다

UNIT 04 세부사항 / say about 문제

빈칸 채우기 정답

- 키워드는 대화/담화에 똑같이 나올 수도 있지만, **패러프레이징** 되는 경우가 많다.
- say about 문제의 선택지는 모두 문장으로 제시되고, 정답이 **패러프레이징** 되기 때문에 속독이 중요하다.

A mo**netary** pri**ze**
A bonus → A mo**netary** pri**ze**

REVIEW TEST

1. (B)	2. (D)	3. (C)	4. (D)	5. (C)
6. (A)	7. (B)	8. (B)	9. (D)	10. (D)
11. (B)	12. (B)	13. (B)	14. (D)	15. (A)

1-3. 다음 대화를 참조하시오.

남: **1** 그곳 체육관 지점들 한 곳에 6개월 기간의 회원 자격을 신청하는 것과 관련해 전화 드렸습니다. 전화상으로도 이렇게 할 수 있을까요?

여: 회원 자격은 온라인으로 신청하셔야 할 것 같습니다. 계정을 설정하시고, 온라인 신청서를 작성하신 다음, **2** 고객님의 현 자택 주소를 증명하는 서류 두 장과 함께 제출하셔야 할 겁니다. 저희 웹 사이트 링크를 보내 드릴까요?

남: 아뇨, 지금 바로 그곳 사이트를 화면에 띄웠습니다. 아, 어째서 지점들 중 어떤 곳에 대해서도 영업 시간을 볼 수 없는 거죠?

여: 저, 저희가 전에는 오전 7시부터 오후 9시까지 문을 열었지만, **3** 지금은 밤낮으로 문을 엽니다.

어휘 sign up for ~을 신청하다, ~에 등록하다 gym 체육관 location 지점, 위치 be able to do ~할 수 있다 I'm afraid that (부정적인 일에 대해) ~인 것 같습니다, 유감이지만 ~입니다 will have to do ~해야 할 것이다(= will need to do) set up ~을 설정하다, ~을 설치하다, ~을 마련하다 account 계정, 계좌 fill out ~을 작성하다 application 신청(서), 지원(서) form 양식, 서식 submit ~을 제출하다 along with ~와 함께 prove ~을 증명하다 current 현재의 Would you like me to do ~해 드릴까요? load up ~을 화면에 띄우다 How come + 주어 + 동사?: 어째서 ~하나요? used to do 전에 ~했다, ~하곤 했다

1. 남자가 왜 전화하는가?

(A) 피트니스 강좌에 관해 문의하기 위해

(B) 회원 자격을 얻기 위해

(C) 공석에 지원하기 위해

(D) 월간 비용을 지불하기 위해

어휘 inquire 문의하다 obtain ~을 얻다, ~을 획득하다 apply for ~에 지원하다, ~을 신청하다 vacant 비어 있는 position 일자리, 직책 make a payment 비용을 지불하다

2. 남자가 무엇을 제공해야 할 것인가?

(A) 의료 기록

(B) 조회 번호

(C) 은행 거래 내역서

(D) 주소 증명서

어휘 reference 조회, 참조, 언급, 추천서, 추천인 statement 내역서, 명세서, 진술(서) proof 증명(서), 증거(물)

3. 체육관이 최근 변경한 것과 관련해 여자가 무슨 말을 하는가?

(A) 몇몇 지점을 확장했다.

(B) 새 운동 기계들을 설치했다.

(C) 하루 24시간 영업한다.

(D) 친구 추천 프로그램을 운영한다.

어휘 expand ~을 확장하다, ~을 확대하다 install ~을 설치하다 exercise 운동 run ~을 운영하다 referral 추천, 소개

4-6. 다음 3인 대화를 참조하시오.

> 여1: **4** 우리 모두 함께 컨벤션 센터까지 택시를 타고 갈 수 있어서 기뻐요. 불러 주셔서 감사합니다, 마테오 씨.
>
> 남: 별 말씀을요, 이사벨 씨. 어쨌든, 우리 모두 같은 박람회장으로 가는 거니까요. 우리 모두 같은 강연에도 참석하지 않나요? **5** 야나 씨, 당신이 상세 정보를 갖고 계시잖아요.
>
> 여2: 네. 전시홀 3A에서 진행되는 '친환경 기술의 혁신'에 관한 것이에요. **5** 우리 모두 그 후에 함께 필기 내용을 공유할 수 있나요? 다음 주에 있을 우리 발표에 도움이 될 겁니다.
>
> 여1: 당연하죠. 아, **6** 경품 추첨 행사에 참가하는 사전 등록 설문 조사지를 작성하신 분 계신가요?
>
> 남: 무료 헤드폰을 증정한다는 내용을 봤기 때문에 저는 했어요. 하지만 **6** 끝마치는 데 거의 10분이나 걸려서, 꽤 귀찮았어요.

어휘 be headed to ~로 가다, ~로 향하다 expo 박람회 anyway 어쨌든 attend ~에 참석하다 details 상세 정보, 세부 사항 innovation 혁신 green 친환경의 exhibit 전시(회) share ~을 공유하다 afterward 그 후에, 나중에 help with ~에 대해 도움이 되다 presentation 발표(회) Definitely (강한 긍정) 당연하죠, 틀림없어요 fill out

~을 작성하다 pre-registration 사전 등록 survey 설문 조사(지) enter ~에 참가하다 prize raffle 경품 추첨 (행사) give away ~을 증정하다, ~을 나눠 주다 free 무료의 take A B to do: A가 ~하는 데 B의 시간이 걸리다 bothersome 귀찮은, 성가신

4. 이사벨 씨가 왜 남자에게 감사하는가?

(A) 회사 행사를 주최했기 때문에

(B) 잘 알려진 강사에게 연락했기 때문에

(C) 컨퍼런스 일정표를 출력했기 때문에

(D) 행사장으로 가는 차량 이동을 요청했기 때문에

어휘 organize ~을 주최하다, ~을 조직하다 contact ~에게 연락하다 well-known 잘 알려진 lecturer 강사 request ~을 요청하다 ride (차량 등) 타고 가기 venue 행사장, 개최 장소

5. 야나 씨가 무엇을 요청하는가?

(A) 필기구를 빌리는 것

(B) 특정 구역에 앉는 것

(C) 일부 필기 내용을 교환하는 것

(D) 일부 문서를 검토하는 것

어휘 borrow ~을 빌리다 specific 특정한, 구체적인 exchagne ~을 교환하다 review ~을 검토하다, ~을 살펴보다

6. 남자가 설문 조사와 관련해 무슨 말을 하는가?

(A) 완료하는 것이 귀찮은 일이었다.

(B) 유용한 결과를 만들어 냈다.

(C) 10가지 질문이 넘는 길이였다.

(D) 웹 사이트에서 찾아 볼 수 있다.

어휘 hassle 귀찮은 일, 번거로운 일 complete ~을 완료하다 generate ~을 만들어 내다, ~을 발생시키다 result 결과(물)

7-9. 다음 대화와 조경도를 참조하시오.

> 여: 안녕하세요. 저희 업체에 몇몇 CCTV 카메라를 설치하는 데 관심이 있습니다. 제가 메인 애비뉴에 가구 매장을 하나 소유하고 있습니다.
>
> 남: 그게 바로 저희가 전문으로 하는 일입니다. 얼마나 많은 카메라를 설치하실 생각이신가요?
>
> 여: 저, 저희 매장에 이미 카메라가 있긴 하지만, **7** 상품을 싣고 내리는 구역에 좀 필요합니다. **8** 저는 카메라를 두 대 놓을 수 있기를 바라고 있었습니다.
>
> 남: 좋습니다. 저희가 지금 카메라에 대해 판촉 행사를 하고 있습니다. **8** 세 대 구입하시면, 20퍼센트 할인됩니다. 그래서, 한 대 더 하시겠어요?
>
> 여: 좋아요. 모두 합쳐서 얼마나 될까요?

남: 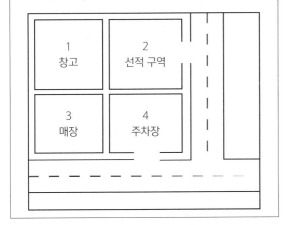 9 내일 고객님 업체를 먼저 방문해서 해당 구역을 점검해 봐야 할 텐데, 그 후에 견적서를 준비해 드리겠습니다.

1 창고	2 선적 구역
3 매장	4 주차장

어휘 be interested in ~에 관심이 있다 install ~을 설치하다 own ~을 소유하다 specialize in ~을 전문으로 하다 merchandise 상품 load (짐 등) ~을 싣다 (↔ unload) promotion 판촉 (행사), 홍보, 촉진, 승진 would you like ~? ~로 하시겠어요?, ~을 원하시나요? in total 모두 합쳐, 총 will need to do ~해야 할 것이다 inspect ~을 점검하다, ~을 검사하다 prepare ~을 준비하다 estimate 견적(서)

7. 시각자료를 보시오. 여자가 어디에 CCTV 카메라를 설치하고 싶어 하는가?
(A) 장소 1
(B) 장소 2
(C) 장소 3
(D) 장소 4

8. 여자가 어떻게 할인을 받을 수 있는가?
(A) 더 비싼 브랜드를 선택해서
(B) 추가 제품을 구입해서
(C) 회사 법인 카드로 결제해서
(D) 웹 사이트에 후기를 게시해서

어휘 choose ~을 선택하다 additional 추가적인 post ~을 게시하다 review 후기, 평가

9. 남자가 왜 내일 해당 업체를 방문할 것인가?
(A) 낡은 장비를 제거하기 위해
(B) 배송하기 위해
(C) 직원들과 이야기하기 위해
(D) 점검을 실시하기 위해

어휘 remove ~을 제거하다, ~을 없애다 device 기기, 장치 perform ~을 실시하다, ~을 수행하다 inspection 점검, 검사

10-12. 다음 공지를 참조하시오.

모든 홀필드 슈퍼마켓 쇼핑객 여러분께 알립니다. 10 저희는 새 복권 판촉 행사의 시작을 알려 드리게 되어 기쁘게 생각하며, 이는 일주일 단위로 운영될 것입니다. 여러분의 쇼핑에 대해 최소 100달러를 소비하실 때마다, 저희 복권에 대한 티켓을 한 장 받으실 것입니다. 11 저희 고객 서비스 데스크에 있는 직원에게 여러분의 영수증을 제시해 주셔야 할 것입니다. 당첨자는 매주 일요일 오전 9시에 있을 경품 추첨을 통해 선정될 것이며, 200달러 상당의 상품권을 받으시게 됩니다. 또한, 12 저희 매장이 이번 주 금요일에 새로운 계산대가 설치되는 동안 문을 닫는다는 점에 유의하시기 바랍니다. 저희는 토요일 오전 8시에 다시 문을 열 것입니다.

어휘 launch 시작, 출시, 공개 lottery 복권 promotion 판촉 (행사), 홍보, 촉진, 승진 run 운영되다, 진행되다 on a weekly basis 일주일 단위로 whenever ~할 때마다, 언제든 ~할 때 at least 최소한, 적어도 receive ~을 받다 will need to do ~해야 할 것이다 receipt 영수증, 수령, 수취 choose ~을 선택하다 prize draw 경품 추첨 gift certificate 상품권 worth 명사: (가치 등이) ~에 상당하는, ~할 만한 가치가 있는 please be advised that ~라는 점에 유의하십시오 checkout 계산대 install ~을 설치하다

10. 화자의 말에 따르면, 업체에서 무엇을 시작하는가?
(A) 회원 프로그램
(B) 온라인 매장
(C) 새로운 제품군
(D) 주간 판촉 행사

어휘 launch ~을 시작하다, ~을 출시하다 range 제품군, 종류, 범위

11. 청자들이 무엇을 제시할 준비가 되어야 하는가?
(A) 신분증
(B) 구매 증명서
(C) 할인 쿠폰
(D) 고유 코드

어휘 be prepared to do ~할 준비가 되다 proof 증명(서) purchase 구매(품) unique 고유의, 특별한, 독특한

12. 업체가 왜 금요일에 문을 닫을 것인가?
(A) 직원 교육 때문에
(B) 설치 작업 때문에
(C) 공휴일이기 때문에
(D) 예정된 수리 작업 때문에

어휘 training 교육, 훈련 installation 설치 repair 수리

13-15. 다음 안내를 참조하시오.

안녕하세요, 그리고 저희 새 바이러스 방지 소프트웨어인 브리치세이프를 구입해 주셔서 감사합니다. **13** 이 안내 동영상에서, 제가 소프트웨어 설치 및 이용 방법을 설명해 드릴 것입니다. 컴퓨터와 관련된 어떤 고급 지식도 필요치 않으며, 오직 약 10분 정도밖에 걸리지 않을 것입니다. 추가 안내를 위해, **14** 상자에 포함되어 있는 사용자 설명서를 참고하셔도 됩니다. 설치 작업을 실시하시는 동안 언제든지 부담 갖지 마시고 이 동영상을 일시 중지하시기 바랍니다. 시작할 준비가 되셨나요? 첫 번째로, "스타트업"이라는 이름으로 된 파일 폴더를 여신 다음, 시작 파일을 클릭하시기 바랍니다. **15** 초기 비밀 번호는 12345이며, 더 지속하시기 전에 이 번호를 더욱 독특한 것으로 변경하시기를 권해 드립니다. 설정 아이콘을 클릭하셔서 그렇게 하실 수 있습니다.

어휘 purchase ~을 구입하다 anti-virus 바이러스 방지의 instructional 안내의, 설명의, 교육용의 demonstrate ~을 설명하다, ~을 시연하다 how to do ~하는 방법 install ~을 설치하다 require ~을 필요로 하다 advanced 고급의, 발전된, 진보한 take ~의 시간이 걸리다 approximately 약, 대략 additional 추가적인 guidance 안내, 지도 refer to ~을 참고하다, ~을 언급하다, ~을 가리키다 manual (제품 등의) 설명서 include ~을 포함하다 feel free to do 부담 갖지 말고 ~하세요, 마음껏 ~하세요 pause ~을 일시 중지하다 at any time 언제든지 perform ~을 실시하다, ~을 수행하다 named A: A라는 이름으로 된 launch 시작, 출시, 공개 default 초기 설정의, 기본 설정의 unique 독특한, 특별한, 고유의 continue 지속하다 further 한층 더, 추가로 by (방법) ~해서, ~함으로써 settings (기기 등의) 설정

13. 설명 동영상이 청자들에게 무엇을 하는 방법을 알려 줄 것인가?
(A) 기기를 조립하는 일
(B) 프로그램을 설치하는 일
(C) 컴퓨터 파일을 백업하는 일
(D) 온라인 프로필을 만드는 일

어휘 assemble ~을 조립하다 device 기기, 장치 create ~을 만들어 내다

14. 화자는 청자들이 상자에서 무엇을 찾을 수 있다고 말하는가?
(A) 몇몇 웹 링크
(B) 몇몇 도구
(C) 상품권
(D) 사용자 가이드

15. 화자가 무엇을 하도록 권하는가?
(A) 새 비밀 번호를 설정하는 일
(B) 컴퓨터를 다시 시작하는 일
(C) 웹 사이트를 방문하는 일
(D) 제품을 구입하는 일

어휘 suggest -ing ~하도록 권하다

UNIT 05 의도파악 문제

REVIEW TEST

1. (B)	**2.** (D)	**3.** (D)	**4.** (B)	**5.** (D)
6. (C)	**7.** (A)	**8.** (D)	**9.** (B)	**10.** (A)
11. (C)	**12.** (D)	**13.** (D)	**14.** (B)	**15.** (A)

1-3. 다음 대화를 참조하시오.

여: 트리스탄 씨, 오후 5시 고객께서 예약을 다음 주 월요일로 재조정하시기 위해 전화하셨어요.
남: 네, 그럼 올리버 씨에게 전화해 봅시다. **2** 아마 그분께서 일정표에서 다음 순서이시기 때문에 일찍 오실 수 있을 거예요. **1** 그분께서 간단한 손질을 받고 싶어 하신다는 게 기억이 나요.
여: 아, 맞는 말씀이시긴 한데, 제가 알기로는 올리버 씨께서 시간제로 오후에 근무하시고 계세요.
남: 알겠습니다, 그럼 신경 쓰지 마세요. 대신 다른 것에 대해 저 좀 도와 주시겠어요? **1 3** 새 헤어 트리트먼트 제품 배송 물품이 아까 들어 왔는데, 분류해서 보관해야 합니다.
여: 네, 퇴근하기 전에 해 놓겠습니다.

어휘 reschedule ~의 일정을 재조정하다 appointment 예약, 약속 then 그럼, 그렇다면, 그런 다음, 그때 calendar 일정표 trim 손질, 다듬기 Got it 알겠습니다 never mind 신경 쓰지 마세요 help A with B: B에 대해 A를 돕다 instead 대신 shipment 배송(품) sort ~을 분류하다 store ~을 보관하다, ~을 저장하다 leave for the day 퇴근하다

1. 화자들이 어디에 근무하고 있을 것 같은가?
(A) 레스토랑에
(B) 미용실에
(C) 치과에
(D) 화장품 매장에

2. 여자가 "올리버 씨께서 시간제로 오후에 근무하시고 계세요" 라고 말할 때 무엇을 의미하는가?

(A) 남자가 아마 퇴근할 수 있을 것이다.

(B) 남자가 교육을 준비해야 한다.

(C) 올리버 씨가 성실한 직원이다.

(D) 올리버 씨가 즉시 올 수 없다.

어휘 prepare for ~을 준비하다 training 교육, 훈련 diligent 성실한, 근면한 immediately 즉시

3. 여자가 퇴근하기 전에 무엇을 할 것인가?

(A) 매장에 전화하는 일

(B) 배송품을 발송하는 일

(C) 몇몇 창문을 닦는 일

(D) 몇몇 제품을 정리하는 일

어휘 shipment 배송(품) organize ~을 정리하다, ~을 조직하다, ~을 마련하다

4-6. 다음 대화를 참조하시오.

남: 아비가일 씨, **4** 저희 가족 휴가를 위해 가장 이상적인 여객선을 선택할 수 있게 도와 주셔서 감사하다는 말씀을 꼭 드리고 싶었습니다. 그 지중해 여객선이 완벽할 겁니다. 완벽하게 혼합된 선상 활동과 육지 관광 기회가 있거든요.

여: 별 말씀을요. 하지만 기억하셔야 하는 점은, **5** 여전히 선금을 지불하셔야 한다는 거예요. 정말 인기 있는 상품이거든요.

남: 알겠습니다, 하지만 **6** 제 아내와 먼저 이야기 나누기 위해 간단히 전화 통화만 했으면 합니다.

여: 좋습니다. 일단 진행하실 준비가 되시는 대로 여기 제 책상으로 다시 돌아 오시기만 하면 됩니다.

어휘 choose ~을 선택하다 ideal 이상적인 cruise 여객선, 유람선 mix 혼합(된 것) onboard 선상의, 승선한 on-land 육지에서 하는 sightseeing 관광 opportunity 기회 put down (선금 등) ~을 지불하다 deposit 선금, 보증금 talk A over with B: (결정 등을 위해) A에 관해 B와 이야기 나누다 once 일단 ~하는 대로, ~하자마자 be ready to do ~할 준비가 되다 proceed (계속) 진행하다, 나아가다

4. 여자가 누구일 것 같은가?

(A) 호텔 관리 책임자

(B) 여행사 직원

(C) 선박 탑승객

(D) 영업 이사

어휘 agent 직원, 대리인 executive n. 이사, 임원

5. 여자가 "정말 인기 있는 상품이거든요"라고 말할 때 무엇을 의미하는가?

(A) 티켓을 더 이상 구매할 수 없다.

(B) 남자가 다른 선택권들을 고려해야 한다.

(C) 여행 일정이 변경될 수 있다.

(D) 남자가 신속한 조치를 취해야 한다.

어휘 no longer 더 이상 ~ 않다 available 구매할 수 없는, 이용할 수 없는 consider ~을 고려하다 itinerary 일정(표) take action 조치를 취하다 swift 신속한

6. 남자가 무엇을 해야 한다고 말하는가?

(A) 고용주에게 연락하는 일

(B) 은행 상세 정보를 확인하는 일

(C) 배우자와 상의하는 일

(D) 여행 안내 책자를 읽어 보는 일

어휘 contact ~에게 연락하다 employer 고용주, 회사 details 상세 정보, 세부 사항 consult with ~와 상의하다 spouse 배우자 brochure 안내 책자

7-9. 다음 대화를 참조하시오.

남: **7** 올해의 혁신가 상 수상을 축하 드립니다, 반즈 씨.

여: 감사합니다, 마이크 씨. 제가 받아서 조금 놀랐는데, 나머지 저희 팀원들이 아니었다면 해낼 수 없었을 거예요.

남: 맞는 말씀이긴 하지만, 우리 모바일 애플리케이션의 이면에 존재하는 콘셉트는 완전히 당신 것이었고, 그 앱을 성공작으로 만든 것이 바로 당신의 리더십이었어요.

여: 그렇게 말씀해 주셔서 감사합니다. 핏스타는 현재 시장에서 가장 인기 있는 피트니스 애플리케이션이고, 저희는 앞으로 몇 달 동안에 걸쳐 훨씬 더 흥미로운 특징들을 추가할 준비를 하고 있어요.

남: 알고 있습니다. **8 9** 저는 우리에게 있는 공석들을 충원할 수 있을 정도로 충분한 직원을 모집하는 일이 우려됩니다. 우리가 많은 지원자들을 끌어들일 수 있기를 바랍니다.

여: 잊지 마세요. 회사에서 넉넉한 보수를 제공하고 있잖아요.

남: 맞는 말씀인 것 같습니다.

어휘 Congratulations on ~을 축하 드립니다 receive ~을 받다 innovator 혁신가 prize 상, 상금, 상품 could have p.p. ~할 수 있었을 것이다 without ~가 아니라면[아니었다면], ~가 없다면[없었다면] the rest of ~의 나머지 behind ~의 이면에 존재하는, ~의 뒤에 (있는) completely 완전히, 전적으로 success 성공(작) appreciate ~에 대해 감사하다 prepare to do ~할 준비를 하다 add ~을 추가하다 even (비교급 강조) 훨씬 feature 특징 over ~ 동안에 걸쳐 be concerned about ~을 우려하다 recruit ~을 모집하다 fill ~을 충원하다, ~을 채우다 vacancy 공석 attract ~을 끌어들이다 applicant 지원자, 신청자 generous 넉넉한, 후한, 너그러운 compensation package (급여와 복지 혜택 등을 포함한) 보수

7. 남자가 왜 여자에게 축하 인사를 하는가?

    (A) 상을 받았다.

    (B) 승진되었다.

    (C) 판매 목표에 도달했다.

    (D) 새로운 일을 시작했다.

어휘 win (상 등) ~을 받다, ~을 타다 receive ~을 받다
promotion 승진, 판촉 (행사), 홍보, 촉진 reach ~에
도달하다, ~에 이르다 sales 판매(량), 영업, 매출

8. 남자가 무엇을 우려하고 있는가?

    (A) 예산을 늘리는 일

    (B) 수익을 내는 일

    (C) 마감 기한을 연장하는 일

    (D) 신입 직원을 고용하는 일

어휘 budget 예산 profit 수익 extend ~을 연장하다
deadline 마감 기한 hire ~을 고용하다

9. 여자가 왜 "회사에서 넉넉한 보수를 제공하고 있잖아요"라고
말하는가?

    (A) 협업을 제안하기 위해

    (B) 안심시키기 위해

    (C) 한 가지 기회를 추천하기 위해

    (D) 여자에게 감사의 뜻을 전하기 위해

어휘 suggest ~을 제안하다, ~을 권하다 collaboration 협업,
공동 작업 reassurance 안심시키는 말 opportunity 기회
gratitude 감사(의 뜻)

10-12. 다음 회의 발췌 내용을 참조하시오.

> 아시다시피, **10** 우리가 이번 분기에 새로운 GPS 드론을 출시
> 했는데, 판매량이 지금까지 훌륭합니다. 이러한 성공을 유지하
> 기 위해, 우리 회사와 이 제품 둘 모두가 샌프란시스코에서 **10**
> 곧 있을 항공우주 컨퍼런스에서 뛰어난 존재감을 보이는 것이
> 중요합니다. 이번에는, **11** 우리가 제품을 발표하기 위해 최대 6
> 명의 직원들을 보낼 수 있는 예산을 보유하고 있으며, 엔지니어
> 링 팀의 징 위 씨가 가장 많은 것을 알고 계십니다. 여러분께서
> 영업팀을 대표하기 위해 참석하시는 데 관심이 있으실 경우, **12**
> 내일 점심 시간까지 소속 부서장님께 연락 드려서 알리시기 바
> 랍니다.

어휘 aware 알고 있는, 인식하고 있는 release ~을 출시하다,
~을 발매하다, ~을 개봉하다 quarter 분기 sales
판매(량), 영업, 매출 so far 지금까지 maintain ~을
유지하다 success 성공(작) both A and B: A와 B 둘
모두 presence 존재(감) upcoming 곧 있을, 다가오는
aerospace 항공우주 budget 예산 up to 최대 ~까지
present ~을 발표하다, ~을 제시하다 knowledgeable
많이 아는, 박식한 be interested in ~에 관심이 있다
attend 참석하다 represent ~을 대표하다 reach out

to ~에게 연락하다 by (기한) ~까지 let A know: A에게
알리다

10. 청자들이 어느 업계에 종사하고 있을 것 같은가?

    (A) 항공우주

    (B) 교육

    (C) 부동산

    (D) 건설

11. 화자가 "엔지니어링 팀의 징 위 씨가 가장 많은 것을 알고 계
십니다"라고 말할 때 무엇을 암시하는가?

    (A) 징 위 씨가 엔지니어들로 팀을 구성할 것이다.

    (B) 징 위 씨가 몇몇 기기를 수리할 것이다.

    (C) 징 위 씨가 발표를 진행할 것이다.

    (D) 징 위 씨가 직장에서 승진될 것이다.

어휘 gather ~을 구성하다, ~을 모으다 repair ~을 수리하다
device 기기, 장치 lead ~을 진행하다, ~을 이끌다
receive ~을 받다 promotion 승진, 판촉 (행사), 홍보,
촉진

12. 관심 있는 청자들이 내일 점심 시간까지 무엇을 해야 하는가?

    (A) 파트너를 선택하는 일

    (B) 신청서를 제출하는 일

    (C) 슬라이드쇼를 준비하는 일

    (D) 상사에게 이야기하는 일

어휘 choose ~을 선택하다 submit ~을 제출하다
application 신청(서), 지원(서) supervisor 상사, 책임자,
감독

13-15. 다음 전화 메시지를 참조하시오.

> 안녕하세요, 베켓 씨, 함께 레이크우드 공원의 새 프로젝트를 논
> 의하기 위해 연락 드립니다. 얘기 들으셨을지 모르겠지만, **13**
> 시 의회에서 최근에 레이크우드 공원을 포함한 여러 지역 사회
> 공간들에 대한 개선 작업을 위해 여분의 자금을 재할당했습니
> 다. 제가 정원을 총괄하도록 배정되었으며, **14** 아마 그 풍경에
> 몇몇 추상적인 조각품을 추가할 수 있을 거라고 생각하고 있습
> 니다. 저는 이것이 공원에 훌륭한 예술적 감각을 더해 줄 것으로
> 생각합니다. **15** 저희는 이에 대한 전문가가 필요하며, 귀하께서
> 제가 아는 최고의 공예가이십니다.

어휘 reach out to ~에게 연락하다 discuss ~을 논의하다
council 의회 recently 최근에 reallocate ~을
재할당하다 surplus 여분의, 과잉의 fund 자금, 기금
toward (목적) ~을 위해, (방향 등) ~ 쪽으로, ~을 향해
improvement 개선, 향상 community 지역 사회, 지역
공동체 including ~을 포함해 be assigned to do
~하도록 배정되다 oversee ~을 총괄하다, ~을 감독하다
add ~을 추가하다 abstract 추상적인 sculpture 조각품

landscape 풍경, 전망 touch 감각, 느낌 expert 전문가
craftperson 공예가

13. 최근에 무슨 일이 있었는가?
    (A) 의회 한 곳이 설립되었다.
    (B) 업체 한 곳이 이전했다.
    (C) 일부 고속도로가 수리되었다.
    (D) 일부 자금이 재할당되었다.

어휘 establish ~을 설립하다, ~을 확립하다 relocate
이전하다, 재배치되다 repair ~을 수리하다

14. 화자가 어떻게 해당 부지를 개선하고 싶어 하는가?
    (A) 보도를 재포장함으로써
    (B) 몇몇 예술품을 설치함으로써
    (C) 몇몇 벽화를 그림으로써
    (D) 구조물 하나를 없앰으로써

어휘 improve ~을 개선하다, ~을 향상시키다 property 부지,
건물 (구내), 부동산 repave (도로 등) ~을 재포장하다
intall ~을 설치하다 mural 벽화 remove ~을 없애다, ~을
제거하다

15. 화자가 왜 "귀하께서 제가 아는 최고의 공예가이십니다"라고
말하는가?
    (A) 협업을 제안하기 위해
    (B) 비교해 보기 위해
    (C) 청자에게 감사하기 위해
    (D) 격려해 주기 위해

어휘 collaboration 협업, 공동 작업 make a comparison
비교하다 encouragement 격려(의 말), 장려

UNIT 06 시각자료 연계 문제 1

REVIEW TEST

1. (A)	**2.** (D)	**3.** (C)	**4.** (C)	**5.** (A)
6. (B)	**7.** (D)	**8.** (B)	**9.** (C)	**10.** (C)
11. (A)	**12.** (D)			

1-3. 다음 대화와 일정표를 참조하시오.

여: 우리 영화관이 한때 아주 인기 있었지만, **1** 전에 그랬던 것
보다 입장권을 더 적게 판매하고 있어요. 이를 바로잡을 방
법을 꼭 찾아야 합니다.

남: 동감입니다. 그리고, 주말마다 입장권 판매량이 놀라울 정도
로 낮아요. 그래서, 제가 우리가 시행할 수 있을 만한 이 특가
제공 서비스 일정표를 만들었어요. 마음에 드시나요?

여: 아주 좋은 생각인 것 같아요. 한 장을 구입하면 한 장을 무료
로 주는 특가 서비스가 아주 효과적일 것 같아요. 서로 다른
요일에 이틀 동안 그 서비스를 제공할 여유가 있을 거예요.
2 아이들을 위한 무료 입장 서비스를 그것으로 대체하는
건 어때요?

남: 좋아요. 그리고 **3** 새로운 우리 웹 사이트가 공개될 준비가
되어 있는지 확인해 볼게요. 온라인으로 이 제공 서비스를
광고하기 시작할 수 있을 거예요.

특가 제공 시비스	
목요일	입장권 한 장 구입 시 한 장 무료
금요일	모든 입장권에 대해 무료 음료 제공
토요일	모든 오전 상영 회차 50% 할인
일요일	12세 미만 무료 입장

어휘 used to do (과거에) 한때 ~했다, 전에 ~했다 way
to do ~할 방법 fix ~을 바로잡다, ~을 고치다 agree
동의하다 sales 판매(량), 영업, 매출 surprisingly 놀라울
정도로 create ~을 만들어 내다 special offer 특가 제공
(서비스) implement ~을 시행하다 buy-one-get-one-
free 하나를 사면 하나를 무료로 주는 effective 효과적인
can afford to do ~할 여유가 있다 How about -ing
~하는 건 어때요? replace A with B: A를 B로 대체하다
admission 입장(료), 입학, 가입 be ready to do ~할
준비가 되다 release v. ~을 공개하다, ~을 발매하다, ~을
개봉하다 n. 공개, 발매, 개봉 advertise ~을 광고하다
showing 상영(회)

1. 여자가 어떤 문제를 언급하는가?
    (A) 저조한 입장권 판매량
    (B) 구식 장비
    (C) 높은 운영비
    (D) 부정적인 온라인 후기

어휘 outdated 구식의, 낡은 equipment 장비 operating
costs 운영비 negative 부정적인 review 후기, 평가

2. 시각자료를 보시오. 여자가 어느 요일에 대해 특가 제공 서비
스를 변경하고 싶어 하는가?
    (A) 목요일
    (B) 금요일
    (C) 토요일
    (D) 일요일

3. 남자가 무엇을 확인하고 싶다고 말하는가?
    (A) 가족 입장권의 가격

(B) 광고 예산의 규모

(C) 웹 사이트의 시작

(D) 한 영화의 개봉 날짜

어휘 confirm ~을 확인하다 budget 예산 launch 시작, 출시, 공개

4-6. 다음 대화를 참조하시오.

여: 안녕하세요, 저는 사마라 소번입니다. 박물관이 주최하는 무료 도예 활동 때문에 왔습니다.

남: 안녕하세요. 어디 보자... 아, 소번 씨. 오늘 열리는 아즈텍 도자기 강좌에 참석하시는 게 맞죠?

여: 네, 그렇습니다!

남: **4 5** 좋습니다, 참석 확인해 드렸습니다. 자, 신분증을 보여 주시겠습니까? 제가 여기 보관하고 있을 텐데, 전부 마치시면 안내 데스크로 다시 오셔서 되찾아 가시면 됩니다.

여: 네. 여기 있습니다.

남: 활동 장소로 가시려면, **6** 저 복도를 따라 직진하신 다음, 갤러리 B를 지나시면 됩니다. 강사님께서 왼편에, 그러니까 고대 미술과 유물 전시홀 바로 맞은편에 있는 방에서 기다리고 계실 겁니다.

여: 감사합니다!

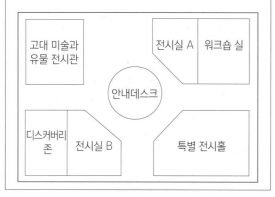

| 고대 미술과 유물 전시관 | | 전시실 A | 워크숍 실 |
| 디스커버리 존 | 전시실 B | 특별 전시홀 | |

(안내데스크)

어휘 ceramics 도예, 도자기 host ~을 주최하다 pottery 도자기, 도기 check A in: (입장, 탑승 등) A에 대해 확인해 주다 reception desk 안내 데스크, 접수 데스크 retrieve ~을 되찾아 가다, ~을 회수하다 done 마친, 끝난, 완료된 get to ~로 가다 down ~을 따라 to one's left ~의 왼편에 right across from ~의 바로 맞은편에 exhibition 전시(회) ancient 고대의 artifact (인공) 유물 lab 연구실, 실험실 discovery 발견(된 것) exhibit 전시(품)

4. 남자가 누구일 것 같은가?

(A) 고고학자

(B) 여행 가이드

(C) 안내 담당 직원

(D) 정부 관계자

5. 여자가 왜 나중에 안내 데스크로 돌아가야 하는가?

(A) 자신의 신분증을 가져가기 위해

(B) 주차 요금을 지불하기 위해

(C) 방문객 양식에 서명하기 위해

(D) 강좌 일정표를 확인하기 위해

어휘 pick up ~을 가져가다[가져오다] pakring 주차 fee 요금, 수수료 form 양식, 서식

6. 시각자료를 보시오. 해당 활동이 어느 공간에서 진행될 것인가?

(A) 고대 미술과 유물

(B) 디스커버리 존

(C) 특별 전시홀

(D) 워크숍 실

어휘 take place 진행되다, 개최되다

7-9. 다음 전화 메시지와 고객 평점을 참조하시오.

안녕하세요, 메건 씨. 저는 디자인부의 루카스입니다. **7** 제가 다음 주에 체육관 회원 자격을 얻을 계획을 세우고 있는데, 운동하는 동안 음악을 듣기 위해 새로운 무선 이어폰이 필요할 겁니다. **8** 전에 에코 시티 오디오 사에서 근무하셨기 때문에, 좋은 것을 하나 추천해 주실 수 있기를 바라고 있었습니다. 제가 그 회사의 웹 사이트를 계속 둘러 보다가 **9** 20달러짜리로 마음에 드는 것을 발견했는데, 몇몇 다른 것들보다 평점이 더 낮습니다. 조언해 주시면 정말 감사하겠습니다. 내선 번호 102번으로 제게 다시 전화해 주시겠습니까? 감사합니다, 메건 씨.

모델	가격	평균 평점
소닉펄스 X1	$20.00	4.8/5.00
에코스피어 프로	$32.80	4.9/5.00
에어바이브 울트라	$20.00	4.1/5.00
사운드플로우 에지	$49.99	4.2/5.00

어휘 plan to do ~할 계획이다 while -ing ~하는 동안 work out 운동하다 used to do 전에 ~했다, ~하곤 했다 browse ~을 둘러 보다 rating 평점, 등급, 순위 appreciate ~에 대해 감사하다 give A a call back: A에게 다시 전화하다 extension 내선 전화 (번호)

7. 화자가 다음 주에 무엇을 할 것인가?

(A) 휴가를 떠나는 일

(B) 발표하는 일

(C) 대회에 참가하는 일

(D) 체육관에 가입하는 일

어휘 competition 경연 대회, 경기 대회 join ~에 가입하다, ~에 합류하다

8. 화자가 왜 메건 씨에게 일부 이어폰에 대한 조언을 요청하는가?

(A) 에코 시티 오디오에서 제품을 구입한 적이 있다.

(B) 이전에 에코 시티 오디오 직원이었다.

(C) 에코 시티 오디오 공장을 방문한 적이 있다.

(D) 에코 시티 오디오를 위해 제품을 디자인한 적이 있다.

어휘 purchase ~을 구입하다 former 이전의, 전직 ~의

9. 시각자료를 보시오. 화자가 어느 이어폰 모델을 구입하고 싶다는 뜻을 나타내는가?

(A) 소닉펄스 X1

(B) 에코스피어 프로

(C) 에어바이브 울트라

(D) 사운드플로우 에지

어휘 indicate (that) ~임을 나타내다, ~임을 보여 주다

10-12. 다음 공지와 판매 전단을 참조하시오.

> 가장 다양한 고품질 안락의자 및 소파를 찾으실 수 있는, 하스파이어 퍼니싱스에 오신 것을 환영합니다. **10** 25년 전에 있었던 저희 업체의 설립을 기념하기 위해, 이번 달 말까지 몇몇 가장 인기 있는 저희 소파에 대해 대규모 할인 서비스를 제공해 드립니다. **11** 특히, 애스캇 소파를 추천해 드리는데, 이는 아름다운 가구 제품이며, 이 판촉 행사 기간 중에 300달러나 할인됩니다! **12** 저희 가구 중 어느 것이든 조립하는 일이 우려되시는 경우, 걱정하지 마십시오! 저희 배송 서비스가 현재 제품 설치 작업을 포함하고 있으므로, 자격을 갖춘 저희 전문가 팀에게 모든 힘든 작업을 맡기시면 됩니다!

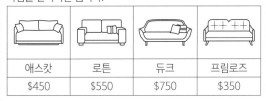

애스캇	로튼	듀크	프림로즈
$450	$550	$750	$350

어휘 the wide range of 아주 다양한 high-quality 고품질의 celebrate ~을 기념하다, ~을 축하하다 founding 설립, 창립 huge 대규모의, 엄청난, 막대한 in particular 특히 a piece of furniture 가구 한 점 promotion 판촉 (행사), 홍보, 촉진, 승진 be concerned about ~을 우려하다 assemble ~을 조립하다 include ~을 포함하다 setup 설치, 설정, 준비 let A do: A에게 ~하게 하다 qualified 자격을 갖춘, 적격인 expert 전문가

10. 무엇이 기념되고 있는가?

(A) 매장 개장

(B) 제품 출시

(C) 회사 설립

(D) 국경일

11. 시각자료를 보시오. 화자가 추천하는 소파가 얼마인가?

(A) $450

(B) $550

(C) $750

(D) $350

12. 화자가 어떤 서비스를 언급하는가?

(A) 해외 배송

(B) 월간 결제 방식

(C) 직물 세척

(D) 제품 조립

UNIT 07 시각자료 연계 문제 2

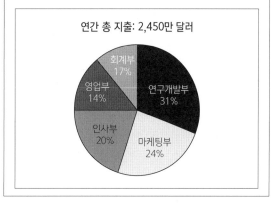

REVIEW TEST

1. (B)	**2.** (B)	**3.** (A)	**4.** (C)	**5.** (D)
6. (C)	**7.** (C)	**8.** (D)	**9.** (D)	**10.** (B)
11. (C)	**12.** (A)			

1-3. 다음 대화와 파이 도표를 참조하시오.

여: 안녕하세요, 켄지 씨. 제가 우리 연간 지출 보고서를 보고 있는데, 정말 소비를 낮출 방법을 찾아야 해요. 그렇지 않으면, **1** 우리가 매년 출간하는 도서 숫자를 줄여야 할 거예요.

남: 동의합니다. 우리가 어떻게 해야 한다고 생각하세요?

여: 음, **2** 다음 달에 에디슨 비즈니스 협회에서 비용 절감과 관련된 세미나가 있으니까, 당신과 몇몇 다른 부서장님들께서 참석해 주셨으면 합니다. 거기서 많은 것을 배우시게 될 것 같아요. 어떤 것 같으세요?

남: 저는 기꺼이 가겠습니다. 분명 저희 부서의 지출 비용을 줄일 수 있을 겁니다. 특히 **3** 저희가 올해 연간 지출이 가장 높았으니까요.

연간 총 지출: 2,450만 달러

회계부 17%
영업부 14%
연구개발부 31%
인사부 20%
마케팅부 24%

어휘 annual 연간의, 연례적인 expenditure 지출 (비용), 경비(= expense) way to do ~할 방법 lower v. ~을 낮추다, ~을 내리다 spending 소비, 지출 otherwise 그렇지 않으면, 그 외에는, 달리 reduce ~을 줄이다, ~을 감소시키다 agree 동의하다 cost-cutting 비용을 절감하는 would like A to do: A에게 ~하기를 원하다 attend 참석하다 How does that sound? 어떤 것 같으세요? be able to do ~할 수 있다

1. 화자들이 어떤 종류의 업체에 근무하고 있을 것 같은가?
    (A) 전자 제품 제조사
    (B) 출판사
    (C) 제약 회사
    (D) 소프트웨어 개발사

2. 여자의 말에 따르면, 다음 달에 무슨 일이 있을 것인가?
    (A) 채용 박람회
    (B) 비즈니스 세미나
    (C) 부서 통합
    (D) 주주 총회

어휘 take place 발생하다, 진행되다, 개최되다 recruitment 채용, 모집 fair 박람회 merger 통합, 합병 shareholder 주주

3. 시각자료를 보시오. 남자가 어느 부서에 근무하는가?
    (A) 연구개발부
    (B) 마케팅부
    (C) 인사부
    (D) 영업부

4-6. 다음 대화와 안내 표지를 참조하시오.

> 여: 안녕하세요, 케빈 씨. 4 저녁 교대 근무조로 일하러 와 주셔서 다시 한 번 감사 드리고 싶습니다. 이미 오늘 오전에 근무하시느라 바쁘셨다는 걸 알고 있습니다.
> 남: 제가 추가 근무 시간이 필요한데요, 직원이 부족할 때 도와드리는 게 얼마나 중요한지도 알고 있습니다.
> 여: 감사합니다, 하지만 운동화를 신고 계시는 게 눈에 띄었습니다.
> 남: 아, 5 제가 오늘 오후에 집으로 걸어 가는 중에 비가 세차게 내리기 시작했기 때문에, 신발이 젖었습니다.
> 여: 음, 뒤쪽에 크기가 맞을 만한 여분의 신발이 한 켤레 있는 것 같아요. 6 주방에서 접지면이 적합한 신발을 착용하시는 게 중요합니다, 안전상의 이유로요.
> 남: 이해합니다. 제가 가서 확인해 볼게요.

> **주방 안전 및 위생 규정**
>
> #1. 날카로운 기구는 사용하지 않을 때 덮개를 씌운다
> #2. 헤어넷은 반드시 항상 착용한다
> #3. 미끄럼 방지 신발을 착용한다
> #4. 한 시간마다 손을 씻는다

어휘 shift 교대 근무(조) be busy -ing ~하느라 바쁘다 extra 추가의, 별도의 crucial 아주 중요한, 중대한 be short on ~이 부족하다 appreciate ~에 대해 감사하다 notice that ~라는 점이 눈에 띄다, ~임을 알아차리다 heavily (정도, 수량 등이) 심하게, 많이 get 형용사: ~한 상태가 되다 fit (크기 등이) ~에게 맞다, ~에게 적합하다 proper 적합한, 제대로 된 grip (신발, 타이어 등의) 접지면, 접지력 hygiene 위생 utensils (주방) 기구, 도구 in use 사용 중인 at all times 항상 non-slip 미끄럼 방지의

4. 여자가 무엇에 대해 남자에게 감사하는가?
    (A) 몇몇 제품을 전달해 주는 것
    (B) 신입 직원을 교육하는 것
    (C) 추가 교대 근무를 하는 것
    (D) 회사까지 태워 주는 것

어휘 train ~을 교육하다, ~을 훈련시키다 ride (차량, 자전거 등) 타고 가기

5. 오늘 오후에 남자에게 무슨 일이 있었는가?
    (A) 회사에 늦게 도착했다.
    (B) 신발을 구매했다.
    (C) 다른 도시로 이동했다.
    (D) 악천후를 만났다.

어휘 arrive 도착하다 purchase ~을 구매하다 get caught in bad weather 악천후를 만나다

6. 시각자료를 보시오. 화자들이 어느 안전 및 위생 규정을 이야기하고 있는가?
    (A) 1번
    (B) 2번
    (C) 3번
    (D) 4번

7-9. 다음 회의 발췌 내용과 그래프를 참조하시오.

> 7 안녕하세요, 여러분, 그리고 이 핼리데이 방송사 임원 회의 시간에 참석해 주셔서 감사합니다. 논의했던 바와 같이, 우리는 가을 황금 시간대 구성을 강화하기 위해 새로운 프로그램을 확보해야 하며, 네 가지 특정 선택권을 계속 고려해 오고 있습니다. 첫 번째로, <세컨드 찬스 호스피탈>이 시청자 테스트에서 좋은 점수를 기록한 반면, 그 제작 비용은 너무 높습니다. 추

가로, 우리는 우리 채널에 이미 게임 쇼가 충분히 있다는 결론을 내렸습니다. 이로 인해 우리에게 마지막 한 가지 후보만 남아 있는 상태이며, **8** 2천만 달러의 추정 제작 비용은 우리 예산 범위 내에서 해결될 것입니다. 이 프로그램의 창작자이신 **9** 로버트 오레이스 씨께서 제안하시는 촬영 일정을 발표하시기 위해 오늘 이 자리에 나오셨습니다. 이것이 우리 계획에 어울리는 경우, 우리는 결정을 최종 확정할 준비가 되어야 할 것입니다.

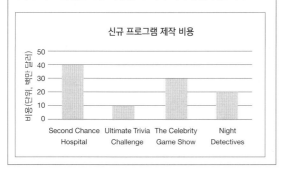

신규 프로그램 제작 비용

어휘 attend ~에 참석하다 executive 임원, 이사 discuss ~을 논의하다, ~을 이야기하다 acquire ~을 확보하다, ~을 얻다 enhance ~을 강화하다, ~을 향상시키다 primetime 황금 시간대 lineup (인원, 요소 등의) 구성, 명단, 예정표 consider ~을 고려하다 specific 특정한, 구체적인 audience 시청자들, 청중, 관객 production 제작, 생산 additionally 추가적으로, 게다가 conclude that ~라는 결론을 내리다 leave A with B: A에게 B를 남기다 candidate 후보(자), 지원자 estimated 추정되는 work 해결되다, 잘 진행되다, 작용하다 budget 예산 creator 창작자 present ~을 발표하다 propose ~을 제안하다 fit ~에 어울리다, ~에 적합하다 be ready to do ~할 준비가 되다 finalize ~을 최종 확정하다 decision 결정

7. 청자들이 누구일 것 같은가?
(A) 잠재적인 투자자
(B) 영화 관객
(C) 회사 임원
(D) 텔레비전 평론가
어휘 investor 투자자 critic 평론가, 비평가

8. 시각자료를 보시오. 어느 프로그램이 확보될 것 같은가?
(A) 세컨드 찬스 호스피탈
(B) 얼터밋 트리비아 챌린지
(C) 더 셀러브리티 게임 쇼
(D) 나이트 디텍티브

9. 로버트 오레이스 씨가 곧이어 무엇에 관해 이야기할 것인가?
(A) 일부 설문 조사 결과
(B) 최근의 판촉 행사

(C) 비즈니스 관련 지출 비용
(D) 프로젝트 일정
어휘 survey 설문 조사(지) result 결과(물) recent 최근의 promotion 판촉 (행사), 홍보, 촉진, 승진 expense 지출 (비용), 경비

10-12. 다음 회의 발췌 내용과 제품 목록을 참조하시오.

다가오는 분기에, 우리 목표는 최신 압력 밥솥의 판매량을 높이는 것입니다. 고객들께서 **10** 와이파이를 이용하는 무선 작동과 원터치 저음 증기 배출 기능을 감사하게 여기시고 계시기는 하지만, 어떤 분들은 디자인이 그렇게 세련되지는 않았다고 언급해 주셨습니다. **10** 이 새로운 모델은 우리의 화이트 컬러 제품들만큼 좋은 성과를 내고 있지는 않습니다. **11** 저는 제품의 기능성을 강조하는 온라인 블로그 캠페인이 소비자들을 끌어들이는 데 도움이 될 수 있을 것으로 생각합니다. 음식 및 요리와 관련된 유명 블로거들에게 우리 제품에 대한 긍정적인 후기를 공유하도록 권장하고, 간단한 인증 과정 후에, **12** 호환 가능한 부대용품을 한 세트 받을 기회를 얻을 수 있는 증정 행사에 등록될 것입니다.

압력 밥솥

	마감 색상	와이파이 연결	원터치 저음 증기 배출
워리어	스틸 그레이		✓
오르카	블랙	✓	✓
커모드	스페클드 화이트	✓	
파이어니어	크림 화이트	✓	✓

어휘 upcoming 다가오는, 곧 있을 quarter 분기 aim 목표, 목적 boost ~을 높이다, ~을 증진하다 sales 판매(량), 영업, 매출 appreciate ~에 대해 감사하다 operation 작동, 가동, 운영, 영업 release 배출, 방출 feature 기능 mention that ~라고 언급하다 that ad. 그렇게, 그만큼 perform well 좋은 성과를 내다 as A as B: A만큼 A하게[A한] highlight ~을 강조하다 functionality 기능성 help do ~하는 데 도움이 되다 attract ~을 끌어들이다 consumer 소비자 encourage A to do: A에게 ~하도록 권장하다 prominent 유명한, 중요한 positive 긍정적인 review 후기, 평가 verification 인증, 검증 process (처리) 과정 register ~을 등록하다 giveaway 증정 (행사), 증정품 win (상 등) ~을 받다, ~을 타다 compatible 호환 가능한 accessories 부대용품

10. 시각자료를 보시오. 화자가 어느 기계를 이야기하고 있는가?
(A) 워리어
(B) 오르카
(C) 커모드

(D) 파이어니어

11. 화자가 어디에서 마케팅 캠페인을 시작할 계획인가?
    (A) 동영상 플랫폼에서
    (B) 소매 판매점에서
    (C) 블로그 사이트에서
    (D) 컨퍼런스에서
어휘 plan to do ~할 계획이다 launch ~을 시작하다, ~을 출시하다 retail 소매(업)

12. 캠페인 참가자들이 무엇을 받을 수 있는가?
    (A) 일부 부대용품
    (B) 식사 경험
    (C) 요리책
    (D) 또 다른 가전 기기
어휘 participant 참가자 dining 식사 recipe 조리법 appliance 가전 기기

UNIT 08 제안·요청 / 미래 행동 문제

빈칸 채우기 정답

- **Could you** ~? / Would you mind ~? ~해줄 수 있나요?
- I sug**gest** ~ / I re**commend** ~ ~을 제안 드립니다
- **Please** ~ / I'd appreciate it if you ~ / I'd like you to ~ ~해주세요
- How about ~? / What about ~? / **Why don't you[we]** ~? ~하는 게 어때요?
- You[We] should ~ ~해야 합니다
- **Let me** ~ / Why don't I ~? 제가 ~할게요

REVIEW TEST

1. (A)	2. (B)	3. (C)	4. (C)	5. (C)
6. (C)	7. (D)	8. (C)	9. (C)	10. (B)
11. (C)	12. (B)	13. (D)	14. (B)	15. (C)

1-3. 다음 대화를 참조하시오.

남: 베서니 씨, 잠깐 얘기 좀 할 수 있을까요? 도움이 필요한 일이 있습니다.
여: 물론이죠. 무슨 일이시죠?
남: **1** 회계부에서 직원들이 초과 근무 웹 양식에 초과 근무 시간을 정확하게 기록하고 있지 않아서 우려하고 있어요. 그 부서에서 **2** 우리 IT팀 직원 한 명이 부서장 승인 및 서명이 필요하도록 해당 양식을 수정할 수 있는지 물어 봤습니다.
여: 문제 없습니다. 제가 모든 사무실 컴퓨터에 이 새로운 소프트웨어를 설치하는 일을 완료한 후에 **2** 그렇게 변경하겠습니다.
남: **3** 제가 팀 씨에게 그 일을 하도록 요청할 테니까 지금 바로 그 웹 양식을 수정해 주시면 됩니다.

어휘 have a quick word with ~와 잠깐 이야기하다 help with ~에 대한 도움 What's up? 무슨 일이시죠?, 잘 지내세요? accounting 회계(부) be concerned that ~해서 우려하다 overtime 초과 근무 accurately 정확하게 form 양식, 서식 ask if ~인지 묻다 modify ~을 수정하다, ~을 변경하다 require ~을 필요로 하다 approval 승인 signature 서명 make that change 그렇게 변경하다 install ~을 설치하다 ask A to do: A에게 ~하도록 요청하다 right away 지금 바로

1. 남자의 말에 따르면, 회계부가 무엇을 우려하는가?
    (A) 시간을 정확히 기록하지 못하는 것
    (B) 직원 급여 명세서 발급 지연
    (C) 초과 근무 수당에 필요한 자금의 부족
    (D) 직원 교육용으로 불충분한 공간
어휘 failure to do ~하지 못함 correctly 정확하게, 제대로, 맞게 delay 지연, 지체 issue v. ~을 발급하다, ~을 지급하다 pay slip 급여 명세서 lack 부족 fund 자금, 기금 payment 지급, 지불 inadequate 불충분한

2. 여자가 어느 부서에 근무하고 있을 것 같은가?
    (A) 인사
    (B) 정보 기술
    (C) 홍보
    (D) 품질 보증

3. 남자가 무엇을 할 것이라고 말하는가?
    (A) 직원들에게 이메일을 발송하는 것
    (B) 디자인에 대해 몇 가지 변경하는 것
    (C) 업무를 동료 직원에게 배정하는 것
    (D) 사무실에서 늦게까지 근무하는 것
어휘 assign A to B: A를 B에게 배정하다 task 업무, 일 coworker 동료 (직원)

4-6. 다음 대화를 참조하시오.

> 남: 안녕하세요, 신디 씨. **4** 우리 공장의 직원용 구내 식당이 금요일에 개조 공사 작업으로 인해 문을 닫을 예정이기 때문에, 많은 우리 직원들이 점심 시간에 갈 수 있는 곳을 계속 물어 보고 있습니다.
>
> 여: 아, 제가 오늘 아침에 공장 운영 책임자와 이야기했습니다. 공장 근처에 매장이나 레스토랑이 없다는 점을 알고 계시기 때문에, **5** 출장 요리 업체가 금요일에 전 직원에게 음식을 제공하도록 조치해 두셨습니다.
>
> 남: 아주 좋은 아이디어네요! 그럼, 모든 우리 직원들이 알고 있도록 **6** 제가 지금 바로 안내 구역에 공지를 게시할게요.

어휘 **cafeteria** 구내 식당 **remodeling** 개조, 보수 **operation** 운영, 가동, 작동, 영업 **arrange for A to do**: A가 ~하도록 조치하다 **caterer** 출장 요리 업체 **post** ~을 게시하다 **notice** 공지, 안내(문) **reception area** 안내 구역, 접수 구역

4. 금요일에 무슨 일이 있을 것인가?
(A) 개장 기념 행사가 개최될 것이다.
(B) 공장이 일찍 문을 닫을 것이다.
(C) 구내 식당이 개조될 것이다.
(D) 직원 회의가 진행될 것이다.

어휘 **hold** ~을 개최하다 **renovate** ~을 개조하다, ~을 보수하다 **take place** 진행되다, 개최되다, 발생하다

5. 공장이 직원들을 위해 무엇을 제공할 것인가?
(A) 셔틀 버스
(B) 식권
(C) 출장 요리 서비스
(D) 현금 보너스

어휘 **voucher** 상품권, 쿠폰

6. 남자가 곧이어 무엇을 할 것인가?
(A) 직원 회의를 개최하는 일
(B) 음식을 주문하는 일
(C) 공지를 게시하는 일
(D) 점심 식사하러 가는 일

어휘 **place an order** 주문하다 **put up** ~을 게시하다, ~을 내걸다

7-9. 다음 대화를 참조하시오.

> 여: 안녕하세요, 보우먼 씨. **7** 이곳 베리데일에서 열리는 미술 공예 축제를 준비하는 일을 도와 드릴 수 있기를 고대하고 있습니다. 지역 사회 전체가 즐길 수 있는 행사로 만들게 될 겁니다.

> 남: 그렇게 되기를 바랍니다! 제가 전에 언급해 드렸다시피, **8** 올해 더 적은 예산을 보유하고 있기 때문에, 행사 기획 분야에서 지니고 계신 경험이 비용을 낮게 유지하는 데 도움이 될 겁니다.
>
> 여: 그게 바로 제게 연락하신 이유잖아요.
>
> 남: 그 말씀을 듣게 되어 기쁩니다.
>
> 여: 사실, **9** 이미 제 노트북 컴퓨터로 지출 비용 스프레드시트를 만들어 두었습니다. 제가 화면에 띄워서 전부 설명해 드릴게요.

어휘 **look forward to -ing** ~하기를 고대하다 **assist A with B**: B에 대해 A를 돕다 **organize** ~을 준비하다, ~을 조직하다 **craft** 공예(품) **whole** 전체의 **community** 지역 사회, 지역 공동체 **mention** 언급하다 **budget** 예산 **planning** 기획 **help do** ~하는 데 도움이 되다 **keep A 형용사**: A를 ~하게 유지하다 **reach out to** ~에게 연락하다 **in fact** 사실, 실제로 **create** ~을 만들어 내다 **spreadsheet** 스프레드시트(표에 문자나 숫자 등을 입력해 처리하는 프로그램) **expense** 지출 (비용), 경비 **let me do** 제가 ~해 드리겠습니다 **load A up**: A를 화면에 띄우다 **explain** ~을 설명하다

7. 대화가 주로 무엇에 관한 것인가?
(A) 미술관 개장
(B) 고용 기회
(C) 시의 설립 기념 행사
(D) 지역 예술 축제

어휘 **employment** 고용 **opportunity** 기회 **founding** 설립, 창립 **celebration** 기념 행사, 축하 행사 **local** 지역의, 현지의

8. 여자가 왜 "그게 바로 제게 연락하신 이유잖아요"라고 말하는가?
(A) 자신의 연락처를 확인해 주기 위해
(B) 한 가지 결정에 관해 문의하기 위해
(C) 안심시키기 위해
(D) 초대하기 위해

어휘 **confirm** ~을 확인해 주다 **contact details** 연락처 **inquire** 문의하다, 묻다 **reassurance** 안심시키기, 안심시키는 말 **extend an invitation** 초대하다, 초대장을 보내다

9. 여자가 곧이어 무엇을 할 것인가?
(A) 거래 내역서를 만드는 일
(B) 노트북 컴퓨터를 구입하는 일
(C) 일부 데이터를 제시하는 일
(D) 서류에 서명하는 일

어휘 invoice 거래 내역서 present ~을 제시하다, ~을 발표하다

10-12. 다음 담화를 참조하시오.

다가오는 이번 주말에 있을 **10** 음악 축제에서 청소 업무를 도와 주시기 위해 자원해 주신 여러분 모두에게 감사 드리고자 합니다. 이 축제는 토요일 오전 11시에 시작되어, 일요일 오후 10시에 종료될 것입니다. 저희는 여러분 같은 자원 봉사자에 의존해 축제 중에 부지에서 쓰레기를 제거하고 행사가 종료되는 대로 청소 작업을 돕습니다. 예년에는, **11** 일부 축제 참석자들에서 우리 자원 봉사자들이 자신들에게 무례하게 행동했다고 불만을 제기한 바 있습니다. 따라서, 여러분께 항상 정중하고 공손하도록 상기시켜 드리고자 합니다. 이제, **12** 여러분 각자에게 부지 도면을 나눠 드릴 것이며, 배치를 숙지해 주셨으면 합니다.

어휘 volunteer v. 자원하다 n. 자원 봉사자 help out with ~을 돕다(= assist with) clean-up 청소 duty 업무, 임무 depend on ~에 의존하다 remove ~을 제거하다, ~을 없애다 litter 쓰레기 site 부지, 현장, 장소 once (일단) ~하는 대로, ~하자마자 previous 이전의, 과거의 attendee 참석자 complain that ~라고 불만을 제기하다 rudely 무례하게 remind A to do: A에게 ~하도록 상기시키다 polite 정중한 courteous 공손한, 예의 바른 distribute ~을 나눠 주다, ~을 배부하다 plan 도면, 설계도 would like A to do: A에게 ~하기를 원하다 familiarize oneself with ~을 숙지하다, ~에 익숙해지다 layout 배치(도)

10. 청자들이 무엇을 하기 위해 자원했는가?
(A) 상품을 판매하는 일
(B) 한 구역을 깨끗이 유지하는 일
(C) 간식을 나눠 주는 일
(D) 축제 입장권을 판매하는 일
어휘 keep A 형용사: A를 ~하게 유지하다 refreshments 간식, 다과

11. 일부 사람들이 무엇과 관련해 불만을 제기했는가?
(A) 제한적인 주차 공간
(B) 좋지 못한 시야
(C) 무례한 직원
(D) 긴 대기 줄
어휘 limited 제한적인 parking 주차 (공간) visibility 시야, 가시성 impolite 무례한 queue (기다리는) 줄, 행렬

12. 청자들이 곧이어 무엇을 하도록 요청 받는가?
(A) 여러 조를 구성하는 일
(B) 부지 도면을 살펴 보는 일
(C) 행사장을 둘러 보는 일
(D) 양식을 작성 완료하는 일

어휘 form 구성하다, 형성하다 review ~을 살펴 보다, ~을 검토하다 venue 행사장, 개최 장소 complete ~을 완료하다

13-15. 다음 담화와 도표를 참조하시오.

오늘 레스토랑이 문을 열기 전에, 몇몇 보건 안전 우려 사항을 처리하고자 합니다. 여러 직원들께서 교대 근무 후에 그릴을 세척하시는 동안 화상 및 기타 부상을 알리신 바 있습니다. 정확한 절차를 따르시는 경우, 이러한 문제는 발생되지 않을 것입니다. **13** 화상 위험을 줄이기 위해, 세척 단계들 중 하나를 변경하겠습니다. **14** 오늘부터 앞으로 계속, 그릴을 끄신 후에 15분 동안 기다리셔야 할 것입니다. 자, 어느 분이든 나머지 단계들을 잊으신 경우에, **15** 여러분 모두에게 적절히 그릴을 세척하는 방법을 한 번 더 보여 드리겠습니다. 주방으로 저를 따라 오시기 바랍니다.

그릴 세척 절차

단계 1	그릴에서 모든 남은 음식물을 제거한다.
단계 2	최소 5분 동안 그릴을 식힌다.
단계 3	세척액을 뿌리고 표면을 문지른다.
단계 4	천과 비눗물로 그릴을 닦아낸다.

어휘 address v. (문제 등) ~을 처리하다, ~을 다루다 concern 우려 (사항) burn 화상 injury 부상 while -ing ~하는 동안 shift 교대 근무(조) follow ~을 따르다, ~을 준수하다, ~을 따라 가다 correct 정확한, 맞는, 옳은 procedure 절차 issue 문제, 사안 reduce ~을 줄이다, ~을 감소시키다 risk 위험 (요소) make a change to ~을 변경하다 onward 앞으로 계속 turn off ~을 끄다 in case (that) ~하는 경우에 (대비해) how to do ~하는 방법 properly 적절히, 제대로 remove ~을 제거하다, ~을 없애다 leftover 남은 것 allow A to do: A에게 ~할 수 있게 해 주다 cool v. 식다, ~을 식히다 at least 최소한, 적어도 apply ~을 적용하다, ~을 바르다 solution 용액 scrub ~을 문지르다 surface 표면 wipe ~을 닦아내다 cloth 천, 직물 soapy 비누의, 비누를 함유한

13. 담화의 목적이 무엇인가?
(A) 새 주방용 장비를 도입하는 것
(B) 고객 불만 사항을 처리하는 것
(C) 개조 공사 프로젝트에 대해 논의하는 것
(D) 안전 가이드라인을 살펴 보는 것
어휘 introduce ~을 도입하다, ~을 소개하다 equipment 장비 complaint 불만, 불평 review ~을 살펴 보다, ~을 검토하다

14. 시각자료를 보시오. 화자가 어느 단계를 변경하고자 하는가?

(A) 단계 1
(B) 단계 2
(C) 단계 3
(D) 단계 4

15. 곧이어 무슨 일이 있을 것 같은가?
(A) 일부 장비가 수리될 것이다.
(B) 레스토랑이 영업을 위해 문을 열 것이다.
(C) 시범을 보일 것이다.
(D) 일부 바닥이 대걸레로 닦일 것이다.

어휘 repair ~을 수리하다 demonstration 시범, 시연(회)
mop ~을 대걸레로 닦다

UNIT 09 비즈니스 토픽

빈칸 채우기 정답

- job opening 일자리 **ⓟ job opportunity**
- retire 물러나다, 은퇴하다 **ⓟ resign, step down**
- break down 고장 나다 **ⓟ malfunction, be out of
  order**

REVIEW TEST

1. (C)	**2.** (D)	**3.** (B)	**4.** (B)	**5.** (C)
6. (D)	**7.** (D)	**8.** (A)	**9.** (B)	**10.** (D)
11. (A)	**12.** (D)	**13.** (C)	**14.** (D)	**15.** (B)

1-3. 다음 대화를 참조하시오.

여: 안녕하세요, **1** IT 지원 데스크인가요? 저는 720호실의 케이트 리입니다. **1** 제 프린터에 문제가 생겼습니다. 크게 휘파람 부는 것 같은 소리가 나는데, 정말 거슬립니다. 도와 주실 수 있으세요?

남: 알려 주셔서 감사합니다, 케이트 씨. 분명 문제인 것 같습니다. 우선, **2** 프린터 전원을 완전히 차단하시고, 몇 초 동안 기다리신 다음, 다시 켜 보셨으면 합니다. 그 소리가 지속되면 제게 알려 주십시오.

여: 이미 그렇게 몇 번 했는데, 소리가 계속 다시 나고 있어요. 저는 이게 뭔가 더 심각한 일일지도 몰라서 우려됩니다.

남: 알겠습니다. 이미 그렇게 해 보셨다니까, 제가 더 면밀히 살펴 봐야 할 겁니다. **3** 오늘 2시쯤 근무하시는 자리에 들를 수 있습니다. 이렇게 하시는 것이 괜찮으신가요?

어휘 issue 문제, 사안 whistling 휘파람 소리 같은, 휘파람을 부는 distracting 거슬리는, 집중을 방해하는 let A know: A에게 알리다 definitely 분명히, 확실히 would like A to do: A에게 ~하기를 원하다 power off ~의 전원을 차단하다 completely 완전히, 전적으로 turn A back on: A를 다시 켜다 persist 지속되다, 계속되다 keep -ing 계속 ~하다 be concerned (that) ~일까 우려하다 take a closer look 더 면밀히 살펴 보다 come by ~에 들르다 work for (일정 등이) ~에게 괜찮다, ~에게 좋다

1. 남자가 어떤 부서에 근무하고 있을 것 같은가?
(A) 고객 서비스
(B) 연구 개발
(C) 기술 지원
(D) 인사

2. 남자가 여자에게 무엇을 하도록 요청하는가?
(A) 교육 시간에 참석하는 일
(B) 자신의 상사에게 알리는 일
(C) 설명서를 참고하는 일
(D) 기계를 다시 시작하는 일

어휘 attend ~에 참석하다 session (특정 활동을 위한) 시간 notify ~에게 알리다 supervisor 상사, 책임자, 감독 consult (자료 등) ~을 참고하다, (사람) ~와 상의하다 manual 설명서, 안내서

3. 남자가 무엇을 하겠다고 하는가?
(A) 서비스 요청 사항을 더 신속히 처리하는 일
(B) 여자의 업무 자리를 방문하는 일
(C) 웹 사이트에서 몇몇 안내 사항을 찾는 일
(D) 여자에게 서류를 보내는 일

어휘 expedite ~을 더 신속히 처리하다 request 요청 instructions 안내, 설명, 지시

4-6. 다음 3인 대화를 참조하시오.

여: 이 회의를 마무리하기 전에, **4** 지역 자선 단체를 위해 모금하는 행사와 관련해 간단히 이야기해 봐요. 프레드 씨, 당신이 여전히 모든 것을 준비하고 계신가요?

남1: 제가 행사를 위해 리젠트 호텔의 연회실을 예약할 수 있었습니다. 최대 500명의 손님을 수용할 수 있습니다.

여: 아, 그 행사장을 확보하셨다니까 안심이 되네요. **5** 우리가 초대하려고 계획하는 모든 분들을 수용할 수 있을 정도로 충분히 넓은 곳이 필요했잖아요. 여전히 하셔야 하는 어떤 다른 일이 또 있나요?

남1: 음, 출장 요리 제공 업체와 메뉴를 확정해야 하고, **6** 샘 씨가 행사장에서 자신의 밴드와 라이브로 공연하겠다고 하셨어요. 그렇죠, 샘 씨?

남2: 네, 저희가 몇몇 곡을 연주한다면 기쁠 겁니다. 그렇게 하면, 우리가 오락 지출 비용을 절감하는 데 도움이 될 거예요.

어휘 wrap up ~을 마무리하다 raise money 모금하다 local 지역의, 현지의 charity 자선 (단체) organize ~을 준비하다, ~을 조직하다 manage to do ~할 수 있다, ~해내다 book ~을 예약하다 accommodate ~을 수용하다 up to 최대 ~의 relieved 안심이 되는 secure ~을 확보하다 venue 행사장, 개최 장소 enough to do ~할 수 있을 정도로 충분히 plan to do ~할 계획이다 confirm ~을 확정하다, ~을 확인해 주다 offer to do ~하겠다고 하다 help A do: A가 ~하는 데 도움을 주다 cut down on ~을 절감하다, ~을 줄이다 expense 지출 (비용), 경비

4. 어떤 종류의 행사가 계획되고 있는가?
(A) 개장식
(B) 모금 행사
(C) 시상식
(D) 오리엔테이션

5. 여자가 왜 안심이 된다고 말하는가?
(A) 선호하는 날짜가 이용 가능하다.
(B) 초대가 수락되었다.
(C) 행사장이 수용 규모가 크다.
(D) 행사가 널리 홍보될 것이다.
어휘 preferred 선호하는 available 이용 가능한 invitation 초대(장) accept ~을 수락하다, ~을 받아들이다 capacity 수용 규모, 용량 promote ~을 홍보하다, ~을 승진시키다, ~을 촉진하다

6. 샘 씨가 무엇으로 행사에 기여할 것인가?
(A) 추가 자금
(B) 온라인 홍보
(C) 음식과 음료
(D) 라이브 음악
어휘 contribute A to B: A로 B에 기여하다, A를 B에 기증하다 extra 추가의, 별도의 funding 자금 (제공) promotion 홍보, 승진, 촉진 beverage 음료

7-9. 다음 대화와 수신 제품 목록을 참조하시오.

여: 그 **8** 코미디 영화에 필요한 홍보 자료들은 어떻게 되어 가고 있나요?
남: **7** 제가 어제 선임 프로듀서에게 연락해서 영화 속 장면을 담은 추가 동영상을 요청했는데, 폴더 하나를 제게 곧바로 이메일로 보내 주셨습니다.

여: 아주 좋습니다. **8** 주 포스터에 대해 어떤 아이디어가 있으신가요?
남: 배경에는 큼직하고 굵은 글자로 된 문구를 이용하면서 근접 촬영한 여러 등장 인물의 얼굴 표정을 조합할 생각입니다. 우리 디지털 편집자께서 예비 스케치 작업을 하고 계십니다.
여: **8** 그걸 볼 생각에 흥분되네요. 아, 그리고 **9** 뉴욕에 계신 한 브로드웨이 연출자로부터 또 다른 프로젝트 제안서가 들어왔어요. 그분의 새 뮤지컬이 정말 재미있어 보여요. 기회가 되실 때 읽어 보시겠어요?

수신 이메일

발신자		첨부 파일
라일리 윈스럽	🖼	GHR_포스터_이미지_1A.jpg
제시 할랜드	PDF	라이선스_계약서_BN46.pdf
아드 모로	📄	3주차_보고서_안심_메일.html
컨스턴스 리앙	▶	영화_동영상.zip

어휘 How's it going with ~? ~는 어떻게 되어 가고 있나요? promotional 홍보의, 판촉의 material 자료, 재료, 물품 contact ~에게 연락하다 ask for ~을 요청하다 additional 추가의 video clip 동영상 right away 곧바로, 즉시 bold (글씨가) 굵은 text 문구, 글(자), 문자, 문서 combine ~을 조합하다 close-up 근접 촬영(한 것) facial expressions 얼굴 표정 editor 편집자 preliminary 예비의, 사전의 proposal 제안(서) look 형용사: ~하게 보이다, ~한 것 같다 licensing 라이선스, 인허가 agreement 계약(서), 합의(서) secure 안심하는, 안전한

7. 시각자료를 보시오. 남자가 누구로부터 이메일을 받았다고 말하는가?
(A) 라일리 윈스럽
(B) 제시 할랜드
(C) 아든 모로
(D) 컨스턴스 리앙

8. 여자가 무엇을 볼 생각에 흥분된다고 말하는가?
(A) 영화 포스터 디자인
(B) 편집된 원고
(C) 텔레비전 광고
(D) 영화 상영회
어휘 manuscript 원고 commercial 광고 (방송) screening 상영(회)

9. 여자가 남자에게 무엇을 읽어 보도록 요청하는가?

26

(A) 설명서

(B) 제안서

(C) 근로 계약서

(D) 재무제표

어휘 manual 설명서, 안내서　labor 근로, 노동　contract 계약(서)　statement 명세(서), 내역(서)

10-12. 다음 안내를 참조하시오.

여러분 모두 이 프로젝트에 대해 저희와 함께 해 주시기로 결정해 주셔서 기쁩니다. 여러분께서는 저희가 시장 조사의 일환으로 나눠 드렸던 **10** 설문 조사지의 모든 의견을 정리하는 데 초점을 맞추시게 될 것입니다. **11** 그 목적은 국내 및 해외 관광객들께서 우리 도시 및 명소들과 관련해 무엇을 마음에 들어 하시고 그렇지 않은지 파악하는 것입니다. 저희는 그 결과물을 이용해 도시를 개선하고 방문객 숫자를 늘릴 것입니다. **12** 이 화면에서, 제가 모든 데이터를 기록하는 정확한 과정을 보여 드리겠습니다.

어휘 decide to do ~하기로 결정하다　focus on ~에 초점을 맞추다　compile (자료 등을 모아) ~을 정리하다　feedback 의견　survey 설문 조사(지)　distribute ~을 나눠 주다, ~을 배부하다　as part of ~의 일환으로　aim 목적, 목표　find out ~을 파악하다, ~을 알아내다　domestic 국내의　attraction 명소, 인기 장소　findings 결과물　make an improvement 개선하다, 향상시키다　boost ~을 늘리다, ~을 증진하다　correct 정확한, 맞는, 옳은　process 과정

10. 무엇이 프로젝트의 초점인가?

(A) 시제품을 테스트하는 것

(B) 광고 캠페인을 만들어 내는 것

(C) 지역 교통편을 개선하는 것

(D) 설문 조사 결과를 정리하는 것

어휘 prototype 시제품, 원형　create ~을 만들어 내다　advertising 광고 (활동)　local 지역의, 현지의　transportation 교통(편)　result 결과(물)

11. 화자가 어느 업계에 종사하고 있을 것 같은가?

(A) 관광

(B) 부동산

(C) 엔지니어링

(D) 제조

12. 청자들이 화면에서 무엇을 볼 것인가?

(A) 이미지 갤러리

(B) 직원 명단

(C) 도시 안내도

(D) 작업 과정

13-15. 다음 회의 발췌 내용과 차트를 참조하시오.

13 오늘 마케팅 팀 회의 시간에는, 우리 회사 최초의 아이스크림 바 제품과 관련된 몇몇 세부 사항을 논의하고자 하며, 이는 내년부터 전국에 위치한 소매점에서 판매될 것입니다. 용기에 담은 우리 아이스크림이 지속적으로 잘 판매되고 있으며, 이 차트에서 무엇이 우리의 베스트셀러 아이스크림 맛인지 확인해 보실 수 있습니다. **14** 당연히, 우리 신제품도 이 차트에서 가장 인기 있는 맛으로 만들어질 것입니다. 이제, 신제품용으로 만들어야 하는 광고 캠페인에 관해 이야기하는 것을 시작하기에 앞서, **15** 여러분들끼리 이야기를 나눠서 신제품 가격이 얼마나 되어야 한다고 생각하시는지 결정해 주셨으면 합니다. 그런 다음, 여러분의 의견을 제게 알려 주시면 됩니다.

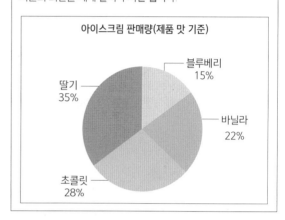

아이스크림 판매량(제품 맛 기준)

블루베리 15%　바닐라 22%　초콜릿 28%　딸기 35%

어휘 details 세부 사항, 상세 정보　first ever 최초의, 사상 처음의　retail 소매(업)　nationwide ad. 전국적으로 a. 전국적인　container 용기, 그릇　continue to do 지속적으로 ~하다　flavor 맛, 풍미　advertising 광고 (활동)　create ~을 만들어 내다　would like A to do: A에게 ~하기를 원하다　decide ~을 결정하다　let A know B: A에게 B를 알리다

13. 화자가 어느 부서에 근무하고 있는가?

(A) 회계

(B) 영업

(C) 마케팅

(D) 인사

14. 시각자료를 보시오. 무엇이 신제품의 맛이 될 것인가?

(A) 블루베리

(B) 바닐라

(C) 초콜릿

(D) 딸기

15. 청자들이 신제품의 어느 측면을 곧이어 논의할 것인가?

(A) 형태

(B) 가격

(C) 포장
(D) 출시일

어휘 aspect 측면, 양상 packaging 포장(재) launch 출시, 공개, 시작

UNIT 10 쇼핑/여행/여가 토픽

빈칸 채우기 정답

- valid 유효한 ↔ **expired** 만료된
- out of stock 재고가 없는
- set A aside A를 따로 챙겨두다
- accommodation 숙박시설
- itinerary 일정표
- make a reservation 예약하다 ℗ re**serve**, b**ook**

REVIEW TEST

1. (A)	2. (D)	3. (A)	4. (B)	5. (C)
6. (A)	7. (C)	8. (A)	9. (D)	10. (C)
11. (C)	12. (D)	13. (B)	14. (C)	15. (B)

1-3. 다음 대화를 참조하시오.

남: 안녕하세요. 제가 도와 드릴 일이라도 있을까요?
여: 네, **1** 저희 직원들을 위해 티셔츠를 좀 구입하기를 바라고 있습니다.
남: 좋습니다. 저희가 모든 티셔츠에 대해 무료 맞춤 제작 서비스를 제공해 드린다는 사실을 알고 계셨나요? **2** 추가 비용 없이 원하시는 무엇이든 인쇄해 드릴 수 있습니다.
여: **2** 그게 바로 제가 이 매장으로 온 이유입니다.
남: 그 말씀을 듣게 되어 기쁩니다! 여기 몇몇 가장 인기 있는 저희 디자인을 보여 드리는 안내 책자입니다. 한 번 살펴 보시고 마음에 드시는 것이 있는지 확인해 보시기 바랍니다.
여: 저, 회사 체육 대회에 필요한 것입니다. 저는 이름과 번호가 인쇄되기를 바라고 있었습니다.
남: 아, 저희가 고객들을 위해 꽤 자주 그렇게 해 드리고 있습니다. **3** 저희가 만든 샘플을 보여 드릴 테니, 적합한지 제게 알려 주시면 됩니다.

어휘 help A with B: B에 대해 A를 돕다 look to do ~하기를 바라다 customization 맞춤 제작, 주문 제작 whatever ~하는 무엇이든 at no extra charge 추가 비용 없이

That's exactly why 그게 바로 ~하는 이유입니다 brochure 안내 책자 have a look 한 번 살펴 보다 see if ~인지 확인해 보다 have A p.p.: A를 ~되게 하다 quite 꽤, 상당히 let A do: A에게 ~하게 하다 suitable 적합한, 알맞은

1. 여자가 무엇을 구입하고 싶어 하는가?
(A) 의류
(B) 음료
(C) 사무 용품
(D) 스포츠 용품

2. 여자가 어떤 정보를 이미 알고 있다고 말하는가?
(A) 익일 배송이 보장된다.
(B) 기업 할인이 적용될 수 있다.
(C) 일부 제품이 고품질이다.
(D) 무료 서비스가 이용 가능하다.

어휘 guarantee ~을 보장하다 corporate 기업의 apply ~을 적용하다 complimentary 무료의 available 이용 가능한

3. 남자가 곧이어 무엇을 할 것인가?
(A) 샘플 제품을 보여 주는 일
(B) 비용 견적서를 제공하는 일
(C) 세부 사항을 받아 적는 일
(D) 다른 고객을 도와 주는 일

어휘 estimate 견적(서) take ~을 적다, ~을 필기하다 details 세부 사항, 상세 정보 assist ~을 돕다, ~을 지원하다

4-6. 다음 3인 대화를 참조하시오.

여: 안녕하세요, **4** **5** 제가 한 달 전에 여기서 이 전등을 구입했는데, 교환하고 싶습니다.
남1: 저희가 14일 기간의 반품 및 교환 정책이 있기 때문에, 저희가 해결해 드릴 수 있는지 저희 상사에게 확인해 봐야 할 겁니다.
남2: 안녕하세요, 제가 이곳 책임자입니다. 무엇을 도와 드릴까요?
여: 제가 약 한 달 전에 구입한 이 전등을 교환하고 싶은데, 제가 좋아할 거라고 생각했던 만큼 디자인이 마음에 들지 않습니다.
남2: 전적으로 이해 가능한 부분입니다. 제품이 여전히 원래의 포장 상태로 있는 경우에, 이번 한 번만 예외로 해 드려서 교환해 드릴 수 있습니다. **6** 가격상의 모든 차액에 대해 비용을 지불하셔야 한다는 점에 유의하시기 바랍니다.

어휘 exchange v. ~을 교환하다 n. 교환 return 반품, 반환 policy 정책, 방침 will need to do ~해야 할 것이다 check with ~에게 확인하다 supervisor 상사, 책임자, 감독 work A out: A를 해결하다 as A as B: B만큼

28

A하게[A한] totally 전적으로, 완전히 understandable 이해 가능한, 정상적인 original 원래의, 애초의 packaging 포장(재) make an exception 예외로 하다 note that ~라는 점에 유의하다, ~임에 주목하다 difference 차액, 차이, 다름

4. 대화가 어디에서 진행되고 있을 것 같은가?
   (A) 식료품점에서
   (B) 가정용 가구 매장에서
   (C) 스포츠 용품점에서
   (D) 컴퓨터 매장에서

5. 여자가 무엇을 하고 싶어 하는가?
   (A) 몇몇 기기를 테스트해 보는 일
   (B) 회원으로 등록하는 일
   (C) 제품을 교환하는 일
   (D) 배송 조치를 하는 일
   어휘 device 기기, 장치 sign up for ~에 등록하다, ~을 신청하다 arrange ~을 조치하다, ~을 조정하다, ~을 마련하다

6. 책임자가 여자에게 무엇과 관련해 주의를 주는가?
   (A) 비용 차액
   (B) 영업 종료 시간
   (C) 배송 지연
   (D) 재고 부족
   어휘 warn ~에게 주의를 주다, ~에게 경고하다 shipment 배송(품) delay 지연, 지체 inventory 재고(품) shortage 부족

7-9. 다음 대화와 상품 진열표를 참조하시오.

> 여: 안녕하세요, 벨벳 호라이즌 밴드의 로고가 붙어 있는 **8** 어떤 야구 모자든 판매하시는지 궁금했습니다.
> 남: 저, **7** 오늘밤 이곳에서 공연하는 밴드가 아주 인기가 많기 때문에, 그 로고가 있는 제품이 많이 있습니다. 제가 확인해 드리겠습니다... 네! 이 야구 모자가 있습니다. 어떠신가요?
> 여: 아주 마음에 들어요! 하나 주세요.
> 남: 좋습니다! 그 밴드의 공식 팬 클럽 회원이신가요?
> 여: 아, 아닌 것 같아요.
> 남: 아쉽네요. **9** 나중에 회원이 되어 보실 만한 가치가 있을 수도 있는데, 팬 클럽 회원은 공식 상품에 대해 20퍼센트 할인을 받기 때문입니다.

어휘 wonder if ~인지 궁금하다 perform 공연하다, 연주하다 Let me do 제가 ~하겠습니다 official 공식적인, 정식의 I'm afraid not (앞선 질문에 대해) 그렇지 않은 것 같습니다. That's a shame 아쉽네요, 안타깝네요 worth -ing ~할 만한 가치가 있는 merchandise 상품

7. 진열 상품이 어디에 있을 것 같은가?
   (A) 야외 시장에
   (B) 백화점에
   (C) 콘서트 행사장에
   (D) 스포츠 경기장에
   어휘 display 진열(품), 전시(품) venue 행사장, 개최 장소

8. 시각자료를 보시오. 여자가 제품에 대해 얼마를 지불할 것인가?
   (A) $18
   (B) $20
   (C) $25
   (D) $28

9. 남자가 무엇을 하도록 제안하는가?
   (A) 영수증을 보관하는 것
   (B) 추가 제품을 구입하는 것
   (C) 입장권을 업그레이드하는 것
   (D) 회원 자격을 얻는 것
   어휘 suggest -ing ~하도록 제안하다 receipt 영수증, 수령, 수취 additional 추가적인 obtain ~을 얻다, ~을 획득하다

10-12. 다음 공지를 참조하시오.

> 쇼핑객 여러분께 알립니다, **10** 오크우드 퍼니처의 개장식에 오신 것을 환영합니다! 이 특별 행사에 저희와 함께 하시도록 해 드리게 되어 기쁩니다. 정문 옆에 모여 주시기 바라며, 여러분께서 저희 새 진열 공간을 살펴 보실 수 있도록 곧 문을 열 것입니다. 매장 관리 책임자께서 늦은 배송으로 인해, **11** 아발론 리클라이너 제품은 일시적으로 재고가 없지만, 다른 모든 가구 컬렉

션은 재고가 완전히 갖춰져 있다는 사실을 여러분께 알려 드리도록 요청하셨습니다. 다시 한 번 전해 드리는 사항으로서, **12** 저희 개장 기념 행사가 오늘과 내일 진행될 것이므로, 여유 있게 둘러 보시면서 독점 할인 서비스도 즐겨 보시기 바랍니다!

어휘 have A do: A에게 ~하게 하다 gather 모이다 shortly 곧, 머지 않아 explore ~을 살펴 보다, ~을 탐구하다 ask A to do: A에게 ~하도록 요청하다 let A know that: A에게 ~라고 알리다 due to ~로 인해 shipment 배송(품) temporarily 일시적으로, 임시로 out of ~이 다 떨어진, ~을 다 쓴 fully 완전히, 전적으로, 최대로 stocked 재고가 갖춰진 reminder (메시지 등) 다시 알려 주는 것, 상기시키는 것 take place 진행되다, 개최되다 take your time -ing 여유 있게 ~하세요, 시간을 갖고 ~하세요 browse ~을 둘러 보다 exclusive 독점적인, 전용의 offer n. 할인(품), 특가(품)

10. 화자가 누구일 것 같은가?
(A) 가구 디자이너
(B) 보안 직원
(C) 매장 직원
(D) 회사 설립자

11. 책임자가 전하는 어떤 정보를 화자가 공유하는가?
(A) 영업 시간이 연장될 것이다.
(B) 배송 요금이 면제될 것이다.
(C) 한 제품이 이용할 수 없다.
(D) 진열 공간이 확장되었다.
어휘 extend ~을 연장하다 waive ~을 면제해 주다, ~을 철회하다 unavailable 이용할 수 없는 enlarge ~을 확장하다, ~을 확대하다

12. 화자가 청자들에게 무엇과 관련해 상기시키는가?
(A) 판촉 행사가 온라인에서 제공될 것이다.
(B) 매장 회원권을 구입할 수 있다.
(C) 무료 선물이 입구에서 이용 가능하다.
(D) 행사가 이틀 동안 지속될 것이다.
어휘 remind ~에게 상기시키다, ~에게 다시 알리다 promotion 판촉 (행사), 홍보, 승진, 촉진 last v. 지속되다

13-15. 다음 전화 메시지와 주문 양식을 참조하시오.

안녕하세요, 테레사 스미스 씨께 이 메시지를 남깁니다. **13** 저는 오스터먼 주식회사의 인사부에서 전화 드리는 사람입니다. 제가 저희 회사의 신입 직원들에게 필요한 몇몇 유니폼을 주문하기 위해 어제 귀하의 작업복 매장을 방문했습니다. 저, **14** 저희가 필요로 하는 라지 사이즈 셔츠의 숫자에 대해 실수를 했다는 사실을 막 알게 되었습니다. 제가 그것을 20장 주문했어야

했습니다. 이것이 귀하께 너무 많은 불편함을 초래하지 않기를 바랍니다. 앞서 함께 이야기한 바와 같이, **15** 제가 내일 오전에 귀하의 매장에 다시 찾아 가서 제품을 수령하고 그에 대한 비용을 지불할 것입니다. 도와 주셔서 감사합니다.

고객명: 오스터먼 주식회사	
주문 사항: 직원용 유니폼	
제품	수량
셔츠 (스몰)	15
셔츠 (미디엄)	30
셔츠 (라지)	10
야구 모자	55

어휘 leave ~을 남기다 human resources 인사(부), 인적 자원 apparel 복장, 의류 order v. ~을 주문하다 n. 주문(품) notice that ~임을 알게 되다, ~라는 점에 주목하다 make an error 실수하다 should have p.p. ~했어야 했다 cause ~을 초래하다 inconvenience 불편함 collect ~을 받아 오다, ~을 수거하다

13. 화자가 어느 부서에 근무하는가?
(A) 고객 서비스
(B) 인사
(C) 마케팅
(D) 회계

14. 시각자료를 보시오. 어느 수량이 변경되어야 하는가?
(A) 15
(B) 30
(C) 10
(D) 55

15. 화자가 내일 무엇을 할 것이라고 말하는가?
(A) 신입 직원들을 만나는 일
(B) 비용을 지불하는 일
(C) 몇몇 제품을 보내는 일
(D) 환불을 요청하는 일
어휘 make a payment 비용을 지불하다, 결제하다 request ~을 요청하다 refund 환불(액)

UNIT 11 기타 일상 생활 토픽

빈칸 채우기 정답

- real estate agent 부동산 중개인
- lease 임대하다
- suburb 교외 Ⓟ outskirt
- conveniently located 편리한 곳에 위치한
- fully furnished 가구가 모두 비치된
- remedy 치료법
- prescription 처방전
- reschedule an appointment 진료 예약 일정을 바꾸다

REVIEW TEST

1. (D)	2. (C)	3. (A)	4. (A)	5. (B)
6. (C)	7. (C)	8. (D)	9. (A)	10. (C)
11. (C)	12. (B)	13. (A)	14. (B)	15. (C)

1-3. 다음 대화를 참조하시오.

남: 안녕하세요. **1** 내부 설비가 완비된 아파트를 임대하는 일과 관련해 전화 드렸습니다. 제가 배정된 업무로 인해 오스틴으로 이사합니다.

여: 기꺼이 도와 드리겠습니다. 찾고 계시는 것과 관련해서 조금 더 말씀해 주시겠습니까?

남: 그럼요! **2** 제 사무실은 은행과 금융 기관들이 집중되어 있는 시내에 위치해 있고, 저는 거기서 걸어서 금방 갈 수 있는 거리 내에 있고 싶습니다. 현대적인 편의 시설과 충분한 자연광, 그리고 근처의 식료품점과 대중 교통에 대한 접근성을 지닌 침실 두 개짜리 아파트면 좋겠습니다. 이에 대해 도와 주실 수 있을지도 모른다고 생각하시나요?

여: 물론입니다! 저희가 그 지역에 고객님의 요구를 충족해 드릴 수 있는 여러 건물을 보유하고 있습니다. 저희가 선택 범위를 좁힐 수 있도록 **3** 고객님의 예산을 알려 주시기 바랍니다.

어휘 rent ~을 임대하다, ~을 대여하다 furnished 내부 설비가 완비된 assignment 배정(된 일) look for ~을 찾다 be located 위치해 있다 downtown 시내에 financial institution 금융 기관 concentrated 집중된 within short walking distance of ~에서 걸어서 금방 갈 수 있는 거리에 있는 amenities 편의 시설 plenty of 충분한, 많은 access to ~에 대한 접근(성), ~에 대한 이용 (권한)

---

nearby 근처의 public transport 대중 교통 be able to do ~할 수 있다 help A with B: B에 대해 A를 돕다 property 건물, 부동산, 자산 meet (요구, 조건 등) ~을 충족하다 Let me know ~을 알려 주십시오 budget 예산 narrow down ~의 범위를 좁히다

1. 여자가 어디에 근무하고 있을 것 같은가?
(A) 금융 기관에
(B) 이사 전문 회사에
(C) 구직 상담 업체에
(D) 부동산 중개소에

2. 남자가 자신의 사무실과 관련해 무슨 말을 하는가?
(A) 자연광이 충분히 들어 온다.
(B) 임대 계약이 만료되었다.
(C) 금융가에 위치해 있다.
(D) 대중 교통과 가까이 있다.

어휘 lease 임대 계약(서) expire 만료되다 district 구역, 지구, 지역 close to ~와 가까운

3. 여자가 어떤 정보를 요청하는가?
(A) 지출 계획
(B) 회의 날짜
(C) 지인들의 명단
(D) 등록 양식

어휘 spending 지출, 소비 contact 지인, 연락 관계에 있는 사람 registration 등록 form 양식, 서식

4-6. 다음 대화를 참조하시오.

남: 안녕하세요. **4** 치아 세정 예약을 했으면 합니다. 오늘 오후에 어떤 빈 시간대라도 있나요?

여: 확인해 보겠습니다. 흠... 저희가 오늘 남은 시간 동안 완전히 예약되어 있는 것 같은데, 내일 오전 9시에 빈 시간대가 있습니다.

남: 저, **5** 제가 회사에서 10시에 회의가 있는 것 같습니다.

여: 약 30분 정도밖에 걸리지 않을 겁니다.

남: **6** 대신 주말 중에 오는 게 더 나을 것 같아요. 정말로 그 회의의 어떤 부분도 놓치는 위험을 감수할 수는 없습니다.

여: 좋습니다. 토요일에 이용 가능한 여러 시간대가 있습니다.

남: 잘됐네요. 저는 토요일에 하루 종일 시간이 납니다.

어휘 make an appointment 예약하다 dental 치아의, 치과의 cleaning 세정, 세척 opening 빈 시간대, 빈 자리, 공석 It looks like ~인 것 같다, ~인 것처럼 보이다 fully 완전히, 전적으로, 모두 booked 예약된 the rest of ~의 나머지 I'm afraid (부정적인 일에 대해) ~인 것 같다, 유감이지만 ~이다 take ~의 시간이 걸리다 about 약, 대략 instead 대신 risk -ing ~하는 위험을 감수하다 miss ~을 놓치다,

~에서 빠지다, ~을 지나치다 time slot 시간대 available
(사물 등) 이용 가능한, (사람) 시간이 나는

4. 남자가 전화하는 목적이 무엇인가?
(A) 예약 일정을 잡기 위해
(B) 상담을 요청하기 위해
(C) 구직 자리와 관련해 문의하기 위해
(D) 청구서 발급 문제를 이야기하기 위해

어휘 request ~을 요청하다 consultation 상담, 상의 inquire
문의하다 vacancy 빈 자리, 공석 billing 청구서 발급
issue 문제, 사안

5. 여자가 "약 30분 정도밖에 걸리지 않을 겁니다"라고 말할 때
무엇을 암시하는가?
(A) 변경이 불가능하다.
(B) 남자가 회사에 늦지 않을 것이다.
(C) 자신이 곧 해당 요청에 대응할 것이다.
(D) 남자가 더 빨리 일해야 한다.

어휘 respond to ~에 대응하다, ~에 대답하다

6. 남자가 무엇을 하기로 결정하는가?
(A) 다른 업체를 방문하는 일
(B) 동료 직원에게 연락하는 일
(C) 다른 날에 찾아 오는 일
(D) 회의 일정을 재조정하는 일

어휘 decide to do ~하기로 결정하다 contact ~에게
연락하다 colleague 동료 (직원) reschedule ~의 일정을
재조정하다

7-9. 다음 대화와 노선도를 참조하시오.

남: 실례지만, 조언 좀 해 주실 수 있으세요? 제가 해외에서 방문
중인데, 어느 지하철 노선을 타야 하는지 파악하는 데 어려
움을 겪고 있습니다.
여: 물론이죠, 기꺼이 도와 드리겠습니다. 어디로 가시나요?
남: 윌킨스 경기장으로 가야 합니다. **7** 제가 오늘 오후에 그곳
에서 야구 경기를 관람할 계획이거든요.
여: 아, 야구 경기장은 포터 스트리트 역에서 가까워요. 유일한
문제는 그 노선이 현재 유지 관리 작업으로 인해 폐쇄되어
있다는 점입니다. 하지만 대안이 있어요. **8** 10번 애비뉴
역으로 가는 다른 노선을 타신 다음, 그곳에서 경기장으로
가는 택시를 타시면 됩니다.
남: 정말 감사합니다. **9** 기사님께서 오직 현금만 받으실까요?
여: 대부분의 기사님께서 현금과 신용카드 결제 비용 둘 모두 받
으시긴 하지만, 운행이 시작되기 전에 여쭤 보시는 게 항상
좋은 생각이죠, 확실히 해 두기 위해서요.

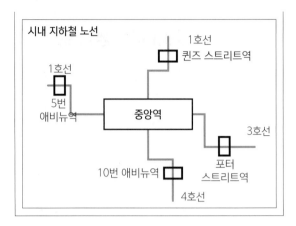

시내 지하철 노선

1호선 / 퀸즈 스트리트역
1호선 / 5번 애비뉴역
중앙역
3호선 / 포터 스트리트역
10번 애비뉴역
4호선

어휘 offer A advice: A에게 조언해 주다 from abroad
해외에서부터 have trouble -ing ~하는 데 어려움을 겪다
figure out ~을 파악하다, ~을 알아내다 take (교통편,
도로 등) ~을 타다, ~을 이용하다 be headed 가다, 향하다
get to ~로 가다 plan to do ~할 계획이다 catch ~을
관람하다, ~을 보다 issue 문제, 사안 currently 현재
maintenance 유지 관리, 시설 관리 alternative n. 대안
accept ~을 받아들이다 both A and B: A와 B 둘 모두
it's always a good idea to do ~하는 것이 항상 좋은
생각이다 ride (차량, 자전거 등의) 타고 가기 just to be
sure 확실히 해 두기 위해

7. 남자가 오늘 오후에 무엇을 한다고 말하는가?
(A) 가이드 동반 투어에 참가하는 일
(B) 친구를 만나는 일
(C) 스포츠 행사를 관람하는 일
(D) 몇몇 명소를 방문하는 일

어휘 landmark 명소, 주요 지형 지물

8. 시각자료를 보시오. 남자가 어느 노선을 탈 것 같은가?
(A) 1호선
(B) 2호선
(C) 3호선
(D) 4호선

9. 남자가 무엇에 관해 묻는가?
(A) 결제 방식
(B) 행사 일정
(C) 예상 이동 시간
(D) 서비스 비용

어휘 method 방식, 방법 estimated 예상되는, 추정되는

10-12. 다음 회의 발췌 내용을 참조하시오.

> [10] 블루버드 아파트 건물 세입자 조합 회의에 참석해 주신 여러분 모두에게 감사 드리고자 합니다. 여러분 모두 아시다시피, [11] 이곳의 새 수영장에 대한 공사 작업이 두 달 전에 시작되었습니다. 우리는 원래 이 작업이 오늘까지 완료될 것으로 예상했지만, 악천후로 인해 다수의 공사 지연 문제가 있었습니다. [12] 우리는 현재 이 수영장이 다음 주말까지 완공되어 여러분께서 이용하실 준비가 되기를 바라고 있습니다. 하지만, 일기 예보가 좋아 보이지는 않습니다.

어휘 attend ~에 참석하다 tenant 세입자 association 조합, 협회, 연합 originally 원래, 애초에 expect that ~할 것으로 예상하다 complete ~을 완료하다 by (기한) ~까지 numerous 다수의, 수많은 delay 지연, 지체 due to ~로 인해, ~ 때문에 however 하지만, 그러나 look 형용사: ~하게 보이다, ~한 것 같다

10. 청자들이 누구인가?
(A) 부동산 중개업자들
(B) 건물 주인들
(C) 건물 세입자들
(D) 공사 인부들

어휘 real estate 부동산 property 건물, 부동산, 자산 landlord 집주인, 건물주

11. 화자의 말에 따르면, 두 달 전에 무슨 일이 있었는가?
(A) 아파트 건물이 페인트칠되었다.
(B) 건물 하나가 매물로 나왔다.
(C) 한 공사 프로젝트가 시작되었다.
(D) 수영장 한 곳이 개장되었다.

어휘 be put up for sale 매물로 나오다 commence 시작되다

12. 화자가 왜 "일기 예보가 좋아 보이지는 않습니다"라고 말하는가?
(A) 한 가지 활동을 연기하도록 제안하기 위해
(B) 너무 낙관적으로 느끼는 것에 대해 주의를 주기 위해
(C) 적절한 옷을 착용하도록 권장하기 위해
(D) 한 행사가 실내에서 개최되도록 제안하기 위해

어휘 suggest -ing ~하도록 제안하다 postpone ~을 연기하다, ~을 미루다 warn against ~에 대해 주의를 주다 optimistic 낙관적인 recommend -ing ~하도록 권하다 appropriate 적절한, 해당하는 clothing 옷, 의류 hold ~을 개최하다

13-15. 다음 전화 메시지와 대출 선택 사항을 참조하시오.

> 저는 호라이즌 트러스트 은행에서 전화 드리는 아이샤 칸입니다. [13] 귀하께서 귀하의 스테이크하우스를 확장하시기 위해 제출하신 대출 요청서와 관련해 연락 드렸습니다. 저는 귀하의 사업이 번창하고 있다는 얘기를 듣게 되어 기쁘게 생각하며, 제 동료 직원들과 저는 그곳에서 식사하는 것을 즐겨하고 있고, 저희는 그곳을 항상 시에서 가장 좋은 곳으로 여겨 왔습니다. [14] 귀하께서 8퍼센트의 이자율에 대한 자격이 있으시다는 사실을 알려 드리게 되어 기쁩니다. 다음 단계는 [15] 대출 조건을 더 자세히 살펴 보실 수 있도록 귀하께서 저희 은행을 방문하시는 것입니다. 555-0134번으로 저희에게 전화 주시면, [15] 제 비서가 예약 일정을 잡으시도록 도와 드릴 수 있습니다.

호라이즌 트러스트 은행 사업 대출

대출	이자율
스마트스타트	5%
파이어니어	8%
플렉시펀드	10%
모멘텀	12%

어휘 reach out 연락하다 loan 대출 request 요청(서) submit ~을 제출하다 expand ~을 확장하다, ~을 확대하다 thrive 번창하다, 번성하다 colleague 동료 (직원) dine 식사하다 consider A B: A를 B로 여기다 spot 장소, 자리, 지점 inform A that: A에게 ~라고 알리다 qualify for ~에 대한 자격이 있다 interest rate 이자율 review ~을 살펴 보다, ~을 검토하다 term 조건, 조항 in more detail 더 자세히 help do ~하는 것을 돕다 appointment 예약, 약속

13. 청자가 어떤 종류의 업체를 소유하고 있는가?
(A) 레스토랑
(B) 식료품점
(C) 출장 요리 제공 회사
(D) 광고 대행사

14. 시각자료를 보시오. 청자가 어느 대출 상품에 대한 자격이 있는가?
(A) 스마트스타트
(B) 파이어니어
(C) 플렉시펀드
(D) 모멘텀

어휘 be eligible for ~에 대한 자격이 있다

15. 화자는 비서가 무엇을 할 수 있다고 말하는가?
(A) 과정을 설명해 주는 일
(B) 불만 사항을 처리하는 일
(C) 회의 시간을 마련하는 일

(D) 문서를 편집하는 일

어휘 explain ~을 설명하다 process 과정 handle ~을
　　처리하다, ~을 다루다 complaint 불만, 불평 set up ~을
　　마련하다, ~을 설정하다, ~을 설치하다 edit ~을 편집하다

UNIT 12 전화 메시지 / 자동 응답 안내

빈칸 채우기 정답

- **place** an order 주문하다
- **inventory** 재고
- **You have reached** ~ ~에 전화하셨습니다, 여기는 ~입
  니다
- **business hours** 영업시간
- **stay** on the line 전화를 끊지 않고 기다리다
- **at extension 4423** 내선번호 4423번으로

REVIEW TEST

1. (C)	**2.** (C)	**3.** (C)	**4.** (B)	**5.** (B)
6. (B)	**7.** (B)	**8.** (D)	**9.** (C)	**10.** (B)
11. (D)	**12.** (B)	**13.** (B)	**14.** (C)	**15.** (D)

1-3. 다음 대화를 참조하시오.

여: 자, **1** 우리가 오늘 스튜디오에서 우리의 가장 인기 있는 시
트콤의 최종 방송분을 촬영합니다. 그러니까 우리의 생방송
방청객들을 위해 이를 특별 행사로 만들 수 있도록 몇몇 세
부 사항들을 살펴 봅시다.
남: 물론입니다. 음, 모든 방청객들께서 이 프로그램의 엄청난
팬이시기 때문에, **2** 오전 10시부터 11시까지 세트와 스튜
디오에 대한 견학 시간을 제공해 드리는 것으로 시작할 겁니
다. 그런 다음, 점심 뷔페 식사를 즐기실 수 있을 겁니다.
여: 아주 좋습니다. 아, 반드시 우리에게 충분한 음식이 있도록
해야 할 겁니다. **3** 얼마나 많은 분들께서 오늘 특별 촬영
시간에 오실 예정인가요?

어휘 film ~을 촬영하다 episode 1회 방송분 go over ~을
　　살펴 보다, ~을 검토하다 details 세부 사항, 상세 정보 so
　　that (목적) ~하도록, (결과) 그래서, 그래야 occasion
　　행사, 때, 경우 audience 방청객들, 청중, 시청자들 huge
　　엄청난 by (방법) ~하는 것으로, ~함으로써 be able to
　　do ~할 수 있다 make sure (that) 반드시 ~하도록 하다,
　　~임을 확실히 해 두다

1. 화자들이 어디에 근무하는가?
　(A) 라디오 방송국에
　(B) 영화관에
　(C) 텔레비전 스튜디오에
　(D) 미술관에

2. 남자의 말에 따르면, 오전 10시에 무슨 일이 있을 것인가?
　(A) 입장권이 판매에 돌입할 것이다.
　(B) 연설이 있을 것이다.
　(C) 견학이 진행될 것이다.
　(D) 특별 손님이 도착할 것이다.

어휘 go on sale 판매에 돌입하다 take place 진행되다,
　　개최되다

3. 여자가 어떤 정보를 요청하는가?
　(A) 뷔페 식사 시작 시간
　(B) 행사 지속 시간
　(C) 참가자 숫자
　(D) 입장료

어휘 duration 지속 시간 attendee 참석자 admission
　　입장(료), 입회, 가입

4-6. 다음 3인 대화를 참조하시오.

여: 안녕하세요, 데이빗 씨 그리고 필립 씨. **4** 7월에 있을 생명
공학 컨벤션에 등록하시는 데 관심 있으신가요? 우리 분야
의 다른 전문가들과 만나 잠재적인 협업을 논의해 볼 수 있
는 아주 좋은 기회일 것 같아요.
남1: 네, 저희는 이미 등록했습니다. 사실, **5** 필립 씨와 제가
그 행사 중에 부스를 운영할 예정입니다. 저희가 이곳에서
하는 하는 일과 관련해 참가자들께 이야기해 드릴 겁니다.
여: 아주 잘됐네요! 어떤 추가적인 도움이라도 필요하신가요?
남1: 저는 저희가 다른 인원을 한 명 더 참여시키는 것으로부터
혜택을 보게 될 거라고 생각합니다. 어떻게 생각하세요, 데
이빗 씨?
남2: 당연합니다! **6** 우리 쇼 운영부장님의 승인이 필요하실 겁
니다. 지금 그분 사무실에 들르시면, 퇴근하시기 전에 붙잡
으실 수 있습니다.
여: **6** 좋아요. 제가 나중에 다시 연락드릴게요.

어휘 be interested in ~에 관심이 있다 register for ~에
　　등록하다 biotechnology 생명 공학 It seems like ~인
　　것 같다 professional n. 전문가 field 분야 potential
　　잠재적인 collaboration 협업, 공동 작업 sign up for
　　~에 등록하다, ~을 신청하다 run ~을 운영하다 booth
　　(행사장 등의) 부스, 임시 칸막이 공간 participant 참가자
　　extra 추가의, 별도의 benefit from ~로부터 혜택을
　　보다, ~로부터 이득을 얻다 have A p.p.: A를 ~되게 하다
　　involve ~을 참여시키다, ~을 관여시키다 approval 승인

operation 운영, 가동, 작동, 영업 stop by ~에 들르다
get back to ~에게 다시 연락하다

4. 화자들이 어느 업계에 종사하고 있는가?
    (A) 건축
    (B) 생명 공학
    (C) 전기 공학
    (D) 재생 가능 에너지
어휘 renewable 재생 가능한

5. 남자들이 다가오는 행사에서 무엇을 할 것인가?
    (A) 몇몇 상을 수여하는 일
    (B) 행사장 부스를 운영하는 일
    (C) 몇몇 인터뷰를 실시하는 일
    (D) 신제품을 시연하는 일
어휘 present ~을 주다, ~을 제공하다 conduct ~을 실시하다
demonstrate ~을 시연하다, ~을 시범 보이다

6. 여자가 곧이어 무엇을 할 것 같은가?
    (A) 등록 양식을 제출하는 일
    (B) 부서장의 승인을 요청하는 일
    (C) 행사 일정표를 살펴 보는 일
    (D) 직원 회의에 참석하는 일
어휘 submit ~을 제출하다 registration 등록 form 양식,
서식 request ~을 요청하다 review ~을 살펴 보다, ~을
검토하다

7-9. 다음 대화를 참조하시오.

> 남: 베키 씨, **7** 제가 내일 몇몇 투자자들에게 우리 공장을 견학시
> 켜 드립니다. 제가 전이 이런 책임을 맡은 적이 없었기 때문
> 에, 잘 진행되게 하는 방법에 관해 조언해 주신다면 정말 감
> 사하겠습니다. **8** 지금 여유 시간이 조금이라도 있으신가
> 요?
> 여: 아, <mark>이 보고서 마감 기한이 다음 주 목요일이나 되어야 합니
> 다.</mark> **8** 제 사무실로 들어 오세요. 메모지와 그분들의 내일
> 방문 일정표를 챙겨 오셨나요?
> 남: 네, 여기 갖고 있습니다. 제가 불확실하게 느끼는 주된 부분
> 이 **9** 우리가 제조하는 새로운 가전 기기에 관한 제 발표입
> 니다. **9** 저는 조금 더 길게 만들어 볼 생각입니다. 동의하
> 시나요?

어휘 investor 투자자 responsibility 책임(감) appreciate
~에 대해 감사하다 how to do ~하는 방법 make A do:
A를 ~하게 만들다 go well 잘 진행되다 deadline 마감
기한 not until A: A나 되어야 한다 be uncertain about
~에 대해 불확실하다 presentation 발표(회) appliance
가전 기기 manufacture ~을 제조하다 a bit 조금, 약간
agree 동의하다

7. 남자가 내일 무엇을 할 것인가?
    (A) 컨퍼런스에 참석하는 일
    (B) 견학을 실시하는 일
    (C) 점검을 실시하는 일
    (D) 일부 직원을 교육하는 일
어휘 attend ~에 참석하다 conduct ~을 실시하다(= perform)
inspection 점검, 검사 train ~을 교육하다

8. 여자가 왜 "이 보고서 마감 기한이 다음 주 목요일이나 되어
야 합니다"라고 말하는가?
    (A) 남자가 한 일을 칭찬하기 위해
    (B) 한 행사의 일정을 재조정하도록 제안하기 위해
    (C) 남자의 조언을 받아들이기 위해
    (D) 자신의 시간 활용 가능성을 확인해 주기 위해
어휘 praise ~을 칭찬하다 suggest -ing ~하도록 제안하다
reschedule ~의 일정을 재조정하다 accept ~을
받아들이다 confirm ~을 확인해 주다 availability 시간
활용 가능성, 시간이 나는지의 여부

9. 남자가 무엇을 변경하는 것을 고려하고 있는가?
    (A) 회의 장소
    (B) 시연회 시간
    (C) 발표의 길이
    (D) 점심 시간의 길이
어휘 location 장소, 위치 demonstration 시연(회), 시범
duration 시간 길이, 지속 시간

10-12. 다음 녹음 메시지를 참조하시오.

> 바튼 브로드밴드에 연락 주셔서 감사합니다. **10** 저희는 현재 지
> 역 내의 많은 건물과 업체들이 인터넷 연결이 되지 않는다는 사
> 실을 인식하고 있습니다. 저희 직원들이 가능한 한 신속히 이 문
> 제를 해결하고 서비스를 복구하기 위해 부지런히 작업하고 있
> 습니다. 하지만, **11** 이 문제가 꽤 광범위한 것이기 때문에, 저희
> 가 구체적인 시간 범위를 제공해 드릴 수 없습니다. 여러분의 지
> 역에서 언제 연결 서비스가 복구될 것인지에 관한 최신 정보는,
> **12** 저희 앱의 홈페이지를 확인하시기 바랍니다. 공지가 메뉴 검
> 색 바 위쪽에 실시간으로 게시되고 있습니다. 고객 서비스 직원
> 과 이야기하시는 것을 원하시는 경우, 끊지 말고 대기해 주시기
> 바랍니다.

어휘 reach out to ~에 연락하다 recognize that ~임을
인식하다 currently 현재 connection 연결, 접속,
관련(성) diligently 부지런히 resolve ~을 해결하다
issue 문제, 사안 restore ~을 복구하다, ~을 복원하다 as
~ as one can 가능한 한 ~하게 however 하지만, 그러나
quite 꽤, 상당히 extensive 광범위한, 폭넓은 be unable
to do ~할 수 없다 specific 구체적인, 특정한 timeframe
시간 범위, 시간대 region 지역 notice 공지, 안내(문)

post ~을 게시하다 in real-time 실시간으로 navigation bar 메뉴 검색 바 would prefer to do ~하기를 원하다, ~하고 싶다 agent 직원, 대리인 hold the line 끊지 않고 기다리다

10. 메시지가 무엇에 관한 것인가?
(A) 전기 문제
(B) 인터넷 서비스 중단
(C) 몇몇 떨어진 전화선
(D) 몇몇 회수된 기기들

어휘 outage 서비스 중단, 정전, 단수 fallen 떨어진 recall (결함 제품 등) ~을 회수하다 device 기기, 장치

11. 화자가 무엇에 관한 구체적인 정보를 제공해 줄 수 없는가?
(A) 몇몇 조사가 언제 완료될지
(B) 몇몇 계산 작업이 언제 이뤄질지
(C) 한 가지 결정이 언제 승인될지
(D) 한 가지 문제가 언제 바로잡힐지

어휘 complete ~을 완료하다 calculation 계산 decision 결정 approve ~을 승인하다 fix ~을 바로잡다, ~을 고치다

12. 화자의 말에 따르면, 모바일 애플리케이션에서 무엇을 이용할 수 있는가?
(A) 내비게이션 지도
(B) 실시간 공지
(C) 진단 테스트
(D) 디지털 사용자 설명서

어휘 access ~을 이용하다, ~에 접근하다 diagnostics 진단(법) manual 설명서, 안내서

13-15. 다음 전화 메시지를 참조하시오.

> 마빈 씨, **13** 다음 주에 연간 휴가 중 5일을 쓰겠다고 요청한 저희 직원, 프레드 데이빗슨 씨에 관한 당신의 이메일을 막 읽어봤습니다. 이분이 일주일 전의 사전 통보를 제공하지 않았기 때문에 **14** 우리가 이를 허용하지 말아야 한다는 말씀이 전적으로 옳습니다. 제가 이미 이 휴가 요청과 관련해 프레드 씨와 이야기 나눴는데, 이분의 사유가 이해됩니다. 그래서, 사실, 제가 막 승인하려는 참이었습니다. 우리가 이번 경우에 대해서는 수용할 수 있지만, 앞으로는 그럴 수 없습니다. **15** 내일 오전에 전 직원과 함께 하는 회의가 있으므로, 직원들에게 해당 정책 및 올바른 절차를 상기시켜 줄 수 있습니다.

어휘 request to do ~하도록 요청하다 annual 연간의, 연례적인 leave 휴가(= time off) completely 전적으로, 완전히 correct 옳은, 맞는, 정확한 allow ~을 허용하다 notice 사전 통보, 공지, 안내(문) be about to do 막 ~하려는 참이다 approve ~을 승인하다 accept ~을 수용하다, ~을 받아들이다 occasion 경우, 때, 행사

remind A of B: A에게 B를 상기시키다 policy 정책, 방침 procedure 절차

13. 전화 메시지가 무엇에 관한 것인가?
(A) 사업 계약
(B) 직원의 요청
(C) 공휴일
(D) 고용 기회

어휘 deal 계약, 거래 employment 고용, 취업 opportunity 기회

14. 화자가 "제가 막 승인하려는 참이었습니다"라고 말할 때 무엇을 암시하는가?
(A) 한 가지 일에 대한 도움을 요청하고 있다.
(B) 지연 문제에 대해 미안해하고 있다.
(C) 자신의 결정을 바꾸지 않을 것이다.
(D) 곧 시간이 날 것이다.

어휘 assistance 도움, 지원 task 일, 업무 delay 지연, 지체 decision 결정 available (사람) 시간이 나는, (사물 등) 이용 가능한 shortly 곧, 머지 않아

15. 화자가 내일 오전에 무슨 일이 있을 것이라고 말하는가?
(A) 교육 워크숍이 개최될 것이다.
(B) 한 직원이 승진될 것이다.
(C) 지각 관련 정책이 변경될 것이다.
(D) 직원 회의가 개최될 것이다.

어휘 training 교육, 훈련 hold ~을 개최하다 promote ~을 승진시키다, ~을 촉진하다, ~을 홍보하다 lateness 지각 take place 개최되다, 진행되다

UNIT 13 회의 발췌

빈칸 채우기 정답

- on such short notice 갑작스런 공지에도
- call the meeting 회의를 소집하다
- **Sales are down.** 매출이 떨어졌다(= financially struggle)
- boost sales 매출을 신장시키다
- time-off policy 휴가 정책
- modify ~을 수정하다
- hold a **training session[workshop]** 교육 연수를 열다

REVIEW TEST

1. (D)	**2.** (A)	**3.** (B)	**4.** (D)	**5.** (C)
6. (C)	**7.** (A)	**8.** (D)	**9.** (A)	**10.** (C)
11. (D)	**12.** (B)	**13.** (C)	**14.** (D)	**15.** (B)

1-3. 다음 대화를 참조하시오.

> **여:** 안녕하세요, 제가 막 새 일을 시작했는데, **1** 저희 고용주께서 저에게 회사 법인 카드로 새 노트북 컴퓨터를 구입하기를 원하고 계세요. 대부분 화상 회의와 그래픽 디자인 업무용으로 사용하게 될 겁니다.
>
> **남:** 좋습니다. 지금 몇몇 모델을 추천해 드릴까요?
>
> **여:** 네, 하지만 **2** 저희 고용주께서 제품 구매를 위해 저에게 제공해 주신 예산과 관련해 조금 걱정이 됩니다. 제가 여기 진열대에서 볼 수 있는 가격을 충당할 것 같지 않아요.
>
> **남:** 아, 이것들은 저희 최고급 모델들입니다. 고객님의 요구를 충족해 드릴 몇몇 더 저렴한 것들도 있습니다. **3** 저와 함께 매장 뒤쪽에 있는 진열대로 가 보시면, 제가 몇 가지 보여 드리겠습니다.
>
> **여:** 그럼 아주 좋을 것 같아요. 감사합니다.

어휘 employer 고용주 want A to do: A에게 ~하기를 원하다 purchase v. ~을 구입하다 n. 구입(품) teleconferencing 화상 회의 a bit 조금, 약간 be worried about ~와 관련해 걱정하다 budget 예산 cover ~을 충당하다 on display 진열된, 전시된 high-end 최고급의 affordable 저렴한, 가격이 알맞은 meet (조건, 요구 등) ~을 충족하다 display 진열(품), 전시(품)

1. 여자가 무엇을 쇼핑하고 있는가?
(A) 텔레비전
(B) 자동차
(C) 휴대전화
(D) 컴퓨터

2. 여자가 무엇과 관련해 우려하는가?
(A) 예산이 너무 적을 수 있다.
(B) 배송료가 너무 높다.
(C) 매장 판촉 행사가 종료되었다.
(D) 회사 법인 카드가 분실되었다.

어휘 concerned 우려하는, 걱정하는 promotion 판촉 (행사), 홍보, 촉진, 승진 missing 분실된, 사라진, 빠진

3. 여자가 곧이어 무엇을 할 것인가?
(A) 비용을 지불하는 일
(B) 남자를 따라가는 일
(C) 고용주에게 연락하는 일
(D) 웹 사이트를 방문하는 일

4-6. 다음 3인 대화를 참조하시오.

> **여1:** 안녕하세요, 여러분. 좋지 않은 소식이 좀 있어요. **4** 우리 새 사무용 책상과 의자를 배송해 주시는 택배 기사님으로부터 방금 전화를 받았어요. 이분께서 시내 구역에 계시기는 하지만, 지금 극심한 교통 체증에 갇혀 계십니다.
>
> **남:** **5** 제가 불과 몇 분 전에 교통 상태에 관한 방송을 라디오에서 들었어요. 그 이유가 오늘 저녁에 개최되는 대규모 팝 콘서트가 있기 때문입니다. 모니카 씨, 당신이 시내 구역을 통과하는 몇몇 지름길을 알고 계시지 않나요?
>
> **여2:** 네, 매일 운전해서 지나 다니죠. **6** 그 기사님께 상업 지구를 통과하는 대신 강변을 따라 이어지는 도로를 타시라고 말씀 드리세요.
>
> **여1:** 알겠습니다, 그분께 메시지 보내서 알려 드릴게요.

어휘 courier 택배 기사, 택배 회사 be stuck in ~에 갇혀 있다 heavy traffic 극심한 교통 체증 broadcast 방송 condition 상태, 상황, 조건, 환경 there's A -ing: ~하는 A가 있다 hold ~을 개최하다 shortcut 지름길 take (도로, 교통편 등) ~을 타다, ~을 이용하다 along (길 등) ~을 따라 instead of ~ 대신 commercial 상업의 district 지구, 구역 let A know: A에게 알리다

4. 화자들이 무엇이 배송되기를 기다리고 있는가?
(A) 건설 공구
(B) 명함
(C) 가전 기기
(D) 사무용 가구

어휘 expect to do ~하기를 기다리다, ~할 것으로 예상하다

5. 남자가 어떻게 한 가지 문제와 관련해 알고 있는가?
(A) 웹 사이트를 방문했다.
(B) 신문 기사를 읽었다.
(C) 라디오 보도를 들었다.
(D) 동료 직원과 이야기했다.

어휘 colleague 동료 (직원)

6. 모니카 씨는 기사가 무엇을 하도록 제안하는가?
(A) 배송 일정을 재조정하는 일
(B) 본사에 연락하는 일
(C) 대체 경로를 이용하는 일
(D) 두 번에 나눠서 오고가는 일

어휘 reschedule ~의 일정을 재조정하다 contact ~에게 연락하다 alternative 대체의, 대안의 route 경로, 노선 separate 분리된, 따로따로의, 별개의

7-9. 다음 대화와 안내도를 참조하시오.

> 여: 실례지만, **7** 제가 가능한 한 빨리 시청으로 가야 하는데, 그곳에서 15분 후에 구직 면접을 보기로 되어 있기 때문입니다. 제가 이 지하철 역에 익숙하지 않습니다. 이용하기 가장 좋은 출구를 알려 주실 수 있으세요? 1번 출구로 나오라는 얘기를 듣긴 했지만, 폐쇄되어 있는 것 같습니다.
>
> 남: 네, 시청 쪽 출구는 개조 공사 때문에 폐쇄되어 있습니다. **8** 센트럴 플라자로 가는 출구로 나가셔야 하는데, 그러시면 시청이 그곳에서 걸어서 불과 5분 거리밖에 되지 않을 겁니다.
>
> 여: 정말 감사합니다. 지금 그 출구로 뛰어 가야겠네요.
>
> 남: 별 말씀을요. 아, 그리고 **9** 그 출구 바로 밖에서, 무료 도시 안내도를 가져 가실 수 있어요. 나중에 쓸모가 있을지도 모릅니다.

1번 출구 시청	2번 출구 썬다운 몰
4번 출구 센트럴 플라자	3번 출구 메인 스트리트

어휘 get to ~로 가다 as A as possible: 가능한 한 A하게[A한] be supposed to do ~하기로 되어 있다, ~해야 하다, ~할 예정이다 in 시간: ~ 후에 be familiar with ~에 익숙하다, ~을 잘 알다 be told to do ~하라는 얘기를 듣다 it seems to do ~하는 것 같다 renovation 개조, 보수 run over to ~ 쪽으로 뛰어 가다 grab ~을 가져 가다 free 무료의 come in handy 쓸모가 있다, 도움이 되다

7. 여자가 왜 서두르고 있는가?
(A) 구직 면접이 있다.
(B) 의학 치료 예약이 있다.
(C) 고객 회의에 늦었다.
(D) 배송 일정이 뒤처져 있다.

어휘 appointment 예약, 약속 behind schedule 일정보다 뒤처진

8. 시각자료를 보시오. 여자가 어느 출구로 가야 하는가?
(A) 1번 출구
(B) 2번 출구
(C) 3번 출구
(D) 4번 출구

9. 남자의 말에 따르면, 한 출구에서 무엇을 얻을 수 있는가?
(A) 도시 지도
(B) 지하철 승차권

(C) 생수 1병
(D) 관광객 안내 책자

어휘 obtain ~을 얻다, ~을 획득하다

10-12. 다음 회의 발췌 내용을 참조하시오.

> 이 경영진 회의 시간이 끝나기 전에 마지막으로 한 가지 언급해 드릴 것이 있습니다. 손꼽히는 한 소프트웨어 회사의 대표자들께서 금요일에 우리 사무실을 방문하실 것입니다. 이분들께서 우리와 협업하는 데 관심이 있으시기 때문에, 제가 이분들께 **10** 우리가 만드는 모바일 애플리케이션을 보여 드릴 것입니다. 그 후에는, 여러분께서 각자 소속된 특정 부서가 무엇을 하는지에 관해 **11** 발표해 주셨으면 합니다. 제가 이에 대해 여러분을 도와 드릴 수 있도록 하루 전에 여러분과 만날 것입니다. 그리고, **12** 제가 이분들의 방문을 위해 졸리 케이터링 사에게 음식을 제공하게 할 계획을 세우고 있었는데, 이곳이 완전히 예약된 상태입니다. 다행히, <mark>지역 내의 한 새로운 출장 요리 제공 업체가 이용 가능성이 있습니다.</mark>

어휘 mention ~을 언급하다 management 경영(진), 관리(진) representative n. 대표자, 직원 leading 손꼽히는, 선도적인 collaborate with ~와 협업하다, ~와 공동 작업하다 would like A to do: A에게 ~하기를 원하다 give a presentation 발표하다 specific 특정한, 구체적인 beforehand 사전에, 미리 help A with B: B에 대해 A를 돕다 plan to do ~할 계획이다 have A do: A에게 ~하게 하다 fully 완전히, 전적으로, 모두, 최대로 booked 예약된 local 지역의, 현지의 caterer 출장 요리 제공 업체 availability 이용 가능성

10. 화자의 회사가 무엇을 개발하는가?
(A) 주방용 가전 기기
(B) 전자 기기
(C) 모바일 애플리케이션
(D) 전기 자동차

11. 화자가 왜 일부 청자들과 만날 것인가?
(A) 새로운 직무를 이야기하기 위해
(B) 사업 계약을 최종 확정하기 위해
(C) 여행 일정을 확인해 주기 위해
(D) 발표를 도와 주기 위해

어휘 finalize ~을 최종 확정하다 contract 계약(서) confirm ~을 확인해 주다 itinerary 일정(표) assist with ~을 돕다

12. 화자가 왜 "지역 내의 한 새로운 출장 요리 제공 업체가 이용 가능성이 있습니다"라고 말하는가?
(A) 이전의 실수를 바로잡기 위해
(B) 대안을 제안하기 위해
(C) 일부 음식의 수준을 칭찬하기 위해
(D) 점심 식사 계획을 취소하기 위해

어휘 correct v. ~을 바로잡다, ~을 정정하다 previous 이전의,
과거의 alternative n. 대안 praise ~을 칭찬하다

13-15. 다음 회의 발췌 내용을 참조하시오.

> **13** 우리 법무팀과 홍보팀의 통합을 최종 확정하기 위한 이 회
> 의 시간에 함께 해 주셔서 감사합니다. 법무팀의 하나 카스트로
> 씨께서 신임 부서장이 되실 것이며, 이전의 홍보부장이셨던 비
> 레시 조시 씨께서 선임 관리자가 되실 것입니다. **14** 이러한 구
> 조 조정으로 인해 우리 회사가 언론사의 문의에 더욱 효과적으
> 로 대응할 수 있을 것입니다. 앞으로 몇 달 동안, **15** 저는 우리
> 가 협업하는 환경을 구축하는 데 도움이 될 수 있게 매주 사교
> 적인 행사를 주최하도록 제안합니다. 어쨌든, 우리 각자는 서로
> 다른 전문적 배경을 갖고 있으니까요. 제가 곧 우리의 첫 모임에
> 관한 공지를 게시하겠습니다.

어휘 join ~에 함께 하다, ~에 합류하다 finalize ~을 최종
확정하다 merging 통합, 합병 legal 법률과 관련된
public relations 홍보 former 이전의, 전직 ~의
supervisor 관리자, 상사, 감독 restructuring 구조 조정,
조직 개편 allow A to do: A에게 ~할 수 있게 해 주다
firm 회사, 업체 respond to ~에 대응하다, ~에 답변하다
press 언론(사) inquiry 문의 effectively 효과적으로
propose that ~하도록 제안하다 hold ~을 개최하다
social 사교적인, 사회적인 help A do: A가 ~하는 데
도움이 되다 collaborative 협업하는, 협력하는 after all
어쨌든, 결국 post ~을 게시하다 notice 공지, 안내(문)
gathering 모임

13. 회의가 무엇에 관한 것인가?
(A) 급여 지급 오류
(B) 연구 조사
(C) 부서 개편
(D) 수익 보고서
어휘 payroll 급여 지급 총액, 급여 대상자 명단 reorganization
개편, 재편성 earnings 수입, 소득

14. 화자의 말에 따르면, 한 가지 전략이 어떻게 개선될 것인가?
(A) 한 가지 기계가 생산량을 더 빨리 만들어 낼 것이다.
(B) 한 소프트웨어 프로그램의 비용이 할인될 것이다.
(C) 고객 요청이 간소화될 것이다.
(D) 대중 매체의 참여가 더욱 효과적이게 될 것이다.
어휘 output 생산량, 출력 reduce ~을 할인하다, ~을
감소시키다 streamline ~을 간소화하다 engagement
참여, 관여 effective 효과적인

15. 화자가 왜 "우리 각자는 서로 다른 전문적 배경을 갖고 있으
니까요"라고 말하는가?
(A) 기술적 능력의 중요성을 강조하기 위해

(B) 상호간의 이해를 장려하기 위해
(C) 사업을 확장하도록 권하기 위해
(D) 일정이 조정되도록 요청하기 위해
어휘 stress ~을 강조하다 encourage ~을 장려하다, ~을
권장하다 mutual 상호간의, 서로의 expand ~을
확장하다, ~을 확대하다 ask for A to do: A가 ~하도록
요청하다 adjust ~을 조정하다, ~을 조절하다

UNIT 14 연설 / 인물 소개

빈칸 채우기 정답

- **행사 시작** 연설
- **신입 직원** 환영 및 교육 연설
- **은퇴**하는 직원 / 신입 직원 소개
- 워크숍 진행자 / **수상자** 소개

- workshop on + 주제 ~에 관한 워크숍
- hands-on experience 실습 경험
- go over ~을 검토하다 **ⓟ review**
- as a token of appreciation 감사의 표시로
- be honored to do ~하게 되어 영광이다
- give A a warm round of applause A에게 뜨거운 박수
를 보내다

REVIEW TEST

1. (D)	2. (C)	3. (B)	4. (C)	5. (A)
6. (D)	7. (C)	8. (D)	9. (B)	10. (A)
11. (B)	12. (B)	13. (A)	14. (B)	15. (C)

1-3. 다음 대화를 참조하시오.

> 여: 팔리 페이퍼 컴퍼니에 오신 것을 환영합니다. **1** 저희 행정
> 팀을 관리하시게 된다는 얘기를 들어서 너무 기쁩니다.
> 남: 감사합니다. 오늘 나머지 행정팀 직원들을 만나기를 고대하
> 고 있습니다.
> 여: 제가 잠시 후에 저희 직원들을 소개해 드리겠습니다. 이력서
> 에서 전에 클릭 오피스 서플라이즈 사의 부서장이셨다는 사
> 실을 알게 되었습니다. 어떠셨나요?
> 남: 그렇습니다. 아주 바쁜 업무 환경이었기 때문에, **2** 그곳에
> 서 근무하는 동안 효과적으로 시간을 관리하는 방법에 관해
> 많은 것을 터득했습니다.

여: 아주 좋은 것 같습니다! **3** 저희는 보통 근무일이 시작되기 전에 모든 행정팀 직원들과 회의를 합니다. 당일에 대한 저희 업무량을 계획할 수 있는 좋은 기회입니다.

어휘 supervise ~을 관리하다, ~을 감독하다 administration 행정 (업무) look forward to -ing ~하기를 고대하다 the rest of ~의 나머지 introduce A to B: A를 B에게 소개하다 in a moment 잠시 후에 notice that ~임을 알게 되다 résumé 이력서 used to do 전에 ~했다, ~하곤 했다 how to do ~하는 방법 effectively 효과적으로 while -ing ~하는 동안 normally 보통, 일반적으로 workload 업무량

1. 남자가 누구일 것 같은가?
  (A) 회사의 고객
  (B) 잠재 투자자
  (C) 최근의 졸업생
  (D) 신임 부서장
어휘 potential 잠재적인 investor 투자자 recent 최근의 graduate n. 졸업생

2. 남자가 이전의 일자리에서 무엇을 터득했다고 말하는가?
  (A) 효과적인 영업 방식
  (B) 불만 해결 방식
  (C) 시간 관리 능력
  (D) 마케팅 전략
어휘 effective 효과적인 sales 영업, 판매(량), 매출 approach (접근) 방식, 접근법 complaint 불만, 불평 resolution 해결 method 방식, 방법 strategy 전략

3. 각 근무일이 시작될 때 무엇이 진행되는가?
  (A) 성과 평가
  (B) 부서 회의
  (C) 교육 워크숍
  (D) 소프트웨어 업데이트
어휘 performance 성과, 실적, 수행 (능력), 실력 review 평가, 검토, 후기 training 교육, 훈련

4-6. 다음 대화를 참조하시오.

여: 해리 씨, **4** 어째서 오늘 아침에 열린 경영진 회의 시간에 오시지 않은 건가요? 우리 슈퍼마켓 직원들이 들으면 기뻐할 몇몇 소식을 놓치셨어요.
남: 아, 아까 부동산 중개업자와 중요한 약속이 있었어요. 회의 중에 무엇이 공지되었나요?
여: 음, 회사에서 직원 사기와 생산성을 증진하는 데 도움을 주기 위해 **5** 새로운 직원 보상 제도를 도입할 겁니다.
남: **5** 그 말씀을 듣게 되어 기쁘네요! 우리 직원들이 각자의 노

력에 대해 보상 받게 된다는 사실을 알면 분명 더 열심히 일할 거예요. 그 프로그램이 언제 시작되나요?
여: **6** 약간의 지연 문제가 있는데, 회계팀에서 그 프로그램에 예산을 할당할 시간이 필요하기 때문입니다. 다음 달에 시작되기를 바라고 있어요.

어휘 how come ~? 어째서 ~한가요? miss ~을 놓치다, ~을 지나치다, ~을 빠트리다 appointment 약속, 예약 real estate 부동산 agent 중개인, 대리인, 직원 introduce ~을 도입하다, ~을 소개하다 incentive 보상책, 장려 정책 scheme 제도, 계획 help do ~하는 데 도움을 주다 boost ~을 증진하다, ~을 높이다 morale 사기, 의욕 productivity 생산성 certainly 분명히, 확실히 reward ~에게 보상해 주다 effort 노력 a bit of 약간의 delay 지연, 지체 accounting 회계(부) allocate ~을 할당하다, ~을 배정하다 budget 예산

4. 남자의 직업이 무엇일 것 같은가?
  (A) 부동산 중개업자
  (B) 마케팅 이사
  (C) 슈퍼마켓 관리자
  (D) 직원 모집 담당자

5. 남자가 무엇에 관해 알고 기뻐하는가?
  (A) 새로운 직원 보상 프로그램이 시작될 것이다.
  (B) 개장 기념 행사가 개최될 것이다.
  (C) 직원들이 별도의 휴가일을 받을 것이다.
  (D) 교통비가 할인될 것이다.
어휘 hold ~을 개최하다 extra 별도의, 추가의 vacation 휴가 transportation 교통(편) reduce ~을 할인하다, ~을 감소시키다

6. 여자가 무엇이 지연을 초래했다고 말하는가?
  (A) 업체 이전
  (B) 행사 홍보
  (C) 장비 설치
  (D) 예산 할당
어휘 cause ~을 초래하다 relocation (위치) 이전, 재배치 promotion 홍보, 판촉 (행사) 승진, 촉진 equipment 장비 installation 설치 allocation 할당, 배정

7-9. 다음 대화를 참조하시오.

여: 안녕하세요, 게리 씨. 제가 우리의 새 온수 욕조와 관련해 **7** 방금 제품 개발팀과 이야기했는데, 그 팀에서 당신이 우리 웹 사이트에 있는 제품 사양을 좀 수정해 주셔야 한답니다.
남: 네, 그렇게 할 수 있습니다. 그 팀이 어떤 것을 수정하길 원하나요?

여: 음, 그 팀에서 새 온수 욕조에 대해 아주 중요한 개선 사항을 적용했어요. 원래, 전기 콘센트와 충전용 배터리로 전력이 공급될 예정이었는데, **8** 낮 시간 중에 자연적으로 충전될 수 있도록 제품에 태양열 전지판을 추가했습니다.

남: 놀라운 것 같아요! 저에게 그 기술을 설명해 주실 수 있게 오늘 오후에 만나 뵐 수 있나요?

여: 물론이죠, 그리고 **9** 미구엘 씨를 모시고 가야 하는데, 이분께서 그 새로운 기능을 고안하셔서 그에 관해 더 자세히 알려 드릴 수 있기 때문입니다.

어휘 development 개발, 발전 need A to do: A가 ~해야 하다, A가 ~할 필요가 있다 make a change to ~을 수정하다, ~을 변경하다 specifications (제품) 사양 make an improvement to ~을 개선하다, ~을 향상시키다 significant 중요한, 상당한 originally 원래, 애초에 be powered by ~로 전력이 공급되다 electrical outlet 전기 콘센트 rechargeable 재충전할 수 있는 add ~을 추가하다 solar panels 태양열 전지판 so that (목적) ~하도록, (결과) 그래서, 그래야 charge ~을 충전하다 explain ~을 설명하다 bring A along: A와 함께 가다 feature 기능, 특징 in more detail 더 자세히

7. 제품 개발팀은 남자가 무엇을 해 줄 필요가 있는가?
(A) 시제품을 테스트하는 일
(B) 보도 자료를 작성하는 일
(C) 웹 사이트를 업데이트하는 일
(D) 출시 행사를 주최하는 일

어휘 prototype 시제품, 원형 press release 보도 자료 organize ~을 주최하다, ~을 조직하다 launch 출시, 공개, 시작

8. 새 온수 욕조와 관련해 무엇이 중요한가?
(A) 조립하기 쉽다.
(B) 추가 물 분사기를 포함하고 있다.
(C) 별도의 배터리가 딸려 있다.
(D) 태양열 에너지로 전력이 공급될 수 있다.

어휘 assemble ~을 조립하다 include ~을 포함하다 additional 추가적인 water jet 물 분사기 come with ~이 딸려 있다, ~을 포함하다

9. 미구엘 씨가 왜 회의에 참석해야 하는가?
(A) 한 가지 사업 결정을 승인하기 위해
(B) 자세한 설명을 제공해 주기 위해
(C) 신입 직원들을 만나기 위해
(D) 대체 해결책을 제공하기 위해

어휘 approve ~을 승인하다 detailed 자세한 explanation 설명 alternative 대체의, 대안이 되는 solution 해결책

10-12. 다음 소개를 참조하시오.

폴 클라인 씨를 소개해 드릴 수 있도록 오늘 아침에 이 회의를 소집했습니다. 클라인 씨께서 우리의 모든 직원 모집 프로젝트를 위해 신임 운영부장이 되어 주실 것입니다. **10** 우리 말린 컨설턴트 사에서는, 고객사들이 중요한 공석을 충원하기 위해 숙련된 직원들을 고용하도록 도움을 드리고 있습니다. 그래서 기업 인력 모집 분야에서 클라인 씨께서 지니고 계신 전문 지식으로, 우리가 그 어느 때보다 더 효과적으로 우리의 목표를 달성할 수 있을 것입니다. 실제로, **11** 바로 지난 달에, 이분에서는 업계 내에서의 경험에 관한 첫 번째 도서를 출간하셨으며, 이미 베스트셀러가 되었습니다. 우리 회사에 오신 클라인 씨를 만나 뵙고 환영해 드리기를 원하시는 경우, **12** 오늘 저녁 7시에 소렌토 레스토랑에서 있을 저녁 식사 자리에 함께 하시기 바랍니다.

어휘 so that (목적) ~하도록, (결과) 그래서, 그래야 introduce ~을 소개하다, ~을 도입하다 operation 운영, 가동, 작동, 영업 recruitment 인력 모집, 채용 help A do: A가 ~하도록 돕다 hire ~을 고용하다 skilled 숙련된 fill ~을 충원하다, ~을 채우다 job vacancy 공석, 빈 자리 expertise 전문 지식 corporate 기업의 be able to do ~할 수 있다 fulfill ~을 달성하다, ~을 이행하다 effectively 효과적으로 than ever 그 어느 때보다 industry 업계

10. 말린 컨설턴트 사는 고객사들이 무엇을 하도록 돕는가?
(A) 직원을 모집하는 일
(B) 지출 비용을 줄이는 일
(C) 제품을 광고하는 일
(D) 고객을 끌어들이는 일

어휘 recruit ~을 모집하다 reduce ~을 줄이다, ~을 감소시키다 expense 지출 (비용), 경비 advertise ~을 광고하다 attract ~을 끌어들이다

11. 폴 클라인 씨가 지난 달에 무엇을 했는가?
(A) 상을 받는 일
(B) 책을 발매하는 일
(C) 세미나를 진행하는 일
(D) 사업체를 시작하는 일

어휘 release ~을 발매하다, ~을 출시하다 lead ~을 진행하다, ~을 이끌다 launch ~을 시작하다, ~을 출시하다

12. 화자의 말에 따르면, 오늘 저녁에 무엇이 진행될 것인가?
(A) 취업 박람회
(B) 환영 만찬
(C) 사무실 개조 공사
(D) 교육 시간

어휘 fair 박람회, 축제 마당 renovation 개조, 보수 training 교육, 훈련 session (특정 활동을 위한) 시간

신사 숙녀 여러분, 여러분 모두 인내심을 갖고 오늘밤 행사의 이 시간을 기다려 오셨다는 사실을 알고 있습니다. **13** 자, 심사 위원단의 결정이 전달되었으며, 최고의 감독상 수상자는... 영화 <인투 더 호라이즌>으로 뛰어난 연출 능력을 보여 주신 마리아 제닝스 감독님이십니다. 제닝스 감독님의 연출 능력이 아주 멋진 영상미 및 깊이 있는 감정 연기와 함께 이야기에 활력을 불어 넣으면서, 이 작품을 돋보이는 히트작으로 만들어 주셨습니다. **14** 관객들은 설득력 있는 서사와 아름다운 촬영 기법에 대해 이 영화를 칭찬해 오고 있습니다. <인투 더 호라이즌>은 빠르게 박스 오피스 성공작이 되었으며, **15** 제닝스 감독님께서는 내년에 속편 작업을 시작하실 것입니다. 마리아 제닝스 감독님께 뜨거운 박수 부탁 드립니다!

어휘 patiently 인내심을 갖고, 참을성 있게 judge 심사 위원 decision 결정 outstanding 뛰어난, 우수한 direction 연출, 감독 bring A to life: A에 활력을 불어 넣다 stunning 아주 멋진, 굉장히 아름다운 visuals 영상미 emotional 감정의, 감정을 자극하는 performance 연기, 연주, 공연 standout 돋보이는, 두드러진 audiences 관객, 청중, 시청자들 praise A for B: B에 대해 A를 칭찬하다 compelling 설득력 있는 narrative 서사, 이야기 cinematography 촬영(술) sequel 속편 give a big round of applause for ~에게 뜨거운 박수를 보내다

13. 청자들이 어디에 있을 것 같은가?
(A) 시상식에
(B) 영화 시사회에
(C) 자선 행사에
(D) 극장 개관식에

14. 화자는 관객들이 한 영화와 관련해 무엇을 마음에 들어 했다고 말하는가?
(A) 유머 넘치는 대화
(B) 매력적인 이야기
(C) 다양한 출연진
(D) 흥미로운 스턴트 연기
어휘 engaging 매력적인, 호감이 가는 diverse 다양한 casting 출연진 stunt 스턴트 연기

15. 화자의 말에 따르면, 마리아 제닝스 씨가 내년에 무엇을 할 것인가?
(A) 시상을 해 줄 것이다.
(B) 은퇴를 시작할 것이다.
(C) 새로운 프로젝트를 작업할 것이다.
(D) 박스 오피스 기록을 경신할 것이다.
어휘 present ~을 제공하다, ~을 제시하다 retirement 은퇴, 퇴직 break a record 기록을 경신하다

UNIT 15 관광 / 견학

빈칸 채우기 정답

- **박물관**, 미술관, **역사 유적지**, 관광지로 이동하는 차량 안에서 **가이드**나 **버스 운전자**가 말하는 내용
- **공장**에서 견학을 이끌며 작업 공정 설명과 **주의 사항** 안내

기타 빈출 상황
- 미술관 1층이 공사중(under **construction**)이라서 2층만 개방 중이며, 무료 입장권(**complimentary** ticket)을 받아서 추후 1층 관람 가능함
- 버스로 관광지(**landmark**) 도착, 관람 1시간 뒤 기념품 매장(**souvenir shop**)에서 만날 예정임을 안내
- 공장 도착, 조립라인(assembly line) 견학 안내, 들어가기 전 음료(beverage) 반입 금지(not **allowed**) 유의 사항 전달

- courtesy bus 무료 버스
- sculpture 조각품
- souvenir shop 기념품 매장(= gift shop)
- admission fee 입장료

REVIEW TEST

1. (C)	2. (D)	3. (B)	4. (C)	5. (C)
6. (B)	7. (D)	8. (C)	9. (D)	10. (D)
11. (B)	12. (A)	13. (D)	14. (C)	15. (B)

1-3. 다음 대화를 참조하시오.

남: 안녕하세요. 제가 출장으로 한 달 동안 시드니를 방문할 예정이라서, 그곳에 있는 동안 아파트를 임대합니다. **1** 제가 전화 드리는 이유는 5월 3일과 5월 31일 사이에 귀사의 주간 청소 서비스를 예약하고자 하기 때문입니다.
여: 좋습니다. 표준 서비스는 일주일에 60달러의 비용이 들 것이며, **2** 처음 이용하시는 고객이시기 때문에, 무료 향초를 받으실 것입니다. 아파트에서 아주 좋은 향이 나도록 유지해 줄 것입니다.
남: 아주 좋은 것 같아요, 감사합니다.
여: **3** 5월에 머무르시게 될 아파트의 주소를 알려 주시겠니까? 그런 다음, 제가 저희 직원들 중 어느 분이 귀하와 가까운 곳에 기반을 두고 있는지 확인해 드리겠습니다.

어휘 rent ~을 임대하다, ~을 대여하다 book ~을 예약하다

cost ~의 비용이 들다 free 무료의 fragranced 향이 나는 keep A -ing: A를 ~하게 유지하다 smell 형용사: ~한 냄새가 나다 let A know B: A에게 B를 알리다 be based 기반을 두다, 바탕으로 하다

1. 남자가 전화하는 목적이 무엇인가?
(A) 임대 건물에 관해 문의하기 위해
(B) 여행 일정을 변경하기 위해
(C) 청소 서비스 일정을 잡기 위해
(D) 객실 청결 상태와 관련해 불만을 제기하기 위해

어휘 inquire 문의하다 rental 임대, 대여 property 건물, 부동산, 자산 make a change to ~을 변경하다 itinerary 일정(표) complain 불만을 제기하다

2. 여자의 말에 따르면, 남자가 무엇을 받을 것인가?
(A) 상품권
(B) 공기 정화기
(C) 전기 선풍기
(D) 향초

3. 여자가 남자에게 무엇을 제공하도록 요청하는가?
(A) 결제 수단
(B) 거주지 주소
(C) 연락처
(D) 상호명

어휘 method 수단, 방법 residential 거주의, 주거지의

4-6. 다음 3인 대화를 참조하시오.

남1: 엠마 씨, 4 6 디아즈 씨가 우리 법률 회사를 그만두신 다는 얘기 들으셨어요? 그 말은 누군가 고위 파트너직으로 승진될 공석이 생길 거라는 뜻이잖아요. 저는 당신이 해 보 셔야 한다고 생각해요.

남2: 마크 씨 말씀이 맞아요. 모든 사람 중에서 경험이 가장 많 으신데다, 고객을 위한 소송에서 한 번도 패소하신 적도 없 으시잖아요.

여: 감사합니다. 5 제가 걱정하는 유일한 문제는 늘어난 업무 량으로 인해 저희 가족과 떨어져 너무 많은 시간을 보내야 한다는 점이에요.

남2: 그건 문제가 되지 않을 겁니다. 회사에서 어떤 직원도 일주 일에 45시간 넘게 근무하지 못한다는 새로운 정책을 시행 한다고 막 발표했어요.

여: 아, 그 소식을 듣게 되어 기쁘네요. 음, 6 그 역할이 무엇을 수반하는지와 관련해 더 많은 것을 파악할 수 있게 디아즈 씨와 이야기해 볼게요.

어휘 leave ~을 그만두다, ~에서 떠나다 law firm 법률 회사 opening 공석, 빈 자리 promote ~을 승진시키다 go for ~을 시도하다, ~을 노리다 lose a case 소송에서

패소하다 be worried about ~을 걱정하다 away from ~에서 떨어져서, ~에서 멀리 due to ~로 인해, ~ 때문에 increased 늘어난, 증가한 workload 업무량 implement ~을 시행하다 policy 정책 find out more about ~에 관해 더 많은 것을 파악하다 entail ~을 수반하다

4. 화자들이 주로 무엇을 이야기하고 있는가?
(A) 회사 합병
(B) 직원 야유회
(C) 승진 기회
(D) 업체 이전

어휘 merger 합병, 통합 excursion 야유회, 짧은 여행 promotion 승진, 홍보, 판촉 (행사), 촉진 opportunity 기회 relocation 이전, 재배치

5. 여자가 무엇과 관련해 우려하는가?
(A) 새로운 직무 능력을 터득하는 것
(B) 더 낮은 연봉을 받는 것
(C) 가족과 함께 하는 시간을 잃는 것
(D) 자신의 통근 시간이 늘어나는 것

어휘 commuting 통근, 통학

6. 여자가 무엇을 할 것이라고 말하는가?
(A) 지원서를 제출하는 일
(B) 동료 직원과 이야기하는 일
(C) 몇몇 구인 목록을 확인해 보는 일
(D) 곧 있을 행사에 참석하는 일

어휘 submit ~을 제출하다 application 지원(서), 신청(서) colleague 동료 (직원) listing 목록, 명단 attend ~에 참석하다 upcoming 곧 있을, 다가오는

7-9. 다음 대화를 참조하시오.

여: 안녕하세요, 조나스 씨. 오늘 저녁에 저랑 나머지 저희 팀과 함께 나가서 저녁 식사 하시겠어요? 저희가 마리오스 피자 리아에 가거든요. 7 우리 모두 새 휴대전화 마케팅 캠페인 을 위해 아주 열심히 일해 왔잖아요.

남: 8 꼭 함께 하고 싶긴 하지만, 그곳까지 쭉 운전해서 가기엔 너무 피곤합니다.

여: 그 레스토랑은 여기서 겨우 한 블록 거리밖에 되지 않아요.

남: 아, 다른 곳을 생각하고 있었어요. 그러면, 저도 끼워 주세요. 9 그곳이 정확히 어디에 있죠?

여: 잘됐네요! 9 제 전화기에 있는 지도에서 보여 드릴게요. 보 시다시피, 그곳에 10분 미만으로 걸어 갈 수 있어요.

어휘 Would you like to do? ~하시겠어요?, ~하고 싶으세요? the rest of ~의 나머지 would love to do 꼭 ~하고 싶다 join 함께 하다, 합류하다 too A to do: ~하기엔 너무 A한

all the way ~까지 쭉, ~까지 계속 in that case 그러면, 그런 경우라면 count A in: A를 끼워 주다, A를 포함하다 exactly 정확히

7. 화자들이 무엇에 대한 일을 해 오고 있었는가?
(A) 개조 공사 프로젝트
(B) 자선 모금 행사
(C) 개장 기념 행사
(D) 마케팅 캠페인

어휘 renovation 개조, 보수 charity 자선 (단체) fundraiser 모금 행사

8. 여자가 왜 "그 레스토랑은 여기서 겨우 한 블록 거리밖에 되지 않아요"라고 말하는가?
(A) 다른 행사장을 제안하기 위해
(B) 버스를 타도록 추천하기 위해
(C) 참여를 권장하기 위해
(D) 초대를 수락하기 위해

어휘 venue 행사장, 개최 장소 take (교통편, 도로 등) ~을 타다, ~을 이용하다 participation 참여, 참가 invitation 초대(장)

9. 여자가 남자에게 무엇을 보여 주겠다고 하는가?
(A) 이미지 갤러리
(B) 전화 번호
(C) 레스토랑 메뉴
(D) 업체 위치

10-12. 다음 관광 정보를 참조하시오.

올드 몬트리올 버스 투어에 오신 것을 환영합니다! 아시다시피, **10** 이 투어가 지역 음식에 초점이 맞춰져 있으므로, 오후 내내 수상 경력이 있는 다양한 제과점과 소규모 식당, 그리고 길거리 판매점에 들르게 될 것입니다. 저는 여러분께서 배가 고프시길 바라는데, 한 번 맛을 보실 맛있는 것들이 많이 있을 것이기 때문입니다! 그리고 **11** 버스 좌석 뒷면에 달린 주머니에 지역 관광지에 관한 여러 안내 책자를 찾아 보실 수 있으므로, 이동하시는 동안 마음껏 읽어 보시기 바랍니다. 좋습니다, **12** 우리의 첫 번째 도착지에 다다랐으므로, 내리셔서 즐거운 시간 보내시기 바랍니다. 간단히 다시 한 번 상기시켜 드리자면, 어떤 외부 음식이든 버스에 갖고 오시는 것은 삼가시기 바랍니다.

어휘 be focused on ~에 초점이 맞춰져 있다 local 지역의, 현지의 various 다양한 award-winning 수상 경력이 있는 bistro 작은 식당 vendor 판매상, 판매 업체 throughout (기간) ~ 동안 내내, (장소) ~ 전역에 걸쳐 pamphlet 안내 책자 site 부지, 현장, 장소 feel free to do 마음껏 ~하세요, 부담 갖지 말고 ~하세요 reach ~에 다다르다, ~에 이르다 reminder (말, 메시지 등) 상기시키는 것 refrain

from -ing ~하는 것을 삼가다

10. 투어의 초점이 무엇인가?
(A) 유명한 주민들
(B) 야외 활동들
(C) 독특한 건축 양식
(D) 지역 요리

어휘 resident 주민, 거주자 unique 독특한, 특별한 architecture 건축 (양식) cuisine 요리

11. 화자가 버스에 탑승한 상태에서 무엇이 이용 가능하다고 말하는가?
(A) 할인 쿠폰
(B) 관광 안내 책자
(C) 간식
(D) 잡지

어휘 available 이용 가능한 refreshments 간식, 다과

12. 청자들이 곧이어 무엇을 할 것 같은가?
(A) 버스에서 내리는 일
(B) 이야기를 듣는 일
(C) 관광 지도를 보는 일
(D) 각자의 버스 좌석을 찾는 일

13-15. 다음 관광 정보를 참조하시오.

에이펙스 스포츠웨어 사의 공장 견학을 시작할 시간이 거의 다 되었습니다. **13** 저는 인기 있는 저희 에이펙스 운동화를 디자인하고 제조하는 데 저희가 이용하는 혁신적인 기술을 보여 드리게 되어 기쁩니다. 저희 에이펙스는 북미 지역에서 최고의 스포츠 신발 생산 업체가 되었으며, 다가오는 수년 동안에 걸쳐 아시아에서도 비슷한 성공을 이루는 것을 목표로 하고 있습니다. 점심 식사 후에는, 저희 에이펙스의 **14** 조슈아 피어슨 시장 연구 팀장님의 말씀을 듣게 되실 것입니다. 이분께서 저희 고객들께서 어떤 특징을 좋아하실지 저희가 예측하는 방법을 설명해 드릴 것입니다. **15** 견학 중에는 함께 모여 다니시기 바라며, 이는 시설 내에서 길을 잃으시기 쉽기 때문입니다. 좋습니다, 견학을 시작해 보겠습니다!

어휘 innovative 혁신적인 manufacture ~을 제조하다 producer 생산 업체, 생산자 aim to do ~하는 것을 목표로 하다 achieve ~을 이루다, ~을 달성하다 similar 비슷한, 유사한 explain ~을 설명하다 predict ~을 예측하다 feature 특징 get lost 길을 잃다 facility 시설(물)

13. 청자들이 견학 중에 어떤 제품과 관련해 알게 될 것인가?

    (A) 피트니스 기계

    (B) 영양 보충제

    (C) 스포츠 음료

    (D) 운동화

어휘 nutritional 영양의 supplement 보충(제), 보완(해 주는 것)

14. 조슈아 피어슨 씨가 누구인가?

    (A) 영업 사원

    (B) 제품 디자이너

    (C) 시장 조사 담당자

    (D) 회사 사장

15. 화자가 청자들에게 무엇을 하도록 요청하는가?

    (A) 조용히 이야기하는 것

    (B) 그룹 내에 머물러 있는 것

    (C) 일정표를 확인하는 것

    (D) 점심 식사를 위해 모이는 것

UNIT 16 방송 / 보도

빈칸 채우기 정답

- 토크쇼 – 진행자가 게스트 및 내용 소개
- mayor 시장 **ⓟ** **politician**
- commercial break **ⓟ** ad, **advertisement**
- traffic congestion 교통 정체
- be backed up 정체되다 **ⓟ** **be held up**, **be stuck in traffic**

REVIEW TEST

1. (D)	2. (C)	3. (A)	4. (A)	5. (B)
6. (D)	7. (A)	8. (B)	9. (D)	10. (A)
11. (C)	12. (B)	13. (A)	14. (B)	15. (B)

1-3. 다음 대화를 참조하시오.

남: 저희 라디오 프로그램에 함께 자리해 주셔서 감사합니다, 로레타 씨. 새로 내신 책 <홈 매직>에서 제공해 주시는 직접 해 보는 주택 개조 관련 팁을 즐겁게 읽어 오고 있습니다.

1 복잡한 것들을 단순한 말로 설명하시는 독특한 방식이 마음에 듭니다. 어떻게 이 모든 것을 터득하셨나요?

여: 감사합니다, 로이 씨! 음, **2** 대학을 떠난 후에, 건축가가 될 수도 있었겠지만, 저는 항상 글 쓰기에 열정이 있었어요. 그래서, 사람들을 도와 드리기 위한 노력의 일환으로 제 건축 관련 지식을 글 쓰기와 결합해 보기로 결정했습니다.

남: 이해가 됩니다. 그 책에 대한 몇몇 후기를 읽었는데, **3** 많은 독자들께서 몇몇 팁이 가정 내 에너지와 난방비를 줄이는 데 얼마나 도움이 될 수 있는지 아주 마음에 들어 하고 계십니다. 저도 직접 이 팁들을 이용해 보도록 해야 할 것 같습니다!

어휘 join ~와 함께 하다, ~에 합류하다 DIY 직접 해 보는(Do It Yourself) home improvement 주택 개조 unique 독특한, 특별한 way 방식, 방법 describe ~을 설명하다 complex 복잡한 term 말, 용어 stuff (막연하게) 것(들), 물건, 물품 could have p.p. ~할 수 있었을 것이다 architect 건축가 passion 열정 decide to do ~하기로 결정하다 combine A with B: A를 B와 결합하다 in an effort to do ~하기 위한 노력의 일환으로 make sense 이해가 되다, 앞뒤가 맞다, 말이 되다 review 후기, 평가 reduce ~을 줄이다, ~을 감소시키다 household 가정의 bill 청구서, 계산서 oneself (부사처럼 쓰여) 직접

1. 여자의 책에서 제공되는 팁과 관련해 무엇이 독특한가?

    (A) 업계의 여러 전문가들에 의해 제공되었다.

    (B) 시행하는 데 비용을 필요로 하지 않는다.

    (C) 다른 어떤 곳에서도 이용할 수 없다.

    (D) 간략한 방식으로 제시된다.

어휘 industry 업계 expert 전문가 implement ~을 시행하다 available 이용 가능한 present ~을 제시하다, ~을 제공하다 simplified 간략하게 한, 간소화된 manner 방식

2. 여자가 대학교에서 무엇을 공부했을 것 같은가?

    (A) 실내 디자인

    (B) 배관

    (C) 건축

    (D) 회계

3. 남자의 말에 따르면, 일부 독자들이 팁과 관련해 무엇을 고마워하는가?

    (A) 에너지 비용을 줄여 줄 수 있다.

    (B) 명확한 도표를 포함한다.

    (C) 업무 환경에서 유용하다.

    (D) 웹 사이트 링크들을 특징으로 한다.

어휘 include ~을 포함하다 diagram 도표 useful 유용한 setting 환경, 배경 feature v. ~을 특징으로 하다

4-6. 다음 대화를 참조하시오.

> 여: 4 미술관 밖으로 나가시기 전에, 우리 시의 문화 관광 축제에 관한 유인물을 마음껏 챙겨 가시기 바랍니다.
>
> 남: 아... 그게 뭐죠? 미술관에서 몇몇 행사를 주최하는 건가요?
>
> 여: 시 전역에 걸친 캠페인으로서 이번 달 내내 지역 내 여러 다른 레스토랑과 매장에서의 판촉 행사에 더해, 재미있는 행사들을 포함하고 있습니다. 사실, 5 저희 미술관장님께서 지역 환경 협회에서 후원하는 오후의 강 여객선 행사를 주최하실 것입니다.
>
> 남: 멋지네요! 그럼 그게 강물을 따라 위치한 자연 명소를 선보이게 되는 건가요?
>
> 여: 네. 하지만, 6 보트 좌석 예약이 반드시 미리 이뤄져야 합니다. 이 투어가 공간이 제한되어 있거든요.
>
> 남: 6 바로 해 볼게요.

어휘 exit ~에서 나가다 feel free to do 마음껏 ~하세요, 부담 갖지 말고 ~하세요 handout 유인물 host ~을 주최하다 citywide 도시 전역의 include ~을 포함하다 promotion 판촉 (행사), 홍보, 촉진, 승진 local 지역의, 현지의 throughout (기간) ~ 동안 내내, (장소) ~ 전역에 걸쳐 cruise 여객선 sponsor ~을 후원하다, ~을 지원하다 showcase ~을 선보이다 attraction 명소, 인기 장소 along (길 등) ~을 따라 reservation 예약 in advance 미리, 사전에 though (문장 끝이나 중간에서) 하지만 limited 제한적인 get right to ~을 바로 하다

4. 대화가 어디에서 진행되고 있는가?
   (A) 미술관에서
   (B) 지역 문화 센터에서
   (C) 역사 박물관에서
   (D) 지역 도서관에서

5. 한 환경 협회가 어떤 종류의 행사를 후원하고 있는가?
   (A) 무역 박람회
   (B) 보트 여행
   (C) 자선 만찬
   (D) 매장 개장

6. 남자가 곧이어 무엇을 할 것 같은가?
   (A) 웹 사이트에서 검색하는 일
   (B) 시범을 보이는 일
   (C) 앱을 다운로드하는 일
   (D) 자리를 예약하는 일

어휘 demonstration 시범, 시연(회) reserve ~을 예약하다 spot 자리, 장소, 지점

7-9. 다음 대화를 참조하시오.

> 여: 안녕하세요, 제레미 씨. 7 당신이 캘거리에서 주최하셨던 경제 정책 심포지엄이 순조롭게 진행되었기를 바랍니다.
>
> 남: 감사합니다, 아주 좋았습니다. 토론들이 생산적이었어요. 우리 회사에 새로운 소식이라도 있나요?
>
> 여: 아, 실은, 우리 보안 시스템이 업데이트되었는데, 일부 직원들이 더 이상 지문을 이용해 특정 구역에 들어 가기 위해 스캔할 수 없습니다.
>
> 남: 그럼 안 되는데요.
>
> 여: 그 문제가 일반적이지 않았기 때문에, 8 당신이 지문을 통해 여전히 출입 권한을 받게 되는지 확인해 보실 수 있게 아마 당신 사무실을 열어 보도록 해 보셔야 할 거예요.
>
> 남: 네, 지금 바로 갈게요.
>
> 여: 아, 그리고 9 IT팀이 이 문제로 인해 매우 바쁜 상태이기 때문에, 당분간은 모든 도움 요청에 일일이 답변해 줄 수 없을지도 모른다고 했어요.
>
> 남: 알겠습니다, 명심하고 있을게요.

어휘 host ~을 주최하다 go smoothly 순조롭게 진행되다 productive 생산적인 get p.p. ~되다, ~된 상태가 되다 no longer 더 이상 ~ 않다 certain 특정한, 일정한 fingerprint 지문 issue 문제, 사안 inconsistent 일관적이지 않은 unlock ~을 열다, ~을 해제하다 see if ~인지 확인해 보다 access 출입 (권한), 이용 (권한) have one's hands full 매우 바쁘다 be able to do ~할 수 있다 request 요청 for the time being 당분간 keep A in mind: A를 명심하다

7. 남자가 캘거리에서 무엇을 했는가?
   (A) 심포지엄을 진행했다.
   (B) 몇몇 고객들을 방문했다.
   (C) 정책 입안자들과 만났다.
   (D) 일부 직원들을 교육했다.

어휘 policymaker 정책 입안자 personnel 직원들, 인력

8. 여자가 남자에게 무엇을 확인하라고 말하는가?
   (A) 사원증
   (B) 출입 권한
   (C) 출입문
   (D) 일부 연구 데이터

9. 일부 직원들이 왜 도와 줄 시간이 나지 않을지도 모르는가?
   (A) 한 소프트웨어 프로그램이 오작동했다.
   (B) 충분한 경험이 부족하다.
   (C) 팀에 직원이 부족하다.
   (D) 업무에 몰두해 있다.

어휘 unavailable (사람) 시간이 나지 않는, (사물 등) 이용할 수 없는 malfunction 오작동하다 lack ~이 부족하다

sufficient 충분한 short-staffed 직원이 부족한 be preoccupied with ~에 몰두해 있다 task 업무, 일

10-12. 다음 방송을 참조하시오.

내쉬빌 지역의 하이랜드 로드에서 이동하시는 모든 차량 운전자들께 알립니다. **10** 동쪽 방면 차선들이 1번 출구와 3번 출구 사이에서 계속되고 있는 재포장 작업으로 인해 단 하나의 차선으로 줄어든 상태입니다. 그 결과, 상당한 교통 정체 문제가 예상되며, 특히 혼잡 시간대에 그렇습니다. 이러한 긴 지연 문제를 피하시려면, **11** 운전자들께서 대신 메이플우드 애비뉴를 이용하시도록 적극 권해 드립니다. 이 프로젝트는 며칠 동안 지속될 것으로 예상됩니다. **12** 이를 비롯한 지역 내 다른 도로 작업에 관한 더 자세한 정보를 보시려면, 반드시 저희 방송국 웹 사이트를 방문하시기 바랍니다. 이 기간 중에 그에 따라 여러분의 경로도 계획하시고 추가 이동 시간도 감안하시기 바랍니다.

어휘 motorist 운전자 be aware that ~임에 유의하다, ~임을 알고 있다 eastbound 동쪽 방면의 reduce ~을 줄이다, ~을 감소시키다 due to ~로 인해, ~ 때문에 ongoing 계속되는 repaving (도로 등의) 재포장 as a result 그 결과 significant 상당한 traffic 교통, 차량들 delay 지연, 지체 expect ~을 예상하다 particularly 특히 peak hours 혼잡 시간대 avoid ~을 피하다 highly recommend that ~하도록 적극 권하다 instead 대신 be expected to do ~할 것으로 예상되다 last v. 지속되다 detailed 자세한 local 지역의, 현지의 be sure to do 반드시 ~하도록 하다 route 경로, 노선 accordingly 그에 따라 allow ~을 감안하다 extra 추가의, 별도의

10. 방송이 주로 무엇에 관한 것인가?
(A) 지역 교통
(B) 기상 상태
(C) 해외 뉴스
(D) 유명인 인터뷰
어휘 celebrity 유명 인사

11. 화자가 일부 청자들에게 무엇을 하도록 권하는가?
(A) 혼잡 시간대에 운전하는 것을 피하는 일
(B) 지연을 피할 수 있도록 더 일찍 출발하는 일
(C) 대체 경로를 이용하는 일
(D) 대중 교통을 이용하는 일
어휘 take (도로, 교통편 등) ~을 이용하다, ~을 타다 alternate 대체의 public transportation 대중 교통

12. 화자의 말에 따르면, 청자들이 어떻게 추가 정보를 얻을 수 있는가?
(A) 교통 상담 서비스 전화로 전화함으로써
(B) 웹 사이트를 방문함으로써

(C) 알림 메시지를 신청함으로써
(D) 지도를 확인함으로써
어휘 hotline 상담 서비스 전화, 긴급 직통 전화 sign up for ~을 신청하다, ~에 등록하다 notification 알림 메시지, 통지(서)

13-15. 다음 방송을 참조하시오.

좋은 아침입니다, 그리고 **13** 의학 및 건강 연구 분야의 최신 발전상에 관해 청자들께 계속 새로운 소식을 전해 드리는 데 전념하는 주간 프로그램인 <헬스 앤 웰니스 투데이>에 오신 것을 환영합니다. 오늘 프로그램은 **14** 그린우드 의학 연구소의 영양 전문가이신 캐롤린 세비야 박사님을 특별히 모실 것입니다. 저는 여러분께서 심장 건강을 위한 식물 기반의 식단이 지니는 이점에 관한 이분의 최신 연구 내용에 관해 들어 보시기를 간절히 바랍니다. 식물 기반의 식사로 바꾸시는 것이 심장 질환 발생 위험성을 25퍼센트나 감소시킬 수 있다는 사실을 알고 계셨나요? **15** 잠시 후에 광고 방송을 듣고 돌아 온 다음 이 연구와 관련해 세비야 박사님께 더 많은 것을 여쭤 보도록 하겠습니다.

어휘 devoted to -ing ~하는 데 전념하는 keep A up to date: A에게 계속 새로운 소식을 전하다 latest 최신의, 최근의 advancement 발전(상), 진보 feature ~을 특징으로 하다, ~을 특별히 포함하다 nutrition 영양 expert 전문가 be eager for A to do: A가 ~하기를 간절히 바라다 recent 최근의 benefit 이점, 혜택 A-based: A 기반의 switch to ~로 바꾸다 reduce ~을 감소시키다, ~을 줄이다 risk 위험(성) disease 질환, 질병 by (차이) ~만큼, ~ 정도 in 시간: ~ 후에 commercial 광고 (방송)

13. 화자가 누구일 것 같은가?
(A) 라디오 프로그램 진행자
(B) 컨퍼런스 사회자
(C) 대학 교수
(D) 의학 박사
어휘 host (프로그램 등의) 진행자, 주최자 moderator 사회자, 중재자

14. 세비야 박사의 전문 분야는 무엇인가?
(A) 농업
(B) 영양
(C) 그래픽 아트
(D) 물리 치료
어휘 field 분야 expertise 전문 지식

15. 광고 방송 후에 무슨 일이 있을 것인가?
(A) 전국적으로 전해지는 연설이 진행될 것이다.
(B) 초대 손님을 인터뷰할 것이다.
(C) 콘테스트 우승자가 발표될 것이다.

(D) 설문 조사가 완료될 것이다.

어휘 nationwide 전국적인 winner 우승자, 수상자, 당첨자
survey 설문 조사(지) complete ~을 완료하다

UNIT 17 광고

빈칸 채우기 정답

- appliance 가전제품
- portable 휴대용의
- lightweight 가벼운
- affordable 가격이 적당한 **ⓟreasonable**, **inexpensive**
- sturdy 튼튼한 **ⓟdurable**
- bulk purchase 대량 구매
- endorse (유명인이) ~을 광고하다, ~을 보증하다
- **expire** in a week 일주일 후에 만료되다

REVIEW TEST

1. (A)	2. (B)	3. (D)	4. (A)	5. (C)
6. (A)	7. (A)	8. (D)	9. (C)	10. (D)
11. (C)	12. (A)	13. (C)	14. (D)	15. (C)

1-3. 다음 대화를 참조하시오.

여: **1** 미라지 레코드에 전화 주셔서 감사합니다. 무엇을 도와 드릴까요?

남: 안녕하세요. **1** 제임스 카트라이트의 새 CD가 재고로 있는 지 궁금합니다. 제목이 <유 위드아웃 미>입니다.

여: 확인해 드리는 동안 잠시 기다려 주십시오. 됐습니다. 그 특정 CD는 현재 품절인 것 같지만, **2** 저희가 이번 주말에 추가로 배송 받을 겁니다.

남: 아, 그 말씀을 듣게 되어 기쁘네요. 그게 도착하는 대로 저를 위해 CD 한 장을 판매 보류해 주시는 게 가능할까요?

여: 죄송하지만, 고객들을 위해 제품을 따로 남겨 두지 않는 게 저희 정책입니다. 하지만 **3** 이메일 주소를 알려 주시면, 배송 물량이 이곳에 도착하는 대로 간단한 메시지를 보내 드리겠습니다.

어휘 wonder if ~인지 궁금하다 stock ~을 재고로 갖추다
hold (전화상에서) 끊지 않고 기다리다 it seems (that)
~인 것 같다, ~인 것처럼 보이다 particular 특정한

---

currently 현재 sold out 품절된, 매진된 get A p.p.: A를 ~되게 하다 Would it be possible to do? ~하는 게 가능할까요? put A on hold: A를 보류하다, A를 연기하다 once (일단) ~하는 대로, ~하자마자(= as soon as) policy 정책 put A aside: A를 따로 남겨 두다 shipment 배송(품) get here 이곳에 도착하다, 여기로 오다

1. 남자가 어떤 종류의 업체에 전화하는가?
   (A) 음반 매장
   (B) 콘서트 행사장
   (C) 영화관
   (D) 라디오 방송국

2. 이번 주말에 무슨 일이 있을 것인가?
   (A) 세일 행사가 시작될 것이다.
   (B) 배송이 이뤄질 것이다.
   (C) 제품이 출시될 것이다.
   (D) 신규 지점이 개장할 것이다.

어휘 launch ~을 출시하다, ~을 공개하다, ~을 시작하다
branch 지점, 지사

3. 여자가 어떤 정보를 요청하는가?
   (A) 배송 주소
   (B) 전화 번호
   (C) 대체 선호 제품
   (D) 이메일 주소

어휘 ask for ~을 요청하다 alternative 대체하는, 대안의
preference 선호(하는 것)

4-6. 다음 대화를 참조하시오.

남: 안녕하세요, 사야카 씨. **4** 우리의 최신 산악 자전거 모델을 위한 제품 출시 계획이 잘 진행되어 가고 있는 것 같아요.

여: 동의합니다. 그 자전거의 조립 작업은 순조로웠지만, 최근에 다른 문제에 부딪혔어요. **5** 우리가 패키지에 포함하려고 계획했던 무료 에어 펌프의 공급 업체가 폐업했거든요. 우리가 대체 업체를 찾지 못한다면, 많은 고객을 끌어들일 수 없을지도 몰라요.

남: 아, 경영진에서 이미 몇몇 아이디어를 갖고 있다는 얘기를 들었어요.

여: 그래요?

남: **6** 우리가 재사용 가능한 물병을 만드는 회사와 계약을 맺는 것을 협의하고 있습니다. 결국, 그곳에서 심지어 우리 제품에 완벽하게 부착할 수 있도록 물병을 맞춤 제작해 주겠다고 제안하기까지 했어요.

어휘 launch 출시, 공개, 시작 seem to do ~하는 것 같다,
~하는 것처럼 보이다 go well 잘 진행되다 agree 동의하다
assembly 조립 smooth 순조로운 run into ~에

부딪히다, ~에 직면하다 recently 최근에 supplier 공급 업체, 공급 업자 complimentary 무료의 plan to do ~할 계획이다 include ~을 포함하다 go out of business 폐업하다 replacement 대체(자), 후임(자) be able to do ~할 수 있다 attract ~을 끌어들이다 management 경영(진), 관리(진) in talks 협의 중인 sign a contract 계약을 맺다 reusable 재사용 가능한 after all 결국, 어쨌든 offer to do ~하겠다고 제안하다 customize ~을 맞춤 제작하다 attach 부착되다

4. 화자들의 회사가 무엇을 생산하는가?
(A) 자전거
(B) 자동차 부품
(C) 중장비
(D) 보관 용기
어휘 automobile 자동차 part 부품 storage 보관 container 용기, 그릇

5. 여자가 왜 우려하는가?
(A) 일부 광고에 오류가 있다.
(B) 일부 자재가 비싸졌다.
(C) 사업 파트너가 영업을 중단했다.
(D) 소비자 경향이 계속 바뀌고 있다.
어휘 advertisement 광고 material 자재, 재료, 물품 cease ~을 중단하다 operation 영업, 운영, 가동, 작동 consumer 소비자 trend 경향, 추세

6. 남자의 말에 따르면, 경영진이 무엇을 고려하고 있는가?
(A) 새로운 회사와 함께 일하는 것
(B) 조립 과정을 바꾸는 것
(C) 제품 디자인을 맞춤 제작하는 것
(D) 기술 검사관을 고용하는 것
어휘 alter ~을 바꾸다, ~을 변경하다 process 과정 employ ~을 고용하다 inspector 검사관, 조사관

7-9. 다음 대화를 참조하시오.

남: 안녕하세요, 에일린 씨. 이쪽으로 건너 오셔서 저와 함께 이 마이크 스탠드들 좀 설치해 주시겠어요?
여: 물론이죠. **7** 오늘밤 기념 행사가 제가 예상했던 것보다 더 붐비게 될 것 같아요. 무대 뒤쪽에 있는 테이블에 놓인 그 모든 상들을 보셨어요?
남: 네. 그게 지역 배우들과 감독들, 그리고 제작자들을 위한 것들인데, 우리 지역에 아주 많이 계시죠. 하지만 저는 특별 공연을 빨리 보고 싶어요. **8** 제가 가장 좋아하는 아티스트들 중 한 명이 노래를 부르거든요.
여: **9** 저는 무리를 이룬 지역 방송국 기자들이 이미 건물 밖에서 기다리고 있다는 걸 알았어요. 나중에 뉴스를 시청해야겠어요!

어휘 set up ~을 설치하다, ~을 설정하다, ~을 준비하다 ceremony 기념 행사, 축하 행사 look like ~인 것 같다, ~인 것처럼 보이다 crowded 붐비는 expect ~을 예상하다 award 상 local 지역의, 현지의 can't wait to do 빨리 ~하고 싶다 performance 공연, 연주(회) notice A -ing: A가 ~하고 있다는 것을 알아차리다 broadcast station 방송국 better do ~해야겠다, ~하는 게 좋겠다 catch (TV 프로그램, 영화 등) ~을 보다

7. 화자들이 무엇을 준비하고 있는가?
(A) 시상식
(B) 개장 기념 행사
(C) 기금 마련 축제
(D) 은퇴 기념 만찬
어휘 fundraising 기금 마련, 모금 gala 축제, 경축 행사 retirement 은퇴, 퇴직

8. 남자가 일부 공연과 관련해 왜 들떠 있는가?
(A) 고전 음악을 즐긴다.
(B) 무대 연기에 참여한다.
(C) 한 공연자와 친구 사이이다.
(D) 특정 가수를 좋아한다.
어휘 join ~에 참여하다, ~에 합류하다 stage play 무대 연기 specific 특정한, 구체적인

9. 여자가 건물 밖에서 누구를 봤는가?
(A) 시 관계자
(B) 공연장 관람객들
(C) 뉴스 기자들
(D) 유명인 담당 사진 기자들
어휘 official n. 관계자, 당국자 celebrity 유명 인사

10-12. 다음 광고를 참조하시오.

모든 주민 여러분께 알립니다. 우리 시의 여가 시설 관리국에서 후원하는 **10** '즐거운 여름 하프 마라톤' 행사가 다음 주 토요일에 열립니다! 저희는 초보자에서부터 전문 선수에 이르기까지, 아주 다양한 경주자들께서 샌 호아퀸 강의 경치 좋은 물가를 따라 경주하시게 되어 기쁩니다. **11** 참가하시는 모든 분께서 기념품으로 스포츠 타월을 받으실 것입니다. 경주 당일을 위해 점심 세트를 주문하고자 하시는 경우, 꼭 미리 구입하시기 바랍니다. **12** 저희 웹 사이트를 방문하셔서 모든 식사 선택 사항을 확인해 보시기 바랍니다.

어휘 sponsor ~을 후원하다 have A do: A에게 ~하게 하다 a wide range of 아주 다양한 novice 초보자 professional n. 전문가 race 경주하다 along (길 등) ~을 따라 waterfront 물가, 해안 participate 참가하다 souvenir 기념품 be sure to do 꼭 ~하다 in advance

미리, 사전에 view ~을 보다

10. 어떤 활동이 광고되고 있는가?
(A) 음악 축제
(B) 공원 개장
(C) 자연 속의 여행
(D) 체육 행사
어휘 excursion 짧은 여행, 야유회 athletic 체육의, 운동의

11. 모든 참가자가 무엇을 받을 것인가?
(A) 포스터
(B) 열쇠 고리
(C) 타월
(D) 점심 도시락

12. 화자의 말에 따르면, 청자들이 웹 사이트에서 무엇을 할 수 있는가?
(A) 선택 가능한 음식 종류를 보는 일
(B) 프로필 페이지를 만드는 일
(C) 경로 안내도를 출력하는 일
(D) 티켓을 예약하는 일
어휘 selection 선택 (가능한 종류) route 경로, 노선 reserve ~을 예약하다

13-15. 다음 광고를 참조하시오.

> 아주 중요한 전자 파일을 잃어 버리시는 좌절감을 한 번이라도 경험해 보신 적이 있으시다면, 반드시 그런 일이 다시 발생하지 않게 하시고 싶으실 것입니다. 저희 테크웨이브 솔루션즈의 클라우드세이프는 직장이나 자택에 계시든, 아니면 심지어 휴가 중이시든 상관없이, 여러분의 데이터를 보호된 상태로, 그리고 접근 가능한 상태로 유지해 드릴 수 있는 안전하고 신뢰할 수 있는 해결책을 제공해 드립니다. 저희 클라우드세이프와 함께 하시면, **13** 저희 온라인 저장 공간에 손쉽게 파일도 업로드하시고, 인터넷과 연결된 어떤 기기에서도 접근하실 수 있습니다. 더욱이, **14** 상을 받은 바 있는, 일주일 내내 하루 24시간 대기 중인 저희 고객 서비스팀이 언제나 여러분을 지원해 드릴 수 있습니다. 할인된 요금으로 클라우드세이프를 체험해 보시는 데 관심이 있으신가요? **15** 한시적으로, 여러분의 첫 3개월 서비스에 대해 50퍼센트 할인을 받아 보시기 바랍니다.

어휘 frustration 좌절(감), 불만 critical 아주 중요한 ensure (that) 반드시 ~하도록 하다, ~임을 확실히 해 두다 secure 안전한 reliable 신뢰할 수 있는 solution 해결책 keep A 형용사: A를 ~한 상태로 유지하다 accessible 접근 가능한, 이용 가능한 whether A, B or, C: A나 B, 아니면 C이든 상관없이 on vacation 휴가 중인 storage 저장, 보관 access ~에 접근하다, ~을 이용하다 device 기기, 장치 plus 더욱이, 게다가 award-winning 상을 받은

available (사람) 시간이 나는, (사물 등) 이용할 수 있는 assist ~을 지원하다, ~을 돕다 interested in ~에 관심이 있는 rate 요금, 비율, 속도, 등급 limited 제한적인

13. 무엇이 광고되고 있는가?
(A) 여행 상담 서비스
(B) 회계 프로그램
(C) 데이터 저장 서비스
(D) 주택용 보안 장치

14. 업체가 무엇에 대해 상을 받았는가?
(A) 혁신적인 디자인
(B) 고용 정책
(C) 낮은 가격
(D) 고객 서비스
어휘 innovative 혁신적인 hiring 고용 policy 정책, 방침

15. 화자가 어떤 제공 서비스를 언급하는가?
(A) 무료 설치
(B) 고급 회원 자격
(C) 할인된 가격
(D) 제품 시연회
어휘 free 무료의 installation 설치 premium 고급의, 고가의 demonstration 시연(회), 시범

UNIT 18 공공 장소 안내 방송

빈칸 채우기 정답

- loyal customer 단골 고객 **ℙ** **patron**, **regular customer**
- sign-up sheet 참가 신청서
- public transportation 대중교통

- via ~을 경유해서
- transfer 갈아타다
- push back ~을 미루다 **ℙ** **put off**, **defer**
- complimentary drinks 무료 음료

REVIEW TEST

1. (D)	2. (A)	3. (D)	4. (D)	5. (A)
6. (B)	7. (A)	8. (D)	9. (C)	10. (C)
11. (C)	12. (B)	13. (A)	14. (C)	15. (D)

1-3. 다음 3인 대화를 참조하시오.

> 여: 실례지만, **1** 프랑스 요리에 관한 줄리아 메이슨 씨의 책을 찾고 있습니다. 제목이 <예술적인 프랑스의 맛>입니다.
>
> 남1: 아, **1** 유감이지만 오늘 아침에 막 마지막 권을 판매했습니다.
>
> 여: 너무 아쉽네요. **2** 제가 이번 주 토요일에 저녁 파티를 위해 사람들을 초대하는데, 그분 조리법을 몇 가지 시도해 보고 싶었어요.
>
> 남1: 제가 저희 책임자께 확인해 보는 동안 잠시 기다려 주시기 바랍니다. 토비 씨, 이번 주에 <예술적인 프랑스의 맛>이 몇 권이라도 들어 올 것으로 예상하고 계신가요?
>
> 남2: 죄송하지만, 아닙니다. 다음 번 배송은 다음 주 월요일이나 되어야 합니다.
>
> 여: 알겠습니다. 저, 그럼 그냥 다른 음식을 요리해 봐야 할 것 같아요.
>
> 남2: 잠시만요... **3** 월넛 스트리트에 있는 저희 다른 매장에 한 번 가 보시면 어떨까요? 그곳에 저희보다 훨씬 더 많은 요리책 종류가 있거든요.
>
> 여: 알겠어요, 그곳에 가 볼게요. 도와 주셔서 감사합니다!

어휘 look for ~을 찾다 I'm afraid (부정적인 일에 대해) 유감이지만 ~입니다, ~인 것 같습니다 have A around: (모임 등을 위해) A를 초대하다, A를 부르다 recipe 조리법 Hold on 기다려 주세요 check with ~에게 확인하다 expect ~을 예상하다, ~을 기다리다 shipment 배송(품) not until ~나 되어야 하다 why don't you ~? ~하면 어떨까요? much (비교급 강조) 훨씬 selection 선택 (가능한 종류)

1. 대화가 어디에서 진행되고 있는가?
(A) 도서관에서
(B) 레스토랑에서
(C) 건강 식품 매장에서
(D) 서점에서

2. 여자가 이번 주말에 무엇을 할 것인가?
(A) 모임을 주최하는 일
(B) 휴가를 떠나는 일
(C) 요리 강좌에 참가하는 일
(D) 공연에 참석하는 일

어휘 host ~을 주최하다 gathering 모임 join ~에 참가하다, ~에 합류하다 attend ~에 참석하다

3. 토비 씨가 무엇을 추천하는가?
(A) 예약하는 일
(B) 다음 주에 다시 오는 일
(C) 배송 일정을 재조정하는 일
(D) 다른 지점을 방문하는 일

어휘 make a reservation 예약하다 reschedule ~의 일정을 재조정하다 branch 지점, 지사

4-6. 다음 대화를 참조하시오.

> 남: 안녕하세요, 제 이름은 데이빗 크레이머입니다. **4** 치아를 뽑기 위해 내일 예약했으면 합니다. 평소에 지아오 의사 선생님의 진찰을 받고 있습니다.
>
> 여: 안녕하세요, 크레이머 씨. **5** 유감이지만 리차드슨 선생님께서 이번 주에 치의학 컨퍼런스가 열리는 다른 지역에 가 계십니다. 대신 차머즈 선생님으로 예약해 드릴 수 있습니다.
>
> 남: 아, 그러면 잘 모르겠습니다. **6** 제가 리차드슨 선생님의 진찰을 받는 경우에만 정말로 마음이 편하거든요.
>
> 여: 저, 차머즈 선생님께서 10년 넘게 저희와 함께 해 오시고 계십니다. **6** 심지어 뛰어난 업적으로 업계에서 여러 상도 받으셨어요.
>
> 남: 알겠어요, 그럼 저도 괜찮을 것 같습니다. 언제 그분께 진찰을 받으러 갈 수 있나요?
>
> 여: 내일 오후 2시까지 오시기 바랍니다.

어휘 make an appointment 예약하다 have A p.p.: A를 ~되게 하다 extract ~을 뽑다 normally 평소에, 보통 I'm afraid (부정적인 일에 대해) 유감이지만 ~입니다, ~인 것 같습니다 dentistry 치의학, 치과 book A an appointment A를 예약해 주다 instead 대신 comfortable 편한, 편안한 decade 10년 win an award 상을 받다 industry 업계

4. 여자가 어디에 근무하고 있을 것 같은가?
(A) 약국에
(B) 행사 업체에
(C) 피트니스 센터에
(D) 치과에

5. 여자가 리차드슨 의사 선생님과 관련해 무슨 말을 하는가?
(A) 행사에 참석 중이다.
(B) 일자리에서 퇴직했다.
(C) 새로운 고객을 찾고 있다.
(D) 상을 받을 것이다.

어휘 attend ~에 참석하다 retire 퇴직하다, 은퇴하다 look for ~을 찾다

6. 여자가 왜 "차머즈 선생님께서 10년 넘게 저희와 함께 해 오시고 계십니다"라고 말하는가?

(A) 승진할 동료 직원을 추천하기 위해

(B) 남자를 안심시키기 위해

(C) 차머즈 의사 선생님에게 연락하도록 권하기 위해

(D) 실수에 대해 변명하기 위해

어휘 colleague 동료 (직원) promotion 승진, 촉진, 판촉 (행사), 홍보 reassurance 안심시키기, 안심시키는 말 advise A to do: A에게 ~하도록 권하다 contact ~에게 연락하다 excuse 변명

7-9. 다음 3인 대화를 참조하시오.

남1: 스카일라, **7** 제이미와 저는 당신이 직원 오리엔테이션 준비를 도와줘서 정말 감사해요. 과거에 여러 번 진행하셨으니, 우리에게 해 주실 조언이 좀 있나요?

여: 도와드릴 수 있어서 제가 기쁘죠. 이번이 처음이시고, 50명 이상의 신입 직원이 온다는 걸 알고 있지만, 두 분 모두 잘 해내실 거라고 확신해요. 어떤 조언이 필요하신가요?

남2: 음, 교육 시간이 꽤 길어서 회사의 모든 제품, 서비스, 그리고 정책을 다 다뤄야 해요. 참석자들이 지루해질까 봐 걱정입니다.

여: 아, 그건 확실히 문제가 될 수 있겠네요. 모든 참석자들이 흥미를 잃지 않도록 **8** 그룹 역할극 활동을 준비하는 걸 추천해요.

남1: 좋은 생각이네요. 추천해 주실 만한 활동이 있나요?

여: **9** 제 노트북에 몇 가지 활동 리스트가 있어요. 30분 안에 이메일로 보내드릴게요.

어휘 appreciate that ~에 대해 감사하다 prepare for ~을 준비하다 employee orientation 직원 오리엔테이션 since ~이니까 lead ~을 진행하다, 이끌다 in the past 과거에 tip 조언 It's my pleasure to do ~하게 되어 기쁩니다 do a great job 훌륭하게 잘하다 cover ~을 다루다 product 제품 policy 정책 be worried that ~에 대해 걱정하다 participant 참석자 get bored 지루해지다 definitely 분명히 organize ~을 조직하다, 준비하다 group roleplay activity 단체 롤플레이 활동 keep A engaged A를 계속해서 참여시키다 recommend ~을 추천하다 within the next half hour 앞으로 30분 내로

7. 남자들이 준비하고 있는 것은 무엇인가?

(A) 직원 오리엔테이션

(B) 회사 야유회

(C) 주주 회의

(D) 채용 박람회

어휘 excursion 야유회, 소풍 shareholder 주주

8. 여자가 추천하는 것은 무엇인가?

(A) 교육 시간을 줄이기

(B) 유인물을 제공하기

(C) 장소를 변경하기

(D) 활동을 준비하기

어휘 reduce ~을 줄이다 handout 유인물 venue (행사) 장소 arrange ~을 마련하다, 준비하다

9. 여자는 무엇을 하겠다고 말하는가?

(A) 일정을 업데이트하기

(B) 참석자들에게 연락하기

(C) 이메일로 목록을 보내기

(D) 요청을 승인하기

어휘 contact ~에게 연락하다 approve ~을 승인하다

10-12. 다음 공지와 열차 정보를 참조하시오.

10 IR497 열차 탑승을 위해 대기 중이신 모든 분께 알려 드립니다. 이 열차는 이제 다른 승강장에서 출발할 예정입니다. 승강장 위쪽에 위치한 출발 안내 화면이 새로운 정보를 보여 드릴 수 있도록 업데이트될 것입니다. 이 열차의 출발 시간은 여전히 동일한 상태이며, 승객들께서는 10분 후에 탑승하기 시작하실 수 있습니다. 이 열차에는 여전히 이용 가능한 여러 비즈니스 클래스 좌석 및 퍼스트 클래스 좌석이 있습니다. **11** 좌석을 업그레이드하고자 하시는 경우, 카운터로 오셔서 제임스 씨에게 말씀하시기 바랍니다. 그리고 **12** 저희 모든 열차에 현재 무료 와이파이가 있다는 점도 잊지 마시기 바랍니다. 승차권 번호를 입력하셔서 연결하실 수 있습니다.

열차 번호	목적지	승강장
IR346	워터포드	10
IR589	더블린	9
IR497	리머릭	17
IR825	코크	5

어휘 board ~에 탑승하다 depart 출발하다, 떠나다 departure 출발, 떠남 remain 여전히 ~한 상태이다 in 시간: ~ 후에 available 이용 가능한 forget that ~임을 잊다 free 무료의 connect to ~에 연결하다 by (방법) ~해서, ~함으로써 destination 목적지, 도착지

10. 시각자료를 보시오. 영향을 받은 열차의 목적지가 어디인가?

(A) 워터포드

(B) 더블린

(C) 리머릭

(D) 코크

어휘 affect ~에 영향을 미치다

11. 공지 내용에 따르면, 제임스 씨가 카운터에서 무엇을 제공해 줄 수 있는가?

(A) 식권

(B) 터미널 안내도

(C) 좌석 업그레이드 서비스

(D) 티켓 환불

어휘 voucher 상품권, 쿠폰 refund 환불(액)

12. 화자가 청자들에게 무엇과 관련해 상기시키는가?

(A) 안전 절차

(B) 무료 인터넷 접속

(C) 전자식 발권

(D) 수하물 제한

어휘 remind ~에게 상기시키다 procedure 절차 ticketing 발권, 매표 restriction 제한, 제약

13-15. 다음 공지와 층별 안내를 참조하시오.

퀀텀 포지 일렉트로닉스에 오신 쇼핑객 여러분, 환영합니다! **13** 저희가 이번 달에 매장 전체에 걸쳐 환상적인 거래 제품들로 새해 첫날을 기념할 예정입니다. 예를 들어, **14** 현재 저희가 모든 저희 컴퓨터에 대해 세일 행사를 진행하고 있으므로, 여러분께서 얼마나 많이 절약하실 수 있는지 알아 보실 수 있도록 그 매장을 확인해 보시기 바랍니다. 데스크톱 컴퓨터와 노트북 컴퓨터, 그리고 심지어 태블릿 기기에 이르기까지 이번 행사를 위해 모두 가격이 인하되었습니다! 또한, 새로운 게임 매장에 들르셔서 구매 가능한 몇몇 가장 인기 있는 비디오 게임기들을 체험해 보시기 바랍니다. 마지막으로, **15** 여러분의 구매에 대해 훨씬 더 많은 돈을 절약하실 수 있는 퀀텀 포지 회원 카드를 신청하실 수 있도록 잊지 마시고 저희 웹 사이트도 방문해 보시기 바랍니다.

퀀텀 포지 층별 안내	
4F	카메라
3F	컴퓨터
2F	텔레비전 & 모니터
1F	게임기 & 휴대전화

어휘 celebrate ~을 기념하다, ~을 축하하다 deal 거래 (제품) check out ~을 확인해 보다 department (백화점 등의) 매장, 부서, ~부 device 기기, 장치 have A p.p.: A를 ~되게 하다 drop ~을 인하하다, ~을 떨어뜨리다 stop by ~에 들르다 try out ~을 체험해 보다, ~을 시험해 보다 game console 게임기 available 구매 가능한, 이용 가능한 forget to do ~하는 것을 잊다 apply for ~을 신청하다, ~에 지원하다 even (비교급 강조) 훨씬 purchase 구매(품)

13. 세일 행사가 왜 개최되고 있는가?

(A) 휴일을 기념하기 위해

(B) 매장 영업 마감을 준비하기 위해

(C) 신제품을 홍보하기 위해

(D) 장기 이용 고객들에게 감사하기 위해

어휘 prepare for ~을 준비하다 promote ~을 홍보하다, ~을 촉진하다, ~을 승진시키다 long-term 장기적인

14. 시각자료를 보시오. 현재 어느 층에서 세일 행사가 열리고 있는가?

(A) 1층

(B) 2층

(C) 3층

(D) 4층

어휘 currently 현재

15. 화자의 말에 따르면, 웹 사이트에서 무엇이 이용 가능한가?

(A) 추가 할인

(B) 제품 후기

(C) 홍보용 동영상

(D) 회원 자격 신청서

어휘 additional 추가적인 review 후기, 평가 promotional 홍보의, 판촉의 application 신청(서), 지원(서)

부록 최신 기출 Part 2 고난도 유형

---

1. (B)	**2.** (B)	**3.** (B)	**4.** (A)	**5.** (B)
6. (B)	**7.** (C)	**8.** (C)	**9.** (C)	**10.** (A)
11. (A)	**12.** (B)	**13.** (C)	**14.** (B)	**15.** (A)
16. (C)	**17.** (A)	**18.** (A)	**19.** (A)	**20.** (C)
21. (B)	**22.** (C)	**23.** (B)	**24.** (A)	**25.** (B)

1. Could you work on the project proposal over the weekend?

(A) You can walk there easily.

(B) I've already made plans.

(C) The projections are impressive.

주말 동안 그 프로젝트 제안서 작업 좀 해 주시겠어요?

(A) 그곳에 쉽게 걸어가실 수 있어요.

(B) 저는 이미 계획을 세워 놓았습니다.

(C) 추정치가 인상적이네요.

어휘 work on ~에 대한 작업을 하다 proposal 제안(서) make a plan 계획을 세우다 projection 추정(치), 예상

2. How many activities will our hotel offer in the

winter?

(A) I'd prefer to go away in summer.

(B) We haven't decided yet.

(C) OK, I'll sign up for a few.

우리 호텔이 겨울에 얼마나 많은 활동을 제공할까요?

(A) 저는 여름에 떠나고 싶어요.

(B) 아직 결정하지 않았습니다.

(C) 좋아요, 몇 가지 신청할게요.

어휘 would prefer to do ~하고 싶다 decide 결정하다 sign up for ~을 신청하다, ~에 등록하다

3. Wasn't Ms. Sawyer supposed to send out these invitations?

(A) They're for the grand opening.

(B) She's absent today.

(C) No, I wasn't invited.

소여 씨가 이 초대장들을 발송하기로 되어 있지 않았나요?

(A) 그것들은 개장 기념 행사용입니다.

(B) 그분이 오늘 결근하셨어요.

(C) 아뇨, 저는 초대 받지 않았습니다.

어휘 be supposed to do ~하기로 되어 있다, ~할 예정이다, ~해야 하다 invitation 초대(장) absent 결근한, 부재 중인, 자리에 없는

4. Which courier service do you normally use?

(A) I haven't sent anything for a long time.

(B) There's a $3 shipping fee.

(C) Your package will arrive by tomorrow.

어느 택배 서비스 업체를 평소에 이용하시나요?

(A) 제가 오랫동안 아무것도 보내지 않았습니다.

(B) 3달러의 배송 요금이 있습니다.

(C) 고객의 배송품은 내일까지 도착할 겁니다.

어휘 courier 택배 회사, 택배 기사 nornally 평소에, 일반적으로 arrive 도착하다 by (기한) ~까지

5. Would you like me to put up event posters around town?

(A) Admission will cost $15.

(B) We've decided to promote it online.

(C) It takes place in Merrydown Park.

제가 도시 곳곳에 행사 포스터를 부착해 드릴까요?

(A) 입장료로 15달러가 들 겁니다.

(B) 우리가 그걸 온라인에서 홍보하기로 결정했어요.

(C) 메리다운 공원에서 개최됩니다.

어휘 Would you like me to do? 제가 ~해 드릴까요? put up ~을 부착하다, ~을 게시하다, ~을 내걸다 admission 입장(료) decide to do ~하기로 결정하다 promote ~을 홍보하다, ~을 승진시키다, ~을 촉진하다 take place

개최되다, 진행되다

6. Our advertising budget has been increased, right?

(A) No, it's the one on the left.

(B) We're still waiting for approval.

(C) I saw a commercial on TV.

우리 광고 예산이 늘어난 게 맞죠?

(A) 아뇨, 왼쪽에 있는 것이요.

(B) 우리가 여전히 승인을 기다리고 있습니다.

(C) 제가 TV에서 광고를 봤어요.

어휘 advertising 광고 (활동) budget 예산 increase ~을 늘리다, ~을 증가시키다 on the left 왼쪽에 approval 승인 commercial n. 광고 (방송)

7. Who is the headline performer on Sunday night?

(A) The concert begins at 7 PM.

(B) Yes, it was a great performance.

(C) The full line-up is on the Web site.

누가 일요일 밤에 주 공연자인가요?

(A) 그 콘서트는 오후 7시에 시작해요.

(B) 네, 훌륭한 공연이었어요.

(C) 전체 명단이 웹 사이트에 있어요.

어휘 headline performer (콘서트 등의) 주 공연자 performance 공연, 연주(회), 수행 (능력), 성과 line-up (행사나 경기 등에 참가하는 인원의) 명단, 목록

8. When should we announce the company merger?

(A) No, I just have one job.

(B) Mr. Khan's new business venture.

(C) Let's wait until it's finalized.

우리가 언제 회사 합병을 발표해야 하나요?

(A) 아뇨, 단 하나의 직업만 갖고 있습니다.

(B) 칸 씨의 새 벤처 기업이요.

(C) 최종 확정될 때까지 기다립시다.

어휘 merger 합병, 통합 business venture (모험성을 지닌) 벤처 기업, 벤처 사업 finalize ~을 최종 확정하다

9. Could you help me hand out these flyers for the grand opening?

(A) She flew on Western Airlines.

(B) The department store on Rowan Avenue.

(C) I'm about to put up the decorations.

개장 기념 행사를 위해 이 전단을 나눠 주는 것 좀 도와 주시겠어요?

(A) 그녀는 웨스턴 항공사의 비행기를 탔습니다.

(B) 로완 애비뉴에 있는 백화점이요.

(C) 제가 막 장식물을 붙이려는 참입니다.

어휘 help A do: A가 ~하는 것을 돕다 hand out ~을 나눠 주다,
~을 배부하다 flyer 전단 fly 비행기를 타고 가다(flew는
과거형) be about to do 막 ~하려는 참이다 put up ~을
붙이다, ~을 게시하다, ~을 내걸다

10. Can't we expand our distribution network?

(A) **We're already working on it.**

(B) Yes, it is being shipped.

(C) A new warehouse.

우리 유통망을 확대할 수 없나요?

(A) **우리가 이미 그 일을 하고 있습니다.**

(B) 네, 그게 배송되고 있습니다.

(C) 새로운 창고요.

어휘 expand ~을 확대하다, ~을 확장하다 distribution 유통,
배급, 배부, 분배 ship v. ~을 배송하다 warehouse 창고

11. Do you usually drive your car to the office?

(A) **There's a bus stop right by my place.**

(B) That's an expensive model.

(C) Yes, I've sent the request.

평소에 개인 승용차를 운전해서 회사로 출근하시나요?

(A) **저희 집 바로 옆에 버스 정류장이 있습니다.**

(B) 그건 비싼 모델입니다.

(C) 네, 요청서를 보냈습니다.

어휘 usually 평소에, 일반적으로 right 바로, 정확히, 꼭 by ~
옆에 request 요청(서)

12. You're coming to the factory tour in Houston, aren't you?

(A) The travel agent did a fantastic job.

(B) **As long as there's still space.**

(C) Here's the floor plan.

휴스턴 공장 견학 시간에 오시지 않나요?

(A) 그 여행사 직원이 일을 아주 잘 처리해 주었어요.

(B) **여전히 자리가 있기만 하다면요.**

(C) 여기 평면도입니다.

어휘 agent 직원, 대리인 as long as ~하기만 하면, ~하는 한
floor plan 평면도

13. How many people are coming to the luncheon?

(A) I'd like a grilled cheese sandwich, please.

(B) For about two hours.

(C) **The guest list just came in.**

얼마나 많은 사람들이 오찬 행사에 오시죠?

(A) 그릴에 구운 치즈 샌드위치로 주세요.

(B) 약 2시간 동안이요.

(C) **초대 손님 명단이 방금 왔습니다.**

어휘 luncheon 오찬 would like ~로 하고 싶다, ~을 원하다
about 약, 대략

14. Which phone model is the most popular?

(A) Yes, I bought it online.

(B) **There's a salesperson near the entrance.**

(C) No, not usually.

어느 전화기 모델이 가장 인기 있나요?

(A) 네, 저는 그걸 온라인에서 샀어요.

(B) **입구 근처에 판매 담당 직원이 있습니다.**

(C) 아뇨, 일반적으로 그렇지 않습니다.

어휘 salesperson 판매 담당 지원, 영업 사원 usually
일반적으로, 평소에

15. Which marketing campaign are you leading?

(A) **Unfortunately, the contract got terminated.**

(B) From August to December.

(C) I marked the best one.

어느 마케팅 캠페인을 이끌고 계신가요?

(A) **유감스럽게도, 그 계약은 종료되었습니다.**

(B) 8월부터 12월까지요.

(C) 제가 최고를 기록했어요.

어휘 lead ~을 이끌다, ~을 진행하다 unfortunately
유감스럽게도, 안타깝게도 contract 계약(서) get p.p.
~된 상태가 되다 terminate ~을 종료하다, ~을 끝내다
mark ~을 기록하다, ~을 표시하다, ~을 기념하다, (날짜 등)
~에 해당하다

16. Who completed the financial reports?

(A) We can reduce some production costs.

(B) The consultation was helpful.

(C) **Mi-joo told the intern to do it.**

누가 재무 보고서를 완료했나요?

(A) 우리가 일부 생산비를 줄일 수 있습니다.

(B) 그 상담 시간이 도움이 되었습니다.

(C) **민주 씨가 인턴에게 하라고 했어요.**

어휘 complete ~을 완료하다 financial 재무의, 재정의, 금융의
reduce ~을 줄이다, ~을 감소시키다 consultation 상담,
상의 tell A to do: A에게 ~하라고 말하다

17. Where should I put this document?

(A) **I'm organizing the file cabinet later on.**

(B) The spreadsheet is five pages long.

(C) Using a key.

이 서류를 어디에 두어야 하나요?

(A) **제가 나중에 파일 캐비닛을 정리합니다.**

(B) 그 스프레드시트는 5페이지 길이입니다.

(C) 열쇠를 이용해서요.

어휘 organize ~을 정리하다, ~을 주최하다, ~을 조직하다 later
on 나중에 spreadsheet 스프레드시트(표 형식으로 데이터
관련 작업을 하는 프로그램)

18. Do you know a good home decorator?

(A) Barry just had his living room painted.

(B) OK, we'll check them out.

(C) Ten Hills is a nice neighborhood.

좋은 주택 장식 전문가를 알고 계신가요?

(A) 배리 씨가 막 거실에 페인트칠 받으셨어요.

(B) 좋아요, 저희가 그것들을 확인해 볼게요.

(C) 텐 힐즈는 아주 멋진 동네입니다.

어휘 decorator 장식 전문가 have A p.p.: A를 ~되게 하다
check A out: A를 확인해 보다 neighborhood 동네,
지역, 이웃

19. Why do you need to take sunscreen to the tennis
match?

(A) Haven't you seen the weather forecast?

(B) A championship game.

(C) It's being shown live on television.

그 테니스 경기에 왜 자외선 차단제를 가져 가셔야 하는 건가
요?

(A) 일기 예보 못 보셨나요?

(B) 챔피언 결정전이요.

(C) 텔레비전에서 생방송됩니다.

어휘 sunscreen 자외선 차단제

20. Who will be leading the customer service skills
workshop?

(A) In the conference room upstairs.

(B) I'm sorry, but I haven't read that book.

(C) They've hired an external instructor.

누가 고객 서비스 능력 워크숍을 진행할 예정인가요?

(A) 위층에 있는 대회의실에서요.

(B) 죄송하지만, 저는 그 책을 읽어 본 적이 없어요.

(C) 외부 강사를 고용했습니다.

어휘 lead ~을 진행하다, ~을 이끌다 upstairs 위층에 hire ~을
고용하다 external 외부의 instructor 강사

21. Who's finalizing the budget report?

(A) By Thursday.

(B) Oh, it's already been sent.

(C) Because of the contract.

누가 예산 보고서를 최종 확정하나요?

(A) 목요일까지요.

(B) 아, 그건 이미 보내졌습니다.

(C) 그 계약서 때문에요.

어휘 finalize ~을 최종 확정하다 budget 예산 by (기한) ~까지
contract 계약(서)

22. Isn't our company's networking system working?

(A) No, we didn't order any coffee.

(B) There are a lot of networking events.

(C) An IT technician is on the way.

우리 회사의 네트워크 시스템이 작동되고 있지 않나요?

(A) 아뇨, 저희는 어떤 커피도 주문하지 않았어요.

(B) 인적 교류 행사가 많이 있습니다.

(C) IT 기사 한 분이 오시는 중입니다.

어휘 networking 네트워크의, 인적 교류의 on the way
오는[가는] 중인, 도중에

23. Do you think we need to hire one more consultant
or two?

(A) Mr. Ota will lead the training.

(B) Our firm doesn't have many clients yet.

(C) You need to pay a small application fee.

우리가 상담 전문가를 한 명 더 고용해야 한다고 생각하시나
요, 아니면 두 명 더 해야 하나요?

(A) 오타 씨가 그 교육을 진행하실 겁니다.

(B) 우리 회사는 아직 고객들이 많지 않습니다.

(C) 소액의 지원 수수료를 지불하셔야 합니다.

어휘 hire ~을 고용하다 consultant 상담 전문가, 자문 lead
~을 진행하다, ~을 이끌다 training 교육 firm 회사, 업체
application 지원(서), 신청(서) fee 수수료, 요금

24. When do you think I should leave for the airport?

(A) Do you already have your ticket?

(B) A free shuttle service.

(C) Yes, at the airport baggage claim.

제가 언제 공항으로 출발해야 한다고 생각하세요?

(A) 이미 티켓을 갖고 계신가요?

(B) 무료 셔틀 버스 서비스요.

(C) 네, 공항의 수하물 찾는 곳에서요.

어휘 leave 출발하다, 떠나다 free 무료의 baggage claim
수하물 찾는 곳

25. Will I be reimbursed for my travel expenses?

(A) She booked a flight today.

(B) I'll send you a link to the form.

(C) With a new travel agent.

제가 출장 경비에 대해서 환급 받게 되나요?

(A) 그녀가 오늘 항공편을 예약했어요.

(B) 제가 그 양식으로 연결되는 링크를 보내 드릴게요.

(C) 새 여행사 직원과 함께요.

어휘 reimburse ~에게 환급해 주다　expense 경비, 지출 (비용)
book ~을 예약하다　agent 직원, 대리인

부록 LC 실전 모의고사 1

PART 1

1. (A)	**2.** (B)	**3.** (B)	**4.** (D)	**5.** (D)
6. (C)				

PART 2

7. (B)	**8.** (C)	**9.** (A)	**10.** (B)	**11.** (C)
12. (B)	**13.** (A)	**14.** (A)	**15.** (C)	**16.** (B)
17. (B)	**18.** (C)	**19.** (C)	**20.** (B)	**21.** (C)
22. (B)	**23.** (A)	**24.** (B)	**25.** (C)	**26.** (B)
27. (B)	**28.** (A)	**29.** (A)	**30.** (B)	**31.** (A)

PART 3

32. (A)	**33.** (C)	**34.** (D)	**35.** (C)	**36.** (B)
37. (C)	**38.** (A)	**39.** (B)	**40.** (D)	**41.** (D)
42. (C)	**43.** (C)	**44.** (D)	**45.** (C)	**46.** (D)
47. (C)	**48.** (B)	**49.** (A)	**50.** (B)	**51.** (D)
52. (B)	**53.** (D)	**54.** (C)	**55.** (D)	**56.** (C)
57. (D)	**58.** (B)	**59.** (D)	**60.** (D)	**61.** (A)
62. (A)	**63.** (D)	**64.** (D)	**65.** (B)	**66.** (C)
67. (A)	**68.** (A)	**69.** (C)	**70.** (A)	

PART 4

71. (C)	**72.** (B)	**73.** (D)	**74.** (B)	**75.** (D)
76. (D)	**77.** (C)	**78.** (B)	**79.** (D)	**80.** (B)
81. (C)	**82.** (A)	**83.** (B)	**84.** (D)	**85.** (D)
86. (C)	**87.** (D)	**88.** (D)	**89.** (C)	**90.** (A)
91. (B)	**92.** (B)	**93.** (C)	**94.** (D)	**95.** (B)
96. (C)	**97.** (B)	**98.** (A)	**99.** (C)	**100.** (D)

Part 1

1. **(A) Some customers are looking into a display case.**

(B) Some customers are paying for some merchandise.

(C) One of the women is reaching for an item on display.

(D) One of the women is trying on some jewelry.

(A) 몇몇 고객들이 진열장 안을 들여다보고 있다.

(B) 몇몇 고객들이 상품에 대해 지불하고 있다.

(C) 여자들 중 한 명이 진열 중인 상품에 손을 뻗고 있다.

(D) 여자들 중 한 명이 장신구를 착용해 보고 있다.

어휘 customer 고객　look into ~을 들여다보다　display case 진열장　pay for ~에 대해 값을 지불하다　merchandise 상품, 제품　reach for ~에 손을 뻗다　item 물건　on display 진열 중인　try on ~을 착용해보다　jewelry 장신구, 보석류

2. (A) The people are putting up a tent.

(B) The people are hiking outdoors.

(C) Some of the people are cutting bushes.

(D) Some of the people are eating some snacks.

(A) 사람들이 텐트를 설치하고 있다.

(B) 사람들이 야외에서 하이킹을 하고 있다.

(C) 몇몇 사람들이 덤불을 자르고 있다.

(D) 몇몇 사람들이 간식을 먹고 있다.

어휘 put up ~을 설치하다　hike 하이킹을 하다, 도보 여행을 하다　outdoors 야외에서　bush 덤불, 관목

3. (A) Some books are stacked on a desk.

(B) Colleagues are gathered at a workspace.

(C) One of the workers is distributing some handouts.

(D) There are light fixtures mounted on the wall.

(A) 몇몇 책들이 책상 위에 쌓여 있다.

(B) 동료들이 업무 공간에 모여 있다.

(C) 직원들 중 한 명이 유인물을 배부하고 있다.

(D) 벽에 조명 장치들이 설치되어 있다.

어휘 be stacked 쌓여 있다　colleague 동료　be gathered 모여 있다　workspace (특히 사무실 내의) 업무 공간　distribute ~을 배부하다　handout 유인물　light fixture 조명 장치

4. (A) A wooden structure is being built.

(B) There's a bicycle blocking the path.

(C) Some logs are stacked on the ground.

(D) There's a shed in a wooded area.

(A) 나무로 된 구조물이 지어지고 있다.

(B) 자전거 한 대가 길을 막고 있다.

(C) 통나무들이 바닥에 쌓여 있다.

(D) 숲이 우거진 지역에 헛간이 있다.

어휘 wooden structure 목재 구조물 block ~을 막다 path 길 log 통나무 be stacked 쌓여 있다 ground 땅, 바닥 shed 헛간 wooded area 숲이 우거진 지역

5. (A) She's carrying a box across the room.

(B) She's moving some furniture into a corner.

(C) She's removing some items from a box.

(D) She's closing a box with tape.

(A) 여자가 방을 가로질러 상자를 나르고 있다.

(B) 여자가 가구를 구석으로 옮기고 있다.

(C) 여자가 상자에서 물건을 꺼내고 있다.

(D) 여자가 상자를 테이프로 닫고 있다.

어휘 carry ~을 나르다 move ~을 옮기다 corner 구석 remove A from B: B에서 A를 제거하다

6. (A) There are bushes surrounding a parking area.

(B) Some pedestrians are crossing the street.

(C) Vehicles are parked in front of a building.

(D) There are cars driving into a parking garage.

(A) 덤불들이 주차장을 둘러싸고 있다.

(B) 몇몇 보행자들이 길을 건너고 있다.

(C) 차들이 건물 앞에 주차되어 있다.

(D) 주차장으로 들어가는 차들이 있다.

어휘 bush 덤불, 관목 surround ~을 둘러싸다 pedestrian 보행자 cross ~을 건너다 vehicle 차량 in front of ~의 앞에 parking garage 주차장

Part 2

7. When does the mail usually arrive?

(A) No, it's Sunday today.

(B) By noon at the latest.

(C) To Memphis.

우편물은 보통 언제 도착합니까?

(A) 아뇨, 오늘은 일요일입니다.

(B) 늦어도 정오까지요.

(C) Memphis로요.

어휘 usually 보통 at the latest 늦어도

8. Is the lecture this morning or after lunch?

(A) In the meeting room.

(B) I'll order a sandwich.

(C) It's starting in twenty minutes.

강연이 오늘 아침에 있나요, 아니면 점심 시간 이후인가요?

(A) 회의실에서요.

(B) 샌드위치를 주문할게요.

(C) 20분 후에 시작합니다.

어휘 order ~을 주문하다 in + 시간/기간: ~ 후에

9. Excuse me, where can I have my watch repaired?

(A) On the second floor.

(B) I haven't watched that yet.

(C) No, it's still broken.

실례하지만, 어디에서 제 시계를 수리 받을 수 있나요?

(A) 2층에서요.

(B) 저는 아직 그걸 보지 못했어요.

(C) 아뇨, 여전히 고장 나 있어요.

어휘 have A p.p.: A가 ~되게 하다 repair ~을 수리하다 broken 고장 난

10. When are we leaving for the train station?

(A) I'll leave it by the door.

(B) As soon as the taxi gets here.

(C) I already had some training.

우리가 언제 기차역으로 출발하나요?

(A) 제가 그것을 문 옆에 놓아 둘게요.

(B) 택시가 이곳으로 오는 대로요.

(C) 저는 이미 교육을 좀 받았어요.

어휘 leave 출발하다, 떠나다, ~을 놓다, ~을 두다 as soon as ~하는 대로, ~하자마자 get here 이곳으로 오다

11. Who's making the order for the office supplies?

(A) The office is downtown.

(B) That's a great idea.

(C) I'll ask Sheena to do it.

누가 사무용품에 대한 주문을 하나요?

(A) 그 사무실은 시내에 있습니다.

(B) 아주 좋은 생각입니다.

(C) 제가 Sheena 씨에게 그 일을 하도록 요청할게요.

어휘 make an order 주문하다 supplies 용품, 물품 downtown 시내에 있는 ask A to do: A에게 ~하도록 요청하다

12. How can we lower our production costs?

(A) No, they're quite high.

(B) By using cheaper materials.

(C) Yes, they did.

어떻게 우리의 생산비를 낮출 수 있을까요?

(A) 아뇨, 그것들은 꽤 높아요.

(B) 더 저렴한 재료를 사용해서요.

(C) 네, 그들이 했습니다.

어휘 lower v. ~을 낮추다, 내리다 production 생산, 제작 quite 꽤, 상당히 by (방법) ~함으로써 material 재료, 자료, 물품

13. Isn't the interior designer coming now?

(A) No, in about two hours.

(B) I'm happy with the design.

(C) Sorry, I don't have enough time.

인테리어 디자이너가 지금 오지 않나요?

(A) 아뇨, 약 2시간 후에요.

(B) 저는 그 디자인에 만족해요.

(C) 죄송하지만, 제가 시간이 충분히 있지 않습니다.

어휘 in 시간: ~ 후에 about 약, 대략 be happy with ~에 만족하다, 기뻐하다

14. You have a copy of the building blueprint, don't you?

(A) Yes, it's in my briefcase.

(B) I'd use a different color.

(C) He's an architect.

건물 설계도를 한 부 갖고 계시지 않나요?

(A) 네, 제 서류 가방에 있어요.

(B) 저라면 다른 색상을 사용할 겁니다.

(C) 그는 건축가입니다.

어휘 copy 한 부, 한 장 blueprint 설계도, 청사진 briefcase 서류 가방 architect 건축가

15. Where will your stall be at the town fair?

(A) All kinds of snacks.

(B) Next weekend.

(C) Near the entrance.

도시 박람회장에서 어디에 가판대가 위치하나요?

(A) 모든 종류의 간식이요.

(B) 다음 주말에요.

(C) 입구 근처에요.

어휘 stall 가판대 fair 박람회 all kinds of 모든 종류의 near ~ 근처에 entrance 입구

16. I can't find the customer service desk in this store.

(A) You can pay for it by credit card.

(B) I'll show you where to go.

(C) I thought the service was great.

이 매장에서 고객 서비스 데스크를 찾을 수 없어요.

(A) 신용카드로 그 비용을 지불하실 수 있습니다.

(B) 어디로 가셔야 하는지 알려 드리겠습니다.

(C) 그 서비스가 아주 좋았다고 생각했어요.

어휘 pay for ~에 대한 비용을 지불하다 show A B: A에게 B를 알려주다

17. Could you remind me to call the repair technician tomorrow?

(A) He won't mind at all.

(B) Sorry, I'll be out of the office.

(C) The broken photocopier.

내일 수리 기사에게 전화해야 한다고 저에게 상기시켜 주시겠어요?

(A) 그분은 전혀 상관하지 않을 거예요.

(B) 죄송하지만, 제가 사무실에 없을 거예요.

(C) 고장 난 복사기요.

어휘 remind A to do: A에게 ~하도록 상기시키다 repair 수리 technician 기사, 기술자 not ~ at all 전혀 ~않다 mind 상관하다, 신경 쓰다 broken 고장 난, 망가진 photocopier 복사기

18. How often should I send you a progress report?

(A) I report to Mr. Jones.

(B) I'm glad it's going smoothly.

(C) That won't be necessary.

얼마나 자주 진행 보고서를 보내 드려야 하나요?

(A) 저는 Jones 씨에게 보고합니다.

(B) 순조롭게 진행되고 있어서 기쁩니다.

(C) 그렇게 하실 필요는 없습니다.

어휘 progress 진행, 진척 report to (업무 등) ~에게 보고하다 go smoothly 순조롭게 진행되다 necessary 필요한, 필수의

19. Haven't you had your motorcycle fixed yet?

(A) He often travels by motorcycle.

(B) I'd recommend another brand.

(C) I think I'll need a new one.

아직 당신 오토바이를 수리 받지 못하셨나요?

(A) 그는 오토바이로 자주 여행해요.

(B) 다른 브랜드를 추천해 드리고 싶네요.

(C) 제 생각에 새 것이 필요할 것 같아요.

어휘 have A p.p.: A가 ~되게 하다 fix ~을 수리하다, 고치다 travel 여행하다, 이동하다 recommend ~을 추천하다

20. Would you prefer to work this Saturday morning, or Sunday afternoon?

(A) Yes, I did a 6-hour shift.

(B) Aren't we closed on Sundays?

(C) Every employee must attend.

이번 주 토요일 아침에 근무하고 싶으세요, 아니면 일요일 오

후가 좋으세요?

(A) 네, 저는 6시간짜리 교대 근무를 했어요.

(B) 우리가 매주 일요일에는 문을 닫지 않나요?

(C) 모든 직원이 반드시 참석해야 합니다.

어휘 Would you prefer to do? ~하고 싶으신가요? shift 교대 근무(조) attend 참석하다

21. The welcome dinner for the new manager is on Monday.

(A) I can manage it by myself.

(B) Mr. Lincoln can tell you.

(C) That's not what I heard.

신임 부서장을 위한 환영 만찬이 월요일에 있습니다.

(A) 제가 직접 처리할 수 있습니다.

(B) Lincoln 씨가 당신께 말씀드릴 수 있습니다.

(C) 제가 들은 것과 다르네요.

어휘 welcome dinner 환영 만찬 manage ~을 처리하다, 관리하다 by oneself 직접, 스스로

22. Is the flight to Newark leaving on time?

(A) At Gate 35.

(B) It's delayed by 30 minutes.

(C) I have a business class seat.

뉴어크로 가는 항공편이 제때 출발하나요?

(A) 35번 탑승구에서요.

(B) 30분 지연되었습니다.

(C) 저는 비즈니스 클래스 좌석을 탑니다.

어휘 leave 출발하다, 떠나다 on time 제때, 제 시간에 delayed 지연된, 지체된 by (차이) ~만큼

23. Why did you cancel your trip to Brazil?

(A) Because I couldn't afford it.

(B) The flight leaves at 4.

(C) There are lots of sights to see there.

브라질로 가시는 여행을 왜 취소하셨나요?

(A) 그럴 여유가 없었기 때문이에요.

(B) 비행기가 4시에 떠납니다.

(C) 그곳에 볼 만한 관광지들이 많습니다.

어휘 can't afford ~할 여유가 없다 leave 떠나다, 출발하다 lots of 많은 sights 관광지, 명소

24. Is our packing machine functioning again?

(A) In the manufacturing plant.

(B) I'm afraid it's still broken.

(C) Yes, it's our best-selling model.

우리 포장 기계가 다시 작동되고 있나요?

(A) 제조 공장에서요.

(B) 유감이지만 여전히 고장 나 있어요.

(C) 네, 저희의 베스트셀러 모델입니다.

어휘 packing 포장(재) function 작동되다, 기능하다 manufacturing plant 제조 공장 broken 고장 난 best-selling 가장 잘 팔리는

25. Would you mind calling this customer back about his complaint?

(A) A problem with shipping.

(B) I'm glad it was resolved quickly.

(C) Actually, I'm stepping out for lunch.

이 고객에게 불만 사항과 관련해 다시 전화 좀 해 주시겠어요?

(A) 배송 문제요.

(B) 빠르게 해결되어서 기뻐요.

(C) 실은, 제가 점심 식사하러 나가고 있어요.

어휘 Would you mind -ing?: ~해 주시겠어요? call A back: A에게 다시 전화하다, 답신 전화하다 complaint 불만 shipping 배송, 선적 resolve ~을 해결하다 actually 실은, 사실은 step out for ~하러 나가다

26. You haven't seen the guest list for the party, have you?

(A) Let's invite Steven Tyler.

(B) Didn't I give it back to you?

(C) Thanks. I'll see you there.

파티의 초대손님 명단을 못 보셨죠, 그렇죠?

(A) Steven Tyler 씨를 초대합시다.

(B) 제가 그걸 당신께 돌려 드리지 않았나요?

(C) 감사합니다. 거기서 뵙겠습니다.

어휘 invite ~을 초대하다 give A back to B: A를 B에게 돌려주다

27. Aren't you bringing copies of your résumé to the career fair?

(A) Let's have coffee afterwards.

(B) I'm planning to.

(C) Perhaps you should.

채용 박람회에 이력서 사본들을 가져가시지 않나요?

(A) 그 이후에 커피를 마십시다.

(B) 그럴 계획이에요.

(C) 아마 그렇게 하셔야 해요.

어휘 bring ~을 가져가다[오다] résumé 이력서 career fair 채용 박람회 afterwards 그 이후에, 나중에 plan to do ~할 계획이다

28. What did you think about the keynote speaker?

(A) I thought he made some good points.

(B) Thanks, I'd be honored to.

(C) To speak at the upcoming conference.

기조 연설자에 대해서 어떤 생각이 드셨나요?

(A) 그가 몇 가지 좋은 점들을 말씀해 주신 것 같았어요.

(B) 감사합니다, 영광으로 생각합니다.

(C) 곧 있을 컨퍼런스에서 연설을 하기 위해서요.

어휘 keynote speaker 기조 연설자 make a good point 좋은 지적을 하다 be honored to do ~해서 영광이다 upcoming 다가오는, 곧 있을

29. This new photocopier does not work the way it is supposed to.

(A) I preferred the previous model.

(B) He's supposed to make extra copies.

(C) It's a photo from the staff outing.

이 새 복사기가 원래 방식대로 작동하지 않아요.

(A) 저는 이전 모델이 더 좋았어요.

(B) 그가 추가 사본을 만들기로 되어 있어요.

(C) 그건 직원 야유회에서 찍은 사진이에요.

어휘 photocopier 복사기 work (기계 등이) 작동하다 be supposed to do ~하기로 되어 있다 prefer ~을 선호하다 make a copy ~을 복사하다 extra 추가의, 별도의 outing 야유회

30. Would you like to attend a workshop for sales representatives next month?

(A) I'm shopping for a birthday present.

(B) It depends on when it is.

(C) The sales are up by 15% this year.

다음 달에 있을 영업사원 워크숍에 참석하시겠어요?

(A) 생일 선물을 사려고 쇼핑 중이에요.

(B) 그게 언제인지에 따라 달라요.

(C) 올해 매출이 15% 증가했어요.

어휘 Would you like to do? ~하시겠습니까? sales representative 영업사원 depend on ~에 따라 다르다, ~에 달려 있다 sales 매출, 판매액 by (차이) ~만큼

31. Has Mr. Roy reviewed the contract with the food company?

(A) He hasn't had a chance yet.

(B) The view is lovely.

(C) I'll get the ingredients.

식품회사와 맺은 계약서를 Roy 씨가 검토했나요?

(A) 그는 아직 그럴 기회가 없었어요.

(B) 경치가 멋지네요.

(C) 제가 재료를 가져올게요.

어휘 review ~을 검토하다 contract 계약(서) view 경치 lovely 멋진, 아름다운 ingredient 재료, 원료

Part 3

Questions 32-34 refer to the following conversation.

W: Wow! The new appliances in **32** our restaurant kitchen look amazing. The company that fitted them did an excellent job.

M: Definitely! It's just a shame that **33** we had to close our doors for a day so that they could carry out the installation.

W: Don't worry about it. It was totally worth it. Now let's focus on getting the kitchen cleaned up and ready for opening tomorrow.

M: Okay. **34** I'll call a company that specializes in commercial kitchen cleaning. That will save our staff some time when they arrive in the morning.

여: 와우! 우리 레스토랑 주방에 있는 새 기기들이 굉장해 보여요. 그 기기들을 설치해준 업체가 일을 아주 잘해 주었네요.

남: 틀림없어요! 그 사람들이 설치 작업을 할 수 있도록 하룻동안 문을 닫았어야 했다는 게 아쉬울 뿐입니다.

여: 그건 걱정하지 마세요. 분명 그럴 만한 가치가 있었어요. 이제 주방을 깨끗하게 치우고 내일 개점 준비가 되도록 하는 데 집중해요.

남: 좋습니다. 제가 상업용 주방 청소를 전문으로 하는 업체에 전화할게요. 그렇게 하면 우리 직원들이 아침에 도착할 때 시간을 좀 절약하게 해 줄 거예요.

어휘 appliance (가전) 기기 look + 형용사: ~하게 보이다 amazing 굉장한, 놀라운 fit ~을 설치하다, 갖춰 주다 definitely (강한 긍정) 틀림없어요, 분명해요 It's a shame that ~해서 아쉽다, 안타깝다 so that ~하도록 carry out ~을 하다, 수행하다 installation 설치 (작업) totally 분명(히), 완전히 worth + 명사: ~할 가치가 있는 focus on ~에 집중하다, 초점을 맞추다 get A p.p.: A가 ~되도록 하다 clean up ~을 깨끗하게 치우다, 청소하다 specialize in ~을 전문으로 하다 commercial 상업(용)의 save A B: A가 B를 절약하게 해 주다

32. 화자들은 어디에서 일하는가?

(A) 레스토랑에서

(B) 가전 기기 매장에서

(C) 건설 회사에서

(D) 부동산 중개업소에서

해설 대화를 시작하면서 여자가 자신이 근무하는 곳을 our로 지칭해 our restaurant kitchen이라고 언급하고 있으므로 (A)가 정답이다.

어휘 firm 회사 real estate 부동산 agency 대행사, 업체

33. 건물이 왜 일시적으로 문을 닫았는가?

    (A) 직원 교육을 실시하기 위해

    (B) 안전 점검을 받기 위해

    (C) 설치 작업을 수행하기 위해

    (D) 한 행사를 준비하기 위해

해설 문을 닫았던 일이 언급되는 초반부에 설치 작업을 할 수 있도록 하루 문을 닫아야 했다고(we had to close ~ so that they could carry out the installation.) 알리고 있으므로 (C)가 정답이다.

어휘 temporarily 일시적으로 undergo ~을 받다, 거치다, 겪다 inspection 점검, 조사 perform ~을 수행하다 prepare for ~을 준비하다

Paraphrase carry out the installation → perform installation work

34. 남자는 다음으로 무엇을 할 예정인가?

    (A) 업무 일정을 게시하는 일

    (B) 새로운 용품을 주문하는 일

    (C) 일부 장비를 확인하는 일

    (D) 청소 전문 업체에 연락하는 일

해설 대화 마지막에 남자가 상업용 주방 청소를 전문으로 하는 업체에 전화하겠다고(I'll call a company ~ commercial kitchen cleaning.) 알리고 있으므로 (D)가 정답이다.

어휘 post ~을 게시하다 order ~을 주문하다 supplies 용품, 물품 equipment 장비 contact ~에 연락하다

Paraphrase call → contact

Questions 35-37 refer to the following conversation.

> M: Hi, Veronica. 35 **You attended the convention last weekend, right?** How did it go?
>
> W: It went really well. I gave a presentation about 36 **our company's new energy-efficient washing machines,** and the feedback was very positive. I showed the attendees the results from our survey, which showed that consumers are increasingly interested in eco-friendly appliances.
>
> M: Great! And I hope you also had a chance to talk about 36 37 **the new refrigerators that we'll be selling from September 1.**
>
> W: Yes, I did! And a lot of people asked me about them. So, I let them know that they'll be able to place an advance order for one from any of our retail locations.

남: 안녕하세요, Veronica 씨. 지난 주말에 컨벤션에 참석하신 것이 맞죠? 어떻게 되었나요?

여: 정말 잘 진행되었어요. 제가 우리 회사의 에너지 효율적인 새 세탁기 제품에 관해 발표했는데, 반응이 아주 긍정적이었어요. 소비자들이 점점 더 친환경적인 가전 기기에 관심을 갖고 있다는 점을 보여주는 우리 설문 조사 결과를 참석자들께 보여 드렸어요.

남: 아주 잘 됐네요! 그리고 우리가 9월 1일부터 판매할 예정인 새 냉장고에 관해서도 얘기할 기회가 있으셨기를 바라요.

여: 네, 있었어요! 그리고 많은 분들이 저에게 그 제품들에 관해 물어 보셨어요. 그래서, 우리 소매 지점들 중 어느 곳에서도 한 대 사전 주문하실 수 있을 거라고 알려 드렸어요.

어휘 attend ~에 참석하다 give a presentation 발표하다 energy-efficient 에너지 효율적인 feedback 반응, 의견 positive 긍정적인 show A B: A에게 B를 보여주다 attendee 참석자 result 결과(물) survey 설문 조사 consumer 소비자 increasingly 점점 더 eco-friendly 친환경적인 appliance (가전) 기기 refrigerator 냉장고 ask A about B: A에게 B에 관해 묻다 let A know that: A에게 ~라고 알리다 be able to do ~할 수 있다 place an order for ~을 주문하다 advance a. 사전의, 미리 하는 retail location 소매 지점

35. 여자는 지난 주에 무엇을 했는가?

    (A) 투자자들과 만나는 일

    (B) 일부 제품들을 시험해 보는 일

    (C) 컨벤션에 참석하는 일

    (D) 모금 행사에서 연설하는 일

해설 대화를 시작하면서 남자가 여자에게 지난 주말에 컨벤션에 참석한 것이 맞는지(You attended the convention last weekend, right?) 묻자, 여자가 잘 진행되었다고 반응하고 있으므로 (C)가 정답이다.

어휘 meet with (약속하여) ~와 만나다 investor 투자자 fundraiser 모금 행사

36. 화자들은 어떤 제품을 판매할 것 같은가?

    (A) 컴퓨터 부대용품

    (B) 가정용 가전 기기

    (C) 조리 기구

    (D) 건축 자재

해설 화자들이 소속 회사에서 만드는 제품의 종류와 관련해 세탁기(our company's new energy-efficient washing machines)와 냉장고(the new refrigerators that we'll be selling) 등을 언급하고 있는데, 이 제품들은 가정용 가전 기기에 해당되므로 (B)가 정답이다.

어휘 accessories 부대용품 cooking utensils 조리 기구 supplies 물품, 용품

Paraphrase washing machines / refrigerators → Home appliances

37. 남자는 9월에 무슨 일이 있을 것이라고 말하는가?

　(A) 마케팅 캠페인이 시작될 것이다.

　(B) 소매 판매점이 하나 개장될 것이다.

　(C) 신제품들이 판매될 것이다.

　(D) 고객들이 설문 조사를 받을 것이다.

해설 9월이라는 시점이 언급되는 후반부에 남자가 9월 1일부터 새 냉장고 제품을 판매하기 시작할 것이라고(~ the new refrigerators that we'll be selling from September 1) 알리고 있으므로 (C)가 정답이다.

어휘 retail outlet 소매 판매점　survey ~에게 설문 조사를 하다

Paraphrase new refrigerators → New products

Questions 38-40 refer to the following conversation with three speakers.

W: So, Mr. Hirst, **38** would you like to sign up for next week's yoga class, too?

M1: Definitely, but I'm not sure if I'll be available. I'll check my schedule at work tomorrow.

W: No problem. By the way, **39** if you have a gym membership, you can sign up for exercise classes on our Web site. It's really quick and easy.

M1: Oh, that would be a great idea! Can I get a membership right now?

W: Sure, but Jason handles new members. **40** Jason… can you help Mr. Hirst to sign up for a membership?

M2: Of course. Now, would you like to apply for the 3-month, 6-month, or one-year plan?

M1: I'll take the full year, thanks.

M2: OK. **40** Please fill out this form completely. I'll be right back with your complimentary water bottle.

여: 그럼, Hirst 씨, 다음 주에 있을 요가 강좌에도 등록하시겠습니까?

남1: 당연하죠, 하지만 제가 시간이 있을지 확실하지 않아요. 내일 회사에서 제 일정을 확인해 볼게요.

여: 좋습니다. 그건 그렇고, 체육관 회원 자격이 있으시면, 저희 웹 사이트에서 운동 강좌에 등록하실 수 있습니다. 정말 빠르고 쉽습니다.

남1: 아, 정말 좋은 아이디어인 것 같아요! 지금 바로 회원 자격을 얻을 수 있나요?

여: 그럼요, 하지만 Jason 씨가 신규 회원들을 담당하고 계십니다. Jason… Hirst 씨께서 회원 가입을 하실 수 있도록 도와줄 수 있나요?

남2: 물론입니다. 자, 3개월과 6개월, 또는 1년 약정 중에 어느 것으로 신청하시겠습니까?

남1: 1년으로 할게요, 고맙습니다.

남2: 알겠습니다. 이 양식을 모두 작성해 주시기 바랍니다. 무료 물병을 갖고 금방 다시 오겠습니다.

어휘 sign up for ~에 등록하다, 가입하다　Definitely 당연하죠, 물론이죠　available (사람이) 시간이 나는　by the way (화제 전환 시) 그건 그렇고　gym 체육관　handle ~을 처리하다, 다루다　help A to do: A가 ~하도록 돕다　apply for ~을 신청하다, ~에 지원하다　full year 1년 (만기)　fill out ~을 작성하다　form 양식, 서식　completely 전부, 완전히　be right back 바로 돌아 오다　complimentary 무료의

38. 화자들은 어디에 있을 것 같은가?

　(A) 피트니스 센터에

　(B) 미술관에

　(C) 대학교에

　(D) 요리 학교에

해설 대화 시작 부분에 여자가 요가 강좌에 등록하는 일을 묻고 있으므로(would you like to sign up for next week's yoga class, too?) (A)가 정답임을 알 수 있다.

39. 여자의 말에 따르면, Hirst 씨는 왜 회원 가입을 해야 하는가?

　(A) 공연에 참석하기 위해서

　(B) 온라인으로 강좌를 예약하기 위해서

　(C) 무료 선물을 받기 위해서

　(D) 의견을 남기기 위해서

해설 대화 중반부에 여자가 회원 자격이 있으면 웹 사이트에서 운동 강좌에 등록할 수 있다(if you have a gym membership, you can sign up for exercise classes on our Web site)고 알리고 있으므로 온라인 강좌 예약을 의미하는 (B)가 정답이다.

어휘 attend ~에 참석하다　performance 공연, 연주(회)　book ~을 예약하다　online 온라인으로　free 무료의　leave ~을 남기다　comment 의견

40. Jason 씨는 Hirst 씨에게 무엇을 주는가?

　(A) 강좌 일정표

　(B) 무료 티셔츠

　(C) 회원 카드

　(D) 신청서

해설 Jason은 대화 중반부에 여자가 Hirst 씨의 회원 가입을 돕는 일을 요청 받는 남자로 제시되고 있다(Jason… can you help Mr. Hirst to sign up for a membership?). 이후에 대화 마지막 부분에 회원 가입을 위해 양식을 작성하는 일을

(Please fill out this form completely) 요청하고 있으므로 (D)가 정답임을 알 수 있다.

어휘 course 강좌 application form 신청서

Questions 41-43 refer to the following conversation.

> **M:** 🔳41 **Sunview Condominiums. This is the supervisor speaking.** What can I do for you?
>
> **W:** Hello. I live in condo number 5. I'm calling because I'd like someone to come and fix a pipe in my bathroom. 🔳42 **I noticed water leaking out of the pipe** and running down the wall.
>
> **M:** I'll have a repair worker take a look at it. 🔳43 **What time would suit you best?**
>
> **W:** Around 3 o'clock would be perfect.
>
> **M:** Okay. I'll check that out and call you back to confirm.
>
> ──────────────────────────────
>
> 남: Sunview Condominiums입니다. 저는 관리 책임자입니다. 무엇을 도와 드릴까요?
>
> 여: 안녕하세요. 저는 5동에 사는 사람입니다. 제가 전화를 드린 이유는 누군가 와서 제 욕실의 파이프를 수리해 주었으면 해서입니다. 파이프에서 물이 새어 나와 벽을 타고 흘러내리고 있는 것을 알아차렸습니다.
>
> 남: 오늘 오후에 수리 기사에게 살펴보게 하겠습니다. 몇 시가 가장 좋으신가요?
>
> 여: 3시쯤이면 아주 좋을 것 같아요.
>
> 남: 알겠습니다. 그 부분을 확인해 보고 다시 전화 드려서 확정해 드리겠습니다.

어휘 supervisor 책임자, 상사, 부서장 would like A to do: A가 ~하기를 원하다 fix ~을 수리하다, 고치다, 바로잡다 notice ~을 알아차리다, 인식하다 leak (물, 가스 등이) 새다, 누출되다 run down ~을 따라 흐르다 have A do: A에게 ~하게 하다, ~하도록 시키다 repair 수리 take a look at ~을 한 번 살펴보다 suit ~에게 적합하다, 알맞다 around ~쯤, 약 check A out: A를 확인해 보다 call A back: A에게 다시 전화하다 confirm 확정하다, 확인해 주다

41. 남자는 누구일 것 같은가?
(A) 매장 점원
(B) 수리 기사
(C) 부동산 중개인
(D) 건물 관리 책임자

해설 대화를 시작하면서 남자가 자신의 신분과 관련해 'Sunview Condominiums. This is the supervisor speaking'이라는 말로 아파트 건물 관리 책임자라고 밝히고 있으므로 (D)가 정

답이다.

어휘 clerk 점원

42. 여자에게 무슨 문제가 있는가?
(A) 가전 기기에 결함이 있다.
(B) 배송 물품이 도착하지 않았다.
(C) 파이프가 새고 있다.
(D) 입구가 막혀 있다.

해설 여자의 문제점을 묻고 있으므로 여자의 말에서 언급되는 부정적인 정보를 찾아야 한다. 대화 중반부에 파이프에서 물이 새는(I noticed water leaking out of the pipe) 문제점을 발견한 사실을 말하고 있으므로 이를 언급한 (C)가 정답이다.

어휘 appliance 가전 기기 faulty 결함이 있는 delivery 배송 (물품) blocked 막힌, 차단된

Paraphrase water leaking out of the pipe → pipe is leaking

43. 남자는 무슨 정보를 요청하는가?
(A) 여자의 위치
(B) 여자의 이름
(C) 여자가 선호하는 시간
(D) 여자의 전화번호

해설 대화 후반부에 남자가 몇 시가 가장 좋은 지(What time would suit you best?) 묻고 있는데, 이는 선호하는 시간을 묻는 것이므로 (C)가 정답이다.

어휘 ask for ~을 요청하다 preferred 선호하는

Paraphrase suit you best → preferred

Questions 44-46 refer to the following conversation.

> **W:** Hello, 🔳44 **I'd like to register for the Spanish Speaking course at your institute.** But, 🔳45 **every time I click on the registration button on your Web site, I just get sent back to the welcome page.** Can you help?
>
> **M:** That's certainly strange. Do you see any error messages after you click the button?
>
> **W:** No, I don't see any. My friend tried it on her laptop, and she encountered the same problem.
>
> **M:** Hmm… I'll notify our IT team about it. In the meantime, 🔳46 **I can e-mail you an application directly.** You can just fill it out and bring it to our institute with the course fee.
>
> ──────────────────────────────
>
> 여: 안녕하세요, 귀하의 학원에서 스페인어 말하기 강좌에 등록하려고 합니다. 그런데 웹 사이트에서 등록 버튼을 클릭할

때마다 환영 페이지로 되돌아 가기만 합니다. 좀 도와 주시겠어요?

남: 분명 이상한 일이네요. 버튼을 클릭하신 후에 어떤 에러 메시지라도 보이시나요?

여: 아뇨, 아무 것도 보이지 않아요. 제 친구가 자신의 노트북 컴퓨터에서도 시도해 봤는데, 같은 문제를 겪었어요.

남: 흠... 그 일에 대해서 저희 IT 팀에 알리겠습니다. 그 사이에 제가 이메일로 신청서를 바로 보내 드리겠습니다. 작성하신 후에 수강료와 함께 저희 학원으로 가져 오시기만 하시면 됩니다.

어휘 register for ~에 등록하다 institute 학원, 기관 every time ~할 때마다 registration 등록, 신청 get p.p.: ~을 당하다 send A back to B: A를 B로 되돌려 보내다 certainly 분명히, 확실히 try ~을 한 번 시도해 보다 encounter ~와 맞닥뜨리다, 마주치다 notify A about B: A에게 B에 관해 알리다 in the meantime 그 사이에, 그러는 동안 application 신청(서) directly 곧바로, 직접 fill A out: A를 작성하다 bring A to B: A를 B로 가져 가다 course fee 수강료

44. 여자는 무엇을 하려 하는가?
    (A) 회원 자격을 갱신하는 일
    (B) 비밀번호를 변경하는 일
    (C) 교재를 구입하는 일
    (D) 강좌에 등록하는 일

해설 대화 시작 부분에 여자가 스페인어 말하기 강좌에 등록하려고 한다고(I'd like to register for the Spanish Speaking course at your institute) 알리고 있으므로 이에 해당하는 의미로 쓰인 (D)가 정답이다.

어휘 renew ~을 갱신하다 textbook 교재 sign up for ~에 등록하다

45. 남자가 "분명 이상한 일이네요."라고 말할 때 암시하는 것은 무엇인가?
    (A) 여자의 질문을 이해하지 못하고 있다.
    (B) 일부 가격이 부정확하게 기재되어 있다고 생각한다.
    (C) 웹 사이트가 오작동되고 있을 수 있다고 생각한다.
    (D) 한 제품이 품절되어서 놀라워하고 있다.

해설 해당 문장은 앞서 언급된 내용에 대해 "분명 이상한 일이다"라는 의미를 나타낸다. 이는 앞서 여자가 등록 버튼을 클릭할 때마다 환영 페이지로 되돌아 간다고 알리는(~ every time I click on the registration button on your Web site, I just get sent back to the welcome page.) 것에 대한 반응으로 쓰였다. 이는 해당 시스템의 오작동 문제를 염두에 두고 한 말이므로 (C)가 정답임을 알 수 있다.

어휘 listed 기재된, 목록에 실린 incorrectly 부정확하게

malfunction 오작동하다 be surprised that절: ~라는 점에 놀라다 sell out 품절되다, 매진되다

46. 남자는 여자를 위해 무엇을 하겠다고 제안하는가?
    (A) 할인을 제공하는 일
    (B) 여자의 개인 상세 정보를 업데이트하는 일
    (C) 일정을 설명해 주는 일
    (D) 여자에게 양식을 보내는 일

해설 여자의 문제점을 들은 남자가 대화 후반부에 해결 방법으로 이메일로 신청서를 바로 보내 주겠다고(I can e-mail you an application directly) 제안하고 있으므로 (D)가 정답이다.

어휘 offer to do ~하겠다고 제안하다 details 상세 정보 explain ~을 설명하다 form 양식, 서식

Questions 47-49 refer to the following conversation.

M: Lindsay, I'm organizing the event we'll be holding at the end of December. You have the full list of guests who have been invited. **47 Can you make a plan for where each guest is going to sit?**

W: No problem. I guess I should make sure that **48 all award nominees and presenters are positioned close to the stage.** That way, they won't have to spend much time to come forward. Do you want it done before lunchtime?

M: No, just by the end of the day would be fine. Actually, **49 I'm just heading off to the event venue now** to check out its lighting and sound systems.

남: Lindsay 씨, 우리가 12월 말에 개최할 예정인 행사를 제가 조직하는 중입니다. 초대를 받은 손님들 전체 명단이 당신에게 있어요. 각 손님이 어디에 앉으시게 될지에 대한 계획을 세워 주시겠어요?

여: 알겠습니다. 제 생각에 반드시 모든 수상 후보자들과 발표자들이 무대와 가까운 곳에 자리잡도록 해야 할 것 같아요. 그렇게 하면 그분들이 앞쪽으로 나가는 데 많은 시간을 소비할 필요가 없을 거예요. 점심 시간 전까지 완료하는 게 좋으세요?

남: 아뇨, 오늘 일과 시간 종료 시점까지 해 주시면 좋을 거예요. 실은, 제가 조명과 음향 시스템을 확인해 보기 위해 지금 행사 개최 장소로 향하는 중입니다.

어휘 organize ~을 조직하다, 준비하다 hold ~을 개최하다 invite ~을 초대하다 make a plan 계획을 세우다 make sure that 반드시 ~하도록 하다 award 상 nominee 후보자, 지명된 사람 presenter 발표자 position ~을

자리잡게 하다, 위치시키다 close to ~와 가까이 that way 그렇게 하면, 그런 방법으로 forward 앞쪽으로 want A p.p.: A가 ~되기를 원하다 actually 실은, 사실은 head off to ~로 향해 가다 venue 개최 장소 check out ~을 확인하다 lighting 조명

47. 남자는 여자에게 무엇을 하도록 요청하는가?
    (A) 초대장을 발송하는 일
    (B) 행사 장소를 예약하는 일
    (C) 좌석 배치도를 만드는 일
    (D) 교통편을 마련하는 일

해설 남자의 요청 사항이 언급되는 초반부에, 남자가 각 손님이 어디에 앉게 될지에 대한 계획을 세우도록(Can you make a plan for where each guest is going to sit?) 요청하고 있다. 이는 좌석 배치를 계획하도록 요청하는 것이므로 (C)가 정답이다.

어휘 ask A to do: A에게 ~하도록 요청하다 send out ~을 발송하다 invitation 초대(장) reserve ~을 예약하다 create ~을 만들다 seating plan 좌석 배치도 transportation 교통편

Paraphrase make a plan for where each guest is going to sit → Create a seating plan

48. 무슨 종류의 행사가 개최될 것인가?
    (A) 은퇴 기념 만찬
    (B) 시상식
    (C) 직원 오리엔테이션
    (D) 자선 연회

해설 행사의 특성과 관련해 대화 중반부에 여자가 수상 후보자들과 발표자들이 앉는 위치를(~ all award nominees and presenters are positioned close to the stage) 언급하는 부분이 있는데, 이는 시상식 참석자들을 가리키는 말에 해당되므로 (B)가 정답이다.

어휘 take place (일, 행사 등이) 발생되다, 개최되다 retirement 은퇴, 퇴직 charity 자선 (단체) banquet 연회

49. 남자는 곧이어 무엇을 할 것 같은가?
    (A) 한 장소를 방문하는 일
    (B) 장비를 구입하는 일
    (C) 문서를 검토하는 일
    (D) 여자와 점심 식사를 하는 일

해설 대화 마지막 부분에 남자가 확인할 것이 있어 지금 행사 개최 장소로 간다고(I'm just heading off to the event venue now ~) 알리고 있으므로 (A)가 정답이다.

어휘 purchase ~을 구입하다 equipment 장비 review ~을 검토하다

Paraphrase heading off to the event venue → Visit a venue

Questions 50-52 refer to the following conversation.

W: Hi, Andy. The city's Christmas market will be running all week, and **50** **I'm thinking about keeping the grocery store open later in the evenings** to deal with the extra customers. I'm looking for workers who would be happy to work an extra shift on one of the nights.

M: Sure thing. I was hoping to get an extra shift. **51** **I could use the money for the remodeling of my apartment. I had a pipe burst recently, and it caused a lot of damage.**

W: Okay. So, **52** **which night would you prefer to work late?**

M: Hmm... Friday is my daughter's piano recital.

W: Would Thursday work for you instead?

M: That would be better. Thanks.

여: 안녕하세요, Andy 씨. 우리 시의 크리스마스 시장이 일주일 내내 운영될 예정인데, 추가 고객들에 대처할 수 있도록 저녁 시간마다 더 늦게까지 식료품 매장을 계속 여는 일을 생각하고 있어요. 그 야간 시간대 중 한 번에 대해 기꺼이 추가 근무를 할 수 있는 직원들을 찾고 있습니다.

남: 알겠습니다. 저는 추가 근무를 배정받기를 바라고 있었어요. 제 아파트를 보수하는 데 그 돈을 사용할 수 있을 거예요. 최근에 수도관이 파열되었는데, 많은 피해를 초래했거든요.

여: 좋습니다. 그럼, 어느 야간 시간에 밤 늦게까지 근무하고 싶으신가요?

남: 흠... 금요일에는 제 딸의 피아노 연주회가 있어요.

여: 그럼 대신 목요일은 괜찮으세요?

남: 그게 더 나을 것 같아요. 감사합니다.

어휘 run 운영되다, 진행되다 keep A 형용사: A를 ~한 상태로 유지하다 grocery store 식료품 매장 deal with ~에 대처하다, ~을 처리하다 extra 추가의, 별도의 look for ~을 찾다 be happy to do 기꺼이 ~하다 shift (교대) 근무 remodeling 보수, 개조 burst 파열된, 터진 recently 최근에 cause ~을 초래하다 damage 피해, 손해 would prefer to do ~하고 싶다 recital 연주회 instead 대신

50. 화자들은 어디에서 일하고 있을 것 같은가?
    (A) 실내 디자인 회사에서
    (B) 식료품 매장에서
    (C) 도서관에서

(D) 공장에서

해설 대화 시작 부분에 여자가 저녁 시간에 더 늦게까지 식료품 매장을 계속 열어 두는 것을 생각해 보고(I'm thinking about keeping the grocery store open later in the evenings.) 있다고 말하고 있으므로 (B)가 정답이다.

51. 남자는 자신의 아파트에 관해 무슨 말을 하는가?
(A) 방들이 아주 넓다.
(B) 직장 근처에 위치해 있다.
(C) 방세가 인상되었다.
(D) 보수되어야 한다.

해설 남자가 자신의 아파트를 언급하는 대화 중반부에 받은 돈을 자신의 아파트를 보수하는 데 사용할 수 있을 것이라고 (I could use the money for the remodeling of my apartment. I had a pipe burst recently, and it caused a lot of damage.) 알리고 있으므로 보수 작업의 필요성을 언급한 (D)가 정답이다.

어휘 spacious 넓은, 널찍한 be located near ~ 근처에 위치해 있다 rent 방세, 집세 increase 인상되다, 증가되다 renovate ~을 보수하다, 개조하다

Paraphrase remodeling → be renovated

52. 남자가 "금요일에는 제 딸의 피아노 연주회가 있어요"라고 말할 때 무엇을 의미하는가?
(A) 여자를 연주회에 초대하고 있다.
(B) 금요일 저녁에는 일할 수 없다.
(C) 금요일 전에 피아노를 구입해야 한다.
(D) 딸을 위해 피아노 레슨 일정을 잡는 것을 잊었다.

해설 대화 후반부에 여자가 어느 날 밤에 늦게까지 근무하는 게 좋은지(which night would you prefer to work late?) 묻자 남자가 "금요일에는 제 딸의 피아노 연주회가 있어요'라고 답변하고 있다. 이는 금요일 저녁에는 일할 수 없다는 뜻이므로 (B)가 정답이다.

어휘 invite A to B: A를 B에 초대하다 be unable to do ~할 수 없다 purchase ~을 구입하다 forget to do ~하는 것을 잊다 schedule ~의 일정을 잡다

Questions 53-55 refer to the following conversation with three speakers.

W1: Hi, Rodrigo. Welcome to your first day at Strike Web Design. I'm Liz from the Personnel Department.
W2: And I'm Caroline Smart. 53 54 **We lead the orientation sessions for all the new Web designers, so we'll be seeing you later this morning** when your session begins at 10.
M: It's nice to meet you both, and I'm sure I'll find

the session very helpful and informative. I'm really happy to start my Web design career here at Strike.
W2: And we are happy to welcome you to the team. Do you have anything you'd like to ask before the orientation begins?
M: Actually, I do. At my interview, 55 **I was told that each employee gets two monitors, but I only saw one on my desk. Is it possible to get another one?**
W1: No problem. I'll make a call to the General Operations Department and have someone set one up for you.

여1: 안녕하세요, Rodrigo 씨. Strike Web Design에 오신 첫 날을 환영합니다. 저는 인사부에 근무하는 Liz입니다.
여2: 그리고 저는 Caroline Smart입니다. 저희가 모든 신입 웹 디자이너들을 위해 오리엔테이션을 진행하고 있기 때문에, 저희는 이따가 오전 중에 당신의 시간이 10시에 시작될 때 당신을 볼 수 있을 겁니다.
남: 두 분 모두 만나 뵙게 되어 반갑습니다, 그리고 저는 분명 그 시간이 매우 도움이 되고 유익할 것이라고 생각합니다. 저는 이곳 Strike 사에서 제 웹 디자인 경력을 시작하게 되어 정말로 기쁩니다.
여2: 그리고 저희도 당신이 팀에 합류하신 것을 환영하게되어 기쁩니다. 오리엔테이션이 시작되기 전에 물어보고 싶은 게 있으신가요?
남: 실은, 있습니다. 제 면접 중에, 각 직원이 모니터 2개를 받는다고 들었는데, 제 책상에 오직 하나만 있는 것을 봤습니다. 하나 더 받는 것이 가능한가요?
여1: 그럼요. 제가 총무부에 전화해서 한 대 설치해 드리라고 부탁하겠습니다.

어휘 personnel department 인사부 lead ~을 진행하다, 이끌다 session (특정 활동을 위한) 시간 both 둘 모두 find A 형용사: A가 ~하다고 생각하다 helpful 도움이 되는 informative 유익한 would like to do ~하고 싶다 actually 실은, 사실은 be told that ~라는 말을 듣다 it is possible to do ~하는 것이 가능하다 make a call to ~에게 전화하다 general operations department 총무부 have A do: A에게 ~하도록 부탁하다, 시키다 set up ~을 설치하다, 준비하다

53. 남자의 직책은 무엇일 것 같은가?
(A) 인사부장
(B) 수리 기사
(C) 영업 직원

(D) 웹 디자이너

해설 대화 시작 부분에 여자 한 명이 모든 신입 웹 디자이너들을 위해 오리엔테이션 시간을 진행하고 있고 그 시간이 시작되면 보게 될 것이라고(We lead the orientation sessions for all the new Web designers, so we'll be seeing you later this morning) 말하고 있다. 이는 상대방인 남자가 신입 웹 디자이너들 중의 한 명임을 의미하는 것이므로 (D)가 정답이다.

어휘 repair 수리 sales 영업, 판매 representative 직원

54. 여자들은 회사에서 무슨 일을 하는가?
(A) 고객들과 상담한다.
(B) 신제품을 테스트한다.
(C) 직원 오리엔테이션을 진행한다.
(D) 고객 문의사항에 답변해 준다.

해설 대화 시작 부분에 두 번째 여자가 자신들을 We로 지칭해 모든 신입 웹 디자이너들을 위해 오리엔테이션을 진행하는 사람들이라고(We lead the orientation sessions for all the new Web designers) 소개하고 있으므로 (C)가 정답이다.

어휘 respond to ~에 답변하다, 반응하다 query 문의(사항)

55. 남자는 무엇을 요청하는가?
(A) 주차 허가증
(B) 추가 책상
(C) 새 키보드
(D) 추가 모니터

해설 남자의 요청 사항을 묻고 있으므로 남자의 말에서 단서를 찾아야 한다. 대화 후반부에 남자가 모니터 2개를 받아야 하는데 하나만 있다고 밝히면서 하나 더 받는 것이 가능한지(employee gets two monitors, but I only saw one on my desk. Is it possible to get another one?) 묻고 있다. 따라서 추가 모니터를 요청하는 상황임을 알 수 있으므로 (D)가 정답이다.

어휘 ask for ~을 요청하다 permit 허가증 additional 추가의 extra 추가의, 별도의

Paraphrase monitor / another one → extra monitor

Questions 56-58 refer to the following conversation.

W: Hello, Mr. Torrance. It's my pleasure to welcome you to Renton Manufacturing. **56 This will be our first safety inspection since opening the factory, but we're sure you'll be impressed with our facility.**

M: Well, I'm looking forward to being shown around this morning. **57 I'm particularly interested in checking your paint spraying machine.**

W: Sure, it's in perfect working condition. Why does that interest you?

M: Well, those machines tend to break quite quickly. I'll give it a thorough check to ensure it's still fully functional.

W: Okay, thanks. Before we go onto the factory floor, **58 I'll get you a helmet.** Everyone is required to wear one to protect their head.

여: 안녕하세요, Torrance 씨. Renton Manufacturing에 오신 것을 환영해 드리게 되어 기쁩니다. 이번이 공장을 연 이래로 첫 번째 안전 점검이 되겠지만, 저희 시설에 대해 분명히 깊은 인상을 받으실 것입니다.

남: 저, 오늘 아침에 둘러볼 수 있도록 안내 받기를 고대하고 있습니다. 저는 특히 페인트 분사 기기를 확인해 보는 데 관심이 있습니다.

여: 물론이죠, 그 기기는 완벽하게 작동 가능한 상태에 있습니다. 그것에 관심이 끌리는 이유가 뭔가요?

남: 저, 그 기계들은 상당히 빨리 고장 나는 경향이 있거든요. 여전히 완벽하게 작동하는지 확실히 해 두기 위해 철저하게 검사해 보겠습니다.

여: 네, 고맙습니다. 공장 작업장으로 들어 가기 전에, 안전모를 드릴게요. 모든 사람이 각자의 머리를 보호할 수 있도록 착용해야 합니다.

어휘 It's my pleasure to do ~해서 기쁩니다 safety inspection 안전 점검 since ~한 이래로 be impressed with ~에 대해 깊은 인상을 받다 facility 시설 look forward to -ing ~하기를 고대하다 particularly 특히 paint spraying 페인트 분사 in perfect working condition 완벽히 작동 가능한 상태인 interest ~의 관심을 끌다 tend to do ~하는 경향이 있다 break 고장 나다 quite 상당히, 꽤 give A a check: A를 점검해 보다 thorough 철저한 ensure (that) ~하는 것을 확실히 하다 fully 완전히 functional 기능하는 factory floor 공장 작업장 be required to do ~해야 하다 protect ~을 보호하다

56. 남자는 누구일 것 같은가?
(A) 잠재 투자자
(B) 신입 직원
(C) 안전 점검 담당자
(D) 공사 책임자

해설 남자의 신분을 묻고 있으므로 특정 업무나 활동, 서비스 등을 나타내는 표현을 통해 단서를 파악해야 한다. 대화 시작 부분에 여자가 남자에게 공장을 연 이래로 첫 번째 안전 점검이 되겠지만 해당 시설에 대해 분명히 깊은 인상을 받을 것(This will be our first safety inspection ~ we're sure you'll be impressed with our facility)이라고 알리고 있으므로 남자는 안전 점검을 하는 사람임을 알 수 있다. 따라서 (C)가 정답이다.

어휘 potential 잠재적인 investor 투자자 safety inspector 안전 점검 담당자 supervisor 책임자, 감독관

57. 화자들은 무엇에 관해 이야기하고 있는가?
    (A) 근무 정책
    (B) 구직 기회
    (C) 최근의 사고
    (D) 공장의 기계

해설 대화의 주제를 묻는 문제이므로 화자들이 주로 언급하는 대상을 찾는 데 집중해서 들어야 한다. 대화 중반부에 남자가 특히 페인트 분사 기기를 확인해 보는 데 관심이 있다(I'm particularly interested in checking your paint spraying machine)는 말을 한 후에 이 기기의 특성에 관한 대화가 주로 이어지고 있으므로 (D)가 정답이 된다.

어휘 policy 정책 job opportunity 구직 기회 recent 최근의 accident 사고

58. 여자는 남자에게 무엇을 줄 것이라고 말하는가?
    (A) 보호 안경
    (B) 안전모
    (C) 건물 배치도
    (D) 사업 계약서

해설 여자가 주는 것을 묻고 있으므로 대화 중에 뭔가를 주고 받는 것을 나타내는 표현이 제시되는 부분을 찾아야 한다. 대화의 마지막에 여자가 I'll get you a helmet이라는 말로 안전용 헬멧을 주겠다고 알리고 있으므로 (B)가 정답이 된다.

어휘 a pair of goggles 보호 안경 floor plan 평면도, 건물 배치도 contract 계약(서)

Questions 59-61 refer to the following conversation.

W: Noel, we still need to come up with a main theme for the company's annual workshop next month. I think 59 **we should focus on the most effective methods for improving teamwork.**

M: 59 **Sure, that sounds good to me.** A lot of our employees would benefit from learning more about teamwork. The workshop will run for three days, right? 60 **Two days seemed too short last year.**

W: 60 **I think two days should be enough.** It gives us ample time to deliver a few presentations and provide activities for staff.

M: Well, we could check with the HR manager and see if she agrees.

W: Yes, let's do that. And, 61 **I'd like to make an activity and presentation schedule and send one to each staff member a few days before the workshop begins.**

여: Noel 씨, 다음 달에 있을 회사 연례 워크숍 행사에 대한 핵심 주제를 여전히 생각해 내야 해요. 제 생각에 팀워크 개선을 위한 가장 효과적인 방법들에 초점을 맞춰야 할 것 같아요.

남: 네, 저도 그게 좋을 것 같아요. 많은 우리 직원들이 팀워크에 관해 더 많은 것을 배움으로써 혜택을 볼 수 있을 겁니다. 이 워크숍이 3일 동안 진행될 겁니다, 맞죠? 작년에 이틀은 너무 짧았던 것 같았어요.

여: 이틀이면 충분할 것 같아요. 그 정도면 몇 가지 발표를 하고 직원들에게 활동을 제공하는 데 충분한 시간이 됩니다.

남: 저, 인사부장님께 확인해서 동의하시는지 알아봤으면 합니다.

여: 네, 그렇게 해요. 그리고, 활동 및 발표 일정표를 만들어서 워크숍이 시작되기 며칠 전에 각 직원에게 발송했으면 합니다.

어휘 come up with ~을 생각해 내다 main theme 핵심 주제 annual 연례의, 해마다의 focus on ~에 초점을 맞추다 effective 효과적인 method 방법 improve ~을 개선하다 benefit from ~로부터 혜택을 보다, 이득을 얻다 run 진행되다, 운영되다 seem + 형용사: ~인 것 같다 ample 충분한 deliver a presentation 발표하다 activity 활동 check with ~에게 확인하다 HR manager 인사부장 see if ~인지 알아보다 agree 동의하다 a few days before ~하기 며칠 전에

59. 곧 있을 워크숍의 핵심 주제는 무엇이 될 것 같은가?
    (A) 고객 만족시키기
    (B) 제품 개발하기
    (C) 사업체 성장시키기
    (D) 팀워크 개선하기

해설 대화 시작 부분에 여자가 팀워크 개선에 필요한 가장 효과적인 방법에 초점을 맞춰야 한다고(we should focus on the most effective methods for improving teamwork.) 언급하였고, 남자가 좋은 것 같다고(Sure, that sounds good to me.) 동의하고 있으므로 (D)가 정답이다.

어휘 satisfy ~을 만족시키다 develop ~을 개발하다 grow ~을 성장시키다, 키우다

60. 화자들은 워크숍의 어떤 측면에 대해 의견이 일치하지 않는가?

(A) 어디에서 개최되어야 하는지

(B) 얼마나 오래 지속되어야 하는지

(C) 누가 참석하도록 초대되어야 하는지

(D) 언제 개최될 것인지

해설 대화 중반부에 남자가 이틀이 너무 짧은 것 같다고(Two days seemed too short last year.) 말하자, 여자가 이틀이면 충분하다고(I think two days should be enough.) 말하고 있으므로 행사 지속 기간에 관해서 이견을 보이고 있음을 알 수 있다. 따라서 (B)가 정답이다.

어휘 **disagree** 의견이 일치하지 않다 **hold** ~을 개최하다 **last** 지속되다 **invite** ~을 초대하다 **attend** 참석하다 **take place** (일, 행사 등이) 개최되다, 일어나다

---

61. 여자는 워크숍 전에 무엇을 나눠주고 싶어 하는가?

(A) 일정표

(B) 설문지

(C) 무료 선물

(D) 행사 초대장

해설 여자가 나눠주고 싶어 하는 것이 언급되는 대화 마지막에, 활동 및 발표 일정표를 만들어서 워크숍이 시작되기 며칠 전에 각 직원에게 발송하고 싶다고(I'd like to make an activity and presentation schedule and send one to each staff member a few days before the workshop begins.) 말하고 있으므로 (A)가 정답이다.

어휘 **distribute** ~을 나눠주다, 배포하다 **questionnaire** 설문지 **free** 무료의 **invitation** 초대(장)

Questions 62-64 refer to the following conversation and map.

> **M:** Caroline, 62 **we need to take some photographs for the botanical garden project. The landscaping company wants us to provide some additional pictures of the gardens** before they provide a cost estimate and begin any work. We can use our mobile phones. I'll go to the greenhouse, and 63 **I'd like you to take photos of our bamboo forest.**
>
> **W:** No problem. By the way, after we're finished doing that, 64 **let's put up a post on our Web site. We need to announce** that the gardens will be temporarily closed while the work is underway.
>
> **M:** You're right. Let me grab my camera.

남: 캐롤린 씨, 식물원 프로젝트에 필요한 사진들을 좀 찍어야 합니다. 조경 회사에서는 비용 견적서를 제공하고 어떤 작업이든 시작하기 전에 우리가 정원 사진들을 몇 개 추가로 제

공해 주기를 원하고 있어요. 우리 휴대전화기를 이용하면 됩니다. 제가 온실에 갈 테니까, 우리 대나무 숲 사진을 찍어 주셨으면 합니다.

여: 좋습니다. 그건 그렇고, 그 일을 끝마친 후에는, 우리 웹 사이트에 게시물을 하나 올려요. 그 작업이 진행되는 동안 정원들이 일시적으로 문을 닫을 것이라고 공지해야 합니다.

남: 맞습니다. 제 카메라를 가져 올게요.

구역 1 온실	구역 2 물고기 연못
구역 3 화단	구역 4 대나무 숲

어휘 **botanical garden** 식물원 **landscaping** 조경 **want A to do:** A에게 ~하기를 원하다 **additional** 추가적인 **estimate** 견적(서) **would like A to do:** A에게 ~하기를 원하다 **by the way** (화제 전환 시) 그건 그렇고, 그런데 **be finished -ing** ~하는 것을 끝마치다 **put up** ~을 게시하다, ~을 내걸다 **post** 게시물 **temporarily** 일시적으로, 임시로 **underway** 진행 중인 **grab** ~을 가져 오다

---

62. 화자들이 무엇을 이야기하고 있는가?

(A) 조경 프로젝트

(B) 원예 경연 대회

(C) 도시 개발 계획

(D) 사진 전시회

해설 대화를 시작하면서 남자가 식물원 프로젝트에 필요한 사진을 찍어야 한다고 언급하면서 조경 회사가 원하는 바를(we need to take some photographs for the botanical garden project. The landscaping company wants us to provide some additional pictures ~) 알리고 있으므로 (A)가 정답이다.

어휘 **competition** 경연 대회, 경기 대회 **urban** 도시의 **photography** 사진(술) **exhibition** 전시(회)

Paraphrase the botanical garden project → A landscaping project

---

63. 시각자료를 보시오. 여자가 어느 구역으로 갈 것인가?

(A) 구역 1

(B) 구역 2

(C) 구역 3

(D) 구역 4

해설 대화 중반부에 남자가 여자에게 대나무 숲의 사진을 찍

어 달라고(I'd like you to take photos of our bamboo forest) 요청하고 있다. 시각자료에서 오른쪽 하단에 AREA 4 BAMBOO FOREST로 쓰여 있어 여자가 이곳으로 간다는 것을 알 수 있으므로 (D)가 정답이다.

64. 여자가 웹 사이트에 무엇을 게시하도록 제안하는가?

(A) 몇몇 사진

(B) 몇몇 길 안내 정보

(C) 일정표

(D) 공지 사항

해설 대화 후반부에 여자가 웹 사이트에 게시물을 하나 올리자고 제안하면서 공지해야 하는 사항을(let's put up a post on our Web site. We need to announce ~) 말하고 있으므로 (D)가 정답이다.

어휘 post ~을 게시하다 directions 길 안내 정보, 찾아 가는 방법

Paraphrase a post / announce → An announcement

Questions 65-67 refer to the following conversation and logo designs.

> **M:** 65 I'm sorry, Stacey. I know our meeting was **due to begin 10 minutes ago,** but I got stuck in traffic.
>
> **W:** No problem. I'm excited to see 66 **the logo designs you've come up with for my new business.** Your business came highly recommended to me by a colleague.
>
> **M:** Well, based on the specifications you gave me, I've designed these four logos. Have a look and let me know your preference
>
> **W:** Well, originally I was hoping to have a lightning bolt in the logo for my energy company. But 67 **I really like the one with the arrow pointing to the right.** Let's go with that one.
>
> **M:** Great choice! Now, let me show you how it will look on your promotional materials.

남: 죄송합니다, 스테이시 씨. 우리 회의가 10분 전에 시작할 예정이었다는 사실은 알고 있지만, 교통 체증에 갇혀 있었습니다.

여: 괜찮습니다. 새로운 제 사업체를 위해 고안해 주신 로고 디자인을 보게 되어 기쁩니다. 동료 직원 한 명이 당신 회사를 제게 적극 추천해 주었습니다.

남: 저, 제게 제공해 주신 설명서를 바탕으로, 이렇게 네 가지 로고를 디자인했습니다. 한 번 살펴 보시고 선호하시는 것을 알려 주세요.

여: 저, 원래 제 에너지 회사를 위해 로고에 번개 그림이 들어 있기를 바랐습니다. 하지만 오른쪽을 가리키는 화살표가 있는 게 정말 마음에 들어요. 이것으로 하겠습니다.

남: 아주 좋은 선택이십니다! 그럼, 그게 홍보용 자료에서 어떻게 보일지 보여 드리겠습니다.

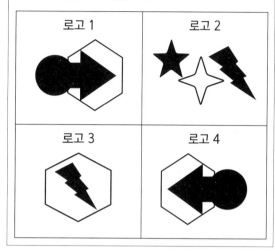

어휘 be due to do ~할 예정이다 get stuck in traffic 교통 체증에 갇히다 come up with ~을 고안하다, ~을 생각해 내다, ~을 제시하다 come highly recommended to ~에게 적극 추천되다 colleague 동료 (직원) based on ~을 바탕으로 specifications 설명서, 시방서, 사양 have a look 한 번 보다 let A know B: A에게 B를 알리다 preference 선호(하는 것) originally 원래, 애초에 lightning bolt 번개 (그림) arrow 화살표 point to ~을 가리키다 go with (결정 등) ~로 하다, ~을 선택하다 promotional 홍보의, 판촉의 material 자료, 재료, 물품

65. 남자가 왜 사과하는가?

(A) 이메일에 답장하는 것을 잊었다.

(B) 약속 시간에 늦었다.

(C) 문서를 보내지 않았다.

(D) 장소를 찾을 수 없었다.

해설 남자가 대화를 시작하면서 사과의 말과 함께 회의가 10분 전에 시작할 예정이었다는 사실을 알고 있지만 교통 체증에 갇혀 있었다는(~ our meeting was due to begin 10 minutes ago, but I got stuck in traffic) 이유를 밝히고 있다. 따라서, 두 사람 사이의 약속 시간에 늦었다는 사실을 알 수 있으므로 (B)가 정답이다.

어휘 forget to do ~하는 것을 잊다 respond to ~에 답장하다, ~에 대응하다 appointment 약속, 예약

Paraphrase was due to begin 10 minutes ago → was late for an appointment

66. 남자가 누구일 것 같은가?

(A) 마케팅 상담 전문가
(B) 잡지 편집자
(C) 그래픽 디자이너
(D) 회사 투자자

해설 대화 초반부에 여자가 자신의 사업체를 위해 남자가 고안한 로고 디자인은(the logo designs you've come up with for my new business) 언급하는 부분을 통해 그래픽 디자이너임을 알 수 있으므로 (C)가 정답이다.

67. 시각자료를 보시오. 여자가 어느 로고를 선택하는가?

(A) 로고 1
(B) 로고 2
(C) 로고 3
(D) 로고 4

해설 대화 후반부에 여자가 오른쪽을 가리키는 화살표가 있는 게 정말 마음에 든다고(I really like the one with the arrow pointing to the right) 밝히고 있다. 시각자료에서 왼쪽 상단의 LOGO 1이 오른쪽을 가리키는 화살표를 포함하고 있으므로 (A)가 정답이다.

Questions 68-70 refer to the following conversation and schedule.

M: I'm really looking forward to the Autumn Pop Music Series starting this month.
W: I am, too. I bet it'll help more young people get familiar with 68 **our center's facilities**. Up until now, most of 68 **our community events and services** have been catered toward the elderly.
M: That's true. 69 **I saw that the third concert is taking place in the courtyard, but I got a call from the artist that they'd prefer to perform indoors.**
W: Alright then. Let's change their venue to the main auditorium. 70 **I'll edit the program poster and e-mail it to you** once I'm done.
M: Thank you.

남: 저는 이번 달에 시작하는 가을 팝 뮤직 시리즈를 정말 고대하고 있어요.
여: 저도요. 틀림없이 더 많은 젊은 사람들이 우리 센터의 시설에 익숙해지는 데 도움이 될 겁니다. 지금까지 계속, 대부분의 우리 지역 사회 행사와 서비스가 노인분들의 구미를 충족해 왔잖아요.
남: 맞아요. 세 번째 콘서트가 안뜰에서 개최되는 것으로 알고 있었는데, 그 아티스트로부터 실내에서 공연하고 싶다는 전화를 받았어요.

여: 그럼 좋습니다. 그분들 행사장을 본관 강당으로 변경해요. 제가 프로그램 포스터를 편집해서 끝마치는 대로 이메일로 보내 드릴게요.
남: 감사합니다.

콘서트 이름	아티스트	장소
미드나잇 블루	프롬	안뜰
선 앤 문	사만다 킴	체육관
테이크 백 타임	로이 & 더 몽키스	안뜰
21 & 섬씽	팀 JSW	본관 강당

어휘 look forward to ~을 고대하다 bet (that) 틀림없이 ~하다 help A do: A가 ~하는 데 도움이 되다 familiar with ~에 익숙한 facility 시설(물) up until now 지금까지 계속 community 지역 사회, 지역 공동체 be catered toward ~의 구미를 충족하다 the elderly 노인들 take place 개최되다, 진행되다 would prefer to do ~하고 싶다 venue 행사장, 개최 장소 edit ~을 편집하다 once (일단) ~하는 대로, ~하자마자 be done 끝마치다

68. 화자들에이 어디에 근무하고 있을 것 같은가?
(A) 지역 문화 센터에
(B) 놀이 공원에
(C) 경기장에
(D) 서점에

해설 대화 초반부에 남자가 소속 단체를 our center로 지칭하고 있고, 그곳에서 열리는 지역 사회 행사 및 서비스(our community events and services)를 언급하는 것으로 볼 때 지역 문화 센터 직원인 것으로 판단할 수 있으므로 (A)가 정답이다.

69. 시각자료를 보시오. 어느 아티스트가 다른 행사장을 요청했는가?
(A) 프롬
(B) 사만다 킴
(C) 로이 & 더 몽키스
(D) 팀 JSW

해설 남자가 대화 중반부에 세 번째 콘서트가 안뜰에서 개최되는 것으로 알고 있었다는 사실과 함께 그 아티스트로부터 실내에서 공연하고 싶다는 전화를 받았음을(~ the third concert is taking place in the courtyard, but I got a call from the artist that they'd prefer to perform indoors) 언급하고 있다. 시각자료에서 세 번째 콘서트인 Take Back Time의 아티스트 이름이 Roy & the Monkeys로 표기되어 있으므로 (C)가 정답이다.

70. 여자가 무엇을 이메일로 보낼 것이라고 말하는가?

(A) 편집된 포스터
(B) 좌석 배치도
(C) 배경 이미지
(D) 비용 견적서

해설 대화 마지막 부분에 여자가 프로그램 포스터를 편집해서 끝마치는 대로 이메일로 보내겠다고(I'll edit the program poster and e-mail it to you ~) 알리고 있으므로 (A)가 정답이다.

Part 4

Questions 71-73 refer to the following telephone message.

Good morning, Mr. Shaw. This is Andy calling from Grainger Solutions. I am currently looking at **71 your application form for our Lead Graphic Designer position.** I'm very impressed with your qualifications, as well as your extensive background in the graphic design industry. I'm pleased to see that **72 you've had a lot of experience managing workers**, as that is one of the main duties of this job. I'd like to invite you for an interview, but I need one more thing from you first. **73 Can you please send one reference letter from your current employer?** After I receive that, I'll schedule a time for us to meet. Thanks.

안녕하세요, Shaw 씨. 저는 Grainger Solutions사에서 전화 드리는 Andy입니다. 저는 현재 저희 선임 그래픽 디자이너 직책을 위한 귀하의 지원서를 살펴보고 있습니다. 저는 귀하의 자격 사항뿐만 아니라 그래픽 디자인 업계에서의 폭넓은 경력에 대해서도 매우 깊은 인상을 받았습니다. 저는 귀하께서 직원들을 관리하는 데 많은 경험을 지니고 계신다는 점을 알게 되어 기쁘게 생각하는데, 이것이 이 직책의 주요 직무들 중 하나이기 때문입니다. 저는 귀하께 면접을 요청 드리고 싶지만, 먼저 귀하로부터 한 가지가 더 필요합니다. 귀하의 현 고용주로부터 받은 추천서를 한 장 보내 주시겠습니까? 제가 그것을 받은 후에, 우리가 만날 시간을 정하겠습니다. 감사합니다.

어휘 currently 현재 application form 지원서, 신청서 be impressed with ~에 깊은 인상을 받다 qualification 자격 (사항) as well as ~뿐만 아니라 …도 extensive 폭넓은, 광범위한 industry 업계 be pleased to do ~해서 기쁘다 main 주요한 duty 직무, 일 invite ~을 초대하다 reference letter 추천서 current 현재의 employer 고용주 receive ~을 받다 schedule ~의 일정을 잡다

71. 청자는 어느 분야에서 일하고 있을 것 같은가?
(A) 행사 기획
(B) 건설
(C) 그래픽 디자인
(D) 출판

해설 담화 초반부에 청자를 your로 지칭해 선임 그래픽 디자이너 직책에 대한 상대방의 지원서를 보고 있다고(your application form for our Lead Graphic Designer position.) 알리고 있으므로 (C)가 정답이다. 질문의 대상이 화자인지 또는 청자인지를 명확히 확인한 후에 담화를 들어야 한다.

어휘 field 분야 planning 기획

72. 화자는 무슨 직무를 언급하는가?
(A) 마감시한을 맞추는 것
(B) 직원들을 관리하는 것
(C) 고객들을 늘리는 것
(D) 공개 석상에 나가는 것

해설 담화 중반부에 화자가 상대방이 직원들을 관리해 본 경험이 많다(you've had a lot of experience managing workers) 말과 함께 그것이 주요 직무 중의 하나라고 알리고 있다. 따라서 직원 관리를 언급한 (B)가 정답이다.

어휘 mention ~을 언급하다 meet ~을 맞추다, 충족하다 deadline 마감시한 make a public appearance 공개 석상에 나가다

Paraphrase Managing workers → Managing employees

73. 화자는 청자에게 무엇을 하도록 요청하는가?
(A) 회의 일정을 잡는 일
(B) 오리엔테이션에 참석하는 일
(C) 다른 직책을 고려하는 일
(D) 문서를 보내는 일

해설 담화 마지막에 화자는 상대방에게 현 고용주로부터 받은 추천서를 한 장 보내 달라고(Can you please send one reference letter from your current employer?) 요청하고 있으므로 문서를 보내는 일을 의미하는 (D)가 정답이다.

어휘 ask A to do: A에게 ~하도록 요청하다 attend ~에 참석하다 consider ~을 고려하다 position 직책, 일자리

Paraphrase send one reference letter → Send a document

Questions 74-76 refer to the following excerpt from a meeting.

As you know, we're about to start working on **74 a new range of wardrobes and coffee tables.** Before we begin the design process, I'd like to look at some complaints and suggestions made by customers. One of the biggest complaints is that 75 **our products are too difficult to assemble.** In fact, we often get e-mails from customers who suggest that 75 **we make future products much easier to build.** Therefore, I'd like you all to test out various ways to address this issue. Each one of you will figure out ways to make the process more convenient for customers. 76 **I'll e-mail you your individual tasks** by the end of today.

아시다시피, 우리가 새로운 종류의 옷장과 커피 테이블에 대한 일을 막 시작하려는 중입니다. 디자인 과정을 시작하기에 앞서, 저는 고객들께서 제기하신 일부 불만 사항과 제안 사항을 살펴보고자 합니다. 가장 큰 불만 사항들 중의 하나는 우리 제품들이 조립하기 너무 어렵다는 점입니다. 실제로, 우리는 고객들로부터 훨씬 더 쉽게 조립할 수 있는 가구 제품을 만들어야 한다고 제안하는 이메일을 종종 받고 있습니다. 따라서, 저는 여러분 모두가 이 문제를 해결할 수 있는 다양한 방법을 시험해 보셨으면 합니다. 여러분 각자가 고객들을 위해 그 과정을 더욱 편리하게 만들 수 있는 방법을 찾아보시기 바랍니다. 제가 오늘 일과 종료 시점까지 여러분에게 개별 업무를 이메일로 보내 드리겠습니다.

어휘 **be about to do** 막 ~하려 하다 **work on** ~에 대한 일을 하다 **a new range of** 새로운 종류의 **wardrobe** 옷장 **process** 과정 **make a complaint** 불만을 제기하다 **make a suggestion** 제안하다 **too A to do:** ~하기에 너무 A한 **assemble** ~을 조립하다 **in fact** 실제로, 사실은 **suggest that** ~하도록 제안하다 **make A 형용사:** A를 ~하게 만들다 **much** (비교급 강조) 훨씬 **therefore** 따라서, 그러므로 **test out** ~을 시험해 보다 **various** 다양한 **way to do** ~하는 방법 **address** (문제 등) ~을 해결하다, 다루다 **issue** 문제, 사안 **figure out** ~을 찾아내다, 알아내다 **convenient** 편리한 **individual** 개별적인 **task** 업무, 일

74. 화자의 회사는 무슨 종류의 상품을 생산하는가?
    (A) 운동 장비
    (B) 가정용 가구
    (C) 컴퓨터 부대용품
    (D) 악기
해설 담화 초반부에 화자가 옷장 및 커피 테이블(a new range of wardrobes and coffee tables)을 언급하고 있는데, 이는 가정에서 사용하는 가구에 해당되므로 (B)가 정답이다.
어휘 **merchandise** 상품 **equipment** 장비 **furnishing** 가구, 비품, 집기 **accessories** 부대용품, 주변기기

75. 화자의 말에 따르면, 소비자들은 무엇을 원하는가?
    (A) 내구성이 더 좋은 제품
    (B) 더 나은 고객 서비스
    (C) 무료 수리
    (D) 더 단순한 조립
해설 중반부에 제품이 조립하기 어렵다는(our products are too difficult to assemble) 문제점과 더 쉽게 조립할 수 있게 만들어야 한다는(we make future products much easier to build) 제안 사항이 제기된 사실을 밝히고 있다. 따라서 더 단순한 조립을 뜻하는 (D)가 정답이다.
어휘 **durable** 내구성이 좋은 **free** 무료의 **repair** 수리 **assembly** 조립 (작업)

Paraphrase much easier to build → Simpler assembly

76. 무슨 정보가 청자들에게 이메일로 보내질 것인가?
    (A) 몇몇 최근의 불만 사항
    (B) 교육 일정
    (C) 여행 일정표
    (D) 몇몇 업무
해설 이메일이 언급되는 맨 마지막에 이메일을 통해 개별 업무를 보내겠다고(I'll e-mail you your individual tasks by the end of today) 말하고 있으므로 (D)가 정답이다.
어휘 **recent** 최근의 **training** 교육, 훈련 **itinerary** 일정(표) **work task** 업무, 일

Questions 77-79 refer to the following broadcast.

Good morning, listeners. I'm Dave McDonald, and I'm here with your local news report. Bracebridge residents will be pleased to hear that 77 **Happy Valley will be launching its first ever branch in our town this summer.** Speaking from its headquarters in Toronto, Happy Valley's CEO James Goodall said that he's looking forward to bringing 78 **the company's delicious burgers, fries, and milkshakes** to the people of Bracebridge. This also means that there will be about one hundred new employment opportunities for locals. So, 79 **if you're interested in working for Happy Valley, you can visit its Web site to fill out an application online.**

안녕하세요, 청취자 여러분. 저는 Dave McDonald이며, 지금 여러분께 지역 뉴스를 보도해 드리고자 합니다. 브레이스브리지 주민들이 해피 밸리 사가 올 여름에 우리 도시에 자사의 사상 첫 지점을 열 예정이라는 소식을 듣고 기뻐하고 있습니다. 토론토의 본사에서 전하는 바에 따르면, 해피 밸리 사의 제임스 구달

대표이사가 자사의 맛있는 버거와 감자튀김, 그리고 밀크쉐이크를 브레이스브리지 주민들에게 제공하기를 고대하고 있다고 밝혔습니다. 이는 또한 지역 주민들을 대상으로 약 100명의 신규 고용 기회가 있을 것임을 의미하기도 합니다. 따라서, 해피 밸리 사에서 근무하는 데 관심 있으실 경우, 그곳의 웹 사이트를 방문해 온라인으로 지원서를 작성하실 수 있습니다.

어휘 local a. 지역의, 현지의 n. 지역 주민 resident 주민 be pleased to do ~해서 기쁘다 launch ~을 출시하다 first ever 사상 첫 branch 지점, 지사 headquarters 본사 look forward to -ing ~하기를 고대하다 mean that ~임을 의미하다 about 약, 대략 employment 고용 opportunity 기회 be interested in ~에 관심이 있다 fill out ~을 작성하다 application 지원(서), 신청(서)

77. 화자의 말에 따르면, 해피 밸리 사는 올 여름에 무엇을 할 것인가?
(A) 신제품을 출시하는 일
(B) 본사를 이전하는 일
(C) 신규 지점을 개장하는 일
(D) 가격을 낮추는 일

해설 올 여름이라는 시점이 언급되는 초반부에 해피 밸리 사가 올 여름에 화자가 있는 도시에 사상 첫 지점을 열 예정이라고(~ Happy Valley will be launching its first ever branch in our town this summer) 알리고 있으므로 (C)가 정답이다.

어휘 lower v. ~을 낮추다, 내리다

Paraphrase launching its first ever branch → Open a new branch

78. 해피 밸리 사는 무엇을 판매하는 것 같은가?
(A) 의류
(B) 패스트푸드
(C) 아동용 장난감
(D) 주방 기기

해설 담화 중반부에 해피 밸리 사를 the company로 지칭해 그 회사의 맛있는 버거와 감자튀김, 그리고 밀크쉐이크를(~ the company's delicious burgers, fries, and milkshakes ~) 언급하고 있다. 이는 패스트푸드에 해당되므로 (B)가 정답이다.

어휘 appliance (가전) 기기

79. 청자들은 왜 웹 사이트를 방문하도록 권장되는가?
(A) 의견을 제출하기 위해
(B) 무료 선물을 받기 위해
(C) 경연대회에 참가하기 위해
(D) 일자리에 지원하기 위해

해설 웹 사이트가 언급되는 맨 마지막 부분에, 해피 밸리 사에서 근무하는 데 관심이 있으면 그곳의 웹 사이트를 방문해 온라인으로 지원서를 작성할 수 있다고(~ if you're interested in working for Happy Valley, you can visit its Web site to fill out an application online) 알리고 있다. 이는 일자리에 지원하는 방법을 알려주는 것이므로 (D)가 정답이다.

어휘 be encouraged to do ~하도록 권장되다 submit ~을 제출하다 suggestion 의견, 제안 receive ~을 받다 free 무료의 enter ~에 참가하다 apply for ~에 지원하다, ~을 신청하다

Paraphrase fill out an application → apply

Questions 80-82 refer to the following introduction.

Welcome, ladies and gentlemen, to today's talk by the CEO of Lerkens Motors, Mr. David Denton. **80 Mr. Denton will be talking to us about Lerkens's new sedan that is set to change the face of the automobile industry forever. 81 Mr. Denton wanted to speak to the media here today** before the car's unveiling next month, so that you may accurately write about the new car with as much insider information as possible. The speech will focus on the car's fuel efficiency and environmentally-friendly features. Mr. Denton has a busy schedule today, but **82 he has promised to answer some quick questions in the lobby after the talk. So, make your way there** at the end if you wish to ask him any questions.

오늘 Lerkens Motors 사의 David Denton 대표이사님께서 진행하시는 회견에 오신 신사 숙녀 여러분 환영합니다. Denton 대표이사님께서는 자동차 업계의 형세를 완전히 뒤바꿀 예정인 Lerkens 사의 새로운 세단 차량을 소개해 주실 것입니다. Denton 대표이사님께서는 다음 달에 있을 신차 공개에 앞서 오늘 이 자리에서 언론을 대상으로 이야기하시길 원하셨으며, 이에 따라 여러분께서는 가능한 한 많은 내부정보를 가지고 신차에 대해 정확하게 기사를 쓰실 수 있을 겁니다. 오늘 회견은 신차의 연비 및 환경 친화적인 특징들에 초점을 맞출 것입니다. Denton 대표이사님께서는 오늘 일정이 바쁘시긴 하지만 회견을 마치고 로비에서 간단한 질문에 답변해 주시기로 약속하셨습니다. 그러므로 질문이 있으신 분들은 마지막에 그쪽으로 이동해 주시기 바랍니다.

어휘 sedan 세단(형 자동차) be set to do ~할 예정이다, ~할 준비가 되다 face 국면 automobile industry 자동차 업계 the media 언론, 매체 unveiling 공개 so that절: (목적) ~할 수 있도록 accurately 정확하게 as much insider information as possible 가능한 한 많은

내부정보 focus on ~에 초점을 맞추다 fuel efficiency
연비 environmentally-friendly 환경친화적인 feature
n. 특징, 특색 promise to do ~하기로 약속하다 quick
question 간단한 질문 make one's way there 그곳으로
가다, 이동하다

80. Denton 씨의 회견 주제는 무엇인가?
  (A) 가전제품
  (B) 신차 모델
  (C) 내비게이션 시스템
  (D) 제조 공장

해설 화자는 Mr. Denton을 소개한 후에 그가 이야기하게 될
  내용에 대해 Mr. Denton will be talking to us about
  Lerkens's new sedan that is set to change the face of
  the automobile industry forever라고 알리고 있으므로 이
  를 통해 그 대상이 새로 출시될 차량임을 알 수 있다. 따라서
  이를 new car model이라고 제시한 (B)가 정답이다.
어휘 electrical appliance 가전제품

81. 담화를 듣는 대상은 누구인가?
  (A) 마케팅 임원들
  (B) 자동차 기술자들
  (C) 전문 언론인들
  (D) 포커스 그룹 구성원들

해설 화자는 담화의 목적을 Mr. Denton wanted to speak to
  the media here today before the car's unveiling next
  month, so that you may accurately write about the
  new car와 같이 설명하면서 청중들을 you로 가리켜 이들
  이 할 수 있는 일을 you may accurately write about the
  new car라고 말하고 있으므로 담화를 듣는 이들은 기자라
  는 것을 알 수 있으며 이를 Media professionals라고 표현한
  (C)가 정답이다.
어휘 executive n. 임원 professional n. 전문직 종사자, 전문가
  focus group (시장 조사나 여론 조사를 위한) 포커스 그룹,
  소비자 그룹

82. 청중들은 무엇을 하라는 요청을 받는가?
  (A) 회견 후에 로비로 갈 것
  (B) 프레젠테이션 진행 중에 질문할 것
  (C) 안내 책자 묶음을 가져갈 것
  (D) 환경 단체에 가입할 것

해설 질문에 나온 be invited to do는 '~하도록 요청받다'라는 의
  미이다. 청중들이 요청을 받는 일을 묻고 있으므로 화자의 말
  에서 명령문 형태의 요청이나 당부 등의 표현이 나타나는 부
  분이 있는지 확인해 봐야 한다. 화자는 담화 마지막에 he
  has promised to answer some quick questions in the
  lobby after the talk. So, make your way there at the
  end if you wish to ask him any questions라고 말하는 부

분에서 there(lobby)로 이동하라고 알리고 있으므로 (A)가
  정답이다.
어휘 pick up ~을 가져가다[오다] information packet 안내
  책자 묶음 environmental 환경의 organization 단체,
  기관

Questions 83-85 refer to following telephone
message.

> Hi, Lucas. This is Maria. I wanted to follow up with
> you about **83** **your upcoming trip to London for
> the grand opening of our new store.** You asked
> me where you should park once you reach the
> store. Well, unfortunately, the store's parking lot is
> still under construction, so **84** **you won't be able to
> leave your car right at the store.** There's usually
> a place to park on Bingham Road. It's just a ten-
> minute walk from the store. Also, don't forget that **85**
> **your manager needs to approve your request to
> stay 3 nights at the Hartley Hotel.** I'm sure it won't
> be a problem. Let me know if you have any other
> questions.
>
> ---
>
> 안녕하세요, Lucas 씨. Maria입니다. 우리 새 매장의 개장식으
> 로 인해 런던으로 곧 떠나실 출장과 관련된 후속 정보를 제공해
> 드리고자 합니다. 저에게 그 매장에 도착하는 대로 어디에 주차
> 해야 하는지 물으셨는데요. 저, 안타깝게도, 그 매장 주차장이
> 여전히 공사 중이라서, 바로 그 매장에 차량을 놓아 두실 수 없
> 을 겁니다. 보통 Bingham Road에 주차하실 수 있는 곳이 있
> 습니다. 그곳은 해당 매장에서 걸어서 10분 밖에 걸리지 않습니
> 다. 또한, Hartley Hotel에 3박을 하도록 요청하신 것에 대해
> 소속 부서장님께서 승인해 주셔야 한다는 점도 잊지 마시기 바
> 랍니다. 그 부분은 분명 문제가 되지는 않을 것입니다. 다른 어
> 떤 질문이든 있으시면 저에게 알려 주시기 바랍니다.

어휘 follow up with ~에게 후속 정보를 제공하다, 후속 조치를
  하다 upcoming 곧 있을, 다가오는 park v. 주차하다
  once (일단) ~하는 대로, ~하자마자 reach ~에 도착하다,
  도달하다 unfortunately 안타깝게도, 아쉽게도 parking
  lot 주차장 under (영향 등) ~ 중인, ~하에 있는 be able
  to do ~할 수 있다 leave ~을 놓다, 두다 right at (위치
  등) 바로 ~에 usually 보통, 일반적으로 forget that ~라는
  점을 잊다 approve ~을 승인하다 request 요청(서) let
  A know: A에게 알리다

83. 청자는 곧 무슨 행사에 참석할 것인가?
  (A) 제품 출시회
  (B) 매장 개장식
  (C) 무역 박람회

(D) 회사 워크숍

해설 담화 시작 부분에 화자가 상대방을 your로 지칭해 새 매장 개장식으로 인해 상대방이 곧 런던으로 출장을 간다고(your upcoming trip to London for the grand opening of our new store) 말하고 있으므로 (B)가 정답이다.

어휘 attend ~에 참석하다 launch 출시(회), 공개

Paraphrase grand opening of our new store → store opening

84. 화자는 왜 "보통 Bingham Road에 주차하실 수 있는 곳이 있습니다"라고 말하는가?

(A) 회의 일정을 잡기 위해
(B) 감사의 뜻을 표현하기 위해
(C) 교통 문제에 대해 주의를 주기 위해
(D) 해결책을 제안하기 위해

해설 담화 중반부에 차량을 매장에 놓아 둘 수 없다고(you won't be able to leave your car right at the store) 말한 후에 "보통 Bingham Road에 주차할 수 있는 곳이 있다"고 말하는 상황이다. 이는 주차 문제와 관련된 해결책을 제시하는 말에 해당하므로 (D)가 정답이다.

어휘 arrange ~의 일정을 잡다, ~을 조치하다 express (감정 등) ~을 표현하다, 나타내다 gratitude 감사(의 뜻) warn 주의를 주다, 경고하다 traffic 교통 (문제), 차량들 offer ~을 제안하다, 제공하다 solution 해결책

85. 무엇이 책임자의 승인을 필요로 하는가?

(A) 호텔 숙박
(B) 자동차 렌트
(C) 항공권
(D) 사업 제안

해설 승인 문제가 언급되는 후반부에 Hartley Hotel에서의 3박에 대해 소속 부서장이 승인해야 한다고(your manager needs to approve your request to stay 3 nights at the Hartley Hotel) 말하고 있으므로 (A)가 정답이다.

어휘 approval 승인 proposal 제안(서)

Questions 86-88 refer to the following announcement.

Attention, guests. 86 We hope you are enjoying your stay here. We would like to inform you that we have two empty spaces left on our island cruise, which will depart from the beach at 10 A.M. 86 Two other hotel guests purchased the tickets, but it turns out that they are unable to go on the cruise. Instead of asking for a refund, they will kindly let two other guests take their places on the boat. So, 87 don't miss out on this fantastic opportunity. It

normally costs 40 dollars. 88 If you are interested in the cruise, please speak with a staff member at the front desk by 9 A.M.

고객 여러분께 알립니다. 이곳에서 즐겁게 머무르고 계시는 중이기를 바랍니다. 해변에서 오전 10시에 출발하는 저희 섬 여객선에 두 곳의 빈 자리가 남아 있다는 점을 알려 드리고자 합니다. 두 분의 다른 호텔 투숙객들이 티켓을 구입하셨지만, 여객선에 탑승하실 수 없는 것으로 드러났습니다. 환불을 요청하시는 대신, 그분들께서는 친절하게도 여객선 내 자신들의 자리를 다른 두 분의 고객들께서 이용하시도록 하실 것입니다. 따라서, 이 환상적인 기회를 놓치지 마시기 바랍니다. 이는 보통 40달러의 비용이 듭니다. 여객선 이용에 관심 있으신 분들께서는 오전 9시까지 프런트 데스크에 있는 직원에게 말씀해 주시기 바랍니다.

어휘 stay 머무름, 숙박 inform A that: A에게 ~라고 알리다 have A left: A가 남아 있다 cruise 여객선 depart from ~에서 출발하다 purchase ~을 구입하다 it turns out that절: ~인 것으로 밝혀지다, 드러나다 be unable to do ~할 수 없다 instead of ~하는 대신에 ask for ~을 요청하다 refund 환불 kindly 친절하게 let A do: A가 ~하게 하다 take one's place ~의 자리를 차지하다 miss out on ~을 놓치다 opportunity 기회 normally 보통, 일반적으로 cost ~의 비용이 들다

86. 공지는 어디에서 이뤄지고 있는가?

(A) 기내에서
(B) 선상에서
(C) 호텔에서
(D) 여행사에서

해설 공지를 들을 수 있는 장소를 묻고 있으므로 특정 업체 명칭이나 서비스 등을 나타내는 표현이 제시되는 부분을 찾아야 한다. 화자는 담화 시작 부분에 이곳에서 즐겁게 머무르고 있는 중이기를 바란다는(We hope you are enjoying your stay here) 말과 함께, 두 명의 다른 호텔 고객들이 티켓을 구입했다가 이용하지 못하게 된 여객선 서비스에 대해 알리고 있다(Two other hotel guests purchased the tickets ~). 따라서 호텔 내부에서 여객선 서비스를 이용하도록 알리기 위해 공지를 하는 상황임을 알 수 있으므로 (C)가 정답이 된다.

어휘 travel agency 여행사

87. 화자가 "이는 보통 40달러의 비용이 듭니다."라고 말하는 이유는 무엇인가?

(A) 가격 변동에 대해 사과하기 위해
(B) 새로운 서비스를 홍보하기 위해
(C) 계절 세일 행사를 알리기 위해
(D) 참여를 장려하기 위해

해설 해당 문장을 그대로 해석하면 "보통은 40달러의 비용이 든다" 라는 의미를 나타낸다. 이는 담화 중반부에 환상적인 기회를 놓치지 말라고 당부하는 말(don't miss out on this fantastic opportunity) 다음에 들을 수 있는 말이다. 따라서 좋은 기회를 이용하도록 권하기 위해 쓰인 말이라는 것을 알 수 있으므로 이와 같은 의미에 해당되는 (D)가 정답임을 알 수 있다.

어휘 apologize for ~에 대해 사과하다 promote ~을 홍보하다 announce ~을 알리다, 발표하다 seasonal 계절의 encourage ~을 장려하다, 권하다 participation 참여, 참가

88. 관심 있는 사람들은 무엇을 하도록 권유 받는가?

(A) 일정표를 확인할 것
(B) 티켓을 제시할 것
(C) 양식을 작성할 것
(D) 직원에게 말할 것

해설 관심 있는 사람들에게 권하는 일을 찾아야 하므로 권고나 제안 관련 표현이 제시되는 부분에서 단서를 찾아야 한다. 화자는 담화 마지막 부분에 관심 있는 사람들은 오전 9시까지 프런트 데스크에 있는 직원에게 말해야 한다고(If you are interested in the cruise, please speak with a staff member at the front desk by 9 A.M.) 알리고 있으므로 (D)가 정답이다.

어휘 individual 사람, 개인 be advised to do ~하도록 권유 받다 present ~을 제시하다, 보여 주다 fill out ~을 작성하다 form 양식, 서식

Questions 89-91 refer to the following excerpt from a meeting.

I'd like to start this meeting by offering my congratulations to all of you. **89 You made more sales over this past year than we expected,** and as a result, our solar panels are now the most popular alternative energy devices in the country. You sold panels to more than three hundred thousand customers, which is almost double of what we had predicted. According to the feedback we received from these new customers, they are very happy that **90 our panels significantly lower their home heating and electricity bills.** So, to thank you all for your hard work, **91 the board members have authorized me to take you on a trip to Cuba** next month. You all deserve it.

여러분 모두에게 축하 인사를 전해 드리는 것으로 이번 회의를 시작할까 합니다. 여러분은 지난 한 해 동안 우리가 예상했던 것

보다 더 많은 판매량을 기록했으며, 그 결과, 우리의 태양 전지판 제품이 현재 전국에서 가장 인기 있는 대체 에너지 장치가 되었습니다. 여러분은 30만 명이 넘는 고객들에게 이 전지판 제품을 판매했는데, 이는 우리가 예측했던 것의 거의 두 배 수준입니다. 이 신규 고객들로부터 받은 의견에 따르면, 우리 태양 전지판 제품이 주택 난방 및 전기세를 상당히 낮춰 준다는 점에 대해 고객들께서 매우 만족하고 계십니다. 따라서 여러분의 노고에 대해 감사의 뜻을 전하기 위해, 다음달에 제가 여러분과 함께 쿠바로 여행을 갈 수 있도록 이사회에서 승인을 해 주셨습니다. 여러분 모두 그만한 자격이 있습니다.

어휘 by ~ing ~함으로써 offer one's congratulations to ~에게 축하 인사를 전하다 sales 매출, 판매(량) expect ~을 예상하다, 기대하다 as a result 결과적으로 solar panel 태양 전지판 alternative energy 대체 에너지 device 기기, 장치 more than ~가 넘는 double of ~의 두 배인 predict ~을 예측하다 significantly 상당히 lower ~을 낮추다, 내리다 heating 난방 electricity bill 전기세 board members 이사회, 이사진 authorize A to do: A에게 ~하도록 승인하다 take A on a trip: A를 데리고 여행을 가다 deserve ~ 받을 만하다, ~할 만한 자격이 있다

89. 화자는 누구를 축하하고 있는가?
(A) 제품 개발자들
(B) 이사진
(C) 영업사원들
(D) 오리엔테이션 참석자들

해설 축하하는 대상을 찾는 문제이므로 축하 인사와 함께 그 대상에 해당되는 사람들이 언급된다는 것을 인식하고 담화를 들어야 한다. 담화 초반부에 지난 한 해 동안 예상보다 더 많은 판매량을 기록했다(You made more sales over this past year than we expected)고 알리는 부분을 통해 제품 판매 업무를 담당하는 사람들이라는 것을 알 수 있으므로 (C)가 정답이다.

어휘 congratulate ~을 축하하다 developer 개발자 representative 직원 attendee 참석자

90. 화자에 따르면, 고객들은 해당 제품에 대해 무엇을 마음에 들어 하는가?
(A) 지출 비용을 줄여 준다.
(B) 쉽게 설치할 수 있다.
(C) 여러 해 동안 지속된다.
(D) 품질 보증서가 딸려 있다.

해설 고객들이 마음에 들어 하는 점을 찾는 문제이므로 담화에서 고객의 의견과 관련된 정보가 제시될 것임을 알 수 있다. 담화 중반부에 고객의 의견이 언급되는데, 그 의견의 핵심은 주택 난방 및 전기세를 상당히 낮춰 준다는 점(~ our panels significantly lower their home heating and electricity bills)이므로 이에 해당되는 내용인 (A)가 정답이다.

어휘 reduce ~을 줄이다, 감소시키다 expense 지출 (비용) last 지속되다 come with ~가 딸려 있다 warranty 품질 보증(서)

91. 청자들은 다음 달에 무엇을 할 것 같은가?

(A) 새로운 프로젝트를 시작한다.

(B) 휴가를 즐긴다.

(C) 외국인 고객들과 만난다.

(D) 설문 조사를 실시한다.

해설 다음 달이라는 미래 시점이 질문의 핵심이므로 해당 시점 표현이 제시되는 부분에서 단서를 찾아야 한다. 담화의 마지막 부분에 다음달에 함께 쿠바로 여행을 갈 수 있도록 이사회에서 승인을 해 주었다(the board members have authorized me to take you on a trip to Cuba next month)고 알리고 있으므로 이에 대해 휴가를 즐긴다는 말로 바꿔 표현한 (B)가 정답이다.

어휘 foreign 외국의 conduct ~을 실시하다

Questions 92-94 refer to the following telephone message.

Hello! It's Chantel, **92 the manager at the Astro Burgers branch on Brook Street** in Ferrytown. At the management meeting last month, our restaurant chain owner told us about the installation of new burger grills in all branches. I met with the installation team yesterday, and **93 I told them that we wanted grills that can fit nine burgers.** Well, I just came in this morning to check their installation work, and the grills can accommodate six burgers. Obviously, this is not going to be sufficient, and **94 we won't be able to produce burgers fast enough** to keep up with customer demand. Please let me know what I should do about it. Thanks.

안녕하세요! Ferrytown의 Brook Street에 위치한 Astro Burgers 지점의 지점장인 Chantel입니다. 지난달에 열린 경영진 회의에서, 우리 레스토랑 체인의 소유주께서 모든 지점의 새로운 버거 그릴 설치 작업에 관해 저희에게 말씀해 주셨습니다. 제가 어제 설치 작업팀과 만나서 저희는 9개의 버거가 들어가기에 적합한 그릴을 원한다고 얘기해 드렸습니다. 저, 제가 오늘 아침에 막 와서 설치 작업을 확인했는데, 그릴이 6개의 버거만 수용할 수 있습니다. 분명히, 이는 충분하지 않을 것이며, 고객 수요에 맞출 수 있을 정도로 충분히 빠르게 버거를 만들어 낼 수 없을 것입니다. 이 문제에 대해 제가 무엇을 해야 하는지 알려 주시기 바랍니다. 감사합니다.

어휘 branch 지점, 지사 management 경영(진) owner 소유주 installation 설치 meet with (약속하여) ~와 만나다 fit ~에 적합하다, 알맞다 accommodate ~을 수용하다 obviously 분명히, 확실히 sufficient 충분한 be able to do ~할 수 있다 produce ~을 만들어 내다, 생산하다 enough to do ~하기에 충분히 keep up with (속도, 진행 등) ~에 맞추다, ~을 따라잡다 demand 수요, 요구 let A know B: A에게 B를 알리다

92. 화자의 직책은 무엇인가?

(A) 회사 소유주

(B) 지점장

(C) 안전 점검관

(D) 수리 기사

해설 담화 시작 부분에 화자가 자신을 Brook Street에 위치한 Astro Burgers 지점의 지점장이라고(the manager at the Astro Burgers branch on Brook Street) 소개하고 있으므로 (B)가 정답이다.

어휘 inspector 점검관, 조사관 repair 수리

93. 화자가 "그릴이 6개의 버거만 수용할 수 있습니다"라고 말할 때 무엇을 암시하는가?

(A) 그릴이 사용하기에 너무 복잡하다.

(B) 메뉴가 변경되어야 한다.

(C) 일부 지시 사항을 따르지 않았다.

(D) 제품을 구입하도록 권하고 있다.

해설 담화 중반부에 9개의 버거에 적합한 그릴이 필요하다고 요청한(I told them that we wanted grills that can fit nine burgers) 사실을 말한 뒤에 '(설치된) 그릴이 6개의 버거만 수용할 수 있다'고 말하는 상황이다. 이는 그릴이 요청대로 설치되지 않았다는 뜻이므로 지시 사항을 따르지 않았음을 의미하는 (C)가 정답이다.

어휘 too A to do: ~하기에 너무 A한 complicated 복잡한 modify ~을 변경하다, 수정하다 instructions 지시 (사항), 설명, 안내 follow ~을 따르다 recommend -ing ~하도록 권하다, 추천하다 make a purchase 구입하다

94. 화자는 무엇에 대해 우려하고 있는가?

(A) 기술적인 결함

(B) 근무지 안전 문제

(C) 직원 만족도

(D) 생산 속도

해설 담화 맨 마지막에 충분히 빠르게 버거를 만들 수 없을 것이라는(we won't be able to produce burgers fast enough) 문제점이 언급되고 있는데, 이는 제품 생산 속도와 관련된 문제점을 의미하므로 (D)가 정답이다.

어휘 be concerned about ~에 대해 우려하다 fault 결함 satisfaction 만족(도) production 생산, 제작

Questions 95-97 refer to the following excerpt from a meeting and tickets.

I have some updates before we open City Zoo to visitors today. First, **95 since some of the enclosures need to be cleaned urgently, some animals have been temporarily relocated to different areas of the zoo.** If you are unsure where a certain animal is being kept, check the map in the staff room. Also, **96 today marks the release of a ticket design in our quarterly series of collectable tickets, the elephant. 97 Please remind our visitors that if they collect all four of our special seasonal tickets, they will be entered into a prize draw.** All they need to do is present them to the staff at the information desk.

오늘 방문객들을 대상으로 우리 시립 동물원을 개방하기 전에 몇 가지 새로운 소식이 있습니다. 첫 번째로, 몇몇 동물 우리들이 긴급히 청소되어야 하기 때문에, 일부 동물들이 임시로 동물원 내 다른 구역으로 재배치되었습니다. 특정 동물이 어디서 지내고 있는지 확실하지 않으실 경우, 직원 휴게실에 있는 안내도를 확인하시기 바랍니다. 또한, 오늘은 우리의 분기별 수집용 티켓 시리즈에 속하는 티켓 디자인의 하나인, 코끼리의 공개일에 해당합니다. 방문객들께 우리의 특별 계절 티켓 네 가지를 모두 수집하시는 경우, 경품 추첨 행사에 참여하시게 된다는 사실을 상기시켜 드리시기 바랍니다. 방문객들께서는 안내 데스크에 있는 직원에게 그것들을 제시하시기만 하면 됩니다.

시립 동물원 티켓 1월 1일		시립 동물원 티켓 4월 1일	
시립 동물원 티켓 7월 1일	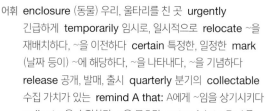	시립 동물원 티켓 10월 1일	

어휘 enclosure (동물) 우리, 울타리를 친 곳 urgently 긴급하게 temporarily 임시로, 일시적으로 relocate ~을 재배치하다, ~을 이전하다 certain 특정한, 일정한 mark (날짜 등이) ~에 해당하다, ~을 나타내다, ~을 기념하다 release 공개, 발매, 출시 quarterly 분기의 collectable 수집 가치가 있는 remind A that: A에게 ~임을 상기시키다 collect ~을 수집하다, ~을 모으다 enter A into B: A를 B에 참여시키다 prize draw 경품 추첨 All A need to do is do: A가 ~하기만 하면 된다 present ~을 제시하다, ~을 제공하다

95. 왜 일부 동물들이 재배치되었는가?
(A) 방문객들에게 더 나은 시야를 제공하기 위해
(B) 동물 우리 청소를 가능하게 하기 위해
(C) 동물원 안전 가이드라인을 준수하기 위해
(D) 특별 전시회를 준비하기 위해

해설 화자가 담화 초반부에 동물 우리들이 긴급히 청소되어야 하기 때문에 일부 동물들이 임시로 재배치되었다는(since some of the enclosures need to be cleaned urgently, some animals have been temporarily relocated ~) 사실을 밝히고 있으므로 (B)가 정답이다.

어휘 view 시야, 전망, 경관 allow ~을 가능하게 하다 adhere to ~을 준수하다, ~을 고수하다 prepare for ~을 준비하다 exhibit 전시(회)

Paraphrase some of the enclosures need to be cleaned
→ the cleaning of enclosures

96. 시각자료를 보시오. 회의가 언제 개최되고 있는가?
(A) 1월 1일에
(B) 4월 1일에
(C) 7월 1일에
(D) 10월 1일에

해설 담화 중반부에 화자가 오늘이 수집용 티켓 시리즈에 속하는 티켓 디자인의 하나인 코끼리의 공개일에 해당한다고(today marks the release of a ticket design in our quarterly series of collectable tickets, the elephant) 언급하고 있다. 시각자료에서 왼쪽 하단에 코끼리 그림과 함께 July 1st라고 쓰여 있어 이것이 오늘 날짜임을 알 수 있으므로 (C)가 정답이다.

97. 화자의 말에 따르면, 청자들이 동물원 방문객들에게 무엇과 관련해 상기시켜야 하는가?
(A) 라이브 공연
(B) 경품 추첨 행사
(C) 구직 기회
(D) 회원제

해설 화자가 담화 후반부에 특별 계절 티켓 네 가지를 모두 수집하면 경품 추첨 행사에 참여하게 된다는 사실을 방문객들에게 상기시키도록(Please remind our visitors that if they collect all four of our special seasonal tickets, they will be entered into a prize draw) 당부하고 있으므로 (B)가 정답이다.

Questions 98-100 refer to the following tour information and river rafting guide.

Hello, everyone! I'm Emily, and I'll be your instructor for your river rafting trip today. I had initially intended to take you along a section of Snake River, but yesterday's rainfall has created lots of overflow. Instead, **98** **we'll be touring Salmon River, which is still similar in difficulty.** **99** **One great feature of this route is that you'll get to see a magnificent waterfall as we float down the rapids.** Just a quick reminder: **100** **please make sure that your helmet is fastened securely.** We can get you a new size if yours doesn't fit well.

안녕하세요, 여러분! 저는 에밀리이며, 오늘 여러분의 강 래프팅 강사가 되어 드릴 것입니다. 제가 원래 스네이크 강의 한 구역을 따라 여러분을 모시고 갈 생각이었는데, 어제 내린 강우량이 많은 범람을 만들어 냈습니다. 대신, 우리가 새먼 강을 여행할 텐데, 여전히 난이도 면에서 비슷합니다. 이 경로에서 한 가지 훌륭한 특징은 우리가 급류를 따라 떠내려 가는 과정에서 장관을 이루는 폭포를 보시게 될 것이라는 점입니다. 간단히 상기시켜 드리고자 하는 것은, 반드시 여러분의 헬멧이 단단히 고정되도록 하셔야 합니다. 크기가 잘 맞지 않으면 새로운 사이즈를 제공해 드릴 수 있습니다.

강 이름	난이도
새먼 강	등급 II-
스네이크 강	등급 II
콜로라도 강	등급 III+
로그 강	등급 IV

어휘 instructor 강사 initially 처음에 intend to do ~할 생각이다, ~할 작정이다 along (길 등) ~을 따라 create ~을 만들어 내다 overflow 범람 instead 대신 similar 비슷한, 유사한 feature 특징 route 경로, 노선 get to do ~하게 되다 magnificent 장관을 이루는 float 떠내려 가다, 떠 있다 rapids 급류 reminder (말, 메시지 등) 상기시키는 것 make sure that 반드시 ~하도록 하다, ~임을 확실히 해두다 be fastened securely 단단히 고정되다 fit (크기 등이) 맞다, 적합하다

98. 시각자료를 보시오. 청자들이 여행을 떠날 강의 난이도가 어떠한가?

    (A) 등급 II-
    (B) 등급 II
    (C) 등급 III+
    (D) 등급 IV

해설 화자가 담화 중반부에 새먼 강을 여행할 것이라고(we'll be touring Salmon River) 알리고 있다. 시각자료에서 새먼 강이 표기된 첫 번째 칸에 등급이 'Class II-'로 쓰여 있으므로 (A)가 정답이다.

99. 화자가 한 경로와 관련해 무슨 말을 하는가?

    (A) 최근에 투어를 위해 개방되었다.
    (B) 도로를 따라 위치해 있다.
    (C) 경치가 아름다운 곳 옆을 지나간다.
    (D) 등산로 옆에 이어져 있다.

해설 담화 중반부에 화자가 한 경로의 훌륭한 특징으로 급류를 따라 떠내려 가는 과정에서 장관을 이루는 폭포를 보게 된다는 점을(One great feature of this route is that you'll get to see a magnificent waterfall as we float down the rapids) 언급하고 있다. 이는 경치가 아름다운 곳을 지나간다는 뜻이므로 (C)가 정답이다.

어휘 recently 최근에 be located 위치해 있다 down (길 등) ~을 따라, ~ 저쪽에 pass by ~ 옆을 지나가다 scenic 경치가 아름다운 곳 run 이어지다, 뻗어 있다 next to ~ 옆에

Paraphrase get to see a magnificent waterfall as we float down the rapids → passes by a scenic feature

100. 청자들에게 무엇을 하도록 상기시키는가?

    (A) 모자 사이즈를 측정하는 일
    (B) 소지품을 치워 놓는 일
    (C) 색상을 선택하는 일
    (D) 각자의 헬멧을 확인하는 일

해설 담화 후반부에 화자가 반드시 헬멧이 단단히 고정되도록 해야 한다고(please make sure that your helmet is fastened securely) 상기시키고 있으므로 (D)가 정답이다.

어휘 be reminded to do ~하도록 상기되다 measure ~을 측정하다, ~을 재다 put away ~을 치우다 belongings 소지품 choose ~을 선택하다

Paraphrase make sure that your helmet is fastened securely → Check their helmets

부록 LC 실전 모의고사 2

PART 1

1. (B)	2. (C)	3. (A)	4. (A)	5. (D)
6. (A)				

PART 2

7. (C)	8. (C)	9. (A)	10. (B)	11. (B)
12. (A)	13. (C)	14. (A)	15. (C)	16. (C)
17. (B)	18. (A)	19. (A)	20. (B)	21. (A)
22. (A)	23. (B)	24. (C)	25. (A)	26. (C)
27. (A)	28. (B)	29. (A)	30. (A)	31. (C)

PART 3

32. (C)	33. (B)	34. (A)	35. (A)	36. (B)
37. (C)	38. (A)	39. (C)	40. (C)	41. (B)
42. (A)	43. (C)	44. (C)	45. (D)	46. (C)
47. (A)	48. (D)	49. (C)	50. (B)	51. (C)
52. (B)	53. (D)	54. (B)	55. (C)	56. (D)
57. (B)	58. (C)	59. (B)	60. (C)	61. (A)
62. (D)	63. (A)	64. (D)	65. (D)	66. (D)
67. (B)	68. (C)	69. (B)	70. (A)	

PART 4

71. (C)	72. (B)	73. (D)	74. (D)	75. (C)
76. (D)	77. (B)	78. (D)	79. (C)	80. (B)
81. (A)	82. (C)	83. (D)	84. (C)	85. (B)
86. (B)	87. (C)	88. (C)	89. (A)	90. (A)
91. (B)	92. (D)	93. (A)	94. (C)	95. (D)
96. (C)	97. (D)	98. (D)	99. (C)	100. (B)

Part 1

1. (A) He's carrying a briefcase.
   (B) He's walking away from a building.
   (C) He's looking at a mobile phone.
   (D) He's stepping onto some stairs.
   (A) 남자가 서류 가방을 휴대하고 있다.
   (B) 남자가 건물에서 걸어서 멀어지고 있다.
   (C) 남자가 휴대폰을 들여다보고 있다.
   (D) 남자가 계단을 오르고 있다.
   어휘 carry ~을 휴대하다 walk away from ~로부터 걸어서
   멀어지다 step onto stairs 계단을 오르다

2. (A) A woman is picking up tools from the ground.
   (B) A woman is lifting some equipment.
   (C) A woman is inspecting the engine of a car.
   (D) A woman is getting into an automobile.
   (A) 여자가 바닥에 있는 연장을 집어 들고 있다.
   (B) 여자가 장비를 들어올리고 있다.
   (C) 여자가 자동차 엔진을 점검하고 있다.
   (D) 여자가 자동차에 타는 중이다.
   어휘 pick up ~을 줍다, 집어 들다 tool 연장 ground 땅 lift
   ~을 들어올리다 equipment 장비 inspect ~을 점검하다
   get into ~에 들어가다, (차량에) 탑승하다 automobile
   자동차

3. **(A) There are some artworks mounted on the
   wall.**
   (B) There is a rug under some chairs.
   (C) A potted plant has been placed in the corner
   of a room.
   (D) Some furniture is being stored in a closet.
   (A) 벽에 미술품들이 걸려 있다.
   (B) 의자 아래에 양탄자가 있다.
   (C) 화분이 방 구석에 놓여 있다.
   (D) 몇몇 가구가 벽장에 보관되고 있다.
   어휘 artwork 미술품, 예술품 (be) mounted on ~에 올려져
   있다 rug 양탄자 potted plant 화분 place ~을 놓다,
   두다 corner 구석 store v. ~을 보관하다 closet 벽장

4. **(A) A man is writing on a notepad.**
   (B) A man is typing on a keyboard.
   (C) A man is stocking the shelves with items.
   (D) A man is putting on protective work gear.
   (A) 남자가 노트패드에 쓰고 있다.
   (B) 남자가 키보드에 타이핑하고 있다.
   (C) 남자가 선반에 물건들을 채우고 있다.
   (D) 남자가 보호용 작업 장비를 착용하는 중이다.
   어휘 notepad 메모지, 노트패드 type 타이핑을 하다 stock
   A with B: A에 B를 채우다 put on ~을 착용하다 (동작)
   protective 보호의 gear 장비

5. (A) Some chairs are stacked in the middle of a
   dining area.

(B) A flower arrangement has been set on top of a table.

(C) Some windows are being cleaned.

(D) The tables are unoccupied.

(A) 몇몇 의자들이 식사 구역 가운데에 쌓여 있다.

(B) 꽃 장식이 테이블 위에 놓여 있다.

(C) 몇몇 창문들이 닦이고 있다.

(D) 테이블들이 비어 있다.

어휘 be stacked 쌓여 있다 in the middle of ~의 가운데에 dining area 식사 공간 flower arrangement 꽃꽂이 장식 on top of ~의 위에 unoccupied 비어 있는, 사용 중이 아닌

6. **(A) A car is approaching a pedestrian crossing.**

(B) A car is exiting a parking garage.

(C) A motorcycle is being driven across a bridge.

(D) A vehicle is being loaded with some boxes.

(A) 자동차가 횡단보도에 다가가고 있다.

(B) 자동차가 주차장을 빠져나오고 있다.

(C) 오토바이가 다리를 건너 운행되고 있다.

(D) 차량에 상자들이 실리고 있다.

어휘 approach ~에 다가가다, 접근하다 exit ~을 빠져나가다 parking garage 주차장 motorcycle 오토바이 load A with B: A에 B를 싣다

Part 2

7. When do you expect to complete the annual sales report?

(A) Yes, last December.

(B) At least a 10 percent increase.

(C) Sometime next week.

언제 연례 매출 보고서를 완성할 것으로 예상하세요?

(A) 네, 지난 12월이요.

(B) 적어도 10퍼센트 상승했어요.

(C) 다음 주 중에요.

어휘 expect to do ~할 것으로 예상하다 complete ~을 완성하다 annual 연례의 sales report 매출 보고서 at least 적어도 sometime 언젠가

8. How can I secure a place on the training program?

(A) Most trains are running on time.

(B) It covers a wide range of topics.

(C) Just register on the Web site.

어떻게 하면 교육 프로그램에 자리를 확보할 수 있죠?

(A) 대부분의 기차들은 제시간에 운행하고 있습니다.

(B) 그것은 다양한 주제를 다룹니다.

(C) 그저 웹사이트에서 등록하면 됩니다.

어휘 secure ~을 확보하다 place 자리 run 운행하다 cover ~을 다루다 a wide range of 다양한 ~ register 등록하다

9. Derick's picking up the clients from the airport, isn't he?

(A) No, his schedule is packed.

(B) To the branch office in New York.

(C) We can take an earlier flight.

데릭 씨가 공항에서 고객들을 모시고 오시는 거죠, 그렇지 않나요?

(A) 아뇨, 그분은 일정이 꽉 찼어요.

(B) 뉴욕에 있는 지사로요.

(C) 우리는 더 이른 비행기를 탈 수 있습니다.

어휘 pick up (차로) ~을 데려 오다, 데리러 가다 packed 꽉 찬 branch office 지사 take (교통편) ~을 타다, 이용하다 flight 항공편

10. Won't Mr. Jenkins be delivering the catering order to the reception area?

(A) Yes, the signal here is terrible.

(B) No, to the conference room.

(C) It's a selection of sandwiches.

젠킨스 씨가 환영회 장소로 주문한 출장음식을 갖다 줄 거 아닌가요?

(A) 네, 여기 신호가 정말 안 좋아요.

(B) 아뇨, 회의실로요.

(C) 다양한 샌드위치요.

어휘 deliver ~을 배달하다 catering 출장음식 order 주문품 reception 환영회 signal (방송 전파) 신호 terrible 끔찍한 selection 선택 가능한 것들의 모음

11. Which printer needs to be repaired?

(A) I don't think so.

(B) The one at the main entrance.

(C) Thanks, I appreciate it.

어느 프린터가 수리되어야 하죠?

(A) 전 그렇게 생각하지 않아요.

(B) 중앙 출입구에 있는 것이요.

(C) 고마워요, 그것에 대해 감사드립니다.

어휘 repair ~을 수리하다 appreciate ~에 대해 감사하다

12. Who received the Employee of the Year award last week?

(A) I didn't hear anything about it.

(B) Yes, the most sales of the year.

(C) OK, I'll try to do better.

누가 지난주에 올해의 직원 상을 받았나요?

(A) 저는 그것에 관해 아무 것도 듣지 못했어요.

(B) 네, 올해 가장 많은 매출이요.

(C) 좋아요, 더 잘해 보도록 할게요.

어휘 award 상 hear A about B: B에 관해 A를 듣다 sales 매출, 판매(량), 영업 try to do ~하기 위해 노력하다, ~하려 하다

13. Why is our Web site still not online?

(A) It shows all our products.

(B) It's quick and easy.

(C) You can't access it?

우리 웹사이트가 왜 아직도 온라인 상태가 아닌거죠?

(A) 우리의 모든 제품들을 보여 줍니다.

(B) 빠르고 쉽습니다.

(C) 접속이 안되세요?

어휘 access ~에 접속하다

14. Do we have enough brochures, or should I prepare more?

(A) We need a lot more.

(B) Yes, I had enough.

(C) I'll inform them of the change.

우리에게 안내 책자가 충분히 있나요, 아니면 제가 더 준비해야 하나요?

(A) 훨씬 더 많이 필요합니다.

(B) 네, 충분히 먹었습니다.

(C) 제가 그들에게 변동 사항을 알릴게요.

어휘 brochure 안내 책자, 소책자 prepare ~을 준비하다 a lot (비교급 수식) 훨씬 have enough 충분히 먹다 inform A of B: A에게 B를 알리다

15. When will that company launch its sports beverages?

(A) They retail at 2 dollars each.

(B) I haven't sampled them yet.

(C) I'll check their Web site.

그 회사가 언제 스포츠 음료를 출시하나요?

(A) 각각 2달러에 소매 판매합니다.

(B) 저는 아직 그것들을 시음해 보지 않았어요.

(C) 그 회사의 웹 사이트를 확인해 볼게요.

어휘 launch ~을 출시하다 beverage 음료 retail 소매 판매하다 sample ~을 시음하다, 시식하다

16. I really need the seating plan for the party.

(A) The CEO's retirement.

(B) There are many seats available.

(C) I'll send it right away.

파티용 좌석 배치도가 꼭 필요합니다.

(A) 대표이사님의 퇴임식이요.

(B) 이용 가능한 자리가 많습니다.

(C) 지금 바로 보내 드릴게요.

어휘 seating plan 좌석 배치도 retirement 은퇴 available 이용 가능한 right away 지금 바로

17. Why don't you rent a car during the conference in Austin?

(A) Because I attended last year.

(B) I don't think it is necessary.

(C) No, this is my first time here.

오스틴에서 열리는 컨퍼런스에 참가하는 동안 차를 한 대 빌리는 건 어때요?

(A) 저는 작년에 참석했기 때문이죠.

(B) 필요할 것 같지 않아요.

(C) 아뇨, 이곳에 이번이 처음이에요.

어휘 rent ~을 대여하다 necessary 필요한, 필수의

18. Where should I leave these office chairs?

(A) Do you know where the storage room is?

(B) He left early this morning.

(C) Yes, on all floors of the building.

이 사무용 의자들을 어디에 둬야 하나요?

(A) 물품 보관실이 어디 있는지 아시나요?

(B) 그는 오늘 아침 일찍 나갔어요.

(C) 네, 건물의 모든 층에요.

어휘 leave ~을 두다, ~을 놓다, 나가다, 떠나다 storage 보관(실), 저장(소)

19. The office manager contacted me to say she'll be late.

(A) The meeting should be delayed then.

(B) You should try to leave earlier.

(C) Please submit it by 4.

부장님께서 저에게 연락하셔서 늦을 거라고 하셨어요.

(A) 그럼 회의가 미뤄져야 합니다.

(B) 더 일찍 출발하도록 해 보세요.

(C) 4시까지 그것을 제출해 주세요.

어휘 contact ~에게 연락하다 delay ~을 미루다, 지연시키다 then 그럼, 그렇다면 try to do ~해보다, 하려 하다 leave 출발하다, 떠나다 submit ~을 제출하다

20. What happened at the training session yesterday?

(A) That train was delayed.

(B) I wasn't there either.

(C) No, it's on Friday.

어제 열린 교육 시간에 무슨 일이 있었나요?

(A) 그 기차는 지연되었습니다.

(B) 저도 거기에 없었어요.

(C) 아뇨, 금요일입니다.

어휘 happen 일어나다 either (부정문에서) ~도

---

21. Ms. Davis can't come to the meeting this Friday.

(A) Oh, then I'll tell her what we discuss.

(B) I was out of town last week.

(C) On the third floor.

데이비스 씨가 이번주 금요일에 열리는 회의에 오실 수 없어요.

(A) 아, 그럼 우리가 논의하는 것을 그분께 말씀 드릴게요.

(B) 저는 지난주에 다른 지역에 있었어요.

(C) 3층에서요.

어휘 then 그럼, 그렇다면 tell A B: A에게 B를 말하다 discuss ~을 논의하다, 이야기하다 out of town 다른 지역에 가 있는

---

22. Doesn't the library close at around 3 today?

(A) No, just on Sundays.

(B) Actually, it's quite far.

(C) I will go there just after 4.

도서관이 오늘 3시쯤에 문을 닫지 않나요?

(A) 아뇨, 일요일에만 그래요.

(B) 사실, 꽤 멀어요.

(C) 저는 4시가 넘는 대로 그리 갈게요.

어휘 at around 3 3시쯤에 quite 꽤, 상당히

---

23. Do you want me to tell you where the subway station is?

(A) About three blocks from here.

(B) I'll probably just take a taxi instead.

(C) He's not the director.

지하철 역이 어디에 있는지 제가 알려 드릴까요?

(A) 여기서 약 세 블록 정도요.

(B) 아마 택시를 대신 탈 것 같아요.

(C) 그분은 이사님이 아닙니다.

어휘 Do you want me to do ~?: 제가 ~해 드릴까요? about 약, 대략 take (교통편) ~을 타다, 이용하다 instead 대신 director 이사, 부장, 책임자, 감독

---

24. Is there a free parking lot where I can leave my car?

(A) That's great value for the money.

(B) I left my jacket in there.

(C) Yes, but it's usually full.

제 차를 놔둘 수 있는 무료 주차장이 있나요?

(A) 비용 대비 가치가 뛰어납니다.

(B) 제 재킷을 그곳에 놓아 두었어요.

(C) 네, 하지만 그곳은 보통 꽉 차 있습니다.

어휘 free 무료의 parking lot 주차장 leave ~을 놓다, 두다 value for money 비용 대비 가치

---

25. Didn't the clients have time to visit the factory?

(A) No, they were running late.

(B) 9 o'clock works for me.

(C) Let's meet at the head office.

그 고객들이 공장을 방문할 시간이 있지 않았나요?

(A) 아뇨, 그분들은 늦었어요.

(B) 9시면 저는 괜찮습니다.

(C) 본사에서 만납시다.

어휘 have time to do ~할 시간이 있다 run late 늦다, 늦어지다 work for (시간, 일정 등이) ~에게 괜찮다, 좋다 head office 본사

---

26. Who will handle negotiations with the Chinese investors?

(A) Everything went well.

(B) At the Shanghai office.

(C) We're still not sure.

중국인 투자자들과의 협상을 누가 처리하나요?

(A) 모든 일이 잘 진행되었습니다.

(B) Shanghai 사무실에서요.

(C) 아직 확실하지 않습니다.

어휘 handle ~을 처리하다, 다루다 negotiation 협상 investor 투자자 go well 잘 진행되다

---

27. How are the sales of our kitchen appliances so far this year?

(A) Lower than we expected.

(B) We're making room for new stock.

(C) Discounts of up to 50 percent.

올해 지금까지 우리 주방 용품 매출이 어떤가요?

(A) 우리가 예상한 것보다 더 낮아요.

(B) 새 재고품을 위한 공간을 확보하고 있어요.

(C) 최대 50퍼센트에 달하는 할인이요

어휘 sales 매출, 판매(량) kitchen appliance 주방 용품 so far 지금까지 expect ~을 예상하다, 기대하다 make room for ~을 위한 공간을 확보하다, 마련하다 stock 재고(품) up to 최대 ~까지

---

28. I can show you how to use the new software if

you're confused.

(A) The new computer programmer.

(B) That would be much appreciated.

(C) I'll try to explain it more clearly.

헷갈리신다면 제가 새 소프트웨어 사용법을 보여드릴 수 있습니다.

(A) 새 컴퓨터 프로그래머입니다.

(B) 그럼 정말 감사하겠어요.

(C) 제가 좀더 명확하게 설명해 보겠습니다.

어휘 how to do ~하는 방법 be confused 헷갈리다 appreciate ~에 대해 감사하다 try to do ~하려고 노력하다 explain ~을 설명하다 clearly 명확하게

29. Should I file these financial statements, or do you want to see them?

(A) You can leave them on my desk.

(B) I stayed up late last night with a stack of files.

(C) He said they were.

이 재무제표들을 철해서 보관해 둘까요, 아니면 확인해 보실 건가요?

(A) 제 책상에 놓아 두세요.

(B) 파일 더미와 씨름하느라 어제 밤늦게까지 못 자고 있었어요.

(C) 그것들은 그렇다고 그가 말했어요.

어휘 financial statement 재무제표 leave A on B: A를 B 위에 놓다, 두다 stay up late 늦게까지 자지 않고 있다 a stack of ~ 더미

30. You need me to pick up more stationery, don't you?

(A) Have we already run out?

(B) No, he didn't pick up when I called.

(C) Yes, they are waiting at the station.

제가 문구용품을 더 가져와야 하죠, 안 그런가요?

(A) 벌써 다 떨어졌어요?

(B) 아뇨, 제가 전화했을 때 그는 받지 않았어요.

(C) 네, 그들이 역에서 기다리고 있어요.

어휘 pick up ~을 가져오다[가다], 전화를 받다 stationery 문구용품 run out (물품 등이) 다 떨어지다

31. The air conditioner has stopped working again.

(A) Sure, I'll turn it up a bit.

(B) No, she's working until 5.

(C) A technician is on his way.

에어컨이 또 작동을 멈췄어요.

(A) 물론이죠, 제가 좀 더 높이겠습니다.

(B) 아뇨, 그녀는 5시까지 근무합니다.

(C) 기술자가 오고 있는 중입니다.

어휘 air conditioner 에어컨 stop -ing ~하는 것을 멈추다 turn up (소리, 온도 등을) 높이다 technician 기술자 be on one's way 가고[오고] 있는 중인

Part 3

Questions 32-34 refer to the following conversation.

W: Chris, Mr. Stewart just e-mailed me about the work he requested. **32 He wants us to plant roses instead of tulips in his garden, and he'd like us to construct a fish pond, too.**

M: Okay. That's a lot more work than he originally asked for. Did you change the deadline?

W: Actually, I forgot to mention that to him. So I guess the deadline remains the same: June 16th.

M: **33 There's no chance of us finishing the pond by then. We'll need at least an extra two days.**

W: **34 How about we talk to the client about it** when he comes in tomorrow to make his initial payment?

M: Yes, let's do that. He'll be here sometime in the morning.

여: Chris, 방금 Stewart 씨께서 요청하셨던 일과 관련해 제게 이메일을 보내셨어요. 그분의 정원에 튤립 대신에 장미를 심기를 원하고, 물고기가 있는 연못도 만들기를 바라세요.

남: 알겠습니다. 애초에 요청하셨던 것보다 훨씬 더 많은 작업이네요. 마감시한을 변경하셨나요?

여: 실은, 그 부분을 그 분께 언급해 드리는 것을 깜빡 했어요. 그래서 마감시한은 동일한 날짜인 6월 16일 그대로인 것 같아요.

남: 그때까지 우리가 연못 작업을 끝마칠 가능성은 없습니다. 최소한 추가로 이틀이 더 필요할 겁니다.

여: 내일 고객께서 선금을 지불하러 찾아 오실 때 그 점에 관해 말씀 드리는 것은 어떨까요?

남: 네, 그렇게 합시다. 내일 오전 중으로 오실 거예요.

어휘 plant ~을 심다 instead of ~ 대신에 would like A to do: A가 ~하기를 원하다 construct ~을 만들다, 짓다 fish pond 물고기가 있는 연못 a lot (비교급 수식) 훨씬 originally 처음에, 애초에 ask for ~을 요청하다 deadline 마감시한 mention ~을 언급하다 remain the same 그대로 남아 있다 There's no chance of -ing ~할 가능성이 없다 make a payment 비용을 지불하다 initial 초기의

86

32. 화자들은 어디에서 일하고 있을 것 같은가?

    (A) 여행사에서

    (B) 인테리어 디자인 회사에서

    (C) 조경 회사에서

    (D) 철물점에서

해설 대화 시작 부분에 여자가 고객의 요청 사항과 관련해, 정원에 튤립 대신에 장미를 심기를 원하고 있고 물고기가 있는 연못도 만들어 주기를 바라고 있다(~ to plant roses instead of tulips in his garden, and he'd like us to construct a fish pond, too)고 알리는 내용을 통해 조경 회사를 뜻하는 (C)가 정답임을 알 수 있다.

어휘 travel agency 여행사 landscaping 조경 (작업) firm 회사 hardware store 철물점

33. 남자는 무슨 문제점을 언급하는가?

    (A) 공구를 이용할 수 없다.

    (B) 마감시한이 맞춰질 수 없다.

    (C) 프로젝트가 예산을 초과했다.

    (D) 고객이 잘못된 주소를 제공했다.

해설 남자가 언급하는 문제점을 찾아야 하므로 남자의 말에 집중해 부정적인 정보를 찾아야 한다. 대화 중반부에 남자는 여자가 말하는 날짜에 대해 그때까지 연못 작업을 끝마칠 가능성은 없으며, 최소한 추가로 이틀이 더 필요하다(There's no chance of us finishing the pond by then. We'll need at least an extra two days)고 알리고 있다. 이는 마감시한을 맞출 수 없는 문제점에 해당되는 것이므로 (B)가 정답이다.

어휘 tool 공구, 도구 unavailable 이용할 수 없는 meet a deadline 마감시한을 맞추다 go over ~을 초과하다 budget 예산

34. 화자들은 어떻게 문제점을 해결할 것인가?

    (A) 고객과 협의함으로써

    (B) 추가 직원을 모집함으로써

    (C) 지불 비용의 액수를 올림으로써

    (D) 작업 프로젝트를 취소함으로써

해설 질문의 핵심은 화자들의 문제점 해결 방법이므로 두 사람이 함께 합의를 통해 해결 방법을 찾는 부분이 있음을 인식하고 대화를 들어야 한다. 대화의 마지막 부분에 여자가 내일 고객이 찾아 올 때 문제점에 관해 말씀 드리는 것이 어떨지(How about we talk to the client about it ~) 묻는 말에 대해 남자도 동의하고 있으므로 이와 같은 방법을 고객과의 협의라는 말로 표현한 (A)가 정답이다.

어휘 negotiate with ~와 협의하다 recruit ~을 모집하다 additional 추가의 amount 액수 payment (지불) 비용

Questions 35-37 refer to the following conversation.

M: Phoebe, **35** I'd like to have a word with you about our company's annual hiking trip. I've been asked by our CEO to organize it this year. I recall that last year's trip took place at Silver Ridge National Park.

W: That's right, but it's up to you where you choose for us to go. **36** You might want to consider the mountain range near the east coast.

M: Hmm… aren't those mountains a little far from the city? We would end up spending most of our time traveling there on the bus.

W: Well, **37** the company has promised to give us an allowance to pay for train tickets, and it wouldn't take too long to reach the coast by train.

남: Phoebe 씨, 우리 회사의 연례 등산 야유회와 관련해서 얘기를 좀 했으면 합니다. 대표이사님으로부터 올해 그 행사를 준비하도록 제가 요청을 받았어요. 작년 행사가 Silver Ridge 국립 공원에서 개최되었던 것으로 기억하는데요.

여: 맞기는 한데, 우리가 갈 곳으로 어디를 선택할지는 당신에게 달려 있어요. 동부 해안 근처의 산악 지대를 고려해 보실 수도 있어요.

남: 음... 그 산들은 우리 시에서 좀 멀리 있지 않나요? 그곳으로 가는 버스 안에서 대부분의 시간을 소비하는 것으로 끝날지도 몰라요.

여: 저, 회사에서는 기차표 값을 지불할 수 있도록 비용을 제공해 주기로 약속했기 때문에 기차로 그 해안까지 가는 데 너무 오래 걸리지는 않을 거예요.

어휘 have a word with ~와 얘기를 나누다 annual 연례의, 해마다의 organize ~을 준비하다, 조직하다 recall that ~한 것을 기억하다, 회상하다 take place (일, 행사 등이) 개최되다, 일어나다 up to ~에게 달린 choose ~을 선택하다 consider ~을 고려하다 mountain range 산악 지대, 산맥 near ~ 근처의 a little 조금, 약간 far from ~에서 멀리 있는, 멀리 떨어진 end up -ing ~하는 것으로 끝나다, 결국 ~하게 되다 promise to do ~하기로 약속하다 allowance 비용, 수당 pay for ~의 값을 지불하다 take too long to do ~하는 데 너무 오래 걸리다 reach ~에 가다, 도달하다

35. 화자들은 무엇을 계획하고 있는가?

    (A) 직원 야유회

    (B) 직원 오리엔테이션

    (C) 마케팅 캠페인

(D) 부지 점검

해설 대화를 시작하면서 남자가 연례 등산 야유회와 관련해서 얘기하고 싶다고(I'd like to have a word ~ company's annual hiking trip.) 알린 후, 행사 장소 선택과 관련된 이야기를 나누고 있으므로 (A)가 정답이다.

어휘 excursion 야유회 site 부지, 장소 inspection 점검, 조사

Paraphrasing company's annual hiking trip → company excursion

36. 여자는 무엇을 제안하는가?

    (A) 날짜를 변경하는 일

    (B) 다른 장소를 방문하는 일

    (C) 직원 회의를 여는 일

    (D) 버스를 대여하는 일

해설 대화 중반부에 여자가 동부 해안 근처의 산악 지대를 고려해 볼 수도 있다고(You might want to consider the mountain range near the east coast.) 말하고 있는데, 이는 다른 장소를 고려해 보도록 권하는 말과 같으므로 (B)가 정답이다.

어휘 location 장소, 위치 hold ~을 열다, 개최하다 rent ~을 대여하다

37. 여자는 무엇이 제공될 것이라고 말하는가?

    (A) 공연 입장권

    (B) 숙박비 할인

    (C) 교통비

    (D) 활동 일정표

해설 대화 마지막에 여자가 회사에서 기차표 값을 지불할 수 있도록 비용을 제공해 주기로 약속했다고(the company has promised to give us an allowance to pay for train tickets) 말하고 있으므로 교통비를 뜻하는 (C)가 정답이다.

어휘 provide ~을 제공하다 performance 공연, 연주(회) accommodation 숙박 (시설), 숙소 travel 이동, 여행 activity 활동

Paraphrasing allowance to pay for train tickets → travel allowance

Questions 38-40 refer to the following conversation.

> **W:** Hi, Gary. We've been performing a lot of experiments 38 **here at the laboratory** lately, and we're running out of some gloves. Would you mind putting in an order for another twenty boxes of those gloves?
> **M:** No problem, but should I get the same type?
> **W:** 39 **Well, check if they are still on special offer.** They were 30 percent off last time. If that

discount is no longer available, just go back to the cheaper ones that we got last year.
> **M:** Got it. 40 **I'll call the manufacturer** and find out.

여: 안녕하세요, Gary 씨. 우리가 최근에 이곳 실험실에서 많은 실험을 계속 해오고 있어서 일부 장갑이 다 떨어져가고 있어요. 그 장갑 20상자를 한 번 더 주문해 주시겠어요?

남: 알겠습니다, 그런데 동일한 종류로 구입해야 하나요?

여: 저, 그 제품이 여전히 특가로 제공되는지 확인해 보세요. 지난 번에 30퍼센트 할인되었어요. 그 할인 서비스가 더 이상 이용 불가능하다면, 우리가 작년에 사용했던 더 저렴한 것으로 다시 주문해 주세요.

남: 알겠습니다. 제조사에 전화해서 알아보겠습니다.

어휘 perform ~을 실시하다, 수행하다 experiment 실험 laboratory 실험실, 연구실 run out of ~을 다 써버리다, ~가 다 떨어지다 Would you mind -ing?: ~해 주시겠어요? put in an order for ~을 주문하다 check if ~인지 확인해 보다 special offer 특가 제공(품) off 할인된 no longer 더 이상 ~않다 available 이용할 수 있는 Got it 알겠습니다 manufacturer 제조사 find out 알아보다, 확인하다

38. 대화가 어디에서 이뤄지고 있는 것 같은가?

    (A) 실험실에서

    (B) 공장에서

    (C) 슈퍼마켓에서

    (D) 우체국에서

해설 대화 시작 부분에 여자가 화자들이 있는 곳을 'here at the laboratory'라고 지칭하고 있으므로 (A)가 정답이다.

어휘 take place (일, 행사 등이) 일어나다, 발생되다

39. 여자의 말에 따르면, 결정 사항이 무엇에 달려 있는가?

    (A) 제품 후기

    (B) 부서 예산

    (C) 특가 제공

    (D) 업무 마감시한

해설 대화 중반부에 남자가 동일한 종류로 구입해야 하는지 묻는 질문에 대해 여자가 그 제품이 여전히 특가로 제공되는지 확인해 보도록(Well, check if they are still on special offer) 요청하고 있다. 이는 특가 제공 여부에 달려 있음을 뜻하는 것이므로 (C)가 정답이다.

어휘 decision 결정 (사항) depend on ~에 달려 있다, ~에 따라 다르다 review 후기, 의견, 평가 department 부서 budget 예산 deadline 마감시한

40. 남자는 무엇을 할 것이라고 말하는가?

(A) 자신의 상사에게 얘기할 것이다.

(B) 재고를 조사할 것이다.

(C) 제조사에 연락할 것이다.

(D) 한 매장을 방문할 것이다.

해설 대화 맨 마지막에 남자가 제조사에 전화해서 알아보겠다고(I'll call the manufacturer and find out) 말하고 있으므로 제조사에 연락하는 일을 뜻하는 (C)가 정답이다.

어휘 take an inventory 재고를 조사하다 contact ~에게 연락하다

Paraphrase call → Contact

Questions 41-43 refer to the following conversation.

W: Hi, Roberto. **41 You'll be supervising the museum's information desk all afternoon, right?**

M: Yes, I just started my shift.

W: Okay. In case you didn't know, we have a professor coming from Milford University today, and **42 he'll be leading a seminar in the east wing meeting hall at 3 P.M.** So, if any visitors ask about it, please direct them to the hall.

M: Sure. But, I won't be able to leave the desk to take them there. Do we have any maps?

W: I'm afraid not. In that case, **43 would you mind printing some extra signs and putting them up?** That should help people to find the right room.

여: 안녕하세요, Roberto 씨. 당신이 오후 내내 박물관 안내 데스크를 관리하시는 것이 맞죠?

남: 네, 막 제 교대 근무를 시작했습니다.

여: 알겠습니다. 모르셨을 경우에 대비해, 오늘 밀포드 대학교에서 오시는 교수님이 한 분 계시는데, 오후 3시에 동쪽 부속 건물의 회의장에 열리는 세미나를 진행하실 거예요. 그래서, 어떤 방문객이든 그 행사에 관해 물으면, 그 회의장으로 안내해 드리세요.

남: 물론입니다. 하지만, 그분들을 그곳에 데려다 드리기 위해 안내 데스크를 비울 수는 없을 겁니다. 우리에게 어떤 안내도라도 있나요?

여: 없는 것 같습니다. 그러시면, 몇몇 추가 표지판을 인쇄하셔서 부착해 두시겠어요? 그렇게 하시면 사람들이 맞는 회의실을 찾는 데 도움이 될 겁니다.

어휘 supervise ~을 관리하다, 감독하다 shift 교대 근무(조) in case (that) ~할 경우에 (대비해) professor 교수 lead ~을 진행하다, 이끌다 wing 부속건물, 동 direct A to B: A에게 B로 가는 길을 안내하다 be able to do ~할 수 있다

leave ~에서 떠나다, 나가다 take A there: A를 그곳으로 데려 가다 I'm afraid not (앞선 말에 대해) 그렇지 않은 것 같습니다 in that case 그렇다면, 그럴 경우에 would you mind -ing? ~해 주시겠어요? extra 추가의, 별도의 sign 표지(판) put A up: A를 부착하다, 세워 놓다

41. 화자들은 어디에 있을 것 같은가?

(A) 대학교에

(B) 박물관에

(C) 병원에

(D) 도서관에

해설 대화를 시작하면서 여자가 남자에게 오후 내내 박물관 안내 데스크를 관리하는 것이 맞는지(You'll be supervising the museum's information desk all afternoon, right?) 묻고 있으므로 (B)가 정답이다.

42. 여자의 말에 따르면, 오후 3시에 무슨 일이 있을 것인가?

(A) 세미나가 개최될 것이다.

(B) 직원 회의가 시작될 것이다.

(C) 한 건물이 폐쇄될 것이다.

(D) 공지가 있을 것이다.

해설 오후 3시라는 시점이 언급되는 중반부에 여자가 교수 한 명이 오후 3시에 세미나를 진행한다고(~ he'll be leading a seminar in the east wing meeting hall at 3 P.M.) 알리고 있다. 이는 3시에 세미나가 개최된다는 뜻이므로 (A)가 정답이다.

어휘 hold ~을 개최하다 make an announcement 공지하다, 발표하다

Paraphrase he'll be leading a seminar → A seminar will be held

43. 여자는 무엇을 하도록 권하는가?

(A) 방 한 곳을 청소하는 일

(B) 안내도를 나눠 주는 일

(C) 표지판을 부착하는 일

(D) 일정을 변경하는 일

해설 여자가 권하는 일이 언급되는 후반부에 추가 표지판을 인쇄해서 부착해 놓도록 권하는(~ would you mind printing some extra signs and putting them up?) 말이 있으므로 (C)가 정답이다.

어휘 hand out ~을 나눠주다

Questions 44-46 refer to the following conversation.

W: Have you met Terry O'Driscoll, the new marketing manager? He gave his first presentation to branch managers while you were on vacation

---

last week. According to his data, **44 our latest advertisement isn't good enough to attract new customers.**

M: That's disappointing. Does he know the reason?

W: Not exactly, but he has asked us to think of some ideas to create a more successful one.

M: Well, I've always believed that we should ask a famous person to promote our products.

W: We've never done that before. **45 I'm not sure our budget would allow us to do that.**

M: Hmm… **46 Let me talk to Mr. Garrity in the Finance Department.** Maybe I can convince him to increase the advertising budget.

여: 신임 마케팅 부장이신 Terry O'Driscoll 님을 만나 보셨나요? 당신이 지난주에 휴가를 가신 동안 그분께서 지점장들을 대상으로 첫 발표를 하셨어요. 그분의 데이터에 따르면, 우리의 최신 광고가 신규 고객들을 끌어들이기에 충분히 좋지 않아요.

남: 실망스럽네요. 그분이 그 이유를 알고 계시던가요?

여: 정확히 그렇지는 않지만, 더욱 성공적인 것을 만들어 낼 수 있게 몇몇 아이디어를 생각해 보도록 우리에게 요청하셨어요.

남: 저, 저는 항상 우리가 유명인에게 우리 제품을 홍보하도록 요청해야 한다고 생각해 왔어요.

여: 우리는 전에 한 번도 그렇게 한 적이 없어요. 저는 우리 예산이 그렇게 할 수 있게 해 줄지 확실치 않아요.

남: 흠… 제가 재무팀의 Garrity 씨와 얘기해 볼게요. 아마 그분을 설득해 광고 예산을 늘릴 수 있을 거예요.

어휘 give a presentation 발표하다 branch 지점, 지사 while ~하는 동안 on vacation 휴가 중인 according to ~에 따르면 latest 최신의 advertisement 광고 enough to do ~하기에 충분히 attract ~을 끌어들이다 disappointing 실망스러운 Not exactly 정확히 그런 것은 아니다, 꼭 그런 것은 아니다 ask A to do: A에게 ~하도록 요청하다 create ~을 만들어 내다 successful 성공적인 promote ~을 홍보하다 budget 예산 allow A to do: A에게 ~할 수 있게 해 주다 finance 재무, 재정 convince A to do: A를 설득해 ~하게 하다 increase ~을 늘리다, 증가시키다 advertising 광고 (활동)

44. 여자는 무슨 문제점을 언급하는가?

(A) 고객들이 불만을 제기하고 있다.
(B) 제품이 반드시 회수되어야 한다.
(C) 광고가 성공적이지 못하다.
(D) 직원들이 매출 목표를 달성하지 못했다.

해설 여자가 언급하는 문제점을 묻고 있으므로 여자의 말에서 부정적인 정보를 찾아야 한다. 대화 시작 부분에 여자가 최신 광고가 신규 고객들을 끌어들이기에 충분히 좋지 못하다는(our latest advertisement isn't good enough to attract new customers) 문제점을 말하고 있으므로 이에 해당되는 (C)가 정답이다.

어휘 make a complaint 불만을 제기하다 recall (결함이 있는 제품 등) ~을 회수하다, 리콜하다 unsuccessful 성공적이지 못한, 실패한 meet (목표, 조건 등) ~을 달성하다, 충족하다 sales 매출, 영업, 판매(량)

Paraphrase our latest advertisement isn't good → advertisement is unsuccessful

45. 여자는 왜 "우리는 전에 한 번도 그렇게 한 적이 없어요"라고 말하는가?

(A) 남자를 축하하기 위해
(B) 초대를 거절하기 위해
(C) 한 제품을 추천하기 위해
(D) 우려를 나타내기 위해

해설 대화 후반부에 여자가 '전에 한 번도 그렇게 한 적이 없다'고 말한 뒤로 예산이 그렇게 하게 해 줄지 잘 모르겠다고(I'm not sure our budget would allow us to do that) 말하는 상황이다. 이는 남자가 언급한 방법이 가능할지 알 수 없다는 우려를 나타내는 것이므로 (D)가 정답이다.

어휘 congratulate ~을 축하하다 reject ~을 거절하다, 거부하다 invitation 초대(장) express ~을 나타내다, 표현하다 concern 우려, 걱정

46. 남자는 무엇을 할 것이라고 말하는가?

(A) 문서를 수정하는 일
(B) 프로젝트 마감시한을 변경하는 일
(C) 동료 직원과 이야기하는 일
(D) 설문 조사를 실시하는 일

해설 남자가 대화 마지막에 재무팀의 Garrity 씨와 얘기해 보겠다고(Let me talk to Mr. Garrity in the Finance Department) 말하고 있으므로 (C)가 정답이다.

어휘 modify ~을 수정하다, 변경하다 deadline 마감시한 colleague 동료 직원 carry out ~을 실시하다, 수행하다 survey 설문 조사(지)

Paraphrase talk to Mr. Garrity in the Finance Department → Speak with a colleague

Questions 47-49 refer to the following conversation with three speakers.

W1: Hi, Gillian and Greg. Would you mind giving me your opinions on **47 this design I created for our product's new packaging?**

W2: It's much more eye-catching than the one we've been using. I'm glad you used some brighter colors.

M: Yes, it looks much better. But I think **48 it should also mention that the product is nutritious and good for people who want to lose weight.** Can you add that in somewhere?

W1: That's a great idea, Greg. Are you free to look at it together?

M: I'd love to. I can spare some time right now.

W2: While you're both doing that, **49 I can show the design to the rest of our team and get their thoughts on it, too.**

W1: **49 Thanks, Gillian.** I'd be really interested in hearing what everyone thinks.

여1: 안녕하세요, Gillian 씨 그리고 Greg 씨. 우리 제품의 새 포장지를 위해 제가 만든 이 디자인에 대한 두 분의 의견을 좀 말씀해 주시겠어요?

여2: 우리가 그동안 사용해 온 것보다 훨씬 더 눈에 띄네요. 몇몇 더 밝은 색상들을 사용하셔서 좋아요.

남: 네, 훨씬 더 좋아 보여요. 하지만 제품이 영양가가 높고 체중 감량을 원하는 사람들에게 좋다는 점도 함께 언급되어야 한다고 생각해요. 어딘가에 그 말을 추가할 수 있나요?

여1: 아주 좋은 생각이에요, Greg 씨. 그것을 함께 살펴보실 시간이 있으신가요?

남: 꼭 그렇게 하고 싶어요. 지금 시간을 좀 낼 수 있습니다.

여2: 두 분께서 그렇게 하고 계시는 동안, 제가 저희 팀의 나머지 직원들에게 디자인을 보여주고 의견도 모아 볼게요.

여1: 감사합니다, Gillian 씨. 모든 사람들이 어떻게 생각하는지 들어보는 데 정말로 관심이 있어요.

어휘 Would you mind -ing?: ~해 주시겠어요? opinion 의견 create ~을 만들다 packaging 포장지, 포장 용기 eye-catching 눈에 띄는, 눈길을 사로잡는 bright 밝은 look + 형용사: ~하게 보이다 mention that ~라고 언급하다 nutritious 영양가가 높은 lose weight 체중을 감량하다 add ~을 추가하다 somewhere 어딘가에 be free to do ~할 시간이 있다 spare time 시간을 내다 while ~하는 동안 both 둘 모두 the rest of ~의 나머지 thought 생각

47. 화자들은 주로 무엇을 이야기하고 있는가?
   (A) 제품 포장지
   (B) 새 사무실 장비
   (C) 웹 사이트 업데이트
   (D) TV 광고

해설 대화를 시작하면서 여자 한 명이 제품의 새 포장지를 위해 자

신이 만든 디자인(this design I created for our product's new packaging)에 대한 의견을 묻고 있으므로 (A)가 정답이다.

어휘 equipment 장비 commercial 광고 (방송)

48. 남자는 무슨 제안을 하는가?
   (A) 이전의 색상 조합을 활용할 것
   (B) 책임자의 승인을 구할 것
   (C) 제품 가격을 낮출 것
   (D) 제품의 건강상 이점을 광고할 것

해설 대화 중반부에 남자가 영양가가 높고 체중 감량을 원하는 사람들에게 좋다는 점도 함께 언급되어야 한다고(it should also mention that the product is nutritious and good for people who want to lose weight.) 제안하고 있다. 이는 건강 관리에 좋다는 점을 부각시켜야 한다는 말이므로 (D)가 정답이다.

어휘 make a suggestion 제안하다, 권하다 previous 이전의 color scheme 색상 조합 seek ~을 구하다, 찾다 approval 승인 lower ~을 낮추다 advertise ~을 광고하다 benefit 이점, 혜택

Paraphrasing nutritious and good for people who want to lose weight → health benefits

49. Gillian 씨는 무엇을 하겠다고 제안하는가?
   (A) 디자인을 변경하는 일
   (B) 회의 일정을 재조정하는 일
   (C) 의견을 모으는 일
   (D) 공지하는 일

해설 대화 후반부에 여자 한 명이 팀의 다른 직원들에게 디자인을 보여주고 의견도 모아 보겠다고(I can show the design ~ get their thoughts on it, too.) 말하자, 다른 여자가 Gillian 씨라고 지칭하면서 감사의 말을(Thanks, Gillian.) 하고 있다. 따라서 의견을 모으는 일을 언급한 (C)가 정답이다.

어휘 offer to do ~하겠다고 제안하다 reschedule ~의 일정을 재조정하다 gather ~을 모으다 make an announcement 공지하다, 발표하다

Paraphrasing get their thoughts → Gather opinions

Questions 50-52 refer to the following conversation.

M: Hi, Anita. I'm Dave Altman, and I'll be helping you settle in during your first day here at Nex Biochem. **50 Will this be your first laboratory job?**

W: No, I worked as a research assistant at Pharmco for two years after graduating. But, **51 the work was quite dull and repetitive, so I decided to** find a more interesting position.

M: Well, we're happy to have you in our team. Now, before we go over some employment paperwork, I'd like to show you around the facility.

W: That sounds good to me.

M: **52** First, I'll introduce you to your other team members. They'll be happy to answer any questions you might have.

남: 안녕하세요, Anita 씨. 저는 Dave Altman이며, 당신이 이곳 넥스 바이오켐 사에서의 첫 날에 적응하시도록 도움을 드릴 것입니다. 이번이 첫 실험실 일자리인가요?

여: 아뇨, 졸업 후에 2년 동안 팜코 사에서 연구 보조로 근무했어요. 하지만, 업무가 꽤 따분하고 반복적이어서, 더 흥미로운 일자리를 찾기로 결정했죠.

남: 저, 저희 팀에서 함께 하실 수 있게 되어 기쁩니다. 자, 몇몇 고용 관련 서류를 살펴보기 전에, 시설물을 둘러 보시게 해 드리고자 합니다.

여: 저는 좋은 것 같아요.

남: 우선, 다른 팀원들을 소개해 드리겠습니다. 가지고 계실 수도 있는 어떤 질문이든 그분들이 기꺼이 답변해 드릴 겁니다.

어휘 help A do: A가 ~하는 것을 돕다 settle in 적응하다 laboratory 실험실 research 연구, 조사 assistant 보조, 조수 graduate 졸업하다 quite 꽤, 상당히 dull 따분한 repetitive 반복적인 decide to do ~하기로 결정하다 be happy to do 기꺼이 ~하다 go over ~을 살펴보다 employment 고용 show A around B: A에게 B를 둘러보게 해 주다 facility 시설(물) introduce A to B: A에게 B를 소개하다

50. 화자들은 어디에서 근무할 것 같은가?
(A) 공장에서
(B) 실험실에서
(C) 창고에서
(D) 사무실에서

해설 대화 시작 부분에 남자가 여자에게 환영 인사와 함께 처음으로 실험실에서 근무하는 것인지(Will this be you first laboratory job?) 묻고 있으므로 화자들은 실험실에 근무하는 것으로 볼 수 있다. 따라서 (B)가 정답이다.

51. 여자는 왜 이전 직장을 그만 두었는가?
(A) 연봉이 불만족스러웠다.
(B) 다른 도시로 이사했다.
(C) 일이 즐겁지 않았다.
(D) 교육을 다시 시작하기로 결정했다.

해설 여자가 이전 회사를 그만 둔 이유를 묻고 있으므로 여자의 말에서 정보를 찾아야 한다. 대화 중반부에 여자가 이전 회사를 언급하면서 업무가 따분하고 반복적이라는 말과 함께 더 흥미로운 일자리를 원했다고(~ the work was quite dull and repetitive, so I decided to find a more interesting position) 알리고 있다. 이는 일이 즐겁지 않았다는 뜻이므로 (C)가 정답이다.

어휘 be dissatisfied with ~에 만족하지 못하다 resume ~을 다시 시작하다 education 교육

Paraphrase the work was quite dull and repetitive → did not enjoy the work

52. 여자는 곧이어 무엇을 할 것 같은가?
(A) 몇몇 양식을 작성하는 일
(B) 동료 직원들을 만나는 일
(C) 발표를 보는 일
(D) 교육 강좌에 함께 하는 일

해설 대화 맨 마지막에 남자가 대화에 이어 가장 먼저 할 일로 다른 팀원들을 소개하는 일을 언급하고 있다(First, I'll introduce you to your other team members). 이는 동료 직원들을 만난다는 뜻이므로 (B)가 정답이다.

어휘 fill out ~을 작성하다 form 양식, 서식 colleague 동료 직원 presentation 발표 join ~에 함께 하다, 합류하다 training 교육

Paraphrase introduce you to your other team members → Meet her colleagues

Questions 53-55 refer to the following conversation.

M: Hi, Melissa. **53** Len told me you were at the **Changing World of Travel seminar last week,** and that you filmed the entire event. Would you be able to put together a video to put up on the company's Web site?

W: Yes. I filmed it, but the footage is all in pieces at the moment. Unfortunately, **54** I don't have **very good editing skills. Perhaps I should find someone who can put them all together for me.** What do you think about that?

M: Actually, I have another idea. **55** Bring me what **you have, and maybe I can teach you how to do it.**

W: **55** Okay, that sounds like a good idea. I'll **come to your office on Friday so we can do it together.**

남: 안녕하세요, Melissa. Len이 그러는데 지난 주에 열렸던

Changing World of Travel 세미나에 가서 행사 전체를 촬영해 오셨다면서요. 혹시 하나의 동영상으로 모아서 회사 웹사이트에 올려주실 수 있으세요?

여: 네. 촬영해 오긴 했지만, 지금은 영상들이 모두 여러 조각으로 되어 있어요. 안타깝게도, 제 편집 기술이 그렇게 좋은 편은 아니에요. 아마 이 영상들을 모두 한 군데 모아줄 수 있는 사람을 찾아봐야 할 것 같네요. 어떻게 생각하세요?

남: 사실, 저한테 다른 생각이 있어요. 갖고 계신 것을 가져오시면, 제가 편집하는 방법을 가르쳐 드릴 수 있을 거예요.

여: 그래요, 좋은 생각 같아요. 금요일에 사무실로 찾아갈테니 함께 해봐요.

어휘 film ~을 촬영하다, 녹화하다 put together (부분, 요소 등) ~을 모으다, 조립하다 put A up on B: A를 B에 올리다 footage 동영상, 자료 영상 in pieces 조각조각으로 at the moment 지금은, 현재 unfortunately 안타깝게도, 아쉽게도 editing skill 편집 기술 bring A B: A에게 B를 가져오다[가다]

53. 여자는 최근에 무슨 행사에 참석했는가?
(A) 아이들을 위한 자선 행사
(B) 경제 변화에 대한 프레젠테이션
(C) 텔레마케터들을 위한 컨퍼런스
(D) 여행과 관련된 강연회

해설 남자는 대화를 시작하면서 you were at the Changing World of Travel seminar last week라는 말로 여자가 지난 주에 참석했던 행사에 대해 언급하고 있다. 이 부분을 통해 참석한 seminar가 여행에 관련된 것임을 알 수 있고, 이를 talk regarding travel로 바꿔 말한 (D)가 정답이다.

어휘 charity event 자선행사 economic 경제의 regarding ~와 관련된

54. 여자가 제안하는 일은 무엇인가?
(A) 동영상을 텔레비전 방송국에 파는 것
(B) 다른 사람에게 영상 편집을 부탁하는 것
(C) 주말에 본인이 직접 영상을 편집하는 것
(D) 다른 행사를 촬영하는 것

해설 여자는 대화 중반에 자신은 편집기술이 좋지 않아서 자신을 대신해 동영상 편집을 해줄 사람을 찾아야 될 것 같다고(I don't have very good editing skills. Perhaps I should find someone who can put them all together for me) 언급하고 있다. 이어서 What do you think about that?이라고 남자의 의견을 구하고 있어, 편집해줄 다른 사람을 찾아보는 게 어떤지 제안하고 있음을 알 수 있으므로 정답은 (B)이다.

어휘 television station 텔레비전 방송국 by oneself 혼자, 스스로 over (기간) ~에 걸쳐

55. 화자들은 무엇을 하는 데 동의하는가?
(A) 편집 프로그램을 구입하는 것
(B) 도와줄 누군가를 찾는 것
(C) 공동으로 작업하는 것
(D) 프로젝트 마감시한을 연기하는 것

해설 agree to do가 문제의 핵심이므로 두 사람의 의견이 일치되는 부분을 찾아야 한다. 여자의 제안을 들은 남자가 Bring me what you have, and maybe I can teach you how to do it이라며 편집하는 방법을 가르쳐주겠다는 의사를 나타내자 여자가 이에 흔쾌히 동의하고 있다. 이어서 여자가 함께 작업하기 위해 금요일에 사무실로 가겠다고 말하는 내용이 나오므로(I'll come to your office on Friday so we can do it together) (C)가 정답임을 알 수 있다.

어휘 collaborate on ~을 공동으로 작업하다 postpone ~을 연기하다

Questions 56-58 refer to the following conversation.

M: Stacey, 56 57 I'd like to talk to you about the blueprints for the new apartment building project. How about later, after your dentist appointment?

W: My appointment was this morning.

M: Oh, great. Well, I just checked your designs for the building.

W: How do they look to you?

M: I like the general layout overall, but I think you should consider adding some more seating areas where people can relax and socialize.

W: That's a good idea. It should be fairly easy for me to add some gathering spots to the designs. 58 I'll go make those changes now and send you the modified version once it's ready.

남: Stacey 씨, 새 아파트 건물 프로젝트의 설계도에 관해 당신과 얘기 좀 했으면 합니다. 나중에, 그러니까 당신 치과 예약 이후에 하면 어떨까요?

여: 제 예약 시간은 오늘 아침이었어요.

남: 아, 잘됐네요. 저, 그 건물에 대한 당신의 디자인을 막 확인해 봤어요.

여: 어때 보이시던가요?

남: 전반적으로 대략적인 배치는 마음에 들지만, 사람들이 휴식을 취하고 서로 어울릴 수 있는 좌석 공간을 좀 더 추가하는 것을 고려해 보셔야 할 것 같아요.

여: 좋은 생각입니다. 그 디자인에 제가 몇몇 모임 장소를 추가하는 건 꽤 쉬울 겁니다. 지금 가서 그 변경 사항들을 적용하고 준비되는 대로 수정된 버전을 보내 드리겠습니다.

어휘 blueprint 설계도 How about ~?: ~하는 건 어때요?
dentist appointment 치과 예약 How do A look?:
A가 어때 보이나요? general 대략적인, 대체적인 layout
배치, 구획 overall 전반적으로 consider -ing ~하는 것을
고려하다 add ~을 추가하다 seating 좌석, 자리 relax
휴식하다 socialize 서로 어울리다, 사교 활동을 하다 fairly
꽤, 상당히 gathering 모임 spot 장소, 지점 make a
change 변경하다 modified 수정된 once (일단) ~하는
대로, ~하자마자

56. 화자들은 어느 업계에서 일하고 있을 것 같은가?
   (A) 웹 디자인
   (B) 의료
   (C) 부동산
   (D) 건축

해설 대화를 시작하면서 남자가 새 아파트 건물 프로젝트의 설계도
에 관해 얘기하고 싶다고(I'd like to talk to you about the
blueprints for the new apartment building project.)
말한 후, 해당 건물 디자인과 관련된 대화가 이어지고 있으므
로 (D)가 정답이다.

어휘 healthcare 의료, 건강 관리 real estate 부동산
architecture 건축(학)

57. 여자가 "제 예약 시간은 오늘 아침이었어요"라고 말할 때
무엇을 의미하는가?
   (A) 마감시한에 대해 우려하고 있다.
   (B) 지금 프로젝트에 관해 얘기할 수 있다.
   (C) 자신의 예약에 관해 얘기하고 싶어 한다.
   (D) 늦은 것에 대해 사과하고 있다.

해설 대화 시작 부분에 남자가 새 아파트 건물 프로젝트의 설계도
에 관해 얘기하는 일을 언급하면서(I'd like to talk to you
about the blueprints for the new apartment building
project.) 상대방 치과 예약이 끝난 후가 어떨지 묻자(How
about later, after your dentist appointment?), 여자가
'예약 시간이 오늘 아침이었다'라고 답변하는 상황이다. 이는
지금 그 프로젝트에 관해 얘기할 수 있다는 뜻이므로 (B)가 정
답이다.

어휘 be concerned about ~에 대해 우려하다 deadline
마감시한 be able to do ~할 수 있다 apologize for ~에
대해 사과하다

58. 여자는 곧이어 무엇을 할 것 같은가?
   (A) 한 업체 지점을 방문하는 일
   (B) 일부 음식을 주문하는 일
   (C) 일부 디자인을 바꾸는 일
   (D) 회의실을 준비하는 일

해설 대화 마지막에 여자가 상대방이 말한 대로 지금 변경하겠다

고(I'll go make those changes now) 말하고 있는데, 이
는 대화 중에 언급되는 건물 디자인을 바꾸는 일에 해당되므로
(C)가 정답이다.

어휘 location 지점, 장소 order ~을 주문하다 alter ~을
바꾸다, 변경하다 prepare ~을 준비하다

Paraphrasing go make those changes → Alter some
designs

Questions 59-61 refer to the following conversation
with three speakers.

> **M1:** Ms. Gennaro, please take a moment to meet
> my business partner, Leonard. **59 We'll be**
> **working together to organize your charity's**
> **special fundraising event.** We asked you to
> meet us here at the event venue so that we can
> discuss some of the details.
>
> **W:** It's nice to meet you, Leonard. Thank you
> both for coming. Well, **60 I'd like to start by**
> **discussing what's available for music at the**
> **event.**
>
> **M2:** No problem. We can organize professional
> musicians to play almost any type of music.
> All of the musicians we work with have a lot of
> experience with live performances.
>
> **M1:** Exactly. Leonard, **61 why don't you open**
> **your laptop and show her some clips on our**
> **homepage?** That way, she can get an idea of
> which band she'd like to pick.
>
> ---
>
> **남1:** Gennaro 씨, 잠시 시간 내셔서 제 비즈니스 파트너인
> Leonard 씨를 만나 보시죠. 저희가 귀하의 자선 단체에
> 서 개최하는 특별 모금 행사를 조직하기 위해 함께 일할 예
> 정입니다. 일부 세부 사항을 함께 논의할 수 있도록 당신께
> 이곳 행사장에서 저희와 만나도록 요청 드렸죠.
>
> **여:** 만나 뵙게 되어서 반갑습니다, Leonard 씨. 두 분 모두 와
> 주셔서 감사해요. 저, 행사에 쓸 음악으로 무엇이 이용 가능
> 한지를 이야기하는 것으로 시작해 보고 싶네요.
>
> **남2:** 좋습니다. 거의 모든 종류의 음악을 연주하도록 전문 음악
> 가들을 섭외할 수 있습니다. 저희와 함께 일하는 모든 음악
> 가들은 라이브 공연에 대한 경험이 많습니다.
>
> **남1:** 맞습니다. Leonard 씨, 노트북 컴퓨터를 열어서 우리 홈
> 페이지에 있는 몇몇 동영상을 이분께 좀 보여 드리는 건 어
> 떠세요? 그렇게 하시면, 어느 밴드를 고르실지 아이디어를
> 얻으실 수 있을 거예요.

어휘 take a moment to do 잠시 시간 내어 ~하다 organize
~을 조직하다, 마련하다 charity 자선 단체 fundraising

모금, 기금 마련 **ask A to do:** A에게 ~하도록 요청하다
venue 행사장 **so that** (목적) ~할 수 있도록 **discuss**
~을 논의하다, 이야기하다 **details** 세부 사항, 상세 정보 **by**
(방법) ~하는 것으로, ~함으로써 **available** 이용 가능한
performance 공연, 연주 **clip** 동영상 **that way** 그렇게
하면, 그런 방법으로 **get an idea of** ~에 대한 아이디어를
얻다, ~을 파악하다 **pick** ~을 고르다

59. 남자들은 누구일 것 같은가?
(A) 웹 디자이너
(B) 행사 기획자
(C) 마케팅 임원
(D) 자선 단체 설립자

해설 대화 시작 부분에 남자 한 명이 다른 남자를 소개하면서
We로 지칭해 함께 특별 모금 행사를 준비한다고(We'll be
working together to organize your charity's special
fundraising event) 말하고 있다. 따라서 남자들은 행사를
기획하는 사람들로 판단할 수 있으므로 (B)가 정답이다.

어휘 **executive** 임원, 이사 **founder** 설립자, 창립자

60. 여자는 무엇을 먼저 논의하고 싶어 하는가?
(A) 출장 요리 메뉴
(B) 잠재적인 장소
(C) 일부 음악 선택권
(D) 광고

해설 여자가 논의하고 싶어 하는 것을 묻고 있으므로 여자의 말에
서 원하는 것을 찾아야 한다. 대화 중반부에 행사에 쓸 음악으
로 무엇이 이용 가능한지를 먼저 얘기하고 싶다고(I'd like to
start by discussing what's available for music) 말하고
있으므로 (C)가 정답이다.

어휘 **catering** 출장 요리 제공(업) **potential** 잠재적인
location 장소, 위치 **advertisement** 광고

Paraphrasing what's available for music → music options

61. 여자는 곧이어 무엇을 할 것 같은가?
(A) 웹 사이트를 본다.
(B) 건물을 점검한다.
(C) 용품을 주문한다.
(D) 날짜를 선정한다.

해설 대화 마지막에 남자 한 명이 다른 남자에게 노트북 컴퓨터를
열어서 홈페이지에 있는 몇몇 동영상을 여자에게 보여 주자고
제안하고(why don't you open your laptop and show
her some clips on our homepage?) 있으므로 (A)가 정
답이다.

어휘 **inspect** ~을 점검하다, 조사하다 **supplies** 용품, 물품
select ~을 선정하다

Paraphrasing homepage → Web site

Questions 62-64 refer to the following conversation
and map.

W: 62 That's all for Bayer Pond. Let's head to
the skatepark now. I'll show you what you're in
charge of there.

M: Is that where a lot of repainting happens?

W: Right. You'll help to maintain the condition
of all the ramps, rails, and other surfaces so
that they're safe for skating. We have all the
necessary equipment for you.

M: That's good to know. I'm glad you guys provide
that. 63 At my last job, I sometimes had to use
my own tools from home.

W: Oh, of course. If you ever run short of supplies,
just submit an inventory order form. 64 I put
several in your training folder here. Actually,
let me explain what's in it as we walk to the
skatepark.

여: 여기까지가 베이어 연못이었습니다. 이제 스케이트 공원으
로 향하겠습니다. 그곳에서 무엇에 대한 것을 책임지시는지
알려 드릴 것입니다.

남: 그곳이 재도장 작업이 많이 일어나는 곳이죠?

여: 그렇습니다. 스케이트용으로 안전하도록 모든 경사로와 난
간, 그리고 기타 표면들의 상태를 유지하는 데 도움을 주시
게 될 것입니다. 필요하신 모든 장비가 있습니다.

남: 알아 두면 좋은 정보네요. 그걸 제공해 주신다니 기쁘네요.
제 지난 번 일자리에서는, 때때로 집에서 가져 온 개인 공구
를 이용해야 했거든요.

여: 아. 물론입니다. 물품이 조금이라도 부족해지시면, 재고 주
문서를 제출하시기만 하면 됩니다. 제가 여기 교육용 폴더
안에 여러 장 넣어 놨습니다. 사실, 스케이트 공원으로 걸어
가시면서 이 안에 무엇이 들어 있는지 설명해 드리겠습니다.

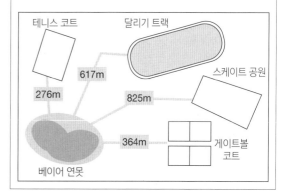

어휘 **head to** ~로 향하다, ~로 가다 **be in charge of** ~을
책임지다, ~을 맡다 **maintain** ~을 유지하다 **ramp** 경사로
rail 난간 **surface** 표면 **so that** (목적) ~하도록, (결과)

그래서, 그래야 **necessary** 필요한, 필수의 **equipment** 장비 **run short of ~** ~이 부족해지다, ~이 다 떨어지다 **supplies** 물품, 용품 **submit** ~을 제출하다 **inventory** 재고(품), 재고 목록 **form** 양식, 서식 **training** 교육, 훈련 **let me do** ~해 드리겠습니다 **explain** ~을 설명하다

62. 시각자료를 보시오. 화자들이 다음 목적지까지 가는 데 얼마나 멀리 이동할 것인가?
(A) 276m
(B) 364m
(C) 617m
(D) 825m

해설 여자가 대화를 시작하면서 베이어 연못에 관한 것을 마치고 이제 스케이트 공원으로 향하겠다고(That's all for Bayer Pond. Let's head to the skatepark now) 알리고 있다. 시각자료에서 왼쪽 하단에 위치한 베이어 연못에서 오른쪽 중간 부분의 스케이트 공원으로 이어지는 이동로가 825m로 쓰여 있으므로 (D)가 정답이다.

63. 남자가 자신의 이전 직장과 관련해 무슨 말을 하는가?
(A) 때때로 개인 물품을 이용했다.
(B) 통근 시간이 매우 피곤했다.
(C) 작업 구역이 훨씬 더 작았다.
(D) 이따금씩 재택 근무했다.

해설 남자가 대화 중반부에 지난 번 일자리에서는 때때로 집에서 가져 온 개인 공구를 이용해야 했다고(At my last job, I sometimes had to use my own tools from home) 언급하고 있으므로 (A)가 정답이다.

어휘 **previous** 이전의, 과거의 **commute** 통근, 통학 **tiring** (사람을) 피곤하게 하는 **much** (비교급 강조) 훨씬 **occasionally** 이따금씩

Paraphrase had to use my own tools → used his own supplies

64. 여자가 남자에게 무엇을 주는가?
(A) 문을 여는 열쇠
(B) 상품 목록
(C) 지원서
(D) 교육용 폴더

해설 대화 후반부에 여자가 교육용 폴더 안에 여러 장 넣어 놨다고 밝히면서 스케이트 공원으로 걸어 가면서 안에 무엇이 들어 있는지 설명해 주겠다고(I put several in your training folder here. Actually, let me explain what's in it ~) 알리고 있으므로 (D)가 정답이다.

어휘 **merchandise** 상품 **application** 지원(서), 신청(서)

Questions 65-67 refer to the following conversation and chart.

W: Thanks for calling Rapid Shipping. How can I help you?

M: **65** I'm planning to book your courier service for tomorrow, and I just have a couple of quick questions for you. First of all, how much will it cost to send one package within the city limits?

W: It all depends on the weight of the package. For example, if it's just a small package weighing less than 2 kilograms, we can deliver that for around $20.

M: Oh, **66** I weighed it already, and it's 28 kilograms. It contains bathroom tiles for one of our clients. Will that cost a lot more then?

W: Yes, I'm afraid so. Can you tell me the addresses for pick up and for delivery?

M: Actually, **67** I need to check the client's address. I'll get in touch with them and give you a ring back.

여: 래피드 배송 회사에 전화 주셔서 감사합니다. 무엇을 도와 드릴까요?

남: 내일로 귀사의 택배 서비스를 예약할 계획을 세우고 있는데, 두어 가지 간단한 질문만 드리겠습니다. 가장 먼저, 도시 경계 내에서 배송품 하나를 보내는 데 비용이 얼마나 들까요?

여: 배송품 중량에 따라 모두 다릅니다. 예를 들어, 2킬로그램 미만으로 무게가 나가는 소형 배송품에 불과하다면, 약 20 달러에 전달해 드릴 수 있습니다.

남: 아, 제가 이미 무게를 측정했는데, 28킬로그램입니다. 저희 고객들 중 한 분을 위한 욕실 타일이 들어 있습니다. 그럼 비용이 훨씬 더 많이 들까요?

여: 네, 그럴 것 같습니다. 수거 및 배송에 필요한 주소들을 알려 주시겠습니까?

남: 사실, 고객님의 주소를 확인해 봐야 합니다. 그분들에게 연락 드려 보고 다시 전화 드리겠습니다.

배송품 사이즈	최대 중량
문서	1kg
소형 배송품	5kg
중형 배송품	20kg
대형 배송품	30kg

어휘 **plan to do** ~할 계획이다 **book** ~을 예약하다 **courier** 택배 (회사), 택배 기사 **cost** ~의 비용이 들다 **limits** 경계, 범위 **depend on** ~에 따라 다르다, ~에 달려 있다 **weigh** v. 무게가 ~이다, ~의 무게를 측정하다 **around** 약, 대략

contain ~이 들어 있다, ~을 포함하다 a lot (비교급 강조)
훨씬 I'm afraid so (앞선 말에 대해) 그런 것 같습니다
pick up 수거, 가져 가기[오기] get in touch with ~에게
연락하다 give A a ring back: A에게 다시 전화하다

65. 여자가 누구인가?
(A) 실내 디자이너
(B) 트럭 기사
(C) 영업 이사
(D) 택배 회사 직원

해설 대화 초반부에 남자가 여자가 속한 회사의 택배 서비스를 예
약할 계획을 세우고 있다고(I'm planning to book your
courier service for tomorrow) 밝히고 있어 여자가 택배 회
사 직원임을 알 수 있으므로 (D)가 정답이다.

어휘 executive 이사, 임원 representative 직원, 대표자

66. 시각자료를 보시오. 남자가 어떤 종류의 배송품을 보내는가?
(A) 문서
(B) 소형 배송품
(C) 중형 배송품
(D) 대형 배송품

해설 대화 중반부에 남자가 자신의 배송품 무게가 28킬로그램이라
고(I weighed it already, and it's 28 kilograms) 밝히고 있
다. 시각자료에서 28킬로그램은 최대 중량이 30kg로 표기된
대형 배송품에 속하므로 (D)가 정답이다.

67. 남자가 누구에게 연락해야 한다고 말하는가?
(A) 자신의 상사
(B) 자신의 고객
(C) 자신의 배송 기사
(D) 자신의 회계사

해설 남자가 대화 후반부에 자신의 고객 주소를 확인해 봐야 한다
고 언급하면서 그 사람들에게 연락할 것이라고(I need to
check the client's address. I'll get in touch with them
~) 알리고 있으므로 (B)가 정답이다.

어휘 contact ~에게 연락하다

Questions 68-70 refer to the following conversation
and file cabinet models.

M: Hey, Judy. Do you have any ideas how we can
sell our excess inventory? `68` **We still have
some of last season's furniture left over, and
we've been unable to develop our next line of
products without clearing the old stock.**
W: Hmm... `69` **I can reach out to newly opened
offices or businesses in the area** and offer
them our products at a discount. What exactly

---

do we have a lot of?
M: `70` **Our file cabinet with six drawers didn't do
as well as expected.** Let's sell those at forty
percent off.

남: 안녕하세요, 주디 씨. 여분의 우리 재고품을 어떻게 판매할
수 있는지 좋은 아이디어라도 있으세요? 여전히 지난 시즌
가구 제품의 일부가 남아 있는데, 기존의 재고를 처분하지
않아서 다음 제품 라인을 개발할 수 없었습니다.
여: 흠... 제가 지역 내에서 새로 개장한 사무실이나 업체들에게
연락해서 할인된 가격에 우리 제품을 제공할 수 있습니다.
정확히 무엇이 많이 있나요?
남: 서랍이 6개 있는 파일 캐비닛이 예상만큼 좋은 성과를 내지
못했어요. 그것들을 40퍼센트 할인된 가격에 판매합시다.

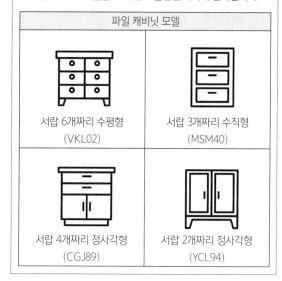

파일 캐비닛 모델

| 서랍 6개짜리 수평형
(VKL02) | 서랍 3개짜리 수직형
(MSM40) |
| 서랍 4개짜리 정사각형
(CGJ89) | 서랍 2개짜리 정사각형
(YCL94) |

어휘 excess 여분의, 과잉의, 초과한 inventory 재고(품), 재고
목록 have A left over: A가 남아 있다 be unable to
do ~할 수 없다 develop ~을 개발하다, ~을 발전시키다
stock 재고(품) reach out to ~에 연락하다 at a
discount 할인된 가격에 exactly 정확히 as A as
expected: 예상만큼 A하게[A한]

68. 남자가 어떤 문제를 언급하는가?
(A) 특정 색상이 인기가 없다.
(B) 소프트웨어 프로그램이 작동하지 않는다.
(C) 제품 개발이 지연되었다.
(D) 일부 자재가 이용할 수 없다.

해설 남자가 대화 초반부에 지난 시즌 가구 제품의 일부가 남아 있
고, 그 재고를 처분하지 않아서 다음 제품 라인을 개발할 수
없었다고(We still have some of last season's furniture
left over, and we've been unable to develop our next
line of products ~) 밝히고 있다. 이는 제품 개발이 지연되

었음을 의미하는 말이므로 (C)가 정답이다.

어휘 specific 특정한, 구체적인 work (기계 등이) 작동하다
delay ~을 지연시키다 material 자재, 재료, 물품
unavailable 이용할 수 없는

Paraphrase we've been unable to develop our next line of
products → Product development has been
delayed

69. 여자가 무엇을 하겠다고 하는가?

(A) 온라인 광고를 만드는 일
(B) 지역 업체들에게 연락하는 일
(C) 반짝 세일 행사를 주최하는 일
(D) 과거의 고객들에게 이메일을 보내는 일

해설 대화 중반부에 여자가 재고 처리를 위해 새로 개장한 사무실
이나 업체들에게 연락해서 할인된 가격에 제품을 제공하는(I
can reach out to newly opened offices or businesses
in the area ~) 방법을 언급하고 있으므로 (B)가 정답이다.

어휘 create ~을 만들어 내다 advertisement 광고 contact
~에게 연락하다 organize ~을 주최하다, ~을 조직하다
flash sale 반짝 세일

Paraphrase reach out to newly opened offices or
businesses in the area → Contact local
businesses

70. 시각자료를 보시오. 남자가 어느 모델을 언급하는가?

(A) VKL02
(B) MSM40
(C) CGJ89
(D) YCL94

해설 대화 후반부에 남자가 서랍이 6개 있는 파일 캐비닛이 좋은
성과를 내지 못했다고(Our file cabinet with six drawers
didn't do as well as expected) 밝히고 있다. 시각자료에서
왼쪽 상단에 6-Drawer로 표기된 제품의 모델명이 VKL02로
쓰여 있으므로 (A)가 정답이다.

어휘 refer to ~을 언급하다, ~을 가리키다, ~을 참조하다

Part 4

Questions 71-73 refer to the following excerpt from a
meeting.

> Welcome, ladies and gentlemen. I've gathered you
> all here today because we're concerned about our
> online sales, and **71 we need your expertise to
> give our Web site a fresh, new design.** Our online
> shop used to be quite popular, but sales have gone
> down by 10 percent in the past year. Meanwhile,

**72 most of our competitors are experiencing a
significant increase in online sales. I recommend
that you study the designs of their Web sites** and
figure out what makes them so successful. We need
to solve this problem before we start advertising
**73 our new tablet computer, which we'll be
releasing onto the market next month.**

환영합니다, 신사 숙녀 여러분. 제가 오늘 이 자리에 여러분 모
두를 모은 이유는 우리가 온라인 매출에 대해 우려하고 있기 때
문이며, 우리는 우리 웹 사이트에 신선하고 새로운 디자인을 적
용하기 위해 여러분의 전문 지식이 필요합니다. 우리 온라인 매
장은 한때 상당히 인기 있었지만, 매출이 지난 1년 동안 10퍼센
트 감소해 왔습니다. 그 사이에, 대부분의 경쟁사들은 온라인 매
출에 있어 상당한 증가를 경험하고 있습니다. 저는 여러분이 그
업체들의 웹 사이트 디자인을 연구해 무엇이 그렇게 성공적으로
만들고 있는지 파악해 주시도록 권해 드립니다. 우리가 새 태블
릿 컴퓨터 광고를 시작하기에 앞서 이 문제를 해결해야 하며, 이
제품은 다음 달에 시중에 출시될 예정입니다.

어휘 gather ~을 모으다 be concerned about ~에 대해
우려하다 sales 매출, 판매(량), 영업 expertise 전문 지식
used to do 한때 ~했다 quite 상당히, 꽤 popular 인기
있는 by (차이) ~만큼 meanwhile 그 사이에, 그러는 동안
competitor 경쟁사 experience ~을 경험하다, 겪다
significant 상당한 increase in ~의 증가 recommend
that ~하도록 권하다, 추천하다 figure out ~을 파악하다,
알아내다 make A 형용사: A를 ~하게 만들다 solve ~을
해결하다 advertise ~을 광고하다 release ~을 출시하다,
공개하다

71. 청자들은 무슨 분야에서 근무하고 있는가?

(A) 인사
(B) 재무
(C) 웹 디자인
(D) 제품 개발

해설 담화 초반부에 화자가 청자들을 your로 지칭해 웹 사이트에
신선하고 새로운 디자인을 적용하는 데 청자들의 전문 지식이
필요하다고(~ we need your expertise to give our Web
site a fresh, new design) 알리고 있다. 따라서 청자들은 웹
디자인 업무를 맡고 있는 것으로 볼 수 있으므로 (C)가 정답이
다.

어휘 field 분야

72. 화자는 무엇을 하도록 권하는가?

(A) 광고 예산을 늘리는 일
(B) 경쟁 업체들을 조사하는 일

(C) 제품 범위를 확대하는 일

(D) 신입 사원을 모집하는 일

해설 화자가 권하는 일을 묻고 있으므로 화자의 말에서 권고 관련 정보를 찾아야 한다. 중반부에 경쟁 업체의 매출 증가를 언급하면서 그 웹 사이트들의 디자인을 연구해 원인을 파악하도록(~ most of our competitors are experiencing a significant increase in online sales. I recommend that you study the designs of their Web sites ~) 권고하고 있다. 이는 경쟁 업체를 조사하라는 말이므로 (B)가 정답이다.

어휘 budget 예산 research ~을 조사하다 expand ~을 확대하다, 확장하다 range 범위, 제품군 recruit ~을 모집하다

Paraphrase competitors → rival companies
study the designs of their Web sites → Researching

73. 다음 달에 무슨 일이 있을 것인가?

(A) 신규 소매 판매점이 개장할 것이다.

(B) 매출 보고서가 공개될 것이다.

(C) 마케팅 캠페인이 끝날 것이다.

(D) 한 제품이 출시될 것이다.

해설 다음 달이라는 시점이 언급되는 마지막 부분에, 새 태블릿 컴퓨터를 언급하면서 다음 달에 시중에 나올 예정이라고(~ our new tablet computer, which we'll be releasing onto the market next month) 알리고 있으므로 제품 출시를 의미하는 (D)가 정답이다.

어휘 retail outlet 소매 판매점 sales 매출, 판매(량), 영업 launch ~을 출시하다, 공개하다

Paraphrase our new tablet computer, which we'll be releasing onto the market → A product will be launched

Questions 74-76 refer to the following introduction.

Welcome to Adelman Technology. During today's tour of our facility, **74 you will learn the many reasons why it is a good idea for you to invest in our company.** After viewing our new product ranges and meeting our team of skilled professionals, I'm sure you will definitely want to invest. Before we begin the tour, I'd like you to meet **75 our marketing manager, Mr. Roger Whitman.** Mr. Whitman has worked at Adelman Technology for 12 years. **76 He will discuss our groundbreaking social media strategies with you,** that is, the way we attract millions of new customers through the Internet. Now, let's welcome our marketing manager,

Mr. Roger Whitman.

Adelman Technology에 오신 것을 환영합니다. 오늘 있을 저희 시설 견학 중에, 여러분께서 저희 회사에 투자하는 것이 왜 좋은 생각인지에 대한 많은 이유를 아시게 될 것입니다. 저희 신제품 종류를 확인해 보시고 숙련된 전문가들로 구성된 저희 팀도 만나 보시고 나면, 분명 투자하기를 원하시게 될 것이라고 확신합니다. 견학을 시작하기에 앞서, 저희 마케팅부장이신 Roger Whitman 씨를 만나 보셨으면 합니다. Whitman 씨는 저희 Adelman Technology에서 12년 동안 근무해 오셨습니다. 그는 여러분과 함께 획기적인 저희 소셜 미디어 전략에 관해 이야기하실 텐데, 다시 말해서, 이것은 저희가 인터넷을 통해 수백만 명의 신규 고객들을 끌어 들이는 방법입니다. 자, 저희 마케팅부장 Roger Whitman 씨를 함께 환영해 주시기 바랍니다.

어휘 facility 시설(물) learn ~을 알게 되다 invest in ~에 투자하다 view ~을 (확인해) 보다 range 종류, 범위 skilled 숙련된 professional 전문가 definitely 분명히, 확실히 would like A to do: A가 ~하기를 원하다 discuss ~에 관해 이야기하다, 논의하다 groundbreaking 획기적인 strategy 전략 that is 다시 말해서, 즉 the way 주어 + 동사: ~가 …하는 방법 millions of 수백만 명의, 수백만 개의 through ~을 통해

74. 청자들은 누구일 것 같은가?

(A) 안전 점검관들

(B) 신입사원들

(C) 대회 입상자들

(D) 잠재 투자자들

해설 담화 시작 부분에 화자의 회사에 투자하는 것이 왜 좋은 생각인지에 대한 많은 이유를 알게 될 것이라고(learn the many reasons why it is a good idea for you to invest in our company.) 언급하고 있으므로 청자들이 잠재 투자자들임을 알 수 있다. 따라서 (D)가 정답이다.

어휘 inspector 점검관, 조사관 competition 대회, 경기 winner 입상자, 수상자 potential 잠재적인 investor 투자자

75. Roger Whitman 씨의 직책은 무엇인가?

(A) 인사부장

(B) 공장 책임자

(C) 마케팅부장

(D) 영업부장

해설 Whitman 씨의 이름이 언급되는 중반부에 마케팅부장이라고 (our marketing manager, Mr. Roger Whitman) 소개하고 있으므로 (C)가 정답이다.

어휘 HR 인사(부) sales 영업, 판매

76. Roger Whitman 씨는 무엇에 관해 이야기할 것인가?

    (A) 회사의 수익

    (B) 제품 포장

    (C) 직원 복지

    (D) 소셜 미디어 전략

해설 Whitman 씨를 소개한 뒤로 담화 후반부에 그 사람을 He로 지칭해 획기적인 소셜 미디어 전략에 관해 이야기할 것이라고(He will discuss our groundbreaking social media strategies with you) 언급하고 있으므로 (D)가 정답이다.

어휘 profit 수익 packaging 포장(지) employee benefits 직원 복지, 복리 후생

Questions 77-79 refer to the following telephone message.

Hello, this is Dan Miller **78** **from the Public Works Department of Newport City Council** calling for Zach Taylor. Mr. Taylor, I've reviewed your construction company's business history, and I think yours is perfect for taking on the renovation work for Three-Point Park. **77** **By signing this contract with the city**, you'll be expected to carry out the plans designed by my department, which include constructing a new sports recreation center and building a scenic walking track through the park. Further details about the plans can be found on the city's Web site. **79** **To speak personally to the project's lead designer, call me back at 555-2687, and I'll put you through to her.**

안녕하세요, 저는 Zach Taylor 씨에게 전화 드리는 Newport 시의회 공공 사업부 소속의 Dan Miller입니다. Taylor 씨, 제가 귀하의 건설 회사 연혁을 살펴봤으며, 귀하의 회사가 Three-Point Park를 위한 개조 공사 작업을 맡는 데 최적이라고 생각합니다. 우리 시와 이 계약에 서명함으로써, 저희 부서에서 마련한 계획을 수행하시게 될 것이며, 여기에는 새 스포츠 레크리에이션 센터 건립과 공원 전역에 걸친 경치 좋은 산책로 설치 작업이 포함됩니다. 이 계획에 관한 추가 상세 정보는 우리 시의 웹 사이트에서 찾으실 수 있습니다. 이 프로젝트의 선임 디자이너와 직접 이야기하시려면, 555-2687번으로 저에게 다시 전화 주시면, 그분에게 연결해 드리겠습니다.

어휘 public works 공공 사업 city council 시의회 review ~을 살펴보다, 검토하다 business history 회사 연혁 take on (일, 책임 등) ~을 맡다 renovation 개조, 보수 by (방법) ~함으로써, ~해서 sign ~에 서명하다 contract 계약(서) be expected to do (기대되는 일로서) ~해야 하다, ~할 것으로 예상되다 carry out ~을 수행하다 department 부서 include ~을 포함하다 construct ~을 짓다, 건설하다 scenic 경치 좋은 through ~에 걸쳐, ~을 통과해 further 추가의, 한층 더 한 details 상세 정보, 세부 사항 personally 직접, 개인적으로 put A through to B: (전화상에서) A를 B에게 연결해 주다

77. 메시지의 주 목적은 무엇인가?

    (A) 합병을 제안하는 것

    (B) 계약을 간략히 설명하는 것

    (C) 행사 일정을 잡는 것

    (D) 점검을 준비하는 것

해설 시작 부분에 전화를 건 배경을 간단히 언급한 뒤로 By signing this contract with the city라는 말과 함께 계약을 맺을 경우에 수행해야 하는 작업 조건을 알리고 있다. 이는 계약 내용을 간략히 설명하는 것에 해당되므로 (B)가 정답이다.

어휘 propose ~을 제안하다 merger 합병, 통합 outline ~을 간략히 설명하다 schedule ~의 일정을 잡다 arrange ~을 준비하다, 조치하다 inspection 점검, 조사

78. 화자는 어디에서 일할 것 같은가?

    (A) 건축 회사

    (B) 철물점

    (C) 피트니스 시설

    (D) 관공서

해설 담화를 시작하면서 화자가 from the Public Works Department of Newport City Council이라는 말로 소속 단체를 밝히고 있는데, 시의회 공공 사업부는 관공서에 해당되므로 (D)가 정답이다.

어휘 architectural 건축의 firm 회사 facility 시설(물)

Paraphrase Public Works Department of Newport City Council → government office

79. 화자의 말에 따르면, Zach Taylor 씨가 왜 그에게 전화해야 하는가?

    (A) 한 직책에 지원하기 위해

    (B) 견학을 준비하기 위해

    (C) 동료 직원과 이야기하기 위해

    (D) 디자인을 변경하기 위해

해설 Taylor 씨가 화자에게 전화를 거는 상황이 언급되는 맨 마지막 부분에, 프로젝트의 선임 디자이너와 직접 이야기하기를 원할 경우에 자신에게 전화하면 연결해 주겠다고(To speak personally to the project's lead designer, call me back at 555-2687, and I'll put you through to her) 말하고 있다. 이는 화자의 동료 직원과 이야기하는 일을 의미하므로 (C)가 정답이다.

어휘 apply for ~에 지원하다 position 직책, 일자리 coworker 동료 직원 alter ~을 변경하다

Questions 80-82 refer to the following news report.

You're listening to World Today on MPR Radio, and I'm you're host, Lisa Doyle. I'm here at the Global Technology Convention, and I'll be bringing you news on some exciting new products. Today, **80 I've been testing out some new graphic design software created by Kelley Technologies. 81 The thing that makes this program so unique is that it can be downloaded from the company's Web site at no cost.** However, if a user wants to unlock the program's more advanced features, they'll have to make a donation of at least fifty dollars to a charity associated with Kelley Technologies. **82 You should take a look at the company's Web site to find out more information.**

여러분께서는 MPR 라디오의 World Today를 청취하고 계시며, 저는 진행자 Lisa Doyle입니다. 저는 Global Technology Convention에 와 있으며, 몇몇 흥미로운 신제품들에 관한 소식을 여러분께 전해 드리겠습니다. 오늘, 저는 Kelley Technologies 사에서 만든 새로운 그래픽 디자인 소프트웨어를 테스트해 보는 중입니다. 이 프로그램을 아주 독특하게 만들어 주는 점은 이것이 해당 회사의 웹 사이트에서 무료로 다운로드될 수 있다는 것입니다. 하지만 사용자가 이 프로그램의 더욱 진보한 기능들을 잠금 해제하기를 원할 경우, Kelley Technologies 사와 제휴를 맺은 자선 단체로 최소 50달러를 기부해야 할 것입니다. 더 많은 정보를 알아 보시려면 이 회사의 웹사이트를 확인해 보셔야 합니다.

어휘 host (방송 프로그램 등의) 진행자 bring A news: A에게 소식을 전하다 test out ~을 테스트해 보다, 시험해 보다 create ~을 만들어내다 at no cost 무료로 unlock ~을 잠금 해제하다 advanced 진보한 feature 기능, 특징 make a donation 기부하다 charity 자선 단체 associated with ~와 제휴한, ~와 연관된

80. 화자는 무슨 제품에 관해 이야기하고 있는가?
(A) 주방용품
(B) 컴퓨터 프로그램
(C) 휴대전화기
(D) 내비게이션 기기

해설 제품의 종류를 묻고 있으므로 제품명이나 특정 기능 등이 제시되는 부분에서 단서를 찾아야 한다. 화자는 담화 초반부에 Kelley Technologies 사에서 고안한 새로운 그래픽 디자인 소프트웨어를 테스트해 보는 중이라고(I've been testing out some new graphic design software designed by Kelley Technologies) 알리고 있으므로 (B)가 정답임을 알

수 있다.

어휘 kitchen appliance 주방용품 navigation 내비게이션 (운항/운행 경로 탐색) device 기기, 장치

81. 제품의 무엇이 독특한가?
(A) 무료로 이용할 수 있다.
(B) 평생 품질 보증서가 있다.
(C) 추가 제품들이 딸려 있다.
(D) 쉽게 설치할 수 있다.

해설 제품의 특징을 묻고 있으므로 질문에 제시된 unique가 반복되거나 유사한 표현과 함께 제품의 장점이나 혜택 등이 언급되는 부분에 집중해 들어야 한다. 담화 중반부에 회사의 웹 사이트에서 무료로 다운로드할 수 있다는 장점(The thing that makes this program so unique is ~ the company's Web site at no cost)을 알리고 있으므로 (A)가 정답이다.

어휘 lifetime 평생의 warranty 품질 보증(서) come with ~가 딸려 있다 additional 추가적인 install 설치하다

82. 화자는 청자들이 무엇을 하도록 제안하는가?
(A) 컨벤션에 참석하는 일
(B) 제품 샘플을 얻는 일
(C) 웹 사이트를 방문하는 일
(D) 카탈로그를 보는 일

해설 담화의 맨 마지막에 화자는 더 많은 정보를 원하면 이 회사의 웹 사이트를 확인해 보도록 제안하고 있으므로(You should take a look at the company's Web site to find out more information) (C)가 정답임을 알 수 있다.

어휘 obtain ~을 얻다, 획득하다

Questions 83-85 refer to the following tour information.

83 Greetings, and welcome to Harrington Castle. Today at the castle, you'll have a chance to look around the entire building and then go outside to enjoy the beautiful gardens. You'll also meet the current owner of the castle, who will tell you about its history and the renovations that have occurred over the years. **84 Don't forget that this is private property, so please do not pick up any objects** when walking through the rooms. **85 We'll end the tour in the castle's gift store. And, all of our postcards are marked down by 30%.** I hope you all have a nice time!

반갑습니다. Harrington Castle에 오신 것을 환영합니다. 오늘 저희 성에서, 건물 전체를 둘러보신 후에 밖으로 나가 아름다운 정원들을 즐기실 기회를 가지시게 될 것입니다. 또한 이 성의 현

소유주도 만나 뵙게 되실 텐데, 이 분께서 이 성의 역사와 그동 안 발생한 개보수 작업에 관해 이야기해 드릴 것입니다. 이 건물 이 사유 재산이기 때문에 방마다 돌아다니실 때 어떤 물품도 손 대지 마셔야 한다는 점을 잊지 마시기 바랍니다. 우리는 이 성의 기념품 매장에서 견학을 종료할 것입니다. 그리고, 모든 우편 엽 서 제품이 30퍼센트 할인되고 있습니다. 여러분 모두 즐거운 시 간 보내시기 바랍니다!

어휘 have a chance to do ~할 기회를 갖다 look around ~을 돌아보다 entire 전체의 current 현재의 owner 소유주, 주인 castle 성 renovation 개보수 (작업) occur 발생되다, 일어나다 forget that ~임을 잊다 private 사적인, 개인의 property 재산, 부동산 pick up ~을 가져가다 object 물품, 물건 mark down ~을 할인하다

83. 담화가 어디에서 이뤄지고 있는 것 같은가?
(A) 공원에서
(B) 여행사에서
(C) 거리에서
(D) 성에서

해설 담화를 시작하면서 청자들에게 Harrington Castle에 온 것 을 환영한다고(Greetings, and welcome to Harrington Castle.) 인사하고 있으므로 (D)가 정답이다.

어휘 take place (일, 행사 등이) 일어나다, 발생되다 travel agency 여행사

84. 화자는 청자들에게 무엇을 하도록 상기시키는가?
(A) 그룹과 함께 다닐 것
(B) 카메라를 치울 것
(C) 물품에 손대는 일을 삼갈 것
(D) 안내 책자를 가져갈 것

해설 담화 중반부에 사유 재산이라는 말과 함께 아무 것도 건드 리지 말아야 한다는 점을 잊지 않도록(Don't forget that this is private property, so please do not pick up any objects) 당부하고 있다. 따라서 물품에 손대는 일을 삼가는 것을 뜻하는 (C)가 정답이다.

어휘 remind A to do: A에게 ~하도록 상기시키다 put away ~을 치워놓다 refrain from -ing ~하는 것을 삼가다, 자제하다 pamphlet 안내 책자, 팸플릿

Paraphrasing do not pick up any objects → Refrain from touching items

85. 화자가 "모든 우편 엽서 제품이 30퍼센트 할인되고 있습니 다"라고 말한 의도는 무엇인가?
(A) 청자들이 일부 영수증을 보관하기를 원한다.
(B) 청자들이 제품을 구입하기를 원한다.
(C) 한 가지 결정에 대해 만족한다.

(D) 일부 가격이 부정확하게 기재되어 있어서 실망했다.

해설 담화 후반부에 성의 기념품 매장에서 견학을 종료할 것이라고 (We'll end the tour in the castle's gift store.) 알린 후에 "모든 우편 엽서 제품이 30퍼센트 할인되고 있습니다"라고 말 하는 상황이다. 따라서 제품 구입을 권유하는 말임을 알 수 있 으므로 (B)가 정답이다.

어휘 receipt 영수증 want A to do: A에게 ~하기를 원하다 make a purchase 구입하다 be pleased about ~에 대해 만족하다 decision 결정 be disappointed (that) (~해서) 실망하다 listed 기재된, 나열된 incorrectly 부정확하게

Questions 86-88 refer to the following talk.

86 Welcome to this year's beauty and skincare trade show, and thanks for attending my talk. As a product designer for a leading cosmetics company, I have some advice for those of you who develop beauty products. 87 A lot of companies make the mistake of listening only to employees when it comes to making decisions on product design. This isn't always effective. Your customers spend a lot on your products. As such, they probably know more about them than anyone else. 87 So, reach out to them and find out what it is they like about your products, and how they think you can improve them. 88 Here, take this sample survey. You can use this to gain valuable information about effective product design.

올해의 미용 및 피부관리 박람회에 오신 것을 환영하며, 저 의 강연에 참석해주신 것에 감사드립니다. 선도하는 화장 품 회사의 제품 디자이너로서, 저는 미용 제품을 개발하시 는 여러분께 드릴 조언이 있습니다. 많은 회사들이 제품 디 자인을 결정하는 일에 있어 직원들의 의견만 듣는 실수를 합니다. 이렇게 하는 것이 항상 효과가 있진 않습니다. 여 러분의 고객들은 여러분의 제품에 돈을 많이 쓰시죠. 그래 서, 아마 그분들이 그 누구보다도 제품에 대해 더 많이 아 실 겁니다. 그러니, 고객들에게 다가가 여러분의 제품들에 대해 그분들이 좋아하는 것이 무엇인지, 그리고 고객들 생 각에 여러분이 제품을 어떻게 향상시킬 수 있는지를 알아 보세요. 여기, 이 샘플 설문조사지를 받으세요. 여러분은 이것을 이용해 효과적인 제품 디자인에 대한 귀중한 정보를 얻으실 수 있습니다.

어휘 beauty 미용 skincare 피부 관리 trade show 무역 박람회 attend ~에 참석하다 leading 선도하는, 앞서가는 cosmetics 화장품 advice 조언 develop ~을 개발하다

beauty product 미용 제품 make the mistake of -ing
~하는 실수를 저지르다 employee 직원 when it comes
to ~에 관하여 make a decision 결정하다 effective
효과적인 spend ~을 소비하다 as such 그렇기 때문에
anyone else 다른 그 누군가 reach out to ~에게
다가가다 find out ~을 발견하다, 알아내다 improve ~을
향상시키다 survey 설문조사 gain ~을 얻다 valuable
귀중한

86. 담화는 어디에서 이루어지고 있는가?
(A) 오리엔테이션에서
(B) 무역 박람회에서
(C) 직원 회의에서
(D) 제품 출시 행사에서

해설 담화의 첫 부분에서 화자가 Welcome to this year's beauty
and skincare trade show라고 말하는 데서 행사의 종류를 알
수 있으므로 (B)가 정답이다.

87. 화자는 왜 "여러분의 고객들은 여러분의 제품에 돈을 많이 쓰
시죠." 라고 말하는가?
(A) 오르는 제품 가격을 지적하기 위해
(B) 업체의 성공을 축하하기 위해
(C) 다른 접근법을 권하기 위해
(D) 청자들에게 노고에 대해 감사하기 위해

해설 '여러분의 고객들은 여러분의 제품에 돈을 많이 쓰시죠'라고
말한 뒤 고객들이 제품에 대해 가장 잘 아는 사람들이라며 고
객들에게 다가가 고객들이 제품에 대해 어떻게 생각하는지를
알아보라고 권하고 있다. 따라서, 이 말을 하는 이유는 직원 위
주의 결정을 내리기 보다는 고객의 의견을 들어보는 다른 접
근법을 이용해 볼 것을 권하기 위해서임을 알 수 있다. 따라서
(C)가 정답이다.

어휘 note ~을 지적하다 rising 오르는, 증가하는 price 가격
celebrate ~을 축하하다, 기념하다 recommend ~을
추천하다 approach 접근법 thank A for B: A에게 B에
대해 감사하다 efforts 노력, 수고

88. 화자는 청자들에게 무엇을 주는가?
(A) 제품 샘플
(B) 기사
(C) 설문지
(D) 행사 일정표

해설 담화 마지막에 화자는 샘플 설문 조사지를 가져가라고(Here,
take this sample survey) 말한다. 따라서 (C)가 정답이다.

Questions 89-91 refer to the following broadcast.

You're listening to XM Talk Radio. It is my great
pleasure to welcome Wendy Blackmore to the
studio. As many of you know, **89 Ms. Blackmore is
the British author who wrote the popular *Strange
Tales* series of books.** Ms. Blackmore's stories,
which focus on a young wizard and his friends,
attracted the attention of movie producers, and the
first cinematic adaptation of her work is being filmed
right now. Goldman Pictures acquired the rights to
**90 produce five films based on Ms. Blackmore's
book series,** and the first of these is due to hit
cinemas in September. **91 Ms. Blackmore and
I will have a chat about her involvement in the
project after this new song.**

여러분께서는 XM Talk Radio를 청취하고 계십니다. 오늘 스
튜디오에 Wendy Blackmore 씨를 모시게 되어 대단히 기쁩
니다. 많은 분들께서 아시다시피, Blackmore 씨는 인기 있
는 *Strange Tales* 도서 시리즈를 쓰신 영국 작가이십니다.
Blackmore 씨의 이야기는 어린 마법사와 그의 친구들을 중심
으로 하며, 영화 제작자들의 관심을 끌게 되어 작품의 첫 번째
영화 각색 버전이 현재 촬영되고 있습니다. Goldman Pictures
사가 Blackmore 씨의 도서 시리즈를 바탕으로 하는 다섯 편의
영화 제작권을 얻게 되었으며, 이들 중 첫 번째가 9월에 극장가
에서 개봉될 예정입니다. 신곡을 하나 먼저 들으신 후에, 이 프
로젝트에 대한 Blackmore 씨의 참여에 관해 함께 이야기 나눠
보겠습니다.

어휘 It is my pleasure to do ~해서 기쁘다 author 작가, 저자
popular 인기 있는 focus on ~을 중심으로 하다, ~에
초점을 맞추다 wizard 마법사 attract ~을 끌어 들이다
attention 관심, 주목 cinematic 영화의 adaptation
각색 work 작품, 작업(물) film ~을 촬영하다 acquire
~을 얻다, 획득하다 right to do ~할 권리 based on ~을
바탕으로 하는, 기반으로 하는 be due to do ~할 예정이다
hit cinemas 극장가에서 개봉하다 involvement in ~에
대한 참여, ~에 대한 관여

89. Wendy Blackmore 씨는 누구인가?
(A) 작가
(B) 배우
(C) 가수
(D) 기자

해설 Blackmore 씨의 이름이 언급되는 초반부에, Blackmore 씨
가 인기 있는 *Strange Tales* 도서 시리즈를 쓴 영국 작가라
고(Ms. Blackmore is the British author who wrote the

popular *Strange Tales* series of books.) 소개하고 있으므로 (A)가 정답이다.

90. 화자는 9월에 무슨 일이 있을 것이라고 말하는가?
(A) 영화 한 편이 개봉될 것이다.
(B) 도서 출시회가 열릴 것이다.
(C) 영화제가 개최될 것이다.
(D) 새로운 건물이 문을 열 것이다.

해설 '9월'이라는 시점이 언급되는 후반부에, 5편의 영화가 제작되고 그 중 하나가 9월에 극장가에서 개봉될 예정이라고 (produce five films based on Ms. Blackmore's book series, and the first of these is due to hit cinemas in September.) 말하고 있으므로 (A)가 정답이다.

어휘 release ~을 개봉하다, 출시하다 launch 출시(회) hold ~을 개최하다, 열다 take place (일, 행사 등이) 개최되다, 일어나다

Paraphrasing hit cinemas → released

91. 화자는 노래 한 곡이 나온 후 무엇을 할 것 같은가?
(A) 광고를 듣는 일
(B) 초대 손님을 인터뷰하는 일
(C) 일기 예보를 전하는 일
(D) 전화를 받는 일

해설 담화 맨 마지막에 신곡을 하나 먼저 들은 후에 Blackmore 씨와 함께 이야기 나눠 보겠다고(Ms. Blackmore and I will have a chat about her involvement in the project after this new song.) 말하고 있는데, 이는 인터뷰를 할 것을 의미하므로 (B)가 정답이다.

어휘 advertisement 광고 weather forecast 일기 예보 take a phone call 전화를 받다

Questions 92-94 refer to the following announcement.

Thanks for coming, everyone. **92** Tonight's performance is a very special one, as it's my 500th concert since starting my career. To celebrate, I'll be playing all the most well-known hits from my albums. **93** I'm afraid we're a bit late in getting started due to a malfunction affecting the sound system. I'm really sorry… While you wait for the engineers to fix the problem, feel free to check out my merchandise at the back of the hall. **94** I have a big selection of T-shirts and posters. Everything is a lot cheaper here than it is in the stores. And, I'll be signing items at the end.

찾아 주셔서 감사합니다, 여러분. 오늘밤의 공연은 제 경력이 시

작된 이후로 500번째 콘서트이기 때문에 매우 특별한 시간입니다. 이를 기념하기 위해, 제 앨범들마다 가장 잘 알려진 히트곡들을 모두 공연할 예정입니다. 음향 시스템에 영향을 미친 오작동으로 인해 조금 늦게 공연이 시작될 것 같습니다. 정말 죄송합니다… 엔지니어들이 문제점을 바로잡기를 기다리시는 동안, 공연장 뒤쪽에서 저와 관련된 상품을 마음껏 살펴 보시기 바랍니다. 아주 다양한 티셔츠와 포스터들이 있습니다. 모든 제품들이 매장에서보다 이곳에서 훨씬 더 저렴합니다. 그리고 마지막에 제가 제품에 사인을 해 드리겠습니다.

어휘 performance 공연, 연주(회) since ~한 이래로 celebrate 기념하다, 축하하다 well-known 잘 알려진 a bit 약간, 조금 get started 시작하다 due to ~로 인해 malfunction 오작동 affect ~에 영향을 미치다 while ~하는 동안 fix ~을 바로잡다, 고치다 feel free to do 마음껏 ~하다 check out ~을 확인하다 merchandise 상품 a big selection of 아주 다양한 a lot (비교급 수식) 훨씬 sign ~에 사인해 주다

92. 화자는 누구일 것 같은가?
(A) 배우
(B) 기조 연설자
(C) 운동 선수
(D) 음악가

해설 화자의 신분을 묻고 있으므로 특정 업무나 활동, 서비스 등을 나타내는 표현을 통해 단서를 파악해야 한다. 담화를 시작하면서 화자가 오늘밤의 공연이 자신의 경력에서 500번째 콘서트라고(Tonight's performance is a very special one, as it's my 500th concert since starting my career)라고 알리고 있으므로 (D)가 정답임을 알 수 있다.

93. 무엇이 지연을 초래했는가?
(A) 기술적인 결함
(B) 악천후
(C) 매표 오류
(D) 교통 문제

해설 지연을 초래한 원인을 묻고 있으므로 담화 중에 지연 사태 및 원인이 함께 제시된다는 것을 인식하고 들어야 한다. 담화 중반부에 화자가 음향 시스템에 영향을 미친 오작동으로 인해 조금 늦게 공연이 시작될 것 같다(I'm afraid we're a bit late in getting started due to malfunction affecting the sound system)고 알리고 있으므로 이와 같은 문제점을 기술적인 결함이라는 말로 표현한 (A)가 정답이다.

어휘 cause ~을 초래하다 delay 지연, 지체 fault 결함 inclement (날씨가) 좋지 못한 ticketing 매표, 발권 traffic 교통(량)

94. 화자가 "마지막에 제가 제품에 사인을 해 드리겠습니다"라고 말하는 이유는 무엇인가?

   (A) 일정이 변경된 이유를 설명하기 위해

   (B) 청자들에게 줄을 서라고 권고하기 위해

   (C) 사람들에게 상품을 구입하도록 권하기 위해

   (D) 청자들에게 표지판에 유의하도록 상기시키기 위해

해설 해당 문장은 '마지막에 자신이 제품에 사인을 해 줄 것'이라는 의미이다. 이는 담화의 후반부에 아주 다양한 티셔츠와 포스터들이 있고 모든 제품들이 매장에서보다 훨씬 더 저렴하다(I have a big selection of T-shirts and posters. Everything is a lot cheaper here than it is in the stores)고 알린 후에 들을 수 있는 말이다. 따라서 제품을 구매하도록 권하기 위해 쓰인 말이라는 것을 알 수 있으므로 (C)가 정답이 된다.

어휘 explain ~을 설명하다 advise A to do: A에게 ~하도록 권고하다 form a line 줄을 서다 encourage A to do: A에게 ~하도록 권하다, 장려하다 merchandise 상품 remind A to do: A에게 ~하도록 상기시키다 pay attention to ~에 유의하다, 주목하다 sign 표지(판)

Questions 95-97 refer to the following telephone message and building directory.

Hello, Mr. Garver. This is Penny Hitchins. **95**
I'm calling regarding your application for the senior researcher position at our microbiology laboratory. Considering your extensive experience and skillset, we feel we could benefit from hiring a scientist with your expertise. As such, we would like you to come in for an interview next Thursday at 10 A.M. **96 Our facility is the Unit C building at Melville Industrial Park.** Also, **97 you seem to have left the contact details for your employment reference blank on the application form. Would you mind giving me a call back to give me those?** Thanks in advance.

안녕하세요, 가버 씨. 저는 페니 히친스입니다. 저희 미생물학 연구소의 선임 연구원 직책에 대한 귀하의 지원과 관련해 전화 드렸습니다. 귀하의 폭넓은 경험 및 역량을 고려해 볼 때, 귀하와 같은 전문 지식을 지닌 과학자를 고용하는 것으로부터 혜택을 볼 수 있을 것으로 생각합니다. 따라서, 다음 목요일 오전 10시에 면접을 보시러 와 주셨으면 합니다. 저희 시설은 멜빌 산업 단지의 C동 건물에 있습니다. 또한, 지원서에 귀하의 고용 추천인 연락처를 빈칸으로 남겨 놓으신 것 같습니다. 제게 다시 전화 주셔서 전달해 주시겠습니까? 미리 감사 드립니다.

멜빌 산업 단지	
A동	애로우 솔루션즈
B동	트리웨스트 정보 통신
C동	이볼브 코퍼레이션
D동	배런 물류 주식회사

어휘 application 지원(서), 신청(서) researcher 연구원 position 직책, 일자리 microbiology 미생물학 laboratory 연구소, 실험실 considering ~을 고려해 볼 때 extensive 폭넓은, 광범위한 skillset 역량 benefit from ~로부터 혜택을 보다, ~로부터 이득을 얻다 hire ~을 고용하다 expertise 전문 지식 as such 따라서, 그에 따라 would like A to do: A에게 ~하기를 원하다 facility 시설(물) seem to have p.p.: ~했던 것 같다 leave A blank: A를 빈칸으로 남기다 reference 추천인, 추천서 form 양식, 서식 Would you mind -ing? ~해 주시겠습니까? give A a call back: A에게 다시 전화하다 in advance 미리, 사전에

95. 청자가 어떤 직책에 지원했을 것 같은가?

   (A) 마케팅 담당자

   (B) 행정 담당자

   (C) 엔지니어

   (D) 과학자

해설 담화 초반부에 화자가 자신이 속한 미생물학 연구소의 선임 연구원 직책에 청자가 지원한 사실을(~ your application for the senior researcher position at our microbiology laboratory) 밝히고 있으므로 (D)가 정답이다.

Paraphrase senior researcher position at our microbiology laboratory → Scientist

96. 시각자료를 보시오. 화자가 어느 회사를 대표하는가?

   (A) 애로우 솔루션즈

   (B) 트리웨스트 정보 통신

   (C) 이볼브 코퍼레이션

   (D) 배런 물류 주식회사

해설 화자가 담화 중반부에 자신이 속한 회사가 멜빌 산업 단지의 C동 건물에 있다고(Our facility is the Unit C building at Melville Industrial Park) 알리고 있다. 시각자료에서 Unit C로 표기된 세 번째 줄에 쓰여 있는 회사명이 Evolve Corporation이므로 (C)가 정답이다.

어휘 represent ~을 대표하다

97. 화자가 왜 청자에게 답신 전화하기를 원하는가?

   (A) 근무 시작일을 조정하기 위해

   (B) 몇몇 계약 조건을 논의하기 위해

(C) 면접 시간을 확인해 주기 위해
(D) 추가 정보를 제공해 주기 위해

해설 담화 후반부에 화자가 지원서에 고용 추천 연락처를 빈칸
으로 남겨 놓은 것 같다고 알리면서 자신에게 다시 전화해
서 전달해 달라고(~ you seem to have left the contact
details for your employment reference blank on the
application form. Would you mind giving me a call
back to give me those?) 요청하고 있다. 이는 추가 정보를
제공해 달라는 뜻이므로 (D)가 정답이다.

어휘 arrange ~을 조정하다, ~을 조치하다 contract 계약(서)
term (계약 등의) 조건, 조항 confirm ~을 확인해 주다

Paraphrase the contact details for your employment
reference / give me those → provide
additional information·

Questions 98-100 refer to the following excerpt from
a meeting and graph.

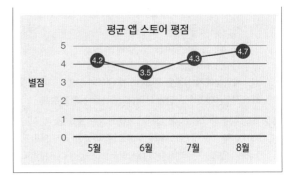

The number of users on 98 **our messaging app**
has dramatically grown over the last year, which
means lots of people are communicating on 98 **our**
platform for a whole variety of purposes. Recently,
users expressed frustration about being unable to
share document files. In line with this feedback, we
added a feature that lets users upload and send
any type of file directly in the chat. As you can see
here, 99 **our average rating on the mobile app**
store improved greatly the same month we
implemented these changes. But, 100 **we still**
need to recruit additional staff to help develop
more practical features because currently, our team
just can't keep up with all the suggestions.

우리 메시지 전송 앱의 이용자 숫자가 지난 한 해 동안에 걸쳐
급격히 증가했으며, 이는 많은 사람들이 아주 다양한 목적으로
우리 플랫폼에서 소통하고 있다는 뜻입니다. 최근, 이용자들께
서 문서 파일을 공유할 수 없다는 점과 관련해 불만을 나타내셨
습니다. 이러한 의견에 따라, 이용자들께서 채팅 중에 곧바로 어
떤 종류의 파일이든 업로드하고 전송하실 수 있게 해 드리는 기
능을 추가했습니다. 여기 보시다시피, 모바일 앱 스토어의 우리
평균 평점은 우리가 이러한 변화를 시행한 것과 동일한 달에 크
게 향상되었습니다. 하지만, 우리는 여전히 더욱 현실적인 기능
들을 개발하는 데 도움을 줄 수 있는 추가 직원을 모집해야 하는
데, 현재 우리 팀은 그저 모든 제안 사항을 따라갈 수 없습니다.

어휘 dramatically 급격히 grow 증가하다, 늘어나다
communicate 소통하다 a whole variety of 아주
다양한 recently 최근 express (생각 등) ~을 나타내다,
~을 표현하다 frustration 불만, 좌절(감) be unable
to do ~할 수 없다 in line with ~에 따라 feedback
의견 add ~을 추가하다 feature 기능, 특징 rating 평점,
등급, 순위 improve 향상되다, 개선되다 implement ~을
시행하다 recruit ~을 모집하다 help do ~하는 데 도움을
주다 develop ~을 개발하다, ~을 발전시키다 practical
현실적인, 실용적인 currently 현재 keep up with (속도,
유행, 진행 등) ~을 따라가다, ~와 발맞춰 가다 suggestion
제안, 의견

98. 화자가 어떤 종류의 회사에 근무하고 있는가?
(A) 전자 상거래 매장
(B) 여행 예약 서비스 회사
(C) 교육 회사
(D) 문자 메시지 전송 플랫폼

해설 화자가 담화를 시작하면서 소속 회사를 our messaging
app과 our platform이라고 지칭하고 있으므로 (D)가 정답
이다.

99. 시각자료를 보시오. 회사에서 언제 변화를 주었는가?
(A) 5월
(B) 6월
(C) 7월
(D) 8월

해설 담화 중반부에 화자가 모바일 앱 스토어의 평균 평점이 변화
를 시행한 것과 동일한 달에 크게 향상되었다고(our average
rating on the mobile app store improved greatly the
same month we implemented these changes) 밝히고
있다. 시각자료에서 상승폭이 가장 컸던 시점이 3.5에서 4.3
으로 오른 July이므로 (C)가 정답이다.

어휘 make a change 변화를 주다, 변경하다

100. 화자가 무엇을 하도록 제안하는가?
(A) 다른 설문 조사지를 발송하는 일

(B) 추가 직원을 모집하는 일

(C) 특정 기능을 홍보하는 일

(D) 기술 관련 조언을 구하는 일

해설 화자가 담화 후반부에 특정 개발 업무에 도움을 줄 수 있는 추가 직원을 모집해야 한다고(we still need to recruit additional staff to help develop more practical features ~) 제안하고 있으므로 (B)가 정답이다.

어휘 **survey** 설문 조사(지) **promote** ~을 홍보하다, ~을 촉진하다, ~을 승진시키다 **specific** 특정한, 구체적인 **seek** ~을 구하다, ~을 찾다

시원스쿨 LAB